エピクロス

自然について 他

西洋古典叢書

凡例

一、この翻訳の底本として、『ヘロドトス宛の手紙』『ピュトクレス宛の手紙』『メノイケウス宛の手紙』『エピクロスの生涯』『主要教説』は Long, H. S., *Diogenis Laertii Vitae Philosophorum*, Vol. II, Oxford, 1964 を、『ヴァチカン箴言集』は Marcovich, M., *Diogenis Laertii Vitae Philosophorum*, Vol. I, Stuttgart/ Leipzig, 1999（このうち、「パラティナ写本」については Usener, H., *Kleine Schriften*, Vol. 1, Leipzig/ Berlin, 1912）を、また、『エピクロス断片集』は基本的に Bailey, C., *Epicurus: The Extant Remains*, Oxford, 1926 を使用した。『自然について』は、発見されたヘルクラネウム・パピルス（*PHerc.*）を総合的に編集した校訂本はなく、Arrighetti, G., *Epicuro: Opere*, 2nd edn, Torino, 1973 をはじめ、各巻で使用した底本は異なる。詳細は各巻冒頭の訳註を見られたい。これらと異なる読み方をした箇所は訳註によって示し、使用文献とその略称については「解説」末に記す。

二、ギリシア語をカタカナで表記するにあたっては、

(1) φ, θ, χ と π, τ, κ を区別しない。

(2) 固有名詞は原則として音引きを省いた。

(3) 地名人名、術語等は慣用に従って表示した場合がある。

三、本文中の改行は必ずしも底本に従わない。——はほぼ底本に従ったが、訳文の流れにより、訳者がつけ加えたものもある。

四、訳語に原語を示す必要がある場合、（ ）にカタカナで記した（たとえば、「世界間領域（メタコスミオン）」）。

五、二重かぎ括弧『 』は書名を示す。

六、『自然について』各巻の標題は、すべて訳者によるものである。

目次

自然について 他

朴一功
和田利博 訳

ヘロドトス宛の手紙

朴一功
和田利博 訳

エピクロスよりヘロドトス[1]へ、ごきげんよう。

三五　自然について私によって書かれた著作の一つ一つ[2]を精査することができず、編集されたもののうち、より大きな書物[3]にも目を通すことのできない人たちのために、ヘロドトスよ、最も全般的な学説を十分に記憶に留めておけるよう、私自身の方で体系全体の要約[4]を用意したわけですが、それは、彼らが自然に関する研究にたずさわるかぎり、いつでも必要な折りに最も重要な事柄について自らを助けることができるようにするためでした。しかし、学説全体に目を向ける点で十分に進歩を遂げている人たちも、体系全体の基本的な原理が示された輪郭を記憶しておくべきなのです。なぜなら、包括的な理解を私たちはしばしば必要としますが、個別的なことの方はそれほどでもないからです。

三六　ですから、基本的な原理にもたえず立ち返って、そこのところだけは記憶に留めておくべきであり、そうすればものごとに関する最も重要な理解が得られるでしょうし、そのうえ、最も全般的な輪郭がよく把握され記憶されていれば、個別にわたる正確な知識もすべて見出されることでしょう。実際、すでに習熟した人の場合であっても、あらゆる正確な知識において何より大事なのは、理解された事柄をすみやかに用いることができるという、このことなのですから。これは、一つ一つの事柄が単純な基本原理と表現にまとめ

られることによるのです。なぜなら、たとえ個別的に精査されたものであっても、短い表現を通じてそのすべてを人が自らのうちに取り込むことができなければ、学説全体の連関し合った研究過程の要点を知ることはありえないからです。

三七　それゆえ、自然研究に親しんでいるすべての人々にとってこのような方法は有用なのですから、自然研究にたえずたずさわることを勧めるとともに、とりわけそのような生活によって心の安らぎを得ている私は、君のために、次のような要約と、学説全体の原理解説を作成したのです[5]。

(1) このヘロドトスについては、この手紙からエピクロスの親しい弟子の一人であったと見られるが、『エピクロスの見習い兵時代について』という書物を書いたこと（『生涯』四）以外には、何も知られない。

(2) セドレーはこの文の「自然について」をエピクロスの主著『自然について』（『生涯』二七）の書名と見て、中性複数形の「一つ一つ（ἕκαστα）」を同書の「個々の巻」と解する可能性を示唆しているが（Sedley, 1998, p. 100）、「自然について」という表現を文字通り書名と見ることは困難であろう。エピクロスの著作はおよそ三〇〇巻にのぼり、自然について書かれたものは、『原子と空虚について』など多数あったと考えられるからである（同二六―二七）。

(3)「より大きな書物」とは、特にエピクロスの『自然について』三七巻を指す言葉と見られる。セドレーは同書内の、「より重要な巻」と解するが（Sedley, 1998, p. 100）、「より大きな」は文字通り分量の大きさを示す表現と見る方が自然であろう。

(4) いわゆる『大摘要（メガレー・エピトメー）』（現存せず）のこと。三九節の古註部分参照。

(5) 以下、この手紙で述べられる「次のような要約と、学説全体の原理解説」の内容は、エピクロスによって『小摘要（ミークラー・エピトメー）』と呼ばれている（『ピュトクレス宛の手紙』八五）。

さて第一に、ヘロドトスよ、語られる言葉の意味するもの[1]を捉えておくべきであり、それは、判断されている事柄や探求されている事柄、あるいは疑問とされている事柄を、われわれがそのものに関連づけて判定することができるようにするためであって、また、あらゆることが判定されないまま、われわれが限りなく論証を重ねたり、あるいは、われわれが空虚な発言をしたりすることのないようにするためなのである。

三八　なぜなら、探求されている事柄や疑問とされている事柄、また判断されている事柄を関連づけるべきものをわれわれが手に入れようとすれば、一つ一つの語られる言葉に対応する最初の観念[2]に注目すべきであって、その観念は論証を何も加える必要のないものでなければならないからである。

次に、あらゆることを感覚に基づいて見定めるべきであり、そして一般的に、思考によるものであれ、どのような判別能力によるものであれ、現に把握されているものに基づいて、また同様に、実際の感情に基づいて見定めるべきであって、こうしてわれわれは、確証を待つもの[3]や明らかでない事柄[4]を推論するための、手がかりとなる指標をもつことができるのである。

そして、以上のことを了解したなら、今や、明らかでない事柄について見てとるべきである。まず第一は、何ものもあらぬものからは生じないということである。なぜなら、もしそうなら、あらゆるものが、もはや種子を何ひとつ必要とせずに、あらゆるものから生じることになるだろうから[5]。

三九　またもし、見えなくなったものがあらぬものへと消滅したのであれば、すべての事物は滅んでしまっているはずである。それらが解体していった先のものなど存在しないのだから。さらに、万有はつねに今あるとおりにあったし、またつねに今あるとおりにあるだろう。なぜなら、万有が変化していく先のもの

(1)「語られる言葉の意味するもの」の原語は、*τὰ ὑποτεταγμένα τοῖς φθόγγοις*. 原意は「語られる言葉の基礎にあるもの」。エピクロスが念頭に置いているのは、言葉の指示対象であるが、それは事物そのものではなく、次節から知られるように、言葉に対応する「最初の観念」（次註参照）であることに注意しなければならない。

(2)「最初の観念（*πρῶτον ἐννόημα*）」とは、最初に心に浮かぶ観念（ないし概念）であり、エピクロスが「先取観念（*πρόληψις*）」と呼ぶもの（『生涯』三三）。後の七二節でも言及されるが、それは、われわれが先に取得している観念（概念）であり、「たとえば、『これこれのものが人間である』というように、たびたび外界からわれわれに現われたものについての記憶」と説明され、「『人間』と言われるやいなや、ただちに先取観念に基づいて人間の形象も、感覚が先導するままに思い浮かべられる」と言われている（同三三）。

(3)「確証を待つもの」の原語は、*τὸ προσμένον*（直訳は、「待つもの」）。他の写本に、*τὸ προσμενόμενον*（直訳は、「まだ待たれているもの」）が見える。ロング＆セドレーはこれを採用し、「まだ待たれている証拠（evidence yet awaited）」と意訳しているが（vol. 1, p. 87, vol. 2, p. 92）、文脈に適合しないだろう。「確証を待つもの（*τὸ προσμένον*）」については、さらに『主要教説』二四、および『生涯』三四参照。

(4)「明らかでない事柄（ト・アデーロン）」とは、エピクロスの場合、われわれの感覚に明らかでない事柄、知覚できない事柄を指す。たとえば、エピクロスが万有の構成要素と考える「原子」や「空虚」の存在、あるいは世界の無限性など。こうしたことが、以下の論述で触れられる。

(5)この簡潔な理由づけの論理は、「もし(P)何かが無から生じるなら、(Q)あらゆるものが、種子なしに、あらゆるものから生じる。しかるに、(Q)ではない。それゆえ、(P)ではない（すなわち、何ものも無からは生じない）」というものであろう。ルクレティウス『事物の本性について』第一巻一五九―一六〇で、「もし無から物が生じたならば、すべての物からすべての種類のものが／生まれることが可能となり、何物も種子を必要としなかっただろうに」と言われ、さらに同一六九―一七一で、「だが実際にはすべてのものは一定の種子から生じている以上、／それぞれのものは、それぞれの素材と基本物体を内にもつからこそ／生まれ出て光の岸辺にやってくるのである」と言われている。

など何もないのだから。実際、万有のほかに、万有のなかへと入り込み、これに変化を生み出しうるものなど何もないのである。

しかし次に、万有は物体と空虚である。[(1)]* なぜなら、まず物体が存在するということは、感覚それ自体が万人に証言しており、明らかでない事柄については、私が先に述べたように、[(2)] 感覚に基づいて推論により判定しなければならないからである。

＊このことを彼は『大摘要』冒頭でも、また『自然について』第一巻でも述べている。[(3)]

四〇　つまり、もしわれわれが空虚とか、空間とか、触れることのできない本性と名づけているものが存在しないならば、物体は存在する場所をもたず、また、物体は明らかに動いているのに、そのように動いていくような場所ももたないことになるだろう。そして、物体と空虚のほかには何ものも、想像によってであれ、想像しうるものからの類推によってであれ、考えることすらできないのである。物体と空虚は全体的な本性として捉えられるものであって、付帯性質や属性[(4)]と言われるものとして捉えられるものではないからである。

またさらに、物体のうち、あるものは合成体であり、他のものは合成体を作っている要素である。*

＊このことを彼は『自然について』第一巻、第十四巻、第十五巻でも、また『大摘要』でも述べている。

四一　そして、そうした要素は、もしあらゆるものがあらぬものへと消滅するわけではないとすれば、分割しえず変化しえないものであって、合成体の解体においても存続しうる強さをもっており、本性において

充実していて、どの点においても、どのような仕方でも、解体されうるようなものではないのである。したがって、物体の始源[5]は分割しえない本性のもの[6]であることが必然である。

しかしさらに、万有は無限である。なぜなら、限られているものは端をもつが、端は何か他のものの傍らで観察されるからである。[7] したがって、端をもたないのであれば、万有は限界をもたないことになる。また

（1）『ピュトクレス宛の手紙』八六では、「万有は、物体および触れることのできない本性のものから成り立っている」と言われている。なお、＊印については次々註参照。

（2）三八節参照。

（3）この文は、＊印をつけた前段落の一文に加えられているもの。ディオゲネス・ラエルティオス、あるいは後代の書き込みと見られ、いわゆる古註（スコリア）のたぐいである。以後、古註部分については、ポイント数を下げて訳出し、古註が言及する文が本文中にある場合には、＊印をつけて指示する。

（4）付帯性質と属性については三七頁註（1）、および（3）参照。

（5）「物体の始源（ἀρχή）」とは、物体の根源的要素のこと。

（6）「分割しえない本性のもの（ἄτομος φύσις）」とは原子（アトム）のこと。「アトム（atom）」の原意は「分割（tom）できない（a-）もの」であるが、「原子」は訳語として定着しており、以下でもこれを必要に応じて用いることにする。ただし、その場合にも「分割しえないもの（ἄτομον）」という含意があることに注意しなければならない。

（7）このあとに、「しかるに、万有は何か他のものの傍らで観察されるのではない」という一文が脱落しているとウーゼナー（Usener, 1887, p. xviii）は推測している（キケロ『占いについて』第二巻一〇三の、「しかるに、万有はその外部のどこかから識別されるのではない」という一文が根拠）。要約的な記述のため、このような文が省かれたのかもしれない。議論の筋は、「端は他のものの傍らで（すなわち、他のものとの対比で）観察されるのだから、端には端をこえる何かがあることになる。しかるに、万有をこえるものは何もなく、万有は端をもたない」ということであろう。

限界をもたないのであれば、万有は無限であり、限られていないことになるだろう。
　そのうえ、物体の数の点でも、空虚の大きさの点でも、万有は無限である。

四二　なぜなら、もし空虚が無限であり、さまざまな物体の方は有限であるとすれば、それらの物体は、衝突によってそれらを支えたり押し戻したりしてくれるものをもたないのだから(1)、どこにも留まることなく、無限の空虚のなかを分散しながら移動してゆくだろう。またもし空虚の方が有限であるとすれば、無限にある物体は、それらが収まる場所をもたないことになるだろう。

　また以上のことに加えて、物体のうちもろもろの分割しえない稠密なものというのは、それらから合成体が生じ、それらへと合成体が解体してゆくところのものだが、さまざまな形の相違の点で捉えきれないほど多いのである。なぜなら、捉えきれるだけの同じ形から、事物のこれほど多くの相違が生じることはありえないからである。そして、各々の形ごとに、似ている原子は無条件に無限にあるが、原子の形の相違は無条件に無限にあるわけではなく、ただ捉えきれないほど多いだけなのである*。

　四三　*なぜなら、彼はあとのところで(2)、無限に分割が起こることはないとも主張しているからである。また彼はこう言っている(3)、事物の性質がさまざまに変化するからといって、人が大きさの点でも、原子を無条件に無限に拡張しようとするのでなければ、と。

また、さまざまな原子は絶え間なく動いている*、永遠に(4)。そして(A)ある原子群は、原子が互いからはる

(1)「支えたり押し戻したりしてくれるもの」とは、他の物体。空虚自体はそのようなことはできない（四四節参照）。

（2）五六節で。

（3）「彼はこう言っている」の写本はすべて、λέγει. しかし続く、「事物の性質がさまざまに変化するから」という文を前節末の「捉えきれないほど多い」の理由と解し、写本の λέγει を λήγει（「それは止まる」＝「分割は止まる」）に読み変える修正案がヘルマンによって提案され、続く「人が大きさの点でも、……」の文は、古註ではなく、四二節に続く文とされ、こうした修正による訳も近年見られる。だが、写本に誤りがなければ、λέγει（「彼はこう言っている」）は古註に特徴的な表現であり、続く文全体も古註と見られ、底本通り訳出した。文意は、無限分割が可能なら、原子の形の相違も無限になり、また原子の無限拡張が可能な場合も、原子の形の相違は無限になるが、エピクロスはどちらの可能性も否定している、ということ。

（4）「永遠に（τὸν αἰῶνα）」という言葉で終わっているのはやや唐突かもしれない。このあとにウーゼナーは文章の脱落があると見て、エピクロスによる原子の重さと衝突による二種類の運動の区別を推測し、ルクレティウス『事物の本性について』の参照を求めている。そこではこう語られている、「なぜなら、空虚の中をさまようからには、物の元素は悉く／それの重さか、それともまた他の元素からの衝撃によって／運動するにちがいないのだから」（第二巻八三―八五）。他方、ビニョーネは、むしろ、続く文(A)の「ある原子群は」のあとに脱落があると見て、「(ある原子群は) まっすぐに、他の原子群は逸れによって、また他の原子群は振動によって動いている」といった文章を補っているが、推測の域を出ない。

かに離れているが、[1]他方、(B)別の原子群は、原子が絡み合いによって閉じ込められていたり、[2]もつれたものに覆われていたりするときに、[3]そこで振動し続けるのである。

＊彼はあとのところで、[4]空虚は最も軽い原子にも最も重い原子にも同じように場所を譲るので、それらは等速で動いているとも述べている。

四四　なぜなら、各々の原子そのものを分離するという空虚の本性が、それらの原子に支えをつくり出すことができずに、この事態[5]をひき起こすからである。そして、原子にそなわっている固さは、原子の絡み合いが衝突からの原子の立ち戻りを許すかぎり、衝突による原子の跳ね返りをつくり出すのである。また、こうした原子の動きの始まりというのは存在しないのだが、それは原子と空虚が永遠だからである。*

＊彼はあとのところで、[6]原子について、形、大きさ、重さ以外には何の性質もないのだと述べている。しかし、色はもろもろの原子の配置に伴って変化するのだと、彼は『十二の基本原理』で述べている。そして、原子についてはあらゆる大きさが存在するわけではない、ともかく原子が感覚によって見られたことはけっしてないのだから、とつけ加えている。

四五　以上のすべてが記憶されていれば、これだけの要約でも、存在するものの本性に関する考え方に十分な輪郭を提供してくれるのである。

しかしさらに、世界は無数にある。この世界に似ている世界もあれば、似ていない世界もある。なぜなら原子は、先ほど説明されたように、[7]無限にあって、きわめて遠くへも移動するからである。実際、世界がそれらから生じ、それらによって作られるような、そうしたさまざまな原子は、一つの世界のためにも、ある

いは限られた数の世界のためにも、――それらの世界が相似たものであれ、相似たものとは異なるものであれ――、使い果たされてしまうことはないのである。したがって、世界の無数性に対して妨げとなりそうなものは何もないのである。

（1）これは空気や火など、いわゆる気体の状態が念頭に置かれていると見られる。

（2）これは原子が閉じ込められ、緊密に結びついた、いわゆる固体の状態が念頭に置かれていると見られる。原子の絡み合いには、原子の不規則な動きによる原子間の衝突が前提となるが、ここにはそのような記述が見られない。原子の「逸れ（パレンクリシス、παρέγκλισις）」についてはエピクロスの現存テクストのどこにも見出されないが、彼がその考えをもっていたことは、ルクレティウス『事物の本性について』第二巻二四三―二九三の議論（「逸れ」のラテン語訳は「クリーナーメン、clinamen」）やキケロ『善と悪の究極について』第一巻第六章などから確実である。アエティオス（後一〇〇年頃）に次の二つの記述が見える。(1)「原子はある時にはまっすぐ下に動き、ある時には逸れて動く。また上に動くものは、衝突と跳ね返りによって動く」（『学説誌』第一巻第十二章五）、(2)「エピクロスは二種類の動きがあると言った、まっすぐな動きと逸れ（παρέγκλισις）による動きと」（同巻第二十三章四）。

（3）これは原子が内側で比較的自由に動くことのできる、いわゆる液体の状態が念頭に置かれていると見られる。

（4）六一節で。

（5）原子が振動し続けるという事態。

（6）五四節で。

（7）四二節で。

四六　またさらに、さまざまな固体と形の似たもろもろの形象が存在しており、[1] それらは希薄さの点で感覚に現われている事物にはるかにまさっている。というのも、事物を取り囲むもの[2]のなかでその種の放出[3]が生じることも、それらの中空さと希薄さを産み出すのにふさわしい状況が生じることも、あるいはそれらの流出が、まさに固体のなかでもっていた連続的な位置と順序を保持することも、不可能ではないからである。そして、そうした形象のことをわれわれは、「像」と呼んでいる。[4] そのうえ、空虚のなかでの移動が、衝突しそうなものに何ら出会うことなく行なわれるならば、それらは想像しうるあらゆる距離を、思いもよらない時間のうちに通過してしまう。なぜなら、衝突の有無が、遅さと速さの様相を呈するから[5]である。

四七　とはいえ、理性によって見きわめられる時間に基づけば、移動している物体[6]そのものが複数の場所へ同時に到達することはないのである[7]――それは考えられないことだから――。また、感覚される時間において、その物体が無限の空間のどこからであれ、一緒に到達する場合[8]、その物体はわれわれがそれの移動の出発点として想像しうるような場所から放出されたものではないだろう[9]。なぜなら、そのようなことは、たとえわれわれが移動の速さとして、その時点まで[10]衝突を受けない速さを認めたとしても、衝突がある場合と

（1）この文章の「固体」の原語は「ステレムニオン（στερέμνιον）」。「形象（像）」と対比される語であり、いわゆる固体のみならず、液体や気体をも指す包括的な用語。また「形象」の原語は「テュポス（τύπος）」。原意は、刻印されたもの。「輪郭」とも訳されるが、「テュポス」は単に輪郭にとどまらず、「固体」の表面全体の姿を指す語として用いられており、「形象」の訳を採用した。以下では「像（εἴδωλον）」と呼ばれている。しかしそれは単なる形ではなく、

「固体」を覆う微細な原子群から成っており、「被膜（キトーン、χιτών）」とも呼ばれる（『自然について』第二巻断片三五）。エピクロスによれば、こうした像によって視覚作用や思考作用が説明されることになる（四九節参照）。

(2)「事物を取り囲むもの」とは、「環境」のことであるが、空気が念頭に置かれているかもしれない。

(3)「放出」の原語は、「アポスタシス（ἀπόστασις）」。事物の形象が、事物から放たれる事態を指す語。「流出（ἀπόρροια）」とほぼ同義であるが、流れよりもむしろ、事物から離れてゆく（剝離する）場面に意味の力点が置かれている。

(4)ベイリーは、ジュッサーニの提案に従って、ここまでを四六節aとし、以下の部分（「四六節b」としている）については、「像」の話ではないと見なして、六一節と六二節のあいだに移している。しかし以下の部分は、エピクロスの『自然について』における像の移動の記述と対応していると見られ（第二巻断片二九―三〇以下）、ベイリーの見解を採らない。

(5)「様相を呈する」の原語は、ὁμοίωμα λαμβάνει. 原意は、「似姿をとる」。

(6)この「物体」は像のことであろう。像もまた原子の集積である（『自然について』第二巻断片四、三八参照）。

(7)ある光景（像）が複数の場所で同時に見られる（感覚される）ように思われるとしても、その光景を構成する原子は距離の異なる場所に同時に到達しているわけではない。

(8)「一緒に到達する場合」の原語は、συναφικνούμενον. この語はこの箇所でしか見られない。「一緒に（συν）」の意味について三通りの解釈が考えられる。(1)その物体の諸原子が「一緒に」、(2)その物体の出発と「一緒に」（同時に）、(3)その物体が複数の場所に「一緒に」（同時に）。前文との関係から見れば、(3)の可能性が考えられるが、その場合、「また、感覚される時間において」を、「しかし、感覚される時間において」と解し、「また」の原語「καί」を逆説の「しかし」に読まなければならない（ヒックス、メンシュなど）。用語法の点で自然な解釈は、やはり(1)であろう（ロング&セドレー）。その含意は、その物体（像）を構成する諸原子がまとまって（一緒に）到達し、その物体（像）がその物体として感覚される、ということ。

(9)像がやって来るところをわれわれは見ることができない。像の到来による視覚効果は直接的であり、像の出発点はわれわれの想像をこえているということ。

(10)すなわち、像の到達まで。

似たものになろうから。[1] 実際、これもまた心に留めておくべき有益な基本原理である。[2] 次に、像が凌駕しえない希薄さをそなえていることについては、現われている事実の何ものも反証しない。だから、像はまた凌駕しえない速さをもっているのである。というのも、像はすべて自らに適した通路をもっており、無限にある他の原子には、像はいっさい衝突しないか、あるいは、わずかしか衝突しないからであって、他方、多くの原子、無限にある原子には、ただちに他の何かが衝突するのである。

四八　以上に加えて、像の生成は思考と同じ速さ[3]で起こるということも反証されないのである。実際、物体の表面からの流れは絶え間ないのだが、そのことが物体の減少によって明白にならないのは、失われたものがたえず補充されるからであり、そうした流れは、時には混乱した状態に陥ることがあるにしても、固体のなかにあったときの原子の位置と配列を、長い時間、保持するのである。また、われわれを取り囲むもののなかで像の構成が急速に生じるのは、それが内部の深いところで充実した状態になっている必要がないからであって、[4] ほかにもまた、このような本性のものを生み出しうる仕方はいくつかある。事実、もし人が何らかの仕方で感覚の明証性[5]に目を向け、もろもろの外的な事物からわれわれにもたらされるそれらの対応状態もその明証性に関係づけるなら、こうした見解のどれも感覚によって反証されないのである。

四九　他方また、われわれがものの形を見たり考えたりするのは、外的な事物から何かがわれわれの内に入ってくることによると見なさなければならない。なぜなら、外的な事物がそれ自身の色や形の本性をわれわれに刻印しうるのは、われわれとその事物とのあいだにある空気によるのではなく、[6] さまざまな光線や、われわれからその事物に向かうどのような流出物によるのでもなく、[7] むしろもろもろの事物から、それらと

似た色や似た形をした何らかのさまざまな形象が、視覚や精神に適合した大きさに従って、すばやく移動し

（1）すなわち、像の移動の出発点を想定することは、像の移動距離を限定することであって、その場合、像の動く速さは、衝突がなくても、あたかも衝突がある場合のように遅くなっているだろうということ。

（2）感覚される時間における像の移動距離は想像を絶するという原理。ルクレティウス『事物の本性について』第四巻一九二―一九三で、像は「一瞬の間に／想像もつかない長い距離をつき進むにちがいない」と言われている。なお、四七節の以上をベイリーは、ジュッサーニに従い四七節bとして六二節と六三節のあいだに移しているが、その案を採らない。

（3）「思考と同じ速さで」は「まったく間に」の意。エピクロスの愛用する表現と見られる（六一、八三節参照）。

（4）すなわち、像の「構成（σύστασις）」はいわば二次元的ということ。

（5）底本の「明証性（ἐναργείας）」はガッサンディによる修正。写本は、「活動（ἐνεργείας）」となっており、最新のドランディ校訂本もこれを採用しているが、文脈に適合しないであろう。

（6）デモクリトスへの言及か。テオプラストス『感覚について』五〇―五一に、「デモクリトスは、見ることは、像の反映によって起こると考える。……空気の内に像が刻印されるというのは、おかしな考えである。……一般的に言うならば、彼の著書『形について』のなかでそうしているように、デモクリトスは対象の形態を運ぶ流出物を想定しながら、なぜ空気に対する刻印を主張しなければならないのだろう。なぜなら、像はそれ自体反映されるからである」（デモクリトス「断片」A一三五（DK））という、デモクリトス批判の記述が見える。

（7）プラトンへの言及か。プラトン『テアイテトス』一五六D―Eに、「……視覚の方は目から出るし、これに合わせてこの色を生むものからは白色が出て、そのあいだで互いに運動して、すると目は視覚の充たすところとなり、そしてこのとき実に見るのである。すなわち目はその場合けっして視覚となるのではなく、見ている目となるのである。また、これに合わせてこの色を生むものは、一面に白色で充たされて、これはまたこれで、白色というものになるのではなくて、白くなるのである」という知覚論が展開されている。

ながら、われわれの内に入ってくることによるのである。[1]

五〇　かくして、この原因のゆえに、それらの形象は一つで連続したものという表象を与えながら、対象[2]に由来する対応状態を保全するが、その状態は対象からの対応した衝撃に基づいており、この衝撃は固体深部の原子の振動から生じるものなのである。

そしてわれわれが、精神であれ感覚器官であれ、それらの把握作用によって捉える形や属性のどのような表象であっても、その表象が当の固体の形なのであって、それは次々と密集する像によって、あるいは内に残った像によって[3]生じるのである。しかし、虚偽や誤りはいつでも、つけ加えられる判断のうちにある。この判断は、確証されることを待ちながら、あるいは反証されないことを待ちながら、あとで確証されなかったり反証されたりする事柄にかかわっているのである。＊

　＊この判断は、表象把握と結びついてはいるが、その把握とは区別される、われわれ自身のうちの何らかの動き[4]に基づいており、その動きによって虚偽は生じるのである。

五一　実際、睡眠中に生じるもの[5]であれ、思考や思考以外の判別能力[6]による他の把握作用に基づくものであれ、いわば似姿のうちに捉えられる表象像が、実在していて真なるものと呼ばれるものと似ているのは、もし何かその種のぶつかってくるもの[7]が存在しなかったならば、けっしてありえなかったであろう。しかし誤りは、もしわれわれが自分自身のうちに、表象把握と結びついてはいるが、その把握とは区別される、他の何らかの動きをも取り入れていなかったならば、起こりえなかったであろう。そしてその動きに基づいて

こそ――もしそれが確証されなければ、あるいは反証されるなら――、虚偽が生じる。他方、もし確証されれば、あるいは反証されないなら、真実が生じるのである。

五二　したがって、以上の学説もまた、しっかりと心に留めておかなければならない、明証性に基づく判

(1)エピクロスのこのような自然学的説明は、エンペドクレスにその起源が認められるかもしれない。プラトン『メノン』七六C―Dで、「もろもろの存在物から流出物のようなものが発出されている」というエンペドクレス説に基づき、「色とは、その大きさが視覚に適合して感覚されるところの、形から発出される流出物である」という見解が、ソクラテスによって提出されている。

(2)「対象」の原語は「ヒュポケイメノン(*ὑποκείμενον*)」。原意は「基に置かれたもの」であり、アリストテレスでは術語として通常「基体」と訳されるもの(アリストテレスで「対象」と訳されるのは、「相対するもの」という意味の「アンティケイメノン(*ἀντικείμενον*)」(『魂について』第一巻第一章四〇二b五)。エピクロスはしかし、「ヒュポケイメノン」によってここでは「形象」の「基となる事物」を指しており、この語をむしろ「対象」の意味で用いている。

(3)すなわち、精神、あるいは感覚器官の内に残った像の集まり(記憶像)によって。

(4)底本の「何らかの動き(*τινα κίνησιν*)」は、ウーゼナーの修正によるもの。写本は「動かぬもの(*τὴν ἀκίνητον*)」となっているが、これが何を指すのか定かでない。ウーゼナーの修正は、次節で言及される「他の何らかの動き」と整合的である。

(5)すなわち、夢の光景。

(6)「思考以外の判別能力」とは、さまざまな感覚のこと。

(7)すなわち、像のこと。

(8)すなわち、その動き(判断作用)。

断基準が破棄されないためにも、あるいは、誤っているものが、同じように確かなものにされて、すべてを混乱させないためにも。

さらにまた、聞くということは、声を発したり、音を立てたり、物音がしたり、あるいはどのような仕方であろうと、聞こえるという状態をひき起こすものの方から、何らかの流出物が移動することによって生じるのである。そしてその流出物は、同質の部分から成っているもろもろの粒子群へと分散し(1)、それらの粒子群は互いに対する何らかの対応状態を保持すると同時に(2)、それぞれに固有な仕方の一体性をも保持するのである。この一体性は流出物を発出した事物までつながっており、たいていの場合、その事物に関する知覚をつくり出すが、そうでない場合には、外的な事物の存在を単に明らかにするだけである(3)。

五三　なぜなら、その事物からそれに対応する何らかの状態がもたらされるのでなければ、そのような知覚は起こりえないだろうから。したがって、空気そのものが、発せられた音声や、あるいはそれと同類のものによって一定の形のものにされると見なすべきではなく(4)――なぜなら空気が、発せられた音声によってその状態にされるというのは、とうていありえないだろうから、――むしろ、われわれが音声を発するときに、われわれのうちに生じる衝撃がただちに、呼気状の流れをつくり上げるような一定の粒子群を締め出すと見なすべきなのである、あるいは、その流れがわれわれに聞こえる状態をひき起こすのである。

そしてさらに、嗅覚もまた、ちょうど聴覚の場合と同じように、事物から移動してきて、当の感覚器官を動かすのに適した何らかの粒子群が存在していなければ、いかなる感覚状態もけっしてつくり出すことができないと見なすべきであって、粒子群には感覚器官を乱す疎遠な種類のものもあれば(5)、乱さず親近な種類の

(1)音が聞こえるのは、対象から聴覚に届く何らかの流出物によるが、音が異なる位置にいる複数の人々に聞こえるのは、その流出物がさまざまな方向に分散し、それぞれの人の聴覚に届くことによると考えられている。分散したものは、「粒子群（ὄγκος）」と呼ばれ、粒子群は原子の小さな合成体である。一つの粒子群はその全体が特定の性質をもち、「同質の部分から成っている（ὁμοιομερής）」とエピクロスは想定している。

(2)底本の διασῴζοντος（属格分詞）は誤植であろう。写本に従って διασῴζοντας を読む。主語は粒子群。流れから分散させられたおのおのの粒子群は、互いに対応する状態を保ち、高い音なら別の人にも同じように高く聞こえるであろう。

(3)すなわち、たいていの場合、知覚による音の判別がなされるが、そうでない場合、ただ物音だけが感覚されて事物の存在のみが知られるということ。

(4)視覚の場合（四九節）と同様、デモクリトス説への言及と見られる。テオプラストス『感覚について』五五では、デモクリトスについてこう言われている。「聴覚については、彼は他の人々に似かよった説明を与えている。すなわち、空気は、耳の空虚な空間に入りこんでその中に運動をつくりだすのである。……他方で、この空気の侵入による運動が耳の内部で起こると、それはその運動の速さのために散り広がる。なぜなら、音は、空気が圧縮され強制的に中に入り込むときに起こるからである」（デモクリトス「断片」A一三五（DK））。また、アエティオス『学説誌』第四巻第十九章一三では、空気の変形についてこう言われている。「デモクリトスは、空気もまた、似かよった形状の物体へと細かく破砕され、声の断片とともに転々とするのだと語っている」（デモクリトス「断片」A一二八（DK））。

(5)すなわち、不快な匂いをもたらすものもあれば。

ものもある。(1)

五四　またさらに、原子は、形、重さ、(2)大きさ、および形に必然的にそなわっているかぎりのもの(3)以外には、感覚に現われている事物のいかなる性質も示さないと見なすべきである。(4)というのも、あらゆる性質は変化するのだから。しかし原子は何ら変化することがない。なぜなら、合成体の解体においては何か堅固で解体されないものが存続しなければならないが、(5)そのものはあらぬものへと変化してゆくのでもなければ、あらぬものから変化するのでもなく、変化がなされるのは、多くの事物の場合、原子の位置変換によるからであり、またいくつかの原子がつけ加わったり、離れ去ったりすることによるからである。それゆえ、位置変換するものは滅びないものであることが必然であって、変化するものの本性をもつのではなく、固有の大きさと形状をもっているのである。なぜなら、そうした大きさや形状が存続することも必然なのだから。

五五　実際、われわれの身辺にあるもので、周りが削り取られていって形を変えるものの内にさえ、形の存在は認められるが、それ以外のさまざまな性質は、形が残される場合と同じように、変化するものの内に存在するのではなく、その物体全体から失われてゆくのが認められるのである。したがって、何らかのものが少なくともあとに残るのであって、あらぬものへと消滅しないことが必然である以上、あとに残されるこれらのものだけで、合成体のさまざまな相違をつくり出すには十分なのである。(6)

---

(1) 続いて、味覚と触覚についての説明が予想されるかもしれないが、述べられない。ルクレティウス『事物の本性について』第四巻六一五―六二六で、音声の説明のあと、こう言われている。「味を感じるもの、すなわち舌と口蓋とについて

は／これほどの説明もいらなければ面倒もない、／まず始めに味は、ちょうど水をいっぱい含んだ海綿を／手で押ししぼり、乾かし始めるときと同じように、人が食物を／噛みくだいてしぼりだすとき、口の中で感じられる。／……しみてゆく汁の物体（原子）が滑らかであれば／それは快く触り、舌のまわりの、液のにじむ、しめった／口蓋のどこにも快く触れる。／それに反して荒々しいものにより多くみたされているものは／感覚を突き刺し、痛める」。触覚の説明は味覚よりもさらに容易であったのだろう。エピクロスが味覚と触覚の知識をより進歩した弟子たちに取っておいた（ベイリー）というより、むしろこの手紙では簡潔さのためにこれらの説明を省いたと見られる。

(2)テオプラストス『感覚について』六一（デモクリトス「断片」A一三五（DK））で、「重い軽いについては、デモクリトスは大きさに基づいて区別している。というのも、もしそれぞれの原子を一つ一つ別個に考えるとすれば、形の点で相違があっても、彼の見解では、重さに関してはその本性の基準は大きさにある」と言われ、重さは大きさに付随する性質と見られていた。重さを原子の属性と見るのは、エピクロスである。アエティオス『学説誌』第一巻第三章一八では、原子についてこう言われている。「デモクリトスは大きさと形という二つの属性を挙げたのに対し、エピクロスはそれに加えて第三のものとして重さを付け加えた。なぜなら、彼が言うには、物体が動くのは重いものの衝突によらなければならないからである」（デモクリトス「断片」A四七（DK））。

(3)「形に必然的にそなわっているかぎりのもの」とは、原子の示す抵抗（固さ）のことと考えられる（四四節参照）。セクストス・エンペイリコス『学者たちへの論駁』第十巻二四〇において、エピクロスは思考の対象としての物体（原子）を「大きさと形と抵抗（ἀντιτυπία）と重さの結合によって考える」と言われ、また同二五七では、「物体は形と大きさと抵抗と重さの集まりに基づいて考えられる」と言われている。

(4)四四節の古註部分参照。

(5)四一節参照。

(6)すなわち、原子の形、大きさ、重さだけで、合成体の相違をつくり出すのに十分である、ということ。

のみならずまた、現われている事実に反証されないためには、原子にはあらゆる大きさがあると認めるべきではない(1)。ただし、原子の大きさに何らかの差異があることは認めるべきである。というのも、この点がつけ加えられると、感情や感覚によって生じることも、よりよく説明されるだろうから。

五六　しかし、原子にあらゆる大きさがあるというのは、事物の性質の相違を説明するのに役立たないばかりか、同時にまた、われわれのところにも目に見えるような原子が来ていたはずだが、そのようなことが起こっているのは観察されないし、またどのようにして原子が目に見えるようなものになりうるのか、思い描くことすらできないのである(2)。

さて以上に加えて、限定された大きさの物体の内に、たとえどんなに小さな部分であろうと、無数の小部分があると見なすべきでもないのである(3)。したがって、われわれがあらゆるものを脆弱にしないためにも(4)、また集合体の概念において、もろもろのあるものを押しつぶしていきながら、あらぬものへと消し去ってしまう羽目に陥らないためにも、より小さな部分へ向かって無限に分割することは斥けねばならないだけでなく、限定された大きさの物体において、次々とより小さな部分へ向かうとしても、その移行が限りなく起こると見なすべきでもないのである(5)。

五七　なぜなら、ある物体の内に無数の小部分が属しているのだとか、あるいはどんな小さな部分でも属しているのだとか、ひとたびだれかが言うにしても、どうしてそうなるのか考えることもできないからであって、またその場合に、その物体の大きさがなおも限られたものでありうるというのは、いったいどうしてなのであろうか。というのも、無限にある小部分が、何ほどかの大きさであることは明らかなのだから。

とすれば、それらの小部分がどれほど小さくても、その物体の大きさも無限になるであろうから。[6] また、限定された大きさの物体には、たとえそれ自体としては観察されなくても、区別されうる極小部分があるのだから、それに続く部分もそのようなものと考えなくてはならず、[7] そしてそのようにして次から次へと先へ進

---

(1) 四四節の古註部分参照。

(2) デモクリトスの説として、ディオゲネス・ラエルティオス『哲学者列伝』第九巻四四で、「原子は大きさと数において限りのないもの」と言われており、またアエティオス『学説誌』第一巻第十二章六（デモクリトス「断片」A四七（DK））では、「宇宙全体の大きさをした原子も可能である」と報告されている。エピクロスはこうした見解を否定しているのである。

(3) 「無数の小部分（ἄπειροι ὄγκοι）」は思考の上では想定できても、「限られた大きさの物体」に実際に存在すると見なすことはできないということ。理由は、次節で述べられる。

(4) すなわち、こわれるもの（分割できるもの）にしないためにも。

(5) 四三節の古註部分参照。

(6) ルクレティウス『事物の本性について』第一巻六一五—六二二では、こう言われている。「さらにまた、最小のものが存在しないなら、いかに小さな物も／なお無限に多くの部分からできているだろう。／なぜなら半分のその半分もまたいつもその半分をもつ／だろうし、これを止めるものは何もないだろうから。／そうすると物の総体と最小のものの間にはどんな違いがあるのだろうか？／へだてるものは何もない。なぜならどれほど総体が／無限に大きくあろうとも、最小のものでさえも、同じく／無限に多くの部分からできているだろうから」。

(7) すなわち、「極小部分（ἄκρον）」に続く部分も同じく「極小部分」であるということ。

んでいけば、そのような部分に基づいて、[1]思考のうえで無限へと至ることが可能でなくてはならないだろう。[2]

五八　また、感覚における最小のもの[3]は、移行が可能なもの[4]と同じようなものでもなければ、それとあらゆる点でまったく似ていないものでもなくて、移行しうるものとある種の共通性[5]をもってはいるが、部分の区別はできないものと考えなければならない。しかし、共通性による類似点があるからといって、その最小のものの何らかの部分が、つまり、そのある部分はこちらに、別の部分はあちらに、というふうに区別されるだろうとわれわれが思っても、その時、われわれの目に入ってくるのは、その最小のものと等しいものであるにちがいない。[6]そしてわれわれはこうした最小のものを、最初のものから始めて次々と観察するのであるが、[7]それらは同じところにあるのではなく、またそれらの部分によって互いの部分に接触しているのでもなくて、もっぱらそれら自体の固有性において大きさを測る尺度となっているのであって、[8]より大きなものにはより多くの最小のものがあり、より小さなものにはより少ない最小のものがある。

この類比関係が、原子における最小のもの[9]にもあてはまると見なすべきである。[10]

五九　というのも、原子は小さいという点で、感覚によって観察されるものと異なっているのは明らかであるが、同じ類比関係が原子にあてはまるからである。現に、原子が大きさをもつということも、ここでの類比関係[11]に基づいてわれわれは断言したからであって、[12]ただ原子を何か小さなものとしてはるか遠くに追いやっただけなのである。さらにまた、最小の混じりけのないもの[13]は、目に見えないもの[14]を理性によって考察

（1）「そのような部分（極小部分）に基づいて」の原文は、κατὰ 〈τὸ〉 τοιοῦτον. 写本は、κατὰ τοιοῦτον となっており、これを読めば、

訳は「そのようなことに基づいて」となる。これは単に先行の「そのようにして（οὕτω）」をくり返しているように見えるので、修正が試みられてきた。ファーリーは、「その人（本節冒頭部の「だれか」＝反論者）によれば（κατὰ τοῦτον）」を提案しているが（Furley, 1967, p. 16）、「その人」への言及は唐突である。最少の変更は、ロング＆セドレーの「それだけのものに基づいて、それだけで（κατὰ τοσοῦτον）」であるが（vo. 2, p. 33. 最新のドランディ校訂本もこの読み）、底本と文意は変わらないだろう。

（2）しかるに、これは不合理である。限定された大きさの物体において、区別されうる有限個の「極小部分」に基づいて無限の部分に至ることはできないから。

（3）「感覚における最小のもの」とは、感覚しうる最小のもの、感覚によって識別できる最小部分。前節の観察されない「極小部分」とは異なる。

（4）「移行が可能なもの」とは、それのある部分から他の部分へと辿ってゆくことができるもの、すなわち一定の拡がりをもつもの。

（5）すなわち、一定の拡がりをもっていること。

（6）なぜなら、最小のものは部分をもつものではないから。

（7）たとえば、直線において、最小の単位が連なっているのが観察される。

（8）最小のものは、部分をもたない独立のものとして、大きさを測る単位であるということ。

（9）「原子における最小のもの」とは、一個の原子内の最小部分のこと。

（10）すなわち、より大きな原子（A）にはより多くの最小のもの（Mp）があり、より小さな原子（B）にはより少ない最小のもの（Lp）がある（A : Mp = B : Lp の類比関係がある）と見なすべきである。

（11）「ここでの類比関係（今言われた類比関係）」の原語は、*τὴν ἐνταῦθα ἀναλογίαν*. ウーゼナーに従って〈*τῶν*〉を補い、*τῶν ἐνταῦθα* とすれば、「ここでの（この世界の）事物（すなわち、目に見える事物）における類比関係」となるが、基本的な意味の差はないであろう。

（12）五四節参照。そこでは、原子に形のあることが、感覚に現われている事物との関係で断言されていた。

（13）すなわち、部分をもたないもの。

（14）原子のこと。

する場合に、より大きなものやより小さなものに対して(1)、大きさを測る尺度を自分自身から最初に提供する限界点であると見なさなければならない(2)。なぜなら、最小の混じりけのないものが、変化しえないもの(3)に対してもっている共通性だけでも、ここまでのことを結論するには十分だからである。しかし、その最小のものが動きをもつことによって、集合することはありえないのである(4)。

六〇　さらにまた、無限なもののなかでは、最も上方とか最も下方とかがあるかのように、上方や下方を断言すべきではない。そうではなくて、われわれがどこに立っていようと、そこから、頭上に限りなく線を引くことができるとしても、最上点はわれわれに現われることはけっしてないだろうと言うべきである。あるいは、想定された地点の限りなく下方が、同じものに対して、同時に上方でもあれば下方でもあるといったことはけっしてないと言うべきである。なぜなら、それは考えることができないから。したがって、限りなく上方へ向かうと考えられる移動を一つの移動として捉え、また下方へ向かう移動を一つの移動として捉えることが可能であって、たとえわれわれのところからわれわれの頭上の場所へ移動していくものが、上方にいる人々の足もとに一万回到達するとしても(5)、あるいは、われわれのところから下方へ移動していくものが、下方にいる人々の頭上に一万回到達するとしてもそうなのである。というのも、移動の全体はそれでもなお、一方の方向が他方の方向と限りなく対立していると考えられるからである。

六一　さらにまた、さまざまな原子は、空虚を通って、何ものもそれらに衝突することなく移動していくときには、等速であることが必然である。なぜなら、重いものが、小さくて軽いものより速く移動するという事態は、その軽いものに出会うものが何もないかぎり起こらないだろうし、また、すべてのものが自らに

（1）すなわち、より大きな原子やより小さな原子に対して。

（2）ルクレティウス『事物の本性について』第一巻五九九—六〇六では、こう言われている。「それから、私たちの感覚ではすでに識別できない、その／物体（原子）には、次々とぎりぎりの極点ともいうべきものが／存在するのだから、その極点は部分をもたずに存在し、／最小のものであり、そしてそれ自体切り離されて／存在したことはかつてなく、これから後もありえないだろう。／なぜならそれ自身他のものの基本的な一部分であり、／そこから他の同類の部分が順序よく次々とつながって／密集体をつくり、物体（原子）の本性を満たしているのだから」。

（3）「変化しえないもの（ἀμετάβολα）」とは、「移行が可能でないもの」（前節参照）のことと解される。すなわち、「感覚における最小のもの」。ここでは前節の類比関係の発展として、原子における最小のものと感覚における最小のもの（変化しえないもの）との共通性が指摘されていると見られる。ウーゼナーは文意を明瞭にする「ἀμετάβατα（移行しえないもの）」に修正し、アリゲッティが従っているが、訳文はすべての写本の一致した読みを採用する底本に従った。他方、ファーリー（Furley, 1967, pp. 26-27）は、ここでの共通性は、目に見える合成体およびその部分と、原子およびその部分との類比関係を指すと解したうえで、「写本の ἀμετάβολα（変化しえないもの）のところは、可視的な事物ないしその部分に言及するものでなければならないのだから、正しくはありえない」として、当の ἀμετάβολα（変化しえないもの）の「最も単純な修正」として否定の接頭辞（ἀ）を落とした μετάβολα（変化しうるもの）を提案しているが（ロング&セドレー、およびドランディ校訂本がその修正案に従っている）、推測が大きい。

（4）すなわち、原子の限界点が動いて集合し、原子が構成されることはありえない、ということ。

（5）エピクロスによれば、世界は無数にある（四五節参照）。含意は、移動していくものがわれわれの頭上の無数の世界の人々の足もとに何度到達したとしても（すなわち、彼らにとって何度下方からくる動きだったとしても）、ということ。

適した通路をもっているなら、[1] 小さなものが大きなものより速く移動するという事態は、その大きなものにさえ衝突するものが何もないかぎり起こらないだろうから。打撃による上方への移動にしても、側方への移動にしても、また原子自身の重さによる下方への移動にしてもより速いということはない。なぜなら、いずれかの移動が続くかぎり、それだけの間、外部から抵抗を受けるまでは、あるいは打撃を与えたものの力に対抗する原子自身の重さからの抵抗を受けるまでは、[2] 原子は思考と同じ速さで[3]移動を続けるだろうから。

六二　しかしまた、さまざまな合成体においては、それらの原子は等速でありながら、ある合成体は他の合成体よりも速く移動するであろうが、これは、そうした集合体のなかのさまざまな原子が、最小の連続的な時間においてさえ、一つの場所の方へと移動することによるのであって、[4] たとえそれらの原子が理性によって見きわめられる時間[5]においては一つの方向へ移動しないにしてもそうなのである。むしろ、それらの原子は、それらの移動の連続性が感覚のもとに入って来るようになるまで、頻繁に衝突しているのである。というのも、目に見えないものについてつけ加えられる判断、つまり、理性によって見きわめられる時間においても移動の連続性はあるだろうという判断は、この種の事柄[6]に関しては真実でないからである。なぜなら、思考によって見きわめられるもの、あるいはその把握作用によって捉えられるものは、すべて真実だからである。

六三　さて次に、感覚と感情に関連づけて――なぜなら、そのようにしてこそ、最も確固たる信念は得られるだろうから――以下のことを見てとらなければならない。すなわち、魂とは微細な成分からなる物体であって、集合体[7]全体に行き渡っており、また熱と何らかの仕方で混じり合っているプネウマ[8]に最もよく似て

(1)この点は像の原子について言われていた（四七節参照）。ここでは、小さな原子だけでなく大きな原子も「適した通路」をもっているなら、という条件が語られている。

(2)すなわち、打撃によって逸れた原子の、たとえば側方への動きが、原子の固有の重さによる下方への動きによって弱まるまでは。

(3)すなわち、「またたく間に」。「思考と同じ速さで」はエピクロスの愛用する表現（四八、八三節参照）。

(4)すなわち、感覚できる最小の連続的な時間においてさえ、集合体のなかの原子全体は一様に同じ方向に移動しているということ。実際には、集合体内部でさまざまな原子は、ぶつかりあいながら多方面の動きをしている（四三節参照）。

(5)四七節でも用いられていた表現。

(6)すなわち、集合体内部の感覚されない原子の動き。

(7)身体のこと。

(8)「プネウマ（*πνεῦμα*）」の原意は、「息」ないし「風」（しばしば「気息」や「精気」とも訳される）。ここでは「プネウマ」は熱の要素と区別されており、含意は「かすかな風」であろう。ルクレティウス『事物の本性について』第三巻二三一―二三三に、「しかし魂の本性は単一のものだと考えてはならない。／事実まさに死なんとしている人からは、何かかすかな風（aura）が／熱をまじえて逃げてゆき、熱はさらに空気を引き連れてゆく」という記述が見える。

いて、ある面ではプネウマに、他の面では熱に似たものなのである。しかし魂には微細な成分からなるという点でプネウマや熱そのものよりはるかにまさっている第三の部分があって、それゆえその部分は残りの集合体(1)ともいっそうよく共感しうるものとなっているのである(2)。そして以上のすべては、魂のもろもろの能力や、感情、動きやすさ、思考過程、また失われるとわれわれが死んでしまうようなもの(3)、こうしたものが明らかにしているのである。さらにまた、魂は感覚の最大の原因をもっているということも、心に留めておかなければならない。

六四　とはいえ、もし魂が残りの集合体(4)によって何らかの仕方で覆われていなかったならば、感覚を得ることはなかったであろう。そして残りの集合体は、魂に感覚の原因を提供したことにより、その集合体自体も魂からそのような付帯性質(5)を分けもつことになったのだが、しかし、魂が所有しているすべての性質を分けもっているわけではない。それゆえ、魂が離れ去ってしまえば、身体は感覚をもたないのである。なぜなら、身体そのものが自分自身のうちに感覚の能力を所有していたわけではなく、身体と同時に一緒に生まれた別のもの(6)がその能力を提供していたからであって、その別のものは、その動きにより自分に実現された能力を通じて、感覚という付帯性質をただちに自らのためにつくり上げるとともに、その性質を身体との隣接性と共感性に基づいて、私が述べたように、当の身体にも与えていたのである。

六五　まさにそれゆえ、魂はなかに留まっているかぎり(7)、他のどこかの部分が取り除かれたとしても、感覚を失うことはけっしてないのである。むしろ、魂を覆っているものが、その全体であれ、何らかの部分であれ、解体された場合、それとともに魂のどの部分が一緒に滅びようとも、魂は存続するかぎり感覚をもつ

（1）「残りの集合体」とは、身体のこと。「残りの」と言われるのは、集合体全体に行き渡っている魂もまた原子の集まりであり、同じ「集合体」の一部と見られるからである。

（2）ルクレティウス『事物の本性について』第三巻二四一―二四五では、「それゆえ、これらのもの（かすかな風、熱、空気）につけ加えて、何か第四の本性もまた／存在しなければならない。そのものは全く名前をもっていない。／そのものよりももっと動きやすく、もっとかすかなもの、／もっと小さくもっと滑らかな要素（原子）からできているものはない。／そのものが最初に感覚の運動を手足のなかに伝えるのだ」と言われている。エピクロスの言及しない空気を数え入れているため、ルクレティウスではエピクロスの「第三の部分（成分）」が「第四の本性」と呼ばれている。他方、アエティオス『学説誌』第四巻第三章一一には、「エピクロスによれば、魂とは四つのものから成る混合体であり、それは火のような種類のもの、空気のような種類のもの、プネウマのような種類のもの、第四の何か名前のないものから成っている。また、この第四のものが彼にとっては感覚的なものであった。これらのうち、プネウマが動きをもたらし、空気が静止をもたらし、熱いものが身体に現われる熱をもたらし、そして名前のないものがわれわれのうちに感覚をもたらすのである。というのも、名づけられた要素のどれにも感覚は存しないからである」と言われている。なぜ『ヘロドトス宛の手紙』では空気があげられていないのか。この手紙が書かれたときには、空気はまだ魂の構成要素と認められていなかったのか、あるいは、プネウマが空気を含意するものであったのか、いろいろと推測できるが、たしかなことはわからない。

（3）息（熱と混じり合ったプネウマ）や身体のあたたかさ（熱）のことであろう。

（4）前註（1）参照。

（5）すなわち、感覚するという性質。感覚が「付帯性質」と呼ばれるのは、身体がたまたま魂と結びつくことによって得られる性質だから。なお、「付帯性質」については、三七頁註（1）、および七〇節参照。

（6）魂のこと。

（7）すなわち、残りの集合体（身体）のなかに留まっているかぎり。

だろう。だが、残りの集合体の方は、存続するものが全体であっても部分であっても、魂の本性をつくり上げるのに必要なだけの原子の量がそこから失われたなら、感覚をもつことはないのである。さらにまた、集合体全体が解体されてしまうならば、魂は散り散りになって、もはや同じさまざまな能力をもたず、動くこともなく、したがって感覚を所有することもないのである。

六六　なぜなら、魂がこの組織体[1]のうちにあって、こうした動きを行使していないのであれば、感覚しているものと考えることはできないからであって、その時、魂を覆いながら取り囲んでいるものは、魂が今そのなかにあって現にこうした動きをもっているようなものではないのである*。

*彼は他の箇所で、こうも述べている。魂は最もなめらかで最も丸い原子から構成されており[2]、それらの原子は火の原子とは大いに異なっているのだと。また、魂のある部分は非理性的であり、これは残りの身体に行き渡っているが、理性的な部分の方は、恐れやよろこびから明らかなように、胸に宿っている。また、合成体全体に行き渡っている魂の諸部分はその合成体のうちに保持されていたり、散らばっていたりするが、あとで衝撃によってそれらがぶつかり合うと眠りが生じる[3]。また種子は、身体全体からもたらされるのだと[4]。

六七　しかしまた、以上のことに加えて次の点も理解しておかなければならない。すなわち、それ自体として存在すると考えられうるものについて、われわれが語の最も一般的な用法に従って、「非物体的なもの」と語っているのは何であるかを[5]。しかるに、それ自体として存在する非物体的なものとは、空虚以外に考えることができない。そして、空虚は作用することも作用を受けることもできないものであって、ただそれ自身のなかを物体が通って動くことができるようにするだけである[6]。したがって、魂を非物体的なものと

(1)これは魂と身体から成る組織体（σύστημα）のこと。この語は、魂を含んだ「集合体（ἄθροισμα）」を言い換えた表現であり、「有機体」とも訳せるもの。

(2)ルクレティウス『事物の本性について』第三巻二〇三―二〇五で、「だからいま、心（animus）の本性はきわめて動きやすい／ということがわかった以上、それは非常に小さく、／なめらかで丸い物体（原子）からできているのでなければならぬ」と言われており、古註の記述は魂全体の構成要素の記述とも、特に名前のない部分に関する記述とも解される。

(3)ルクレティウス『事物の本性について』第四巻九一六―九二四では、「まず眠りが生じるのは魂の力が全身にわたって／分散され、一部は外に放出されて離れ、／一部は押し込められて体のなか深く退いたときである。／その時たしかに手足は力を失い、ぐったりとなる。／疑いもなく私たちのなかにあるこの感覚は／魂の仕事なのだから、眠りが感覚の存在を妨げるとき／魂はかき乱され外に追い出されると思わねばならない、しかし全部ではない、／なぜならその時は体は死の永遠の冷たさに／包まれて横たわってしまうだろうから」と説明されている。

(4)「種子」という表現は三八節に見られるが、アエティオス『学説誌』第五巻第三章五には、「エピクロスは種子とは魂と身体から切り離された粒子だと言っている」と伝えられている。古註の「身体全体」とは魂の行き渡った「身体全体」のことであろう。またこの場合の「種子（σπέρμα）」とは、男女問わず、特に「精子」を指す言葉と見られる。アエティオス同巻第五章一に、「エピクロスとデモクリトスによれば、雌も精子（σπέρμα, 種子）を分泌する。というのも、女性は内側に反転した生殖腺をもっているからである。そのせいで、性交への欲求もおぼえるのである」（デモクリトス「断片」A一四二（DK））という記述が見える。

(5)この一文の複数の写本は、「何であるか（ὅ τι）」ではなく、「ということ（ὅτι）」となっている。これを読めば（ドランディ校訂本）、全体の訳は、「われわれは語の最も一般的な用法に従って、『非物体的なもの』［という語］を、それ自体として存在すると考えられうるものについて語っているということを」となるが、続く文に合わないだろう。

(6)四〇節参照。

語る人たちは、愚かなことを言っているのである。なぜなら、もし魂がそのようなものであったなら、それは作用することも作用を受けることも一切できなかったであろうから。しかし実際には、これら両方の付帯性質[1]が、魂に関しては明瞭に識別されるのである。

六八　さて、魂に関する以上の結論のすべてを、人が感情や感覚に関連づけ、最初に述べられたこと[2]を記憶しているなら、こうした結論は十分に体系の輪郭の内にまとめられていて、個別的な事柄はその輪郭に基づいて確実に精査されることが見てとれるであろう。

しかしさらに、形、色、大きさ、重さ、およびその他、物体に——すべての物体にであれ、目に見える物体にであれ——、いわば属性[3]として述語づけられ、感覚そのものによって知られる一切のもの、こうしたものはそれら自体として存在する本性のものと想定すべきではないのである——というのも、それは考えられないことだから[4]——。

六九　また、それらの属性はまったく存在しないのだと想定すべきでもなく、あるいは物体につけ加わっている何か別の非物体的なものと想定すべきでもなく[5]、あるいは物体の部分と想定すべきでもなくて、むしろ物体全体が、あまねく、それ自体の永続的な本性をそれらすべての属性から得ていると想定すべきなのである。ただし、物体とは、いわばそれらの属性が寄せ集められたものではない[6]——たとえば、より大きな集合体がさまざまな小部分そのものから、その小部分が第一のもの[7]であろうと、何らかの特定の集合体全体より小さな規模のものであろうと、そうした小部分から構成される場合のようになってはいないのである。むしろ物体は、私が言っているように、単にそれらすべての属性から、それ自体の永続的な本性を得ているだ

けなのである。そしてこれらの属性はすべて、それぞれに固有な仕方で把握され、区別されるものであり、

---

(1)「付帯性質」の原語は、「シュンプトーマ（σύμπτωμα）」。原意は、「たまたま起こるもの」。エピクロスはこれを術語として使い、物体にたまたま生じる永続的でない性質を意味している（たとえば、ワインの甘さ）。「付帯性質」については、後の七〇節で説明されるが、ここでは作用することと作用を受けることが「付帯性質」と考えられている。

(2)三五―三六節参照。

(3)「属性」の原語は、「シュンベベーコス（συμβεβηκός）」。原意は、「結果として生じるもの」。アリストテレスが「付帯的なこと」を意味する語として使っていたもの（『形而上学』Δ巻第三十章）。アリストテレスはこの語を偶然的な付帯性（植樹のために穴を掘っていて宝を発見したなど）と偶然的でない付帯性（三角形の内角の和が二直角であるなど）の二つの意味で用いているが、エピクロスはむしろ後者の用法に限定し、物体の「属性」を意味する術語として使っている。「属性」は物体から切り離せない、「物体」の本質的な性質を意味する（たとえば、ワインのアルコール分）。なお、「いわば属性として（ὡσανεὶ συμβεβηκότα）」という訳の写本には乱れがある。修正案として ὡς ἀεὶ συμβεβηκότα がロング&セドレーによって提出され、ドランディが採用している。これを読めば、訳は「つねに属する性質として」、すなわち「永続的な属性として」となる。文意は明確になるが、ここはエピクロスが術語の導入にあたって表現をやわらげているとも見られ、底本の読みに従った。

(4)すなわち、物体なしには属性はありえないということ。

(5)なぜなら、非物体的なものは「空虚」だけだから（六七節参照）。

(6)前文の「むしろ」以下の文については、異なる写本に基づき別の読みが可能である（ドランディ校訂本など）。それによれば、訳は、「むしろ物体全体は、それ自体の永続的な本性をもつものであるが、すべての属性が寄せ集められたときに、それらから全体が成り立ちうるようなものではない」となるが、底本の読みと基本的な意味の差はないであろう。

(7)「第一のもの」とは、「感覚における最小のもの」のこと（五八節参照）。

また、そうした属性には複合体[1]が一緒に伴っていて、属性からけっして切り離されないが、その複合体が「物体」という呼ばれ方をするのは、複合体としての概念に基づいてのことなのである。

七〇　さらにまた、物体には永続的でない性質が伴うことがしばしば起こりうるけれども、そのようなものは目に見えないものに属するのではないし、また非物体的なものでもないのである。したがって、われわれは最も一般的な慣用に従って「付帯性質」という語を用いながら[2]、次のことを明白にするのである。すなわち、さまざまな付帯性質というのは、われわれが複合体として捉えて、物体と呼んでいるような全体の本性をもっていないし、またそれらがなければ物体というものを考えることができないといった、そうした永続的に伴うもの[3]の本性ももっていないということである。しかるに、それらに伴う複合体のある種の把握に基づいて、それぞれの付帯性質が語られうるのである。

七一　しかしそのように語られるのは、付帯性質が永続的に伴うものでない以上、それぞれの性質が複合体に生じているのが観察されるときにかぎるのである。そして、付帯性質はまさにわれわれが物体とも呼んでいる全体に生じているが、その全体の本性をもっていないからといって、また永続的に伴うものの本性をもっていないからといって、その明証性を存在の領域から追放すべきではないのである。他方、さまざまな付帯性質がそれら自体で存在していると見なすべきでもなく——なぜなら、そのようなことは、付帯性質の場合であっても、永続的に属する性質の場合であっても、考えられないことだから——、むしろ、まさに現われているとおりに、すべて物体のところに付帯している性質と見なすべきであって、それらは永続的に伴うものでもなければ、さらにはそれら自体で存在する本性の地位をもつものでもないのである。むしろそれ

らの性質は、感覚そのものがその固有のありさまを示すような仕方で、観察されるのである。

七二　さらにまた、以上に加えて、次のこともしっかりと理解しておかなければならない。すなわち、時間については、他のもの[4]と同じようにして探求すべきではないのである。他のものの場合には、われわれはそれらをわれわれ自身のうちに眺められる先取観念[5]に関連づけながら、対象のなかで探求しているのであるが、時間の場合は、われわれが「長い時間」とか「短い時間」とか声に出して言うときに、われわれが一様

（1）「複合体（ἀθρόον）」とは続いて説明されるように、「物体」のこと。さまざまな属性をもっているという観点から、「複合体」と言われている。

（2）「付帯性質（σύμπτωμα）」の通常の意味は、「たまたま起こるもの（偶然の出来事）」。ここではこの意味が念頭に置かれ、術語化されている。ルクレティウス『事物の本性について』第一巻四五五—四五八に、「隷属、貧困、富裕、／自由、戦争、協調、その他一般に、それがやって来ても／去って行っても、物の本性はそのまま損われずにとどまるようなもの、／これらのものを私たちは、それにふさわしく偶然の出来事（eventa）と呼ぶ慣わしだ」と言われている。「偶然の出来事（eventa）」は「付帯性質（σύμπτωμα）」に対応するラテン語。

（3）属性のこと。

（4）「他のもの」とは、続く文から知られるように、「対象のなかに」あるものであって、属性や付帯性質が念頭に置かれている。

（5）「先取観念」は三八節で「最初の観念」と呼ばれていたもの。七頁註（2）参照。

にくり返している明瞭なものそのものを、類比によって考察すべきである[1]。そして、ある言い方をよりよいものと思ってそれに取りかえるべきではなく、むしろ時間に関しては現にある言い方そのものを用いるべきであるし、また時間に関しては他の何かを、この独自な特性と同じ本質をもっているかのように述語づけるべきでもなく――というのは、これもある人たちが行なっていることだから[2]――、むしろ、われわれがこの独自なもの[3]を結びつけて、この独自なものを測っているもとのもの[4]、もっぱらこれを何より経験的に考察すべきなのである[5]。

七三　なぜなら、次の事実はことさら論証を必要とせず、経験的に考えてみるだけで十分だからである[6]。すなわち、昼と夜に、またこれらの部分に、同様にして、感情や感情のない状態に、また動きや静止にも、われわれはこの独自なものを結びつけており、さらにこれらの事象について、まさにこのものをある独自の付帯的なもの[7]として思い浮かべ、このものに関してわれわれは「時間」という語を用いているのである*。

＊また彼はこのことを、『自然について』第二巻や『大摘要』でも述べている。

そして、これまで述べられたことに加えて、こう見なさなければならない。すなわち、さまざまな世界は、またわれわれの観察する事物ときわめてよく似た形態をもつすべての有限な合成体は、無限なもの[8]から生じたものであって、それらすべては、より大きなものも、より小さなものも、それぞれ固有の凝集体[9]から分離

（1）「類比によって考察すべき」の原語は、「アナロギステオン（ἀναλογιστέον）」。その動詞は単に「数え上げる」「勘考する」「考慮

に入れる」とも訳されるが、この文脈では考察方法を示すものとして術語的な意味で使われていると見られ、アリゲッティや、ロング&セドレーの訳に従った。「類比による考察」とは、長い時間や短い時間を昼や夜、あるいは動きや静止の現象と比べ合わせることによって考察するということであろう。

(2) たとえば、プラトンは時間を「永遠の動く似像」であり、「数に基づいて進むもの」と述べており(『ティマイオス』三七D)、アリストテレスは、時間とは「より先・より後に基づく運動変化の数」と定義している(『自然学』第四巻第十一章二一九b一)。

(3) すなわち、時間。

(4) 次節で言及される昼夜など。また、『自然について』第十巻断片一〇参照。

(5)「経験的に考察すべき」の原語は、*ἐπιλογιστέον*. その動詞は「考慮する」「かえりみる」「よく考える」とも訳されるが、「アナロギステオン」(前註(1))と同様、ここでは「経験的に考察する」という意味で、なかば術語として用いられていると見られる(『自然について』第二十八巻断片四参照)。

(6)「経験的に考えてみる」の原語は、*ἐπιλογισμός*. ロング&セドレーの訳は、「経験的推論(empirical reasoning)」。

(7)「ある独自の付帯的なもの(*ἴδιόν τι σύμπτωμα*)」と言われているのは、時間が単に事物の付帯性質ではないからである。セクストス・エンペイリコス『学者たちへの論駁』第十巻二一九では、「エピクロスは、ラコニアのデメトリオスが彼について解説しているところによると、時間とはもろもろの付帯性質の付帯性質——すなわち、もろもろの昼と夜や時刻、感情や感情のない状態、動きや静止に付随する付帯性質——であると言っている。というのも、これらはすべて、何かあるものに属する付帯性質であり、そして時間はこれらすべてに付随するものであるから、時間がもろもろの付帯性質の付帯性質であると言われるのは、なるほどありそうなことであろう」と言われている。

(8)「無限なもの」とは、無限の宇宙のこと(『ピュトクレス宛の手紙』八八参照)。

(9) 凝集体の原語は、「シュストロペー(*συστροφή*)」。原意は、撚り合わされたもの。世界や世界の事物の起源となり核となる原子の集合体を指す用語。ルクレティウス『事物の本性について』第二巻一〇六四—一〇六六に、「アイテールが欲深く抱いている/この世界と似た、物質(原子)の集合がどこかよそにも/また必ずあることを認めなければならない」と言われている。

されたものなのである。そしてそれらすべてはふたたび解体してゆくのである。あるものはより速く、他のものはより遅く、またあるものはこれこれの原因によって、他のものはしかじかの原因によってその作用を受けながら。*

*したがって彼が、もろもろの世界は、それらの諸部分が変化する以上、消滅しうるものでもあると主張しているのは明らかである。また他の箇所では、大地は空気の上に浮いているのだとも述べている。

七四　さらにまた、もろもろの世界は必然的に一つの形状をもっていると見なすべきではない……。(1)* 実際、動物や植物、その他われわれの観察するすべてのものが構成される場合に、そのもとになるような種子は、この種類の世界には含まれていたり、含まれていなかったりするかもしれないが、別の種類の世界には、そうした可能性はなかっただろうなどとは、だれも論証できないだろう。**

*むしろ、もろもろの世界は異なった形状をもっているのだとも、彼自身は『自然について』第十二巻で述べている。すなわち、ある世界は球形であり、他の世界は卵形であり、また別の世界は別の形をしているのだと。しかしながら、それらはあらゆる形をもっているわけではない。また、それらは無限なものから分離された生きものでもないのだと、彼は述べている。

**同様に、それらの生きものもそこで育てられるのである。またそれは地上と(2)同じ仕方によると見なすべきである。

七五　しかしまた、人間の自然本性も、多くのあらゆる種類のものごとを、現実の事象そのものによって教えられたり、強いられたりしたと想定すべきである。そして、その後には推論の能力が、自然本性によっ

て促されたことを精巧に発展させたり、新たな発見をつけ加えたりしたのであるが、この仕事はある人々においてはより速く、他の人々においてはより遅くなされ、またある時期やある時代においては、より大きな進歩を遂げたが、別の時期や時代には、より小さな進歩しか見られなかったのである。

それゆえ、さまざまな名前も、最初から人為的な定めによって生じたのではなく、人間たちの自然本性そのものが、それぞれの種族ごとに、特有の感情を抱き、特有の印象を受け取って、それぞれの感情と印象によって整えられた空気(3)を、さまざまな種族の住んでいた地域の違いにも応じて、特有の仕方で発したものなのである。

七六　そしてその後に、言葉の意味が互いにとって曖昧になるのが少なくなるように、またより簡潔に表明されるように、それぞれの種族ごとに、特有の名前が共通の理解によって定められたのである。また、何か目に留まっていない事柄(4)は、気づいていた人たちが導入し、何らかの音声を人々に伝えたが、そうした音声には発音するよう強いられたもの(5)もあれば、最も一般的な理由に従ってその仕方で表現することを彼らが

(1)この箇所に脱落があり、古註が挿入されている。
(2)すなわち、この地球上と。
(3)呼気のこと。
(4)「目に留まっていない事柄（*οὐ συνορώμενα πράγματα*）」には、単に以前に知られていなかった事象だけでなく、抽象的な概念や理論的な事柄なども含まれるであろう。
(5)すなわち、自然によって。

推論によって選んだものもあったのである。[1]

そしてさらに、天界における運行[2]や回帰[3]、食[4]、昇りや沈み[5]、またそれらに連なる類似の現象[6]は、何者かが[7]、そうした天体に奉仕しながら、現在においても未来においても指令することによって生じ、同時に、その者が不滅性を伴った十全な至福を享受している、などと見なすべきでもないのである。

七七（なぜなら、労苦や気がかり、怒りや好意というのは至福と調和せず[8]、むしろそれらは、弱さや恐れ、隣人への依存があるところに生じるのだから。）なおまた、凝縮した火にすぎないものが[9]、同時に至福をそなえていて、望むままにこれらの運動を引き受けているのだと見なすべきでもない。そうではなく、そのような概念[10]に適用されるどのような名前においても、あらゆる尊厳性を保持すべきであって、それらの名前から尊厳性と矛盾するような見解が生じることのないようにしなければならない。さもなければ、まさにその矛盾が、魂のうちに最大の動揺をひき起こすことになるだろう。それゆえ、もろもろの天体の必然性と周期がもたらされるのも、世界の生成過程のうちに、それらの凝集体[11]が最初から取り込まれていたことに基づくのだと判断しなければならない。

七八　さらにまた、最も重要な事柄に関する原因を精査することが自然研究の仕事であって、人間の至福は天界現象の認識におけるこの部分にかかっているのだと見なすべきである、すなわち、この天界に観察されるものがどのような本性のものかに関する認識に、またこの仕事の正確さにつながるあらゆる事柄に関する認識に、人間の至福はかかっているのだと。

さらに、このような最も重要な事柄においては、幾通りもの仕方があるとか、他の何らかのあり方も可能

であるとか、そういったことはなく、不滅で至福な本性のうちには、反目や動揺を示唆するものはまったく何ひとつ存在しないと見なすべきである。そして、これが無条件にそうであるということは、思考によって把握できることなのである。

七九　だが、天体の沈みや昇り、回帰や食、またそれらに関連するあらゆる事象の調査研究に属することは、先の認識のもたらす至福にはもはや何ら寄与しないのであって、そうした事象をよく知っていながら、その本性が何であり、最も決定的な原因が何であるかについて無知である人々は、彼らがこれらの事象につ

(1) この文の「最も一般的な理由に従って」とは、最も一般的な語法に従って、の意であろう。ベイリーの指摘するように、「最も一般的な用法に従って」(六七節)や、「最も一般的な慣用に従って」(七〇節)と同様の表現と見られ、この一文の含意は、新たな語の導入者は、造語の際には、すでに用いられている語から類推されるものを選んだ、ということであろう。ロング&セドレーは、この句を「主要な原因に関するかぎり」の意味に解し、この文全体に、「主要な原因に関するかぎり、このようにして、彼らは自己表現を達成した(言語を使うことになった)のである」という訳を与え、七六節をエピクロスの言語起源論の締めくくりの文と見ているが、原文校訂に難があるばかりか、エピクロスの用語法とも合わないだろう。

(2)『ピュトクレス宛の手紙』九二参照。

(3)『ピュトクレス宛の手紙』九三参照。

(4)『ピュトクレス宛の手紙』九六参照。

(5)『ピュトクレス宛の手紙』九二参照。

(6) 春分、秋分、月の満ち欠けなど。

(7) 神的な存在が念頭に置かれている。

(8)『主要教説』一参照。

(9) 天体のこと。

(10) 不滅性や至福の概念。

(11) 天体のもとになる原子の凝集体。凝集体については、四一頁註(9)参照。

いて特に知ることがなかった場合と同じようにして、恐れを抱いていると見なすべきである。それどころか、それらの事象に関する付加的な知識から生じる驚異の念が、問題の解決を捉えることができず、最も決定的な原因にかかわる天の配剤を捉えることができないとき、彼らの抱く恐れは、おそらく、いっそう大きくなるだろう。

それゆえ、実際、たとえわれわれが天体の回帰や沈み、昇り、食、またそのような種類の現象について、個別的な事柄においてもなされていたのと同じように、複数の原因を発見することがあるとしても、八〇だからといってそれらに関する研究の仕事が、われわれの動揺のなさや幸せのために寄与するだけの正確さには到達しない、などと見なすべきではないのである。したがって、天界の現象やすべての明らかでない事柄については、われわれのところでそれらと類似の現象がどれだけの仕方で生じるかを比較考察しながら、その原因を探究すべきであって、遠く離れたところから見えるものという点をかえりみずに、ただ一つの仕方で存在したり生じたりするものも、幾通りもの仕方で起こるものも認識しない人たち、さらには、どのような状況で人は動揺せずにいられないか、同様にまたどのような状況では動揺せずにすむかについて無知である人たち、このような人たちはすべて軽視すべきなのである。だからわれわれは、ある現象が特定の仕方で生じることも可能だと考えるなら、その現象が実際に幾通りもの仕方で生じることを知っても、それが特定の仕方で生じるのをわれわれが心得ている場合と同じように、[1]動揺せずにすむだろう。

八一　そして、以上のことすべてに加えて、全般的に次のことを理解しなければならない。すなわち、人間の魂にとって最も決定的な動揺が生じるのは、人々が、これらの天体が至福であり不滅であると判断しな

がら、同時にそうした性質と矛盾する願望や行為や動機をもっていると判断する場合であり、また神話に基づいて、何か永遠に続く恐ろしいことをたえず予期したり気にかけたりする場合である。のみならず、死んでしまったときの無感覚そのものを、あたかも自分たちに関わりがあるかのように恐れる場合にも、あるいはまた、こうした状態に陥るのがいろいろな判断によるのではなく、むしろ何らかの非理性的な妄想による場合にも、魂の最も決定的な動揺は生じるのである。それゆえこの場合には、恐ろしいものに限界を設けておかなければ、そうした判断をくだした場合と等しいほどの動揺を、いや、それよりももっと激しい動揺を受け取ることになる。

八二　だが、動揺のない平静な心境というのは、これらすべての動揺からすっかり解放されていることであり、全体的で最も重要な事柄をたえず記憶に留めていることなのである。

---

(1) この一文の「われわれが心得ている」の底本の原語は、εἴδωμεν（「私は知っている οἶδα［現在完了形］」の一人称複数接続法の形）。語頭に鋭アクセントのあるこの語は、紀元前のギリシア語文献では他で見られない稀なものである。底本とヒックスのみが採用しているが、他の校訂本（ガッサンディ、ウーゼナー、アリゲッティ、ドランディなど）はどれも、第二音節に曲アクセントのある通常の（文法的に正当な）εἰδῶμεν を採用している。語頭に鋭アクセントを置く用法は、ホメロス『オデュッセイア』第一歌一七四や『イリアス』第一歌三六三などに認められる可能性があり、後二世紀の文法家ヘロディアノスがこの問題について論じ、εἴδω がそのまま変化する用法を指摘しているが（『語形変化について』三六九-二八（Lentz））、単に底本のアクセント表記が誤っているかもしれない。

それゆえ、現に存在している感情や感覚に注意を向けるべきであり[1]、人々に共通の事柄に関しては共通の感情や感覚に、特有の事柄に関しては特有の感情や感覚に注意を向け[2]、またそれぞれの判別能力に基づいて現に存在しているあらゆる明証性にも、われわれは注意を向けなければならない。なぜなら、これらのものに注意を向けるならば、動揺や恐れが生じてきた肝心の原因をわれわれは正しく突きとめることになるだろうし、天界の現象についても、あるいはまた、その他われわれにそのつど不意にふりかかってくる事態についても、われわれは原因探究することにより、他の人々を極度に恐れさせているすべてのことから解放されることになるだろうから。

さてヘロドトスよ、以上が、君のために、学説全体の本性について要約された最も重要な内容なのです。

八三　したがって、もしこの言説が正確さを伴って保持されうるものとなれば、私が思うに、人が個別にわたる正確な知識のすべてに向かわなくても、その人は他の人間たちとは比較にならないほどの力量を手にすることになるでしょう。なぜなら、その人はまた個別に精査された事柄の多くを、われわれの体系全体に基づいて自分自身で明確なものにするでしょうし、またこれらの要約そのものが記憶に留められるなら、たえず助けとなるでしょうから。

実際、その内容はこのような性格のものなのです。ですから、すでに個別にわたって十分に、あるいは完全なまでに精査している人たちも、このような要点理解にまで分析することによって、自然全体に関する研究過程の大部分を行なうことになるはずです。他方、習熟している人たち自身のなかでも、まだ完全でない

かぎりの人たちは、語られる言葉ぬきのやり方(3)であっても、以上の内容から、心の安らぎのために最も重要なもろもろの事柄を、思考と同じ速さで(4)見渡すことになるのです。

(1)三八節参照。
(2)共通(一般)と特有(特殊)の違いに注意すべきことについては、『主要教説』三六参照。
(3)口述や議論なしに、静かに読むだけのやり方。
(4)すなわち、「またたく間に」。「思考と同じ速さで」という表現は像の生成や原子の動きについて言われていたもの(四八、六一節参照)。ここでは、語られる言葉を発したり、聞いたりすることがないため、文字通り「思考と同じ速さで」と言われているのかもしれない。

ピュトクレス宛の手紙

朴一功
和田利博　訳

エピクロスよりピュトクレス[1]へ、ごきげんよう。

八四　クレオン[2]が君からの手紙を私に届けてくれましたが、その手紙のなかで君は、君自身に対する私の好意にふさわしいかたちで、私に親愛の情を示し続け、また幸せな生活につながる論議を、納得のいくような仕方で記憶しようと努めています。そのうえで、君は、天界の事象について容易に記憶できるような、簡潔にして要を得た論考を自分の方に書き送ってほしいと求めています。それというのも、他のいくつかの本のなかで私が書いた事柄は、君が言うには、そうした本をたえず手にしているにもかかわらず、なかなか記憶しづらいということなのですから。しかし私としては、君の求めをよろこんで受け入れるとともに、心は楽しい期待で満たされてもいるのです。

八五　そこで、ちょうど他の著作はすべて書き終えたところなので、私は君が要求したことを果たすことにいたしましょう。以下の論議は他の多くの人々に有用なだけでなく、とりわけ、最近になって真正の自然研究の味を知ったばかりの人たちや、何らかの日常的な仕事に深く巻き込まれて暇のない人たちにとっても有用でしょうから。ですから君は、これらの議論をしっかりと把握し、記憶に留めながら、私がヘロドトスに宛てて『小摘要[3]』のなかで書き送った他の事柄とあわせて、これらの議論に入念に目を通すようにしてく

ださい。

さて、第一に、天界の事象に関する知識の目的は、そうした事象が他の事柄と結びつけて語られるにせよ、それらだけで語られるにせよ、他のさまざまな知識の目的と同様、まさに動揺のない平静な心境と確固たる信念にほかならない、と見なすべきである。(4)

八六　次に、天界の事象については、不可能な説明を無理に押しつけてもならず、また、生き方にかかわる議論や、他の自然学的な問題の解明に関する議論、たとえば、万有は、物体および触れることのできない本性のものから成り立っているとか、(5) あるいは構成要素は分割しえないものであるとか、(6) その種の、現われている事実との調和がただ一つしかないすべての議論のことだが、どのような点においても、こうした議論

(1) エピクロスの最も親しい弟子の一人。若さの盛りにあるピュトクレスに宛てて、エピクロスは、「私はひざまずいて、君の、愛らしく神にも似た姿の訪れを待ち望むことにしましょう」と言ったと伝えられている（『生涯』五）。

(2) クレオンは、エピクロス、あるいはエピクロスの父にかかわりのある人（従者）と見られる（「断片」九一参照）。

(3)『ヘロドトス宛の手紙』のこと。

(4) セクストス・エンペイリコス『学者たちへの論駁』第十一巻一六九に、「エピクロスは、哲学とはもろもろの議論および推論により幸福な生活を確保する活動であると語っていた」という記述が見える。

(5)『ヘロドトス宛の手紙』三九―四〇参照。「触れることのできない本性のもの」とは空虚のこと。

(6)『ヘロドトス宛の手紙』四一参照。「分割しえないもの」とは原子のこと。

と同じようなやり方の研究をしてはならないのである。まさにこの点[1]は天界のさまざまな事象にはあてはまらず、天界の事象についてては、その生成にも幾通りもの原因があり、その本質についても感覚と調和する幾通りもの説明の仕方がありうるのである[2]。

というのも、根拠のない公理や恣意的な立法に基づいて自然研究をすべきではなく、現われている事実が要求するとおりに研究すべきだからである。

八七　なぜなら、今やわれわれの生活が必要としているのは、不合理な見解や空虚な思いなしではなくて、われわれが乱されることなく生きるということなのだから[3]。したがって、現われている事実に調和しながら、幾通りもの仕方で解明されるすべての事柄に関しては、人がそれらについて納得のいく仕方で語られているものを適切に承認するとき、あらゆることが滞りなく進むのである。だが人が、そうした事柄の一方を承認し、他方を、現われている事実に同じように調和しているにもかかわらず斥けるときは、明らかに、その人は、どんな自然研究の道からもはずれて、神話へと落ち込むのである。しかし、天界においてひき起こされる事象について、手がかりとなる指標をもたらしてくれるのは、われわれのところで現われている何らかの事実、つまり、どのようにして起こるかが観察される事実なのであって、天界に現われる事象ではないのである。なぜなら、天界の事象は幾通りもの仕方で生じうるからである。

八八　とはいえ、天界の事象の一つ一つについては、それが現われている姿に注意を払わなくてはならない。そしてその事象といろいろ結びついているもの[4]に関しては、それらが幾通りもの仕方でひき起こされることが、われわれのところで生じる事実によって反証されないとしても、その事象とそれらのものとは区別

しなくてはならない。

世界とは天のなかのある囲まれた部分であって、それは星々[5]や大地や、現われているすべての事象を包み込んでおり、解体すればそのなかのすべてが混乱状態にいたるようなものである。世界は無限なもの[6]から切り離されたものであるが、ある限界で終わっており、その限界は、希薄であったり濃密であったり、また回転していたり静止したりしている。またその輪郭は丸かったり、三角形だったり、その他どのような形ももっている[7]。というのも、以上のようなことはすべて、ありうることだからである。実際、われわれのこの世界に現われているどのような事実も、これらのことを反証しないのである。もっとも、この世界が終っている限界を捉えることはできないけれども。

八九　しかし、このような世界が無限に数多くあるということ[8]は捉えることができる。そして、このよう

（1）説明がただ一つしかないということ。

（2）『ヘロドトス宛の手紙』八〇参照。

（3）『ヘロドトス宛の手紙』八一参照。

（4）「結びついているもの（*τὰ συναπτόμενα*）」とは、「つけ加えられる判断」（ベイリー）ではなく、つながりのある出来事（ロング&セドレー訳など）のことであろう。

（5）「星々（*ἄστρα*）」という表現は、太陽や月をも含む包括的な語。

（6）無限の宇宙のこと。

（7）他方で、「あらゆる形をもっているわけではない」というエピクロスの発言が伝えられており（『ヘロドトス宛の手紙』七四への古註参照）、ここの「どのような形ももっている」の含意は、すべてではなく、さまざまな形があるということであろう。

（8）『ヘロドトス宛の手紙』四五参照。

な世界が、ある世界のなかでも、[1]またわれわれが世界と世界との間の広がりと言っている「世界間領域（メタコスミオン）」[2]のなかでも生じることが可能であるということ、つまり、世界が生じるのは空虚を多く含む場所においてであって、ある人たち[3]が主張しているように、混じりけのない広大な空虚においてではない、といったことも捉えることができる。すなわち、世界が生じるのは、何らかのふさわしいもろもろの種子[4]が、一つの世界や世界間領域から、あるいは複数のそれらからも流れ出て、状況に応じて、少しずつつけ加わり、分化し、他の場所へ移動することによるのである。[5]そしてその際、それらの種子は、ふさわしい状態にある源から流入を行ない、[6]その流入は、先に置かれた土台となるものがさらなる種子の受容をなしうるかぎり、世界が完成し安定した状態にいたるまで続くのである。

九〇　というのは、このためには、原子の集積が生じるだけでよいのではないし、また、ある想定に基づき、必然によって世界が生じうる空虚のなかに渦巻きが起こるだけでよい[7]、というのでもないからであって、しかもその世界は、自然学者と呼ばれる人たちのある者が主張するには[8]、さらに他の世界と衝突するまで増

（1）含意は、以下から知られるように、内部に十分な広がり（空虚を多く含む場所）をもっている世界のなかでも、ということであろう。

（2）「メタコスミオン（μετακόσμιον）」はエピクロスの用語。原意は、もろもろの「世界（コスモス）」の「あいだ（メタ）」にあるもの。世界と世界との間の領域を指し、その複数形「メタコスミア」はキケロによって「インテルムンディア（intermundia）」とラテン訳されている（『神々の本性について』第一巻一八、『善と悪との究極について』第二巻七五）。従来、「中間界」や「世界間空間」などと訳されてきたが、メタコスミオンは、一つの「世界」でもなければ、純粋な空虚（空間）とも限らないので、ここでは直訳的な「世界間領

域」の訳を採用した。

(3)特にレウキッポスのこと。彼の学説について、「もろもろの世界は次のような仕方で生じる。すなわち、あらゆる形をした多くの物体（原子）が無限なものから切り離されて、広大な空虚へと運ばれて行く」と言われている（ディオゲネス・ラエルティオス『哲学者列伝』第九巻三一）。

(4)「もろもろの種子（スペルマタ、σπέρματα）」とは、原子を指す比喩的表現と解されるが、原子ではなく、文字通りある種の種子を指すとする解釈や、発達の可能性をもつ物体とする解釈もあり、論争の的となっている用語。なお、『ヘロドトス宛の手紙』三八、および七四では、さまざまな事物の生成のもとになるものを指す語としてエピクロスは「種子（スペルマタ）」を使っている。いずれにせよ、「種子」が原子ないし原子の「凝集体」であることは疑われないであろう（『ヘロドトス宛の手紙』七三参照）。

(5)ルクレティウス『事物の本性について』には次のように敷衍されている。「ただあったのは新生の嵐、あらゆる種類の／元素の集合だけであり、それらの元素の不調和が／混戦をつづけ、その間隔、軌道、組合せ、／重さ、打撃、会合、運動をかきみだしていた、／……／次いでもろもろの部分は分れ分れになりはじめ、似かよったものが／互いに結合し、そして世界を区分し、／世界の部分を分ち、大きな部分を配置しはじめた。／つまり大地から高い空を分ち、また別に海を分ち、／海には分離された水がひろがり、空には／分離された純粋なアイテールの火がひろがるようになった」（第五巻四三六—四四八）。

(6)「流入」の原語は、「エパルデウシス（ἐπάρδευσις）」。「灌漑」をも意味する語。「種子」と関連する表現であり、ふさわしい状態にある源からの諸原子の流入過程について、農作物の育成過程が念頭に置かれていると見られる。

(7)レウキッポスやデモクリトスの想定が念頭に置かれている。レウキッポスによれば、原子の集積から一つの渦がつくり出され、その回転運動によって、中心部に大地（地球）が、最も外側に太陽が、両者の間に他の諸天体が形成されて、世界が生じるが、世界の生成消滅は何らかの必然によるものと考えられている（ディオゲネス・ラエルティオス『哲学者列伝』第九巻三一—三三）。またデモクリトスについては、「万物は必然によって生じ、渦動が万物の生成の原因であるが、これを彼は必然と呼んでいる」と伝えられている（同第九巻四五）。

(8)デモクリトスのことであろう。彼によれば、生成し衰退するもろもろの世界は互いに衝突することによって消滅する（ヒッポリュトス『全異端派論駁』第一巻三＝デモクリトス「断片」A四〇（DK））。

大しうるのである。実際、これは現われている事実と矛盾するのである[1]。

太陽や月やその他の星々は、それら自体として独立に生じたうえで、その後、世界によって包み込まれたのではなく、ただちに形成されたのであって、ある微細な成分からなる本性のものが、たとえば、風のようなもの、あるいは火のたぐいのようなもの、あるいは両方が一緒になったものがつけ加わり、渦動することによって成長していったのである。というのは、こうしたことも感覚は、そのように示唆しているからである。

九一　また、太陽やその他の星々の大きさは、われわれとの関係では、感覚に現われているだけのものである*。しかしそれ自体の大きさとしては、目に見えているものよりも、わずかに大きかったり、わずかに小さかったり、あるいは、見えている通りの大きさだったりする**。

*このことを彼は[2]、『自然について』第十一巻でも述べている。なぜなら、と彼は言っている、もし太陽がその距離によってその大きさを失っていたなら、それよりはるかに多くその色彩を失っていただろうからと。実際、このことに[3]いっそう適した距離はほかにないのである。

**同時に、ではないが。

というのは、われわれのところの火にしても、遠く離れたところから眺めれば、感覚にはこのような仕方で見えるからである。そして、この点に対するすべての異論は、まさに私が『自然について』の書物のなかで示しているように、もし人が明瞭な事実に注意を向けるならば、容易に解消するだろう。

九二　太陽や月やその他の星々の昇りと沈みは、火がついたり消えたりすることによっても起こりうるが[4]、

それは両方の場所(5)のどちらにおいても、その環境が、今述べた昇り沈みの現象をひき起こすようなものである場合である。というのは、現われている事実のどれも、このことを反証しないからである。また、天体が大地の上に姿を現わしたり、ふたたびその姿を大地が隠したりすることによっても、今述べた昇り沈みの現

(1)すなわち、生じた世界が他の世界と衝突するまで、増大し続けるというのは、われわれの観察する事実（たとえば、身体の成長など）と矛盾するということ。

(2)エピクロスのこと。

(3)色彩（輝き）を失うこと。

(4)これはクセノパネスやキオスのメトロドロスの説と考えられる。アエティオス『学説誌』第二巻一三-一四に、「クセノパネスによると、星々は燃え上がる雲から生じる。そして、それらは日ごとに鎮火し、ちょうど炭火のように、夜の間にふたたび燃え上がるのである。なぜなら、星々が水平線上に昇り、そして沈むのは、点火と鎮火だからである」（クセノパネス「断片」A三八（DK））と言われ、また伝プルタルコス『雑録集』十一に、「キオスの人メトロドロスは次のように語っている。万有は永遠である。……また空気は濃密になると雲を、さらに水をつくり、そして水は太陽に降って太陽を消す。また逆に空気は希薄になると発火する。また時がたてば、太陽は乾いたものによって固まり、明るく輝く水から星をつくり、鎮火と発火から夜と昼を、また一般に食をつくる」（キオスのメトロドロス「断片」A四（DK））と伝えられている。キオスのメトロドロスはデモクリトスの弟子とも伝えられる哲学者（ディオゲネス・ラエルティオス『哲学者列伝』第九巻五八）。あるいはこうした見解は、ヘラクレイトスやヘカタイオス（アブデラの人であり、懐疑派ピュロンの弟子）の説でもあるかもしれない。アエティオス『学説誌』第二巻二〇-一六に、「ヘラクレイトスとヘカタイオスによると、太陽は海から出てくる、点火した知的な塊である」と言われている（アブデラのヘカタイオス「断片」九（DK））。

(5)東と西のこと。

象は起こりうるだろう。[1]というのは、このことも、現われている事実の何かが反証するわけではないからである。また、星々の運行が、天全体の旋回によって生じることも不可能ではないし、[2]あるいは天が静止していて、星々が旋回することによって生じることも不可能ではない。[3]そうした旋回は、世界の生成にあたって、星々が昇る際に生み出された最初からの必然によるのである。[4]

九三　火が次々と隣接する場所へたえず進んで行って、この火のある種の広がりに基づくきわめて激しい熱によって、……。[5]

太陽や月の回帰は、時期によって傾くように必然化されている天の傾斜に基づいて起こりうる。[6]また同様に、空気が押し返すことによっても、[7]あるいは、ふさわしい素材が次から次へとたえず点火しては消えていくことによっても起こりうる。[8]あるいは、最初からそのような旋回がそれらの星に組み込まれており、その[9]

(1) アナクシメネスらの説。ヒッポリュトス『全異端派論駁』第一巻七-六に、「星々は大地の下を運行することはせず、その周囲をめぐっている、と彼（アナクシメネス）が述べていることは、他の人たちもそう解しているとおりであり、それはあたかも『フェルト帽』がわれわれの頭のまわりをくるくる廻っているかのようだ、という。そして、太陽は大地の下に没して隠れるのではなく、大地の高く盛り上がった部分の陰に、しかもわれわれと太陽との隔たりがいっそう大きくなるために、隠れるのである」と言われている（アナクシメネス「断片」A七（DK））。

(2) アナクシメネスやアナクシマンドロスらの説。アエティオス『学説誌』第二巻二-四に、「ある人たち（アナクシメネスら）によれば挽き臼のように、ある人たち（アナクシマンドロスら）によれば車輪のようにして、宇宙は回転している」と言われている（アナクシメネス「断片」A一二（DK））。

(3) ルクレティウス『事物の本性について』第五巻五一七―五

二七に、「あるいはまた空全体が静止していて／輝く星たちが動いていることも可能である。／それはあるいはアイテールの急激な火が／閉じこめられ、出口をもとめてさまよい／そしてその火が夜空をあちこち飛びまわるからか、／あるいは外部のどこかから空気が来て火を／めぐらせるからか、あるいは、火そのものが／その食物が呼びさそう所に這ってゆき、空の／あちこちにさまよって、炎の体を養うからかである。／なぜなら、この世界においては以上のうちのどれが確かなのか／定めがたいことであるから」と語られている。

(4)「生み出された最初からの必然」とは星々の運行のために生じた自然法則のこと。

(5)この箇所に脱落がある。

(6)ルクレティウス『事物の本性について』第五巻六九二―六九五に、「その帯（黄道帯）のなかを、太陽は大地と空とを斜めの光で／照らしながら、ゆっくり進んで一年間にめぐる。／それは空の全領域に星座を配置し順序よく図に描いた／人たちの教えが明らかにしているところである」という記述が見える。

(7)アエティオス『学説誌』第二巻二三-二に、「アナクサゴラスによれば、熊座付近（北方）の空気のぶつかり合いによって、空気自体が押し合って濃密化するために、（太陽の回帰を）引き起こす」（アナクサゴラス「断片」A七二（DK））と言われており、アナクサゴラスの説とも考えられるが、必ずしも特定できないかもしれない。ルクレティウス『事物の本性について』第五巻六三七―六四五ではこう説明されている。「またこういうこともありえよう、すなわち世界の軸の／両端から二つの空気が時を定めて交代に流れ、／一つは太陽を夏の星座から／冬至の回帰線と冷たい寒気に追いやり／一つは凍った冷たい陰から／夏の星座と熱い星のもとに追いかえす。／同じように月も、また星も考えるべきだ。すなわち／大きな軌道に沿って長い年月をかけてめぐる星たちも／両端からの風に交替に吹かれて進むことも可能なのだと」。

(8)「点火して」という表現からヘラクレイトスの説とも推測されるが、証拠はない。多様な説明の一つとして述べられたものとも考えられる。ルクレティウス『事物の本性について』第五巻六六六―六七一に、「ところでこの火の種子がきまった時に流れ集まり、／太陽の光を再びもたらしうることは、／驚くべきことでは少しもない。／実際、万事につけ多くのものがきまった時に生じる／のを私たちは見るのだから。草木は決まった時に／花を咲かせ、決まった時に花を落とす」という記述が見える。

(9)太陽と月のこと。

結果、いわばある種のらせんを描いて動くということも可能である。[1] [2] なぜなら、すべてこのような説明や、これらに類した説明は、明瞭な事実のどれとも矛盾しないからである、もし人がつねにこの種の個々の事柄に関して可能なことを堅持しつつ、天文学者たちの奴隷的な小細工[3]を恐れずに、これらの説明の一つ一つを現われている事実に調和するものへと帰着させることができるならば。

九四　月が欠け、ふたたび満ちるということは、その物体が回転することによっても起こりうるが、[4] 大気の形状によっても同じように起こりうるだろう。[5] さらに、他の物体の介在によっても可能であろうし、[6] また、われわれのところで現われている事実が月の姿を説明するのに要求するどのような仕方によっても起こりうる——人がただ一つの説明の仕方に満足してしまい、人間にとって何が観察可能であり、何が不可能かを見きわめず、そのために不可能なことを観察しようと欲して、他の説明の仕方を根拠なく却下するのでないかぎりは。さらに、月が自分自身から発する光をもつこともありうるし、[7] 太陽から発せられる光をもつことも

(1) 太陽や月の日周運動が次第に回帰線に向かって上昇して行ったり下降して行ったりする動きがらせんを描く。

(2) デモクリトスの説であろう。ルクレティウス『事物の本性について』第五巻六二一—六三六に、「さてまず初めにすぐれた人デモクリトスの／聖なる判断が示すことが可能なように見える。／すなわち大地に近い星ほど／空の渦巻きによって少なく運ばれるというのである。／なぜならその渦巻きのはげしい力は下ほど／弱まっており、それゆえ太陽は少しずつ／遅れ、より後方の星座に残されてゆく。／なぜなら輝く星座たちよりもずっと下の方にあるのだから。／月の場合はなおさらである。そのコースはより低く／そして空からは遠く離れた大地に近づいているだけに、／星座とコースを争うことはなお不可能となる。／その上それを運ぶ渦巻きは弱っており／太陽より下にあるため、それだけたやすく／どの星

座にも追いつかれ、追いこされる。／それゆえ月はそれぞれの星座に、より速く周期的に帰ってゆく／ように見える。事実は月に向かって星座が帰ってゆくのだけれど」と言われている。

(3)「奴隷的な小細工」とは天体観測のための装置（天象儀）を指すものと見られる（『自然について』第十一巻断片一五以下参照）。

(4)この見解をとる者は少なくない。アエティオス『学説誌』第二巻二五-一に、「アナクシマンドロスによれば、（月は）大地（地球）の十九倍の大きさの環状体であり、空洞のある車の車輪に似た環には、太陽のそれと同じように火が充満している。その環は、太陽の場合と同様に、傾いていて、『鞴《ふいご》の筒口』のような噴出孔がひとつ付いている。月食が起こるのは、『車輪』が傾くためである」（アナクシマンドロス「断片」A二二（DK））と言われ、またヘラクレイトスの説として、ディオゲネス・ラエルティオスではこう伝えられている、「太陽と月の食は、椀状のそれらが上方へ向きを変えるときに起こる」と（『哲学者列伝』第九巻一〇）。のみならず、ルクレティウス『事物の本性について』第五巻七二〇―七二八では、「また半球を明るい光で彩られた、／球のように、月が自転し、自転しながら／さまざまな相を示すことも可能である。／そして光に輝いた半面を／私たちに見えるようまともに向け、／それから少しずつまた回転して／球の光った半面を隠してしまう。／これはカルデア人のバビロニア科学がギリシアの／天文学に反対して立証しようとしているところである」と言われている。

(5)だれの、どのような説か明らかでない。「大気の形状」とは、大気の密度のあり方を指しているのかもしれない（ベイリーの推測）。

(6)アエティオス『学説誌』第二巻一三-一〇に、「アナクシメネスによれば、星々（諸天体）の本体は火の性質のものであるが、土の性質を持ったある種の物体で目に見えないものが、それらといっしょに周転していて、前者が後者を統括している」（アナクシメネス「断片」A一四（DK））と言われ、またヒッポリュトス『全異端派論駁』第一巻八-六に、アナクサゴラスの説としてこう言われている、「星々（諸天体）の下側には、われわれの目に見えないある種の物体があって、それらは太陽や月と周転運動をともにしている」（アナクサゴラス「断片」A四二（DK））。

(7)アエティオス『学説誌』第二巻二八-一に、「アナクシマンドロスとクセノパネスとベロソスによれば、月は固有の火を有している」（アナクシマンドロス「断片」A二二（DK））と伝えられている。ベロソスはカルデア人の祭司。

ありうる。(1)

九五　なぜなら、われわれのところでも、自分自身から発する光をもつものが多くあり、また他のものから発せられる光をもつものも多くあるのが観察されるからである。そして、人が幾通りもの説明の仕方をつねに記憶に留め、現われている事実に適合する仮説と、同時にまたその原因とを考え合わせるならば、また現われている事実に適合しない仮説や原因に目を向けて、いたずらにそれらをもちあげては、いろいろな時にいろいろなやり方でただ一つの説明の仕方に陥らなければ、天界に現われている事実のどれも、以上の説明を妨げないのである。他方、月の表面の見かけは、月の部分間の変化によっても起こりうるが、(2)他の物体の介在によっても起こりうる、(3)あるいは、現われている事実と調和するものをもっているのが観察される仕方なら、どのような仕方によっても起こりうるのである。

九六　実際、天界のあらゆる事象に関して、このような追跡法を放棄すべきではないのである。というのも、もし人が明瞭な事実と争い合うならば、真正の平静な心境に与ることはけっしてできないだろうから。

太陽と月の食は、火が消えることによっても起こりうる、(4)われわれのところでもその現象が起こるのが観察されるように。さらにそれらの食はまた、大地であれ、(5)天体であれ、(6)別のその種のものであれ、他の何らかのものが介在することによっても起こりうる。(7)そして、このようにして相互に親近性のある説明の仕方を考え合わせ、またいくつかの事象が同時に重なり合って起こることも不可能ではない、ということも考え合わせるべきである。*

（1）アエティオス『学説誌』第二巻二八‐五に、「月は太陽によって光を与えられていると言ったのは、タレスが最初であった。……アナクサゴラスも同じ見解をとった」（アナクサゴラス「断片」A七七（DK））と言われている。

（2）アナクサゴラスの説。アエティオス『学説誌』第二巻三〇‐二に、「アナクサゴラスによれば、月は冷たい性質のものにして土の性質のものでもあるので、不均一な複合体をなし、そびえ立つ部分もあれば、平坦な部分や窪みになった部分もある。そして、火の性質のものに闇の性質のものが混じり込んでおり、それによる性状として陰影を呈している」（アナクサゴラス「断片」A七七（DK））と言われている。

（3）アナクシメネスやアナクサゴラスの説（前節参照）。

（4）クセノパネスの説。アエティオス『学説誌』第二巻二四‐四に、「クセノパネスは、鎮火によって太陽の食（日没）が起こり、そしてふたたび別なる太陽が東に生まれる、と言っている」（クセノパネス「断片」A四一（DK））、また同二九‐五に、「クセノパネスによると、ひと月ごとに月の消失（満ち欠け）が起こるのは、その火が消えるためである」（クセノパネス「断片」A四三（DK））と言われている。

（5）地球のこと。

（6）底本通り写本を読めば、訳は「天であれ、別のその種のものであれ（ἢ οὐρανοῦ ἤ τινος ἑτέρου τοιούτου）」となる。この場合、「天（οὐρανοῦ）」自体が「介在する」ものの一つとなり、かなり不自然になる。そこで「天」を「目に見えないもの（ἀοράτου）」（ウーゼナー、ベイリー、ヒックス）にする案が採用されてきたが、修正が大きすぎよう。「天（οὐρανοῦ）」に続く「であれ（ἢ）」だけを削除するアリゲッティの校訂に従えば、訳は、「天の何か別のその種のものであれ」となるが、やや冗長である。最小限の自然な変更は、「天」ではなく、「天体（οὐρανίου）」に修正する改訂であり（ビニョーネ、マルコヴィッチ、ドランディ）、訳はこの修正に従った。

（7）アエティオス『学説誌』第二巻二九‐六―七に、「タレス、アナクサゴラス……などは、多くの学者たちと同意見で、月が毎月隠れるのは、それが太陽と運行を共にしつつ照らされているために起こることであり、また食が起こるのは、大地（地球）がそれら二つの天体の間に位置した場合に、月がその影に入りこむためであり、月が遮られることの方がより頻繁に起こるのである」（アナクサゴラス「断片」A七七（DK））と言われている。

＊『自然について』第十二巻でも彼[1]は同じことを言っており、さらに、日食が起こるのは月が太陽を陰らせるからであり、月食が起こるのは、大地が月を陰らせるからであるが、これは月の退却によっても起こると彼は言っている。このことはまた、エピクロス派のディオゲネス[2]も『講義選集』第一巻で述べている。

九七　さらに、周期の規則性[3]については、われわれのところでも規則的に生じる出来事がいくつかあるが[4]、それらと同じように捉えるべきである。そして、神的な本性は、これらの事象のためにけっして導入されるべきではなく、むしろその本性は厄介な奉仕を免れているものとして、十全な至福のうちに保持されるべきである[5]。というのも、これがなされないようなら、天界の事象に関する原因論はすべて無意味なものになるだろうから。実際、このようなことはすでにある人々[6]に起こったのであり、彼らは可能な方法にたずさわることなく、考えられない事柄へと運ばれてゆき、指標として受け入れるべき現われている事実[7]を考え合わせることができずに、天界の事象はただ一つの仕方でのみ起こるのだと思いこみ、可能な事柄に基づく他のすべての説明の仕方を斥けることによって、無意味な考え方に落ち込んでいったのである。

九八　夜と昼の長さが変化するのは、大地の上方で太陽の動きが速くなったり、ふたたび遅くなったりすることによっても生じる。つまり、太陽が長さの異なる場所を通過したり[8]、また一定の場所をより速く、あるいはより遅く通過したりすることによっても生じるのである[9]――われわれのところでも何かこのようなことが観察されるように。こうした観察される事柄に調和する仕方で天界の事象に関しては語るべきなのである。だが、一つの説明しか採らない人たちは、現われている事実と争っており、どのようにすれば人間にとって天界の事象が観察可能なのかについてまったく失敗しているのである。

天候のさまざまな兆候というのは、われわれのところで見られる生きものたちの兆候におけるように、[10] いろいろな機会が重なり合うことによっても起こりうるし、大気の変質や変化によっても起こりうる。というのは、どちらの説明も、現われている事実と争わないからである。

九九　だが、どのような場合に、そうした兆候がこの原因によって生じるのか、あの原因によって生じるのかといったことは、見きわめることができないのである。

(1) エピクロスのこと。
(2) タルソス(地中海東北部キリキア地方の町)のディオゲネスのこと(『生涯』二六参照)。
(3) ひと月ごとの月の周期や、一年ごとの太陽の周期など。
(4) 季節の移り変わりなど。
(5)『ヘロドトス宛の手紙』七六参照。
(6)「神的な本性」の導入者として、プラトンやアリストテレスが念頭に置かれているのかもしれない。
(7) 八七節参照。
(8) ルクレティウス『事物の本性について』第五巻六八〇―六八六に、「また日が長くなり夜が短くなり、/それからまた日が短くなるとともに、夜が長さを加える、/その一つの理由は同じ太陽が大地の下と上とで/違う長さの弧を描いてアイテールの領域を進み、/そして軌道を等しからざる部分に分け/一方から引き去ったものを/その反対の方につけ加えるからである」という説明が見える。
(9) ルクレティウス『事物の本性について』第五巻六九六―七〇〇に、「他の理由は、ある部分では空気がより密であり/そのため火のゆらめく光が大地の下で遅れがちになり、/やすやすとつきぬけて東に現われることができないからである。/それゆえ冬時には長い夜は遅々として進まず/かろうじて朝の日の光が射してくる」という説明が見える。
(10) たとえば、ハリネズミは北風と南風が入れ替わると、地中にいるものは地上に出る穴を取り変えるが、他方、家で飼われているものは壁の方に移動するのが観察される(アリストテレス『動物誌』第八巻第六章六一二b四―八)。しかしエピクロスは、天候の兆候と生きものの兆候との間に因果関係を認めていない(一一五節参照)。

雲は、風の圧力による大気の凝縮によっても生じ、形成されることが可能であるが、[1]またこのことを実現するのにふさわしいもろもろの原子が互いに結びついて、絡み合うことによっても雲の形成は可能であるだけでなく、[2]大地や水からの流出物が集まることによっても可能なのである。[3]そして、その他の多くの仕方によっても、このような雲の形成がもたらされることは不可能ではない。他方、雲が圧搾されたり、[4]変化したりすることによって、やがて、その雲から、雨がもたらされうるのである。

一〇〇　さらにまた、適切な場所から[5]大気を通って動いてゆく流れ[6]が立ち昇ることによっても、雨はもたらされるのであり、[7]それより激しい豪雨は、そのような降雨にふさわしいある種の集積体から生じるのである。[8]雷鳴は、われわれの容器の場合のように、[9]風が雲の空洞のところに閉じ込められることによっても起こりう

(1)これはアナクシメネスの説。アエティオス『学説誌』第三巻四-一に、「アナクシメネスの説によれば、空気がさらに濃厚になると雲が生じ、それがなお一層密集すると雨が搾り出されるが、水分が落下の過程で凝結すると霰になり、気体状のものが湿ったものにくるみ込まれると雪になる」(アナクシメネス「断片」A一七(DK))という記述が見える。

(2)デモクリトスの説とも推測されるが、その伝承は見あたらない。アエティオス『学説誌』第四巻一-四では、「デモクリトスによれば、北部一帯の雪が夏至の頃にとけて消えると、雲が蒸気からフェルト状に発生する」(デモクリトス「断片」A九九(DK))と言われているだけで、ここの記述と重ならない。むしろエピクロス自身の考え方かもしれない。ルクレティウス『事物の本性について』第六巻四五一―四五八に、「雲が濃くなるのは、空の高い所で/雲の粗い粒子(原子)が多数にわかに/飛び集まり、その粒子が互いに/密に組んで離れなくなるときである。/これらはまず始めに小さな雲をつくり、/それからこれらが互いに群がって群れとなり/合わさって濃くなり、風によって運ばれ、/ついに荒々

しい嵐が起こる」と言われている。
（3）これはクセノパネスやキオスのメトロドロス（五九頁註（4）参照）の説と見られる。アエティオス『学説誌』第三巻四-四に、「クセノパネスによると、気象上の諸現象は、もともとの原因としては太陽の熱によって生じる。すなわち、海から湿り気が引き出されると、塩分のない部分がその微細さゆえに分離されて霧になり雲をつくりだす。そしてそれは、圧縮によって雨を降らせ、蒸発しては風を起こすのである」（クセノパネス「断片」A四六（DK））と言われており、クセノパネス「断片」三〇には、「偉大なる大海こそは雲と風と河の生みの親」という言葉が見える。一方、アエティオス『学説誌』第三巻四-三に、「（キオスの）メトロドロスは、雲は空気の中で水分の上昇によってつくられると語った」キオスのメトロドロス「断片」A一六（DK））と報告されている。
（4）アナクシメネスの説。前註（1）参照。
（5）とりわけ、海から。
（6）底本通り、「流れ（ῥευμάτων）」を読む。写本は「風（πνευμάτων）」となっているが、文脈に合わないだろう。
（7）クセノパネスの説（前註（3）参照）。
（8）「ある種の集積体」とは水の集積体。ルクレティウス『事物の本性について』第六巻では、「積み重なった雲は水を二通りに押し出そうとする」（五〇九）と言われたうえで、「激しい豪雨が生じるのは積み重なった雲が二つの力、／それ自身の重さと風の衝撃とによって激しく押されるときである」（五一七―五一八）と言われている。
（9）この比喩はキオスのメトロドロスに見られる。セネカ『自然研究』第六巻第十九章一―二に、「われわれは……キオスの人メトロドロスの語るところを聞くことにしよう……彼は言った、「人々が大がめの口に向かって歌うとき、その声はある種の振動を伴って大がめの全体に行きわたり、そして反響する。また声はそっと発せられただけでもまわりに伝わり、取り囲んでいるその大がめに接触して、音響をつくるのである。このように、地下に垂れ下がっている広大な洞窟は自らに固有の空気をもっており、別の空気が上から降りてきてこれに衝突するやいなや、この空気を揺り動かすのである。これは私が少し前に述べたあの空洞の容器が、内部に送り込まれた叫び声に反響するのと同様である」（キオスのメトロドロス「断片」A二一（DK））と報告されている。

るし、[1] また雲のなかで風に満たされた火が轟くことによっても起こりうる。[2] さらに雲が裂けてちぎれることによっても、[3] また氷のように凍った雲が摩擦し合って砕けることによっても起こりうる。[4] そして、およそ事象全般にしてもこの部分の事象にしても、幾通りもの仕方で生じることを語るようにと、現われている事実は要求しているのである。[5]

一〇一　また、稲妻も同様に、多くの仕方によって生じる。すなわち、雲が摩擦し合ったり、衝突し合ったりすることによって、火をつくり上げる形態のものが雲からすべり落ちて稲妻を生み出すこともあれば、[6] その閃光をひき起こすような物体が風によって雲から噴き出すことによっても稲妻は生じるが、雲が互いによってであれ、風によってであれ、圧縮される際に、そうした物体が絞り出されることによっても生じる。[7] そして、星々から撒き散らされた光が雲のなかに包み込まれ、そのあと雲や風の動きによって一緒に駆り立てられ、雲を通り抜けて落下することによっても生じる。[8] あるいは、稲妻が生じるのは、最も微細な成分からなる光が、雲を通って濾過されることによる場合もあれば、* またその光の動きによる場合もある。[9] のみならず、移動のすさまじさと激しい圧縮のゆえに起こる風の燃焼によっても、稲妻は生じる。[10]

(1) ルクレティウス『事物の本性について』第六巻一二一―一二九に、「重い雷鳴に打たれて、…／…広い世界の巨大な防壁が／突然引き裂かれて飛びちったかと見えることがある。／それは、強い風の集中した嵐が雲の中に／急に入り込み、そこに閉じこめられ、／渦巻きとなってめぐり、次第次第に雲を／まわりを密に、内をうつろにし、／そのあとでその力と激しい勢いとが雲を引き裂いたときであり、／その時、恐ろしい響きをたてて、雲は爆発する」という記述が見える。

(2) ルクレティウス『事物の本性について』第六巻一五〇―一五三に、「それから、もっと乾いた雲が火を受けとると／大

きな響きをたて、突然火を吹いて燃え上る、／ちょうど月桂樹でおおわれた山の中を、焔が／颪の渦巻きによって激しい勢いで焼きつくしながら、さまよいまわるように」と語られている。

(3)キオスのメトロドロスの説。アエティオス『学説誌』第三巻三‐二に、「メトロドロスが語るところでは、風が濃密さのために厚くなった雲に衝突したとき、雲を切り裂くことによって音を立て、衝突と雲の破裂によって雷電を発し、またその動きの迅速さによって、太陽からの熱も合わせ得て、雷を落とし、そして雷の力が弱ければそれを熱旋風に変えるのである」(キオスのメトロドロス「断片」A一五(DK))と言われている。

(4)ルクレティウス『事物の本性について』第六巻一五六―一五九に、「最後に、氷の大きな破裂と雹の落下とは／高い大きな雲にたびたび響きを与える。／事実、風が押し込めると、せまい所に詰めこまれ／雹をまじえた雲の山はこわれ散るのだから」と語られている。

(5)八六節参照。

(6)デモクリトスの説。アエティオス『学説誌』第三巻三‐一一に、「デモクリトスによれば、雷鳴とは、非均質的な合成体が、その合成体を含み込んだ雲に対して下方運動を無理に行なわせることによって起こるものである。電光とは、雲どうしの衝突であり、それによって、火を生ぜしめるもの(原子)が同じところに集まり、空虚を多く含む隙間を摩擦を起こしながら濾過されていくのである」(デモクリトス「断片」A九三(DK))と言われている。

(7)キオスのメトロドロスの説と見られる(前註(3)参照)。

(8)これはエンペドクレスの説。アエティオス『学説誌』第三巻三‐七に、「エンペドクレスによれば、光が雲にぶつかって入り込み、抵抗する空気をそこから追い出すのだが、その光の消失と破裂が轟音を生み出し、その輝きが稲妻を、また、その稲妻の緊張が落雷を生み出すという」(エンペドクレス「断片」A六三(DK))と言われている。

(9)これはデモクリトスの説と考えられる(前註(6)参照)。

(10)これはアナクシマンドロスの説。アエティオス『学説誌』第三巻三‐一に、「雷、稲妻、落雷、旋風、暴風雨について、アナクシマンドロスは、これらはすべて風によるものとしている。すなわち、風が厚い雲に取り囲まれて、やむなくその微細さと軽快さによってそこを突破するとき、雲が切り裂かれて音を発し、その裂け目が雲の黒さと対照をなして輝きを呈するのである」(アナクシマンドロス「断片」A二三(DK))と言われている。

＊その場合、火によって雲が燃え上がり、雷鳴もひき起こされる。(1)

一〇二　また稲妻は、雲が風によって裂け、火をつくり上げる性質の原子、稲妻の現われをつくり上げる原子が発せられることによっても生じる。(2) そしてその他多くの仕方によっても稲妻が生じることは、現われているさまざまな事実をつねに堅持しつつ、それらと似ている事象を考え合わせることができるならば、容易に見てとることができるだろう。また、雲が何か以上のような状況にある場合、稲妻は雷鳴に先立つが、その理由は、風が突入してくるのと同時に、稲妻をつくり上げる形態のもの(3)が雲から押し出され、そのあと、風が雲のなかに閉じ込められてその轟きをつくり上げることによるのである。(4) あるいはまた、稲妻と雷鳴の両方が同時に落ちてくるとしても、稲妻の方はよりすさまじい速さでわれわれに向かってくるが、雷鳴の方は遅れてやってくることによるのである。

一〇三　ちょうど、遠く離れたところから眺められるある種の光景が、何らかの衝撃をつくり出す場合のように。(5) 落雷は、風が頻繁に集まって、強く圧縮され、燃焼することによって起こりうる。あるいは、集まった風の一部が炸裂し、その部分が下方の場所へいっそう激しく落下することによっても起こりうるが、その破裂は、雲が凝縮することによって、風の隣接する場所がより濃密になるために生じるのである。また、落雷は、雷鳴が起こりうる場合と同じように、(6) 雲に閉じ込められている火が落下するだけでも起こりうる。つまり、その火はだんだん大きくなっていって、いっそう激しく風に満たされ、雲が互いにたえず凝集しているために、＊隣接する場所へと退却することができず、雲を引き裂いて落下するのである。(7)

(1)この古註は底本（写本）に従ったもの。これを本文に組み込む読みもあるが（ビニョーネ、ベイリー、マルコヴィッチ）、採らない。この文は、レウキッポスの説に言及するものと見られる。アエティオス『学説誌』第三巻三-一〇に、「レウキッポスは、火がきわめて分厚い雲に閉じ込められると激しく放射して雷鳴を引き起こす、と主張している」（レウキッポス「断片」A二五（DK））と言われている。

(2)これはエピクロス自身がその可能性を示したものと考えられる。ルクレティウス『事物の本性について』第六巻一九四―二〇三に、「その時あなたは、雲の大きな量というものを知り、また／空に浮んだ岩で作られたような洞窟を見ることができよう。／その洞窟を嵐が起こると風が満たし、風は／閉じこめられては大きな轟とともに荒れ狂い、／うつろな雲の中で野獣のように威しつける。／ある時はここから、ある時はあそこから、唸りを雲の中に送り出し、／出口を求めてめぐり、そして火の種子（原子）を／雲から飛び出させる。そして多くの種子（原子）をこのようにして／集め、うつろな炉の中に炎を駆けめぐらせる。／ついには雲が裂けてきらめく電光が飛ぶ」という記述が見える。

(3)原子のこと。

(4)七〇頁註（1）参照。

(5)ルクレティウス『事物の本性について』第六巻一六四―一七二に、「しかしながら雷鳴は電光を目で見てからのちに／耳に入る。なぜなら視覚を刺激するものよりも、／音はいつもゆっくりと耳に届くものなのだから。／それは次のことからも分る。すなわち誰かが遠くで、／両刃の斧を振りあげて、木の伸びた幹を切るのを見るとき、／打ち下ろすのを見てからのちに打つ音が耳に／聞える。そのようにやはり電光を見てからのち、／雷鳴を聞く。雷鳴もまた火によって電光と同じ原因により、／その同じ衝突から生れて発射されてはいるが」という例証がある。

(6)一〇〇節参照。

(7)これはデモクリトスの説に基づくと見られる。アエティオス『学説誌』第三巻三-一一に、「デモクリトスによれば、雷鳴とは、非均質的な合成体が、その合成体を含み込んだ雲に対して下方運動を無理に行なわせることによって起こるものである。……雷が発生するのは、より清浄なもの、より微細なもの、そしてより均質なもの、彼自身の記述によれば『密接に適合したもの』、すなわち火を生ぜしめるもの（原子）が無理やり運動させられる場合である」（デモクリトス「断片」A九三（DK））と言われている。

＊たいていは、何らかの高い山の方面であり、そこにとりわけ雷は落ちるのである。

一〇四　また、その他の多くの仕方によっても、落雷がひき起こされることは可能である。ただ神話だけは遠ざけよ。そしてもし人が現われている事象に適切に従いながら、目に見えない事柄については指標を手がかりに推論するならば、(1)神話は遠ざけられるだろう。

竜巻は、雲が密集した風によって押しやられ、その多量の風に運ばれながら、同時にその雲を外部の風が側方へ押しやる場合に、下方の場所へと柱状に下降することによって起こりうる。あるいはまた、風が円環をなす状況にあるときに、そこへ上方からある種の空気が一緒に押しやられてきても起こりうる。また、竜巻は、風の多量の流れが生じ、周囲の空気が凝集しているために、側方へ流れ出ることができない場合にも起こりうる。

一〇五　そして、この竜巻が地上にまで下降する場合に旋風が生じるが、その発生の仕方は風の動きに応じてさまざまである。が、海上にまで下降する場合には水の渦がひき起こされるのである。

地震は、風が大地の中に封じ込められ、大地のさまざまな小さな塊にそって拡散し、連続的に動くことによって起こりうるのであって、このことが大地に震動をもたらすのである。また、そうした風を大地は、外部から取り入れたり、(2)あるいは、地盤が大地の洞窟のような場所のなかへ落ちこみ、そこに閉じこめられていた空気を煽ぎ出したりして取り入れるのである。さらに、多くの地盤が落下することによってその動きがそのまま伝わってゆき、大地のより密度の高い地盤と出会うときに逆にはね返る、ということによっても、

地震はひき起こされうるのである。[3]

一〇六　そして、その他の多くの仕方によっても、大地のそのような動きは起こりうる。

他方、風は、時には何らかの別種の物質がたえず、少しずつ浸透することによって生じるが、[4] おびただしい水が集まることによっても生じる。[5] だが、その他の風は、少量の気流が多くの空洞のなかへ落ちこみ、そ

（1）『ヘロドトス宛の手紙』三八参照。

（2）これはアナクサゴラスの説に基づくと見られる。アエティオス『学説誌』第三巻一五‐四で、「アナクサゴラスによれば、空気が大地に入り込み、地表面の固まった部分にぶつかると、それを排除することができないために、その周辺部を振動によって揺り動かすのである」（アナクサゴラス「断片」A八九（DK））と言われている。

（3）これはアナクシメネスの説と見られる。アリストテレス『気象論』第二巻第八章三六五b六―八に、「アナクシメネスは、大地が水で湿ったり乾燥したりすることで破砕し、そしてこの砕けた土が落下することによって大地が揺り動かされるのだと主張している」という記述が見える。

（4）おそらく、異質な物質が大地の空洞のなかに入り込み、その空気を圧し出すことによって、風が生じるということであろう。

（5）アリストテレス『気象論』第二巻第四章三六〇b三〇―三二に、「雨が降ったあとに、大地はその中に含まれている熱と上方から来る熱とによって乾燥させられて蒸発気を発生させるが、これが風の本体である」という説明が見える。

れらが分散することによって生じるのである。(1)

雹《ひょう》は、風に似たある種の粒子があちこちから集まってきて、それらが分割され、いっそう激しく凍結することによってひき起こされる。また、水に似たある種の粒子がより適度に凍結するとともに、引き裂かれることによってもひき起こされるが、それらの粒子の凝縮と分裂は同時になされ、そのためにそれらの粒子は部分的にも全体的にも凍結したものとして構成されるのである。

一〇七　また、雹の円い形は、端のいたるところが溶けることによって生じることも不可能ではないが、言われているように、(2)ある種の、水に似た粒子であれ、風に似た粒子であれ、そうしたものが雹の形成に際して、部分ごとに均等になるように、雹をいたるところから取り巻くことによって生じることも不可能ではない。

他方、雪は、微細な雨が通るのに適した孔が雲にあり、また適切な雲がたえず風によって激しく圧縮されるため、その雨が雲から流れ出て、ついで、それが落下するうちに、雲より下方の場所で何らかの激しい冷却状況のために凍結を受けることによりひき起こされうるのである。(3)また、均等な希薄さをもっているさまざまな雲のなかの凍結によっても、水分を含んだ雲が並び合いながら互いに圧搾し合うと、これらの雲からそうした雪の放出が生じるだろう。こうした雲は、いわば凝縮して雹《ひょう》をつくり出すのであるが、これはとりわけ春によく起こる現象である。(4)

一〇八　また、凍結を受けた雲が摩擦し合うことによっても、この雪の塊が飛び出すことがありうる。そして、その他さまざまな仕方によっても、雪がひき起こされることは可能なのである。

露《つゆ》は、その種の水分をつくり上げるものになるような粒子が、大気から互いに集合することによってひき起こされる。また、露がとりわけ生じやすい場所である湿っているところや、水を湛えているところからそのような粒子が立ち昇り、ついで、それらの粒子が同じものへと集合して水分をつくり出したうえで、ふたたび下方の場所へ降りてくることによっても、露はひき起こされる、ちょうど、われわれのところでもしばしば、何かそのようなことが同じようにひき起こされるのが観察されるように。

(1)この段落の簡単な風の説明は断片的であって、一般的な風理論の一部ではなく、特に火山の原因に関連するものと推測されている(ベイリー)。ルクレティウス『事物の本性について』第六巻六八〇―六八五に、「しかしながら、今はかのアイトナ[エトナ山]の焔がどのような仕方で/突然かきたてられて広い口から吹き出るのか、説明しよう。/まず山は全部その下がうつろであり/ほとんどが玄武岩の洞窟で支えられている。/そのうえ、すべての洞窟には風と空気が入っている。/なぜなら空気が立ち騒げば、風が生ずるのだから」と言われている。

(2)だれによって言われているのか特定できない。エピクロス自身の可能性も考えられる。その場合は、この手紙の受け取り手ピュトクレスの読んでいた他の本のなかで言われていたと推測される(八四節参照)。

(3)アナクシメネスの説かもしれない。ヒッポリュトス『全異端派論駁』第一巻七に、アナクシメネスが述べたこととして、「霰が生ずるのは、水が雲から落下しながら凝結する場合である。また雪が生ずるのは、その当の霰がより湿った状態にあって凝結した場合である」(アナクシメネス「断片」A七(DK))と言われている。

(4)アリストテレス『気象論』第一巻第十二章三四七b三六―三四八a二に、「雹は氷であって、水が凝結するのは冬季においてである。ところが雹は、とりわけ春と秋によく降り、晩夏もこれに次いでよく降るが、冬季に降るのはまれで、しかもそれほど寒くない場合である」と言われている。

一〇九　また霜《しも》にしても、露と異なった仕方でひき起こされるのではなく、ある種の粒子が、冷たい大気の何らかの状況のために、一定の凍結を受けることによるのである。

氷は、円い形態の粒子が水から押し出されるとともに、水のなかに属している不等辺で鋭角形の粒子が凝縮することによってひき起こされる。また、そのような粒子が外部から水につけ加わることによっても氷はできるのであって、それらの粒子が圧縮され、ある量の円い粒子を押し出すことにより、水に凍結をもたらすのである。

虹は、太陽が水分を含んだ大気を照らすことによって生じる。(1)あるいは、光と大気の特有な自然結合によって生じるが、この場合には、そのような結合が、虹のさまざまな色の特性を、そのすべてであれ一つの種類であれ、つくることになるだろう。つまり、この時の光がふたたび反射すると、大気の隣接する領域が、部分ごとに照らされるために、われわれの目にしているような色を帯びることになるのである。(2)

一一〇　また、虹の円い形という現われが生じるのは、それのどの部分からの距離も等しいものとしてわれわれの視覚によって観察されるからである。あるいは、大気のなかの原子や、同じ大気から運ばれて雲のなかにある原子が、一定の凝縮を受けて、その合成体がある種の円い形を下に広げるからである。

月の周りに暈《かさ》が生じるのは、空気がいたるところから月に向かって運ばれてゆく場合である、あるいは、月から運ばれてゆく流体を空気が均等に押しとどめることにより、この雲状のものが円環をなして月を取り巻き、まったく切れ目のないほどになる場合や、月に向かう空気が月の周囲の空気をあらゆる側面から釣り合う仕方で押しとどめることにより、月の周りを取り巻く空気が円い形の、濃密な成分のものになる場合で

ある。

一一　この濃密なものがある部分に生じるのは、外部から何らかの流れが強制をはたらかせたことによるか、あるいは月の熱が空気の適切な通路を遮って、この現象を達成することによるのである。

彗星が生じるのは、天界においてある時間を隔てて、ある場所において、一定の状況が生じ、火が組成されることによる場合もあれば、時間を隔てて、天がわれわれの上方で何らかの特有な動きを得て、その結果、そのような星々が姿を現わすことになる場合もある。あるいは、そうした星そのものが、ある時期に、何らかの状況のゆえに動き出し、われわれの視界に入る場所へやって来て、目に見えるようになるのである。また彗星が目に見えなくなるのは、これらと反対の原因による。

（1）アナクシメネスの説かもしれない。アエティオス『学説誌』第三巻五-一〇で、「アナクシメネスによれば、虹が発生するのは、太陽光の輝きによるもので、濃厚で緊密な黒雲にぶつかると、光線が向こう側まで射し貫くことができず、雲の表面に滞留するためである」（アナクシメネス「断片」A一八（DK））と言われている。

（2）これはキオスのメトロドロスの説であろう。アラトス（前三世紀の詩人）『星辰譜』の古註に、「メトロドロスは、虹の原因を次のように言っている。濃密になった雲が太陽の反対側にあったとき、光が雲の中にさしこむと、雲は光との混合によって暗青色に見え、光によって照らされた一面の雲は赤みを帯び、その下にある雲は白く見える。その正体は太陽の光輝であると彼は主張した」（キオスのメトロドロス「断片」A一七（DK））と伝えられている。

一二二　ある星々[1]は同じところで回転しているが[2]、このことが起こるのは、ちょうどある人たちが主張しているように[3]、世界のその部分[4]が静止していて、他の部分がその周りを回転していることによるだけでなく、空気の渦巻きが円くその部分を取り巻いて、その渦巻きが、これらの星が他の星々のように動き回るのを妨げるようになっても起こるのである。あるいはまた、これらの星には適切な燃料が次々と近くにあるのではなく、これらが位置しているのが観察されるその場所にあるからである。また、人が現われている事実に整合的なことを推論しうるのであれば、その他の多くの仕方によっても、この事象がひき起こされることは可能である。星々のうちあるもの[5]は彷徨し――そうした星が、実際そのような動き方をすればだが――、他のものがそのように動かないことがありうるのは、以下の理由による。

一二三　すなわち、これらの星は最初から円運動しているが、ある星々は均等の、同じ旋回運動をするようにと、他の星々は同時にある種の不均等さを伴う旋回運動をするようにと、必然によって定められているからである。しかしまた、それらの星が運動する場所に応じて、あるところでは、空気の均等な広がりがあり、それらの星を同じ方向へと一緒に押しやり、次々と均等に火をつけるが、他のところでは、空気が非常に不均等であるため、観察されるような彷徨の変化がひき起こされることもありうる。だが、現われている事実は幾通りもの説明の仕方を要求しているのに、これらの事象について一つの原因しか与えないというのは狂気の沙汰であって、このようなことは、無意味な天文学[6]に熱中していて、いろいろな事象の原因を根拠なく与える者たちによって、不当にも行なわれていることなのであり、彼らが神的な本性を厄介な奉仕からけっして解き放さないときは、いつもそうなのである[7]。

一一四　ある星々が他の星々に取り残されるのが観察されるようになるのは、どの星も同じ円環をめぐっていながら、ある星がより遅く回転することによる場合もあれば、ある星が実際には反対方向に動いているのに、同じ旋回によって引き戻されることによる場合もある。また、同じ方向の旋回運動をしながらも、ある星はより大きな場所をめぐり、他の星はより小さな場所をめぐることによる場合もある。だが、これらの事

（1）恒星のなかでも特に周極星のこと。
（2）すなわち、天の極に近いところで回転しているが。ホメロス『イリアス』第十八歌四八六―四八九行で、ヘパイストスの作った楯の装飾に星座が描かれており、「すばる（プレイアデス）に雨星（ヒュアデス）、さらに力強いオリオン、また『熊』座（アルクトス）、これは別の名を『車』座ともいい、同じ場所を廻りオリオンをじっと窺っている。この星のみはオケアノスの流れに浸かることがない」と言われている。熊座は地平線下に沈まない周極星として古くから知られていた。
（3）「ある人たち」がだれなのかは特定できないが、アリストテレス『天について』第二巻第十四章二九六ａ二四―二七では、「だがわれわれはまず、大地が動いているのか留まっているのかを語ることにしよう。すでに述べたように、大地は星々の一つであるとしている人々もいれば、大地を中心に据えて、それは中心軸のまわりを回転し、動いていると主張する人々もいるからである」と言われ、「中心軸」への言及がなされている。この「中心軸」が関連するなら、「ある人たち」とは特にプラトンらを指すかもしれない（『ティマイオス』四〇Ｂ―Ｃ参照）。
（4）天の極。
（5）惑星。
（6）以下の記述から知られるように、神学的な天文学のこと。
（7）『ヘロドトス宛の手紙』七七参照。

象について単一の仕方で断言するというのは、世の多くの人々に対して何か手品でもしたがっている者たちにふさわしいことなのである。

いわゆる流れ星は、一部には、星々が互いに摩擦し合うことによってひき起こされうるものもあるが、風が煽ぎ出すようなところへ星が落下することによってもひき起こされうる、ちょうどわれわれが稲妻に関しても述べていたように(1)。

一一五　また、流れ星は、火をつくり上げるもろもろの原子が集合し、この現象を実現するのに適した同族の素材が生じた場合に、この集合に起因する最初の衝動がどこへ向かおうと、その方向へ集合物が動くことによってもひき起こされうる。さらにまた、風が、霧のようなある種の濃密なもののなかで集まり、その風が圧縮されることによって燃焼し、ついで、その風が周りを取り囲んでいるものから外へ噴き出し、移動への衝動がどの場所に向かうものになろうと、その場所へそれが運ばれる場合にも、流れ星はひき起こされうる。また、その他にもこのことを実現するのに、神話的でない(2)さまざまな仕方が存在するのである。

ある種の生きものたちに生じる天候のさまざまな兆候というのは、たまたま機会が重なり合うことによって生じるのである(3)。というのは、生きものたちが冬の終わりを告げる何らかの必然性を提供しているわけではなく、何か神的な本性のものが鎮座して、それらの生きものたちが出て来るのを注意深く見守り、そのうえで、そうした兆候を実現するわけでもないからである。

一一六　実際、ありふれた生きものに対してすら、たとえ少しばかり優雅なものであっても、このような馬鹿げた役割はあてがわれていないだろうし、ましてや、完全な幸福を所有している者に対しては、なおさら

である。

さて、以上のすべてを、ピュトクレスよ、君は記憶しておくべきなのです。なぜなら、そうすれば君は、神話からはるかに遠ざかるでしょうし、以上と同じ類いの事柄も見きわめることができるでしょうから。また何より君が専念すべきは、始源[4]や、無限性[5]や、それらに類した事柄の研究、さらには判断基準[6]や感情[7]、そしてこれらをわれわれが考察する際の目的[8]の研究なのです。なぜなら、とりわけこれらの事柄が総合的に研究されるなら、それによって個別的な事柄に関する原因の見きわめも容易になるでしょうから。しかし、こうしたことを愛することのない人たちは、これらの事柄そのものを、申し分なく、総合的に研究することもないばかりか、何のためにこれらを研究すべきなのか、その目的を手に入れることもないでしょう。

---

(1) 一〇一節参照。
(2) 一〇四節参照。
(3) 九八節参照。
(4) 特に、万有の始源、すなわち、原子と空虚のこと（『ヘロドトス宛の手紙』三九）。
(5) 宇宙の無限性など（『ヘロドトス宛の手紙』四一）。
(6) 真偽の判断基準（『生涯』三一）。
(7) 特に、快楽と苦痛（『生涯』三四）。
(8) 人間の幸福、すなわち、身体の健康、および魂の「動揺のなさ（ἀταραξία）」（『メノイケウス宛の手紙』一二八―一二九など）。

メノイケウス宛の手紙

朴一功
和田利博　訳

エピクロスよりメノイケウス[1]へ、ごきげんよう。

一二二　人は、まだ若いからといって哲学することを先に延ばしてはならないし、もう老年だからといって哲学するのに倦《う》むことがあってはならない。なぜなら、だれにとっても、魂の健康を得るのに、その時期が早すぎるとか、遅すぎるといったことはけっしてないのだから[2]。また、まだ哲学すべき時期ではないとか、その時期はすでに過ぎ去ってしまったなどと言う人は、幸福を得るのに、今はその時期ではないとか、もはやその時期ではないなどと言っている人に似ている。それゆえ、若い人も年老いた人も哲学すべきであって、年老いた人にとっては[3]、老いてもなお、過ぎ去ったことへの感謝によって、さまざまな善きことに恵まれて若々しくいられるように[4]、若い人にとっては[5]、先々のことを恐れないことによって、若くありながら同時にまた老年の心境にいられるようにするためである[6]。したがって、幸福をもたらしてくれるものに励むべきなのである[7]。現に幸福があるなら、われわれはすべてを手に入れているのであり、幸福が欠けていれば、それを手に入れるためにわれわれはあらゆることを行なうのだから。

一二三　そこで、私がたえず君に勧めてきたもろもろのこと、それらを美しく生きることの基本原理と捉えながら、それらのことを行ない、励むべきである。まず第一に、神についての共通観念が人々の心に刻まれ

ているように、神を不滅で至福な生きものと見なし、不滅性に疎遠なものや、至福性に無縁なものは、何ひとつ神に結びつけてはならない。[8] むしろ、神の不滅性とともに至福性を保持しうるあらゆることを、神については考えるべきである。なぜなら、神々は存在するのだから。事実、神々についての認識は明瞭なので

（1）メノイケウスについては、この手紙によってエピクロスの弟子であることが知られるのみ。

（2）『ヴァチカン箴言集』五四に、「哲学するふりをするのではなく、本当に哲学すべきである。なぜなら、われわれが必要としているのは、健康の見かけではなく、真に健康であることなのだから」という言葉が見える。

（3）直訳は、「一方の者にとっては（τῷ μὲν）」。語法的には「前者（若い人）にとっては）」と解しうるが（ロング&セドレー、加来などの訳）、ここでは文脈上、「後者（年老いた人）にとっては）」と解する方が適切である（ベイリー、ヒックス、アリゲッティ、プレイヤード版、出・岩崎、森などの訳）。

（4）『ヴァチカン箴言集』一九に、「過ぎ去った善いことを忘れる人は、その日のうちに年老いてしまう」という言葉が見える。

（5）直訳は、「他方の者にとっては（τῷ δ'）」。「他方の者」は「若い人」を指すと見られ、それを訳出した（前々註参照）。

（6）老年の心境とは、平静な心境。『ヴァチカン箴言集』一七に、「人生の盛りにある若者は偶然の運によって大いに取り乱し、さまようが、他方、老人は、善きもののなかでも、かつては望みがたかったものを、たしかな感謝の念によってしまい込んだうえで、ちょうど港のようにして、老年のうちに停泊している」という言葉が見える。

（7）「幸福をもたらしてくれるもの」とは、哲学、ないし哲学の勧める事柄。

（8）『ヘロドトス宛の手紙』七七参照。

ある。[1] しかし、神々は世の多くの人々が信じているような性質のものではない。というのも、彼らは神々を、自分たちが信じている性質のものとして守り通していないからである。また、不敬虔であるのは、世の多くの人々の信じる神々を否認する者ではなくて、世の多くの人々の見解を神々に結びつける者なのである。

一二四　なぜなら、神々に関する世の多くの人々の言明は、先取観念[2]ではなく、偽りの想定だからである。この想定によれば、神々からは最大の災いが悪しき人々にもたらされ、最大の利益が善き人々にもたらされるのである。[3] それというのも、世の多くの人々は、自分に固有の徳にたえず親しんでいるため、自分に似た存在[4]は受け入れるが、そうでないたぐいのものはすべて疎遠なものと見なすのだから。

また、死はわれわれにとって何ものでもないと見なすことに慣れよ。なぜなら、あらゆる善悪は感覚のうちにあるが、死とは感覚の喪失なのだから。それゆえ、死はわれわれにとって何ものでもないという正しい認識は、この世の生の死すべき定めを味わい楽しめるものにしてくれるが、それは無限の時間をつけ加えることによってではなく、不死への憧れを取り除くことによってなのである。

一二五　実際、生きていないところに恐ろしいものなど何もないということを真に理解した人にとっては、生きることのうちにも恐ろしいものは何もないのである。[5] それゆえ、私が死を恐れるのは、それが現にあるとき、私を苦しめるだろうから、というのではなくて、それが将来やって来るために私を苦しめるからだ、などと言う人は愚かである。というのは、現にあるときに悩まさないものが、予期される場合に苦しめるなら、その苦しみは根拠のないものだからである。したがって、もろもろの悪のうちであの最も恐るべきもの、すなわち、死は、われわれにとって何ものでもないのである。なぜなら、われわれが存在しているとき、死

（1）この明瞭さは、エピクロスの場合、「先取観念」によるものと考えられる（七頁註（2）参照）。キケロ『神々の本性について』第一巻四三で、「自然そのものがすべての人間の心に神々の概念を植えつけている事実を根拠として、エピクロスただ一人が、何よりまず神々の存在を認めたのである。事実、いかなる国民あるいは民族であれ、神々に対するある種の先取観念（anticipatio）を、他人に教わることなしにそなえているのではないだろうか。それはエピクロスがプロレープシス（先取観念）と呼んだもの、すなわち事物について心の中であらかじめ形成されているある種の観念のことであり、それなしに何かを理解したり、探求したり、議論したりできないもののことである」と言われている。

（2）前註、および『生涯』三三参照。

（3）エピクロス自身は、神々は人間に災いや利益をもたらすような存在ではないと考えている。彼の見解は『主要教説』一の、「至福にして不滅なるものは、自分自身が煩いをもつこともなければ、他のものに煩いをもたらすこともない。したがって、そのものは怒りにかられることもなく、好意にとらわれることもない」という言葉に認められる。ルクレティウス『事物の本性について』第二巻六四六―六四八では、「なぜなら神々の全本性はそれ自身でまったき平安のうちに／不死の生命を受けていて、人間世界のことからは／遠く離れて関わりがないはずだから」と語られている。

（4）すなわち、自分に似た神々。

（5）なぜなら、最大の恐れがなくなっているから。

はいまだ存在せず、死が現に存在するとき、その時、われわれは存在していないからである。したがって、死は、生きている人々にとっても、死んでしまった人々にとっても何ものでもないのである。なぜなら、生きている人々のところに死は存在せず、他方、死んでしまった人々はもはや存在しないからである(1)。しかし、世の多くの人々は、死を、ある時には、もろもろの悪のうちで最大のものとして避けるけれども、ある時には、生きることにおけるさまざまな悪からの救いとして、これを選ぶのである。

一二六　だが、知者は生きることを拒むこともなければ、生きていないことを恐れることもない。なぜなら、生きることは知者にとって煩わしいものでもなければ、生きていないことが何か悪いものと判断されるわけでもないのだから。また知者は、食べ物にしても、何がなんでもより多くのものを、というのではなく、最も快いものを選ぶが、ちょうどそのようにして、時間も、最も長いものではなく、最も快い時間を享受するのである。他方、若い人には美しく生きることを勧め、年老いた人には美しく生を閉じることを勧めるような人(2)は、無邪気である。生きることは好ましいだけでなく、美しく生きることと美しく死ぬことの練習は同じなのだから。しかし、はるかに悪いのは、次のように言う人である、よいのは、生まれてこないこと(3)、

　だが、生まれたからには、できるだけすみやかにハデス(4)の門をくぐるべし。

一二七　というのは、もし彼がこのことを確信して主張しているのであれば、どうして彼は生きることからさっさと立ち去らないのか。実際、もしこれが彼によって確固として熟慮された考えであるなら、彼にはその行動の用意があるはずだから。他方、もし彼がふざけてこれを主張しているのであれば、これを受け入れ

（1）伝プラトン『アクシオコス』三六九B—Cで、ソクラテスは死を目前にした老年のアクシオコスを慰めるために、「あのプロディコス（ソクラテスと同時代のソフィスト）からも、死は生きている者にも、他界した者にも、関係がないと語っているのを聞いたことがある」と告げたうえで、「死は生きている者には関係がないし、死んだ者は存在しない」と説明している。エピクロスの議論が『アクシオコス』（前一世紀頃）に取り入れられているのであろう。なお、ルクレティウス『事物の本性について』第三巻八六二—八六九に、「もしある人に、いたましく苦しいことが起こるとしても、／禍いがその人に起こるためにはその人自身がその時に／存在しなければならぬ。死はまさにそのことを取り除き、／不幸に襲われるその人の存在を禁じるのであるから、／明らかに、死のなかには恐れるべきものは何もないし、／存在しない人が不幸になりうることもないし、またその人が／これまで生まれたことがあろうとなかろうと少しも違いはない。／死すべき生を不死なる死が奪い去ってしまうのだから」という記述が見える。

（2）老年の惨めさを嘆いたエレゲイア詩人ミムネルモス（前七世紀後半）への言及と推測されているが、定かでない。彼の詩句に、「ああ、病も厄介な心配ごともなく、／齢六〇で死の定めが訪れんことを」（ディオゲネス・ラエルティオス『哲学者列伝』第一巻六〇）というのがある。

（3）次行もふくめて、エレゲイア詩人テオグニス（前六世紀）からの部分的引用。その詩全体は、「地上にある人間にとって何よりもよいこと、それは生まれもせず／まばゆい陽の光も目にせぬこと。／だが生まれた以上は、できるだけ早くハデスの門を通って、／うず高く積み重なる土の下に横たわること」（『エレゲイア詩集』四二五—四二八）。

（4）ハデスは冥界の王であり、「あの世」の意。

ない人たちには、その言葉は無意味なのである。

また、次のことを記憶しておくべきである、すなわち、未来のことはわれわれのものでないが、全面的にわれわれのものでない、というわけでもないことを。そうすれば、われわれは、未来のことはきっとそうなるだろうと全面的に期待することはないだろうし、また未来のことは全面的にそうならないだろうと絶望することもないだろう。

また、さまざまな欲望のうち、あるものは自然なものだが、あるものは空虚なものと考えておくべきである[1]。そして、自然な欲望のうち、あるものは必要なものだが、あるものは単に自然なだけのものである[2]。また、必要な欲望のうち、あるものは幸福のために必要であるが、あるものは身体に煩いがないことのために必要であって、またあるものは生きることそれ自体のために必要なものである。

一二八　実際、これらのことについて迷うことのない考察こそ、あらゆる選択や忌避を身体の健康と魂の動揺のなさへと関係づけることを知っているのである。まさにその状態こそ、幸せに生きることの究極目的なのだから。事実、この目的のために、つまり、われわれが苦しむこともなく、不安におびえることもないという目的のために、われわれはあらゆることを行なうのだから。また、ひとたびその状態がわれわれに生じたなら、魂の嵐はすべて静まるのであって、その時、生きものというのは何か不足しているものに向かうようにして歩き回らなくてもよいし、魂と身体の善をともに満たしてくれるような他のものを探し求めなくてもよいのである。なぜなら、われわれが快楽を必要とするのは、快楽が現にないことによって、われわれが苦しんでいるまさにその時だからである。他方、苦しんでいないときには、われわれはもはや快楽を必要と

しない。そして、このゆえに、われわれは快楽を、幸せに生きることの始まりであり、終わりである[3]、と言っているのである。

一二九　なぜなら、われわれは快楽こそ第一の、生まれながらの善と認めており、そして快楽を起点にしてわれわれはすべての選択と忌避を始めるとともに、快楽に立ち返りながら、その感情を基準にしてすべての善を判定しているからである。また、この快楽が第一の善であり、生来のものだからといって、このゆえにわれわれはどのような快楽でも選ぶというのではなく、それらの快楽からそれ以上に不快なことが結果としてわれわれに生じるときには、われわれは多くの快楽を見送るのである。また、長い時間われわれが苦しみに耐えれば、より大きな快楽がわれわれに訪れるような場合には、われわれは多くの苦しみを快楽よりもま

（1）すなわち、根拠のない欲望（自然でもなく必要でもない欲望）。次註参照。

（2）『主要教説』二九の古註で、「エピクロスが自然で必要な欲望と考えているのは、苦痛から解放してくれる欲望のことである、たとえば渇いているときの飲み物のように。また、自然ではあるが、必要でない欲望と考えているのは、苦痛を取り除くのではなく、快楽を多様にするだけの欲望である、たとえば贅沢な食事のように。また、自然でもなく必要でもない欲望と考えているのは、たとえば王冠や、彫像の建立」と説明されている。

（3）この一文の、「始まりであり、終わりである」という表現は、快楽が、幸いなる生を目指すわれわれの行為の動機であり、到達点であることを意味するが、このことはさらに、次節で説明されるように、快楽があらゆる善を判定するための究極的な基準であることをも意味する。

さっていると見なすのである。したがって、快楽はどれもわれわれに親近な本性をもつがゆえに善いものではあるが、だからといって、そのすべてが選ばれるべきものではないのである。それはちょうど、どのような苦しみも悪いものでありながら、あらゆる苦しみがいつも避けるべき本性のものとは限らないのと同様である。

一三〇　しかしながら、快苦を測りくらべるとともに、利益と不利益にも目を向けることによって、これらすべてを判定するのが適切なのである。なぜなら、われわれは時によって、善いものを悪いものとして扱い、また反対に悪いものを善いものとして扱うのだから。そして、われわれは自足を大きな善と見なすが、それは、どのような場合でもわれわれがわずかなものですませるためではなく、むしろ、われわれが多くのものをもっていない場合に、わずかなものですませるためなのである。というのも、われわれは、贅沢を必要とすることの最も少ない人たちこそ贅沢を最も快く享受し[1]、また、自然なものはすべて容易に手に入るが、空虚なもの[2]は手に入りにくいということを本当に確信しているからである。質素な風味も、それによって欠乏に基づく苦しみがすっかり取り除かれたときには、贅沢な食事に等しい快楽をもたらしてくれるのである。

一三一　大麦のパンと水も、人が空腹のときにそれらを口にした場合には、最高の快楽をもたらすのである[3]。だから、簡素な、贅沢でない食生活に慣れることは、われわれの健康を十分なものにしてくれるとともに、生活上のやむをえない務めに対しても人がたじろぐことのないようにし、また久しぶりに贅沢な食事にありつくことがあれば、それをわれわれがよりよく味わえる状態にし、偶然の運に対しても恐れることのないようにしてくれるのである。

したがって、快楽が目的であると言うとき、われわれが意味しているのは、ある人々がこの主張に無知であったり、同意していなかったり、あるいは悪く受け取ったりしながら見なしているような、放蕩者の快楽や享楽状態の快楽のことではなくて、身体に苦痛がなく、魂に動揺がないことなのである。

一三二　なぜなら、快い生活を生み出すのは、ひっきりなしの酒宴やどんちゃん騒ぎでもなければ、少年や女たちとの交わりの享楽でもなく、また、魚その他、贅沢な食卓が差し出すかぎりの食べ物の享楽でもなくて、むしろ、あらゆる選択と忌避の原因を探し出すとともに、極度の不安が魂を捉えるもとになる考え方を追い払ってくれる素面《しらふ》の推論こそ、(4)快い生活を生み出すのである。また、これらすべての始まりであり、最大の善であるのは、思慮である。それゆえ思慮は、まさに哲学よりもいっそう尊いのであって、(5)この思慮か

(1)「断片」七八では、「明日を必要とすることの最も少ない人こそ、最も快く明日に立ち向かうだろう」と言われている。

(2)すなわち、根拠のない欲望によるもの（一二七節参照）。

(3)このような考えをエピクロスはしばしば手紙でも述べている（『生涯』一一、「断片」三七参照）。

(4)「素面の推論（νήφων λογισμός）」とは、冷静な思考のこと。「素面の」と形容されたのは、「酒宴やどんちゃん騒ぎ」との対比による。

(5)哲学に対する思慮の優位に言及するこの主張は、本書簡冒頭（一二二節）における哲学の価値に関する発言と矛盾するようにも見えるが、むしろ、行為の場面における思慮の第一義的な重要性を述べたものであろう。エピクロスは思慮の性質について、思慮ある人は、「よく生きること全体のためには、いかなることが善いのかを考える」というアリストテレスの主張（『ニコマコス倫理学』第六巻第五章一一四〇a二五以下）を念頭に置いているように見える。

ら残りのあらゆる徳が生まれ出るばかりか、(1)こう教えてくれるのである。すなわち、思慮深く、美しく、正しく生きることなしには、快く生きることはできず、快く生きることなしには、思慮深く、美しく、正しく生きることもできないのだと。(2)なぜなら、もろもろの徳は快く生きることと本来一体となっており、快く生きることはそれらの徳から切り離しえないものだからである。(3)

一三三　それというのも、いったいだれを君は、次のような人よりもすぐれていると見なすのか。その人は、神々について敬虔な考えをもち、(4)死についてはいかなる時も恐れを抱かず、(5)自然の目的をしっかり考察してきた人、(6)そしてもろもろの善いものの限度は容易に満たされ、容易に手に入り、(7)他方、もろもろの悪いものの限度は、時間的にも苦痛の点でもわずかであることを了解している人、また、ある人々によって万物の女王として導入されている運命をあざ笑い、むしろ、あることは必然に基づいて生じ、他のことは偶然により、またあることはわれわれによると言っている人のことなのだ。(8)なぜならその人は、必然は責任を問われないものであり、(9)偶然は定めなきものであるが、われわれによるものは何ものにも支配されないものであって、このものにこそ非難すべきことも、その反対のことも本来伴うということを見ているからである。

一三四　(実際、自然学者たちの運命の奴隷になるくらいなら、神々に関する神話に従う方がましであろう。なぜなら、神話の方は、神々を敬うことによって願いが聞き届けられるという希望を下書きしてくれるが、自然学者たちの主張する運命の方は容赦なき必然性をもっているからである。)他方、その人は、世の多くの人々の見方とはちがって、偶然を神と想定することもなければ(というのも、神にとっては何ごとも無秩序に行なわれないのだから)、偶然を不確かな原因と想定することもないのである(というのも、その人は、

善いものや悪いものが、幸せに生きるために人間たちに与えられるのは、偶然によるものと考えてはいないのだから。ただし、もろもろの大きな善や悪の始まりは、偶然によってもたらされると考えてはいるが)。

一三五　またその人は、よく考えながら不運である方が、何も考えずに幸運であるよりもまさっていると見なすのである。なぜなら、行為においては、適切に判定されたことが、偶然のためにうまくいかなくても、

---

(1) アリストテレス『ニコマコス倫理学』第六巻第十三章一一四五a一—二に、「思慮という一つの状態がそなわると同時に、すべての徳がそなわることになる」という言葉が見える。

(2)『主要教説』五でも同様のことが言われている。

(3) 快い生と徳との一体性を説くエピクロスの重要な文章。

(4) 一二三節参照。

(5) 一二四節参照。

(6) すなわち、「身体の健康」と「動揺のなさ（ἀταραξία）」、あるいは快楽のこと（一二八—一二九節参照）。

(7) 一三〇節参照。

(8) とりわけデモクリトスが念頭に置かれていると見られる（ディオゲネス・ラエルティオス『哲学者列伝』第九巻四五、およびエピクロス『自然について』第二十五巻断片三四参照）。

(9)「責任を問われないもの」の原語は、「アニュペウテューノン（ἀνυπεύθυνον）」。原意は、「執務審査（エウテューナ）を受けないもの」であり、政治用語。ここでの含意は、「人間の力の及ばぬもの」。

その方がよいからである。(1)

それでは、君は、以上のことやこれらに類したことに、昼も夜も、君自身でも、また、君自身と同じ思いの人とも、励むようにしてください。(2)そうすれば君は、目覚めているときも、眠っているときも、けっして心が乱されるようなことはなく、また人々のなかにあって神のごとく生きることになるでしょう。なぜなら、もろもろの不死なる善きもの(3)のうちに生きる人間は、死すべき生きものに何ら似ていないからです。

(1) この一文の「偶然のためにうまくいかなくても」は、否定詞(μή「なくても」)を補う底本に従った訳。写本には否定詞がなく、そのまま読めば、適切に判定されたことが、「偶然のためにうまくいく」という意味になり、前文の「不運」と矛盾する。これを避けるために、写本をさらに補い、「適切に判定されたことがうまくいかなくても、その方が、適切に判定されなかったことが偶然のためにうまくいくよりもよい」という意味の修正案が提出されてきた(ベイリー、アリゲッティ、ドランディ)。もう一つの読み方は、全体を反語的な文と見なすことである。その場合、訳は、「適切に判定されたことが、偶然のためにうまくいくなら、その方がよいというのか」となる(プレイヤード版の訳)。前者は補いが大きく、後者は理由文には適合しにくく、いずれも底本より難がある。他方、写本通り読み、「偶然のためにうまくいく(ὀρθωθῆναι διὰ ταύτην)」と訳される文の動詞、ὀρθωθῆναι(うまくいく)を、原意(正される)に解し、問題の一文を「適切に判定されたことが、偶然(不運な失敗)のゆえに正される方がよい」と訳す可能性も考えられるが(ホワイト)、文意がやや不自然になる。『ヴァチカン箴言集』四七に、「偶然よ、私はお前を予期していた、そしてお前が忍び込んでくるのをすべてくい止めたのだ。また、われわれはお前にも、他のどんな状況にも、われわれみずからの身を任せたりはしないだろう」という言明が見える。

(2) 一二三節参照。

(3)「もろもろの不死なる善きもの」とは、段落冒頭の「以上のことやこれらに類したこと」を指すと見られ、その実質は「もろもろの知恵」のことであろう。しかし同時に、「君自身と同じ思いの人とも、励むように」と言われており、「不死なる善きもの」のうちに、エピクロスは「友情」を含めているように見える。『ヴァチカン箴言集』七八に、「高貴な人は、知恵と友情に最もかかわる。これらのうち、前者は死すべき善であり、後者は不死なる善である」という言葉が見え、知恵よりもむしろ友情の不死性が説かれているからである。

エピクロスの生涯

朴一功
和田利博　訳

一　エピクロスは、父ネオクレスと母カイレストラテの子、アテナイ人であり、ガルゲットス区民[1]、メトロドロス[2]が『生まれのよさについて』のなかで述べるところでは、ピライダイ家[3]の出身である。他の人々はもとより、とりわけヘラクレイデスが『ソティオンの要約』で言っていることだが[4]、彼は、アテナイ人たちがサモス島に植民活動したことにより、その地で育てられた[5]。また彼らによれば、一八歳の時に彼はアテナイにやって来たということだが[6]、当時、クセノクラテスがアカデメイアにおり、アリストテレスはカルキスで過ごしていたのである[7]。だが、マケドニアの王アレクサンドロスが亡くなり、アテナイ人がペルディッカスによって追放されると[8]、彼はコロポンの父のもとに移った[9]。

(1) ガルゲットス区はアテナイ北東の区。
(2) このメトロドロス（前三三〇―二七七年）はエピクロスの最も重要な弟子の一人。ランプサコスの人であり、『生まれのよさについて』や『デモクリトスへの反論』などの著作があった。エピクロスより七年前に亡くなり、そのとき五三歳だったと伝えられる（二三節参照）。
(3) ピライダイ家は、アイアス（サラミス王テラモンの子）の子であるピライオスを祖とする名門の家系。政治家ミルティアデスやキモンを輩出している（ヘロドトス『歴史』第六巻三五、伝プラトン『ヒッパルコス』二二八B、プルタルコス『ソロン伝』一〇参照）。
(4) この文のヘラクレイデス（前二世紀）はカラティス（黒海西岸の都市）、あるいはアレクサンドリア出身の歴史家。「レンボス（伝馬船）的な論（含意は、寄生的、居候的な論）」

を書いたことから、「レンボス」とあだ名された（ディオゲネス・ラエルティオス『哲学者列伝』第五巻九四参照）。また『ソティオンの要約』とは、彼がソティオン（アレクサンドリア出身の学説誌家、前二〇〇年頃）の二三巻本と見られる『哲学者たちの系譜』を要約した六巻本の『哲学者たちの系譜』の別名であろう。

（5）アテナイの将軍ティモテオスがサモス島をペルシア支配から解放したのは前三六六年のことであり（デモステネス『ロドス人解放のために（第十五弁論）』九）、その翌年からアテナイ人による植民団（クレールーコイ）の送り出しが始まったと推定されるが、エピクロスの親がいつサモス島に移住したかは明らかでない。ストラボン『地誌』第十四巻第一章一八に、最初アテナイ人は将軍ペリクレスを送り、サモス人たちを包囲して苦境に陥れたが、「のちに自分たち自身による二〇〇〇人の植民団を送ったのであって、そのなかには哲学者エピクロスの父、ネオクレスもいた」と言われている。アテナイの歴史家ピロコロス（前三世紀）の『アッティカ誌』によれば、「サモスに植民するために送られた人たちは、このアルコン［アリストデモス］の時代［前三五二―三五一年］に送られた」という（「断片」一五四（Jacoby））。この年代の可能性がグロートに指摘されて以来（Grote, 1852, p. 407 n. 1）、前三五二年がエピクロスの親の移住年と註釈家たちに見なされてきたが、ストラボンの記述自体が簡略であり、グロートが注意するように、二〇〇〇人の植民団の年代を確定することはできない。エピクロスの出生は前三四一年一月だから（一二五頁註（1）参照）、親の移住が仮に前三五二年とするなら、その後十年余りして彼はサモスで生まれたことになるが、定かでない。

（6）前三二三年。アテナイでは一八歳男子（新成人）は市民権登録をして二年間軍事訓練を受けることになっていた（見習い兵制度）（アリストテレス『アテナイ人の国制』第四十二章参照）。この「新成人・見習い兵（エペーボイ）」制度によって、エピクロスはアテナイに行ったと推定される。

（7）クセノクラテスはプラトンの学園アカデメイアの第三代学頭であり、黒海南西岸カルケドンの人（前三九六―三一四年）。

（8）晩年、病を患っていたアリストテレスは母の生まれ故郷エウボイア島のカルキスで過ごし、前三二二年その地で世を去った。

（9）サモス島からアテナイ人が追放されるのは、前三二二年（シケリアのディオドロス『歴史叢書』第十八巻第十八章九）。ペルディッカスはアレクサンドロス大王に仕えたマケドニアの将軍。

二　しばらくの間、彼はその地で過ごし弟子たちを集めたのち[1]、アナクシクラテスのアルコン時代に[2]、ふたたびアテナイに戻ったという。また、ある時期まで他の人たちと共同で哲学研究をしていたのだが、その後、彼の名で呼ばれる学派を創立し、独自に見解を表明するようになったとのことである[3]。しかし、彼自身は、一四歳になってはじめて哲学に触れたと言っている。なお、エピクロス派のアポロドロス[4]が『エピクロスの生涯について』第一巻で述べているところでは、彼が哲学の道へ進んだのは、読み書きの教師たちに失望してのことであって、それはその教師たちがヘシオドスに出てくるカオス[5]に関する事柄を彼に説明できなかったからである[6]。だが、ヘルミッポス[7]が言うには、彼は学校教師をしていたのだが、しかしのちに、デモクリトスの書物とめぐり合って、哲学に熱中することになったのである。

三　それゆえティモン[8]も、彼についてこう主張しているという。

さらに自然学者のなかでも、豚のごとくどん尻、犬のごとく恥知らずのきわみ、サモス島からやって来た
学校教師らしきもの、生きている者たちのなかで、いちばん育ちの悪い者。

また、エピクロス派のピロデモス[9]が『哲学者集成』第十巻のなかで述べているように、ネオクレス、カイレデモス、アリストブロスというエピクロスの三人の兄弟も、彼の勧めで一緒に哲学をしていたのである。それだけでなく、ミュロニアノス[10]が『歴史類例集要綱』のなかで述べているように、ミュウスという名の彼の奴隷も加わっていた。

ところで、ストア派のディオティモスは、エピクロスに対して悪意を抱いており、五〇通の淫らな手紙を

(1)この簡潔な記述は、エピクロスがコロポンだけでなく、ミュティレネやランプサコスにおいても「弟子たちを集めたのち」という意味（一五節参照）。

(2)前三〇七―三〇六年。

(3)コロポンで過ごしていたエピクロスは、三二歳の時にミュティレネとランプサコスの地に学校を開き、五年間過ごしたのち、アテナイへ移ったと言われる（一五節参照）。学派の創立は、彼が最初に学校を開いたミュティレネ時代のことであろう。ミュティレネでは、のちに彼の後継者となるヘルマルコスと出会っている（二四節参照）。

(4)このアポロドロス（前二世紀）はエピクロスの学園の学頭を務め、「庭園の独裁者」とあだ名された人（二五節参照）。

(5)カオスは、後世（オウィディウス『変身物語』第一巻七など）には「混沌」も意味するようになるが、ヘシオドス（『神統記』一一六）では「空隙」の意。

(6)事の詳細はセクストスが伝えている。すなわち、ヘシオドス『神統記』の、「まことに、まず最初にカオスが生まれた」（一一六行）という詩句を読みあげた読み書きの教師に対して、エピクロスは、「もしも最初にカオスが生まれたのであれば、カオスは何から生まれたのか」と尋ねた。しかしその教師は、「そうしたことを教えるのは自分の仕事（*ἑαυτοῦ ἔργον*）ではなく、哲学者と呼ばれている人たちの仕事である」と言ったので、エピクロスは、「それでは私はかの人たちのもとへ赴かねばなりません」と告げたという（セクストス・エンペイリコス『学者たちへの論駁』第十巻一八―一九）。

(7)ヘルミッポス（前三世紀後半）は、『アリストテレス伝』など数々の列伝を書いたことで知られる小アジア地方スミュルナ出身の伝記作者。

(8)ティモン（前三二〇頃―二三〇年頃）は懐疑主義者ピュロンの弟子（ディオゲネス・ラエルティオス『哲学者列伝』第九巻一〇九以下参照）。

(9)ピロデモス（前一一〇頃―前四〇／三五年頃）は、パレスチナ地方ガダラ出身の著名なエピクロス派哲学者であり、詩人。ローマで活動し、『ギリシア詞華集』に収録された三〇余りのエピグラム詩のほか、十八世紀にヘルクラネウムの「パピルス荘」で多数の著作断片が発見され、公刊されている。

(10)ミュロニアノスは黒海沿岸パプラゴニア地方アマストリス出身の歴史家（年代不詳）。

エピクロスのものとして公表しながら、きわめて辛辣に彼を中傷してきたのである[1]。またクリュシッポス[2]の作とされている恋文をエピクロスのものとして編纂した人[3]も、そうである。

四　のみならず、ストア派のポセイドニオス[4]一門の人たちや、ニコラオス[5]も、ソティオン[6]も、この人の場合は『ディオクレス論駁[7]』という表題の一二巻の書物――これは廿日祭に関するものであるが[8]――、この書物において、またハリカルナッソスのディオニュシオス[9]も、彼を中傷しているのである。すなわち、彼らによれば、エピクロスは、母と一緒に家々を歩きまわっては、お祓いを唱えていたとか、父と一緒に読み書きを教え、みじめなほどの報酬を得ていたということである。それだけでなく、エピクロスは兄弟たちの一人に売春をさせていたとか、遊女のレオンティオン[10]と交わっていたと言われている。他方、原子についてはデモクリトス[11]の説を、快楽についてはアリスティッポス[12]の説を、エピクロスは自分のものであるかのように語っていたという。そして、ティモクラテス[13]や、あるいはヘロドトス[14]が『エピクロスの見習い兵時代』のなかで述べているところでは、彼は真正のアテナイ市民ではなかったとのことである。また、リュシマコス[15]の

（1）そのためディオティモスは、エピクロス派のゼノンに捕まって殺されたと伝えられる（アテナイオス『食卓の賢人たち』第十三巻六一一b）。
（2）クリュシッポス（前二八〇頃―二〇七年、キリキア地方ソロイ出身）はストア派の著名な哲学者（第三代学頭）。
（3）不詳。
（4）ポセイドニオス（前一三五頃―五〇年頃）はシリアの古都アパメイア出身の哲学者、中期ストア派に属する。パナイティオス（ストア派第七代学頭）に学びロドス島に学園を開いた。
（5）不詳。
（6）このソティオンは、セネカの師であり、後一世紀のピュタ

ゴラス派の哲学者と見られ（セネカ『道徳書簡集』第四十九書簡二、および第百八書簡一七）、学説誌家のソティオン（前二〇〇年頃、一〇二頁註（4）参照）とは別人だろう。

（7）ディオクレスについては一一七頁註（2）参照。『ディオクレス論駁』はエピクロス派批判の書と見られる。

（8）この一文は底本通り読む。「廿日祭（εἰκάς）」とは、エピクロス、および、故人となったメトロドロスを記念して毎月二十日に催されたエピクロス派の哲学仲間の集いのこと（一八節参照）。なお、写本では「廿日祭」（ヒュプナー、ニーチェ、ウーゼナーによる修正）ではなく「二四巻（κδ´）」となっているが、これは「一二巻の書物」と矛盾する。そのため、この「一二巻の書物」を「第十二巻」に修正する案がガッサンディによって出され、アリゲッティ、ヒックス、ドランディが従っているが、『ディオクレス論駁』が二四巻本から成るというのは挿入句としてはありそうにない（ベイリー）。

（9）ハリカルナッソス（エーゲ海南東の都市）出身のディオニュシオス（前一世紀後半）は、ローマで活動した歴史家、弁論家。

（10）エピクロスの弟子の一人で、メトロドロスの伴侶（二三節参照）。

（11）デモクリトス（前四二〇年頃）はレウキッポスとともに原子論の創始者（ディオゲネス・ラエルティオス『哲学者列伝』第九巻三四以下参照）。

（12）アリスティッポス（前四三五―三五五年頃）はいわゆる「小ソクラテス派」の一人。キュレネ（北アフリカの都市）出身の哲学者であり、快楽主義の哲学を唱えるキュレネ派の祖と見られる人（ディオゲネス・ラエルティオス『哲学者列伝』第二巻八五以下参照）。

（13）のちにエピクロスの学園を去った弟子であり、メトロドロスの兄弟（六、二三節参照）。ティモクラテスは感情の激しかった人として知られ、「自分の兄弟をだれも及ばぬほど愛し、だれも及ばぬほど憎む、と言った」と伝えられる（ピロデモス『自由な発言について』*PHerc.* 1471 col. XXb 3-6 (Konstan et al.)）。また、エピクロスへの反発から、彼を貶めるような文章を数多く書いたと見られる（六―八節参照）。なお、エピクロスには、『感情に関する諸説――ティモクラテスへの反論』という著作があった（二八節）。

（14）『ヘロドトス宛の手紙』で知られる、エピクロスの弟子。

（15）リュシマコス（前三六〇―二八一年）はアレクサンドロス大王の後継者の一人。後にマケドニア王になったが、シリア王セレウコス一世との戦いに敗れ戦死した。

執事であるミトレス[1]のことを、エピクロスはもろもろの手紙のなかで、「救い主」とか「わが君」などと呼んで、この人にみっともないほどへつらっていたという。

五　さらにまた、エピクロスは、イドメネウス[2]や、ヘロドトスや、ティモクラテスといった、彼の秘密の教説を世に知られるものにした人々を、まさにそのことで賞讃し、彼らにへつらっていたと言われている。一方、エピクロスは、レオンティオン宛の手紙のなかで、「救い主なるわが君、愛しのレオンタリオン[3]よ、私たちがあなたのお手紙を読み上げたとき、あなたは何という喝采の渦を私たちに巻き起こしたことでしょう！」と述べ、他方、レオンテウス[4]の妻テミスタに宛てては、「もしあなた方が私のところへ来てくださらないのなら、私自身は、あなた方が、そして何よりテミスタが呼んでくださるところならどこへでも、三段跳びで、すっ飛んでゆくことができるのです」と述べている。また、若さの盛りにあるピュトクレス[5]に宛てては、「私はひざまずいて、君の愛らしく神にも似た姿の訪れを待ち望むことにしましょう」と言っている[6]。そして、テオドロス[7]が『エピクロスへの反論』第四巻のなかで述べるところによれば、ふたたびテミスタに宛てて手紙を書きながら、エピクロスは、彼女を口説いている[8]ことを認めているという。

六　そればかりか、彼は他にも多くの遊女に手紙を書いており、とりわけレオンティオンにはそうだったということだが、彼女のことはメトロドロスも恋していたのだった。また、『目的について』のなかで、エピクロスは次のように記しているという。「実際、私としては、味覚による快楽を取り去り、性愛による快楽、音色による快楽、形状による快楽を取り去ったなら、いったい何を善と考えればよいか、わからない」と。また、ピュトクレスに宛てた手紙のなかでは、彼はこう書きつけているという、「幸いなる君よ、帆を

(1)ミトレスはシリアの人。リュシマコス（一〇八頁註（15））の死後、捕えられたと見られ、彼を助けようとしたメトロドロスの行動をエピクロスが讃えたと伝えられている（プルタルコス『エピクロスに従っては、快く生きることは不可能であること』一〇九七B、『コロテス論駁』一一二六E－F参照）。ミトレスはエピクロスやメトロドロスとかなり親交があったと推測される。

(2)エピクロスの弟子の一人（二二、二五節参照）。

(3)「レオンティオン」の愛称。

(4)レオンテウスもその妻テミスタもランプサコスの人であり、エピクロスの弟子（二五節参照）。

(5)『ピュトクレス宛の手紙』で知られる、エピクロスの弟子。ランプサコスのポリュアイノス（二四節）が彼の教育係（παιδαγωγός）であったことが知られているが（ポリュアイノス「断片」二（Tepedino））、エピクロスは、まだ一八歳になっていないピュトクレスについて、「全ギリシアにおいて君にまさる素質はない」と手紙に書いていたことが伝えられている（プルタルコス『コロテス論駁』一一二四C）。

(6)アルキプロン（後二世紀後半の弁論家か）の創作書簡の一つ「レオンティオンからラミアへ」のなかで、「彼［エピクロス］は、ピュトクレスを一種のアルキビアデスと見なしているのです」と言われている（『遊女たちの書簡』第四巻第十七書簡三）。アルキビアデスはソクラテスの名高い愛人（プラトン『饗宴』二一二D以下、および『プロタゴラス』冒頭参照）。

(7)このテオドロスはエピクロスを批判していることから、ストア派のテオドロスと推測されるが（ディオゲネス・ラエルティオス『哲学者列伝』第二巻一〇四に「テオドロス」という名のストア派の哲学者は三名いたと言われている）、特定できない。

(8)「（彼女を）口説いている」の原語は、「パライネイン（παραινεῖν）」。直訳は、「（彼女に）勧告する、助言する」。この教育的な意味は、ここで非難されているエピクロスのへつらいや、性的な雰囲気の文脈と相容れず、原文の修正が提案されてきた。有力な解釈は、「彼女を（に）」を「彼女が」に修正し、「彼女が助言してくれる」というへつらいの意味を読みとるもの。しかしもう一つは、さらに「助言する（παραινεῖν）」を「ペライネイン（περαίνειν）（遂げる、おかす）」に修正し、「彼女をおかす」（ビニョーネ）と読んだり、あるいは「パラキーネイン（παρακινεῖν）（興奮させる、動揺させる、狂わせる）」に修正し、「彼女が興奮させる」（プレイヤード版）と読んだりして、性的な意味を読みとるもの。いずれにせよ、原文の修正に難がある。ここでは底本通り読みながら、その含意を訳出した。

揚げて、あらゆる教養を避けるのだ」と。また、エピクテトスは彼のことを卑猥な話をする男と呼び、さんざん罵っている(1)。

そしてさらに、メトロドロスの兄弟で、エピクロスの弟子であったティモクラテスは、その学派から去ったのち、『愉快なこと』という表題の書物のなかで、エピクロスは贅沢三昧から一日に二度、食べたものを吐き出すと言っており、またティモクラテス自身、あの夜間の哲学と、あの秘儀的な共同生活から、やっとのことで逃れる力を得たと、くわしく述べている(2)。

七　またティモクラテスによれば、エピクロスは理論面において多くのことに無知だったが、はるかにそれ以上に、実生活の面で無知であったとか、長年の間、寝椅子から立ち上がれないほど、その身体は哀れな状態であったという(3)。一方、エピクロス自身がレオンティオンに宛てた手紙のなかや、ミュティレネにいる哲学者たちに宛てたもろもろの手紙のなかで書いているように、彼は食事のために一日で一ムナ(4)も費やしていたという。また、彼やメトロドロスと交わった遊女は他にもいたが、そのなかにはマンマリオンやヘデイア、エロティオンやニキディオンがいたという。そして、『自然について(5)』という三七巻の書物のなかで、エピクロスは大部分において同じことを述べているだけでなく、その著作で彼は、他の人々はもとより、とりわけナウシパネス(6)に対して最も多くの反論を書きつけており、その言い方をそのまま引用すれば、次のように主張しているとのことである、「さあ、彼らには立ち去ってもらおう。あの男(7)は、他の多くの奴隷根性の者たち同様、口から出まかせのソフィスト的なほらを吹こうと、もがき苦しんでいたのだから」。

八　そして、エピクロス自身、数々の手紙のなかで、ナウシパネスについてこう述べているという。「そ

うしたことが、彼をそのような乱心状態に至らせたのだ、その結果、彼は私を罵倒し、私のことを皮肉って『先生』と呼ぶようになったのだ」と。また、エピクロスはナウシパネスのことを「クラゲ[8]」とか「文盲」、「ペテン師」、「娼婦[9]」などと呼んでいたのである。また彼は、プラトンの取り巻きたちを「ディオニュシ

---

(1)エピクテトス(後五五—一三六年頃)はストア派の哲学者。彼の『語録』第三巻第二十四章三八にエピクロス派への批判が見られる。

(2)以下、八節の終りまでティモクラテスの発言が紹介される。ティモクラテスはおそらく、エピクロスに対する反発から、またエピクロスの学園に所属していた立場を利用して、もっともらしくエピクロスに関する歪められた情報を書き連ねたと推測されている(Sedley, 1976a, p. 131)。

(3)エピクロスは水腫を患っていたと伝えられている(プルタルコス『エピクロスに従っては、快く生きることは不可能であることについて』一〇九七E参照)。

(4)ここでは一ムナはかなりの金額と見られているが、どの程度かは他と比較して想像するほかない。ソクラテスが裁判で申し出た罰金の額は三〇ムナであった(プラトン『ソクラテスの弁明』三八B)。

(5)エピクロスの主著。

(6)テオス(サモス島対岸の町)出身で懐疑派ピュロンの弟子であり、デモクリトスの信奉者。

(7)ナウシパネスのこと。

(8)エピクロスがナウシパネスを「クラゲ」と呼んだことは、セクストス・エンペイリコス『学者たちへの論駁』第一巻四(「断片」一一二)でも報告されており、その理由はナウシパネスが「無感覚」と見なされたから、と説明されている。

(9)底本通り、女性形のまま「娼婦(πόρνην)」を読む。削除する写本もあるが、「娼婦」はナウシパネスのいわば無節操を非難する表現であろう。

オス(1)の太鼓持ち(2)」と呼び、プラトンその人を「黄金の人」と呼んでいたが(3)、アリストテレスのことを、父祖伝来の財産を食いつぶしたすえに、兵役についたり薬を売ったりしていたとして、「浪費家」と呼んでいた(4)。また彼はプロタゴラスのことを「運び屋」とか、「デモクリトスの書記」と呼び、村々で読み書きを教えているのだと言っていた(5)。さらにヘラクレイトスを「かきまぜ屋(6)」、デモクリトスを「レロクリトス［たわごとの名人］(7)」、アンティドロス(8)を「サンニドロス［ごますり］」などと呼んでいた。他方、キュニコス派の人々を(9)

---

(1) シケリア島のシュラクサイの僭主ディオニュシオス二世。プラトンが哲人王教育を施そうと試みた王。

(2) 元来の意味は、「酒神ディオニュソスの太鼓持ち」すなわち演劇の役者を揶揄する表現だが（アリストテレス『弁論術』第三巻第二章一四〇五a二三）、ここでは「ディオニュソス」を「ディオニュシオス」の意味にもじって、プラトンの取り巻きを非難する表現（アテナイオス『食卓の賢人たち』第六巻二四九f、第十四巻四三五e参照）。

(3) プラトンをからかった表現であろう。プラトンは国家における「守護者（ピュラクス）」を金、これを助ける「補助者（エピクーロス）」を銀、「職人（デーミウールゴス）」を鉄や銅の種族になぞらえている（『国家』第三巻四一五A―C）。「エピクロス」という名は、「補助者」を意味するギリシア語。「銀」としてのエピクロスが、プラトンをからかって「金」と見立てたのであろう。

(4)「浪費家（ἄσωτος）」は「放蕩者」とも訳せる語。アリストテレスについて同様の伝えが、アテナイオス『食卓の賢人たち』第八巻三五四bや、アイリアノス『ギリシア奇談集』第五巻九でも言われており、アリストテレスは兵役がうまくいかなかったため、薬売りになったという。アテナイオスによれば、このような伝えはエピクロスが『職業に関する手紙』のなかで述べているものという。その手紙ではさらにアリストテレスが「薬売り」のあと、プラトンの学校で講義を聴いたと言われており、エピクロスは必ずしもアリストテレスを批判しているわけではない。エピクロスの『職業に関する手紙』は、過去の経歴がどのようなものであっても人が哲学者になる妨げにはならないことを説いたものと推定されている（Sedley, 1976a, p. 126）。ここでは文脈ぬきで、エピクロスの

発言が取り上げられていると見られる。アリストテレスの散財や薬売りはうわさのたぐいであろうが、エピクロスはそれを信じて引き合いに出したのかもしれない。

(5)これもエピクロスの『職業に関する手紙』のなかで言われていること。プロタゴラスは材木の「運び屋」だったが、彼の材木の独特の束ね方にデモクリトスが感心したことから、彼はデモクリトスに採用され、ある村で読み書きを教え、そこからソフィスト活動に向かったという(アテナイオス『食卓の賢人たち』第八巻三五四c)。

(6)「かきまぜ屋」の原語は、「キュケーテース」。ヘラクレイトスに、「攪拌飲料(キュケオーン)も、かきまぜずにおかれると、分離していく」という、彼の流転思想を示唆する言葉が見える(「断片」一二五(DK))。「かきまぜ屋」はエピクロスがヘラクレイトスの流転説を捉えたもの。ティモクラテスはこれをエピクロスによる悪意ある表現として示したと見られる。

(7)「デモクリトス(民の精鋭、の意)」をもじった「レロクリトス(たわごとの名人)」という表現は、「たわごと(多方面の知識)」に精通していたデモクリトスの「五種競技者」的な博識(ディオゲネス・ラエルティオス『哲学者列伝』第九巻三七参照)を茶化したものであろうが、彼とエピクロスとの哲学関係を考えるなら、必ずしも否定的な含意はないであろう。エピクロスの弟子のレオンテウスが友人リュコプロンに宛てた手紙で、エピクロスはみずからを「デモクリトス主義者(デモクリテイオン)」と呼び、またエピクロスの体系全体も「デモクリトス主義」と呼ばれていただけでなく、デモクリトスはより先に正しい認識に到達していたという理由でエピクロスに尊敬されていたと伝えられている(プルタルコス『コロテス論駁』一一〇八E)。

(8)アンティドロスはエピクロス派と言われており(ディオゲネス・ラエルティオス『哲学者列伝』第五巻九二)、エピクロスの弟子の一人であったと見られるが、エピクロスに『アンティドロス』という二巻本の著作があり(二八節参照)、何らかの重要性のある弟子(おそらく、エピクロスから離反した弟子)であったと推測される(プルタルコス『コロテス論駁』一一二六A参照)。

(9)底本通り、「キュニコス派の人々(*Κυνικούς*)」(十七世紀の文献学者レイネシウスの修正案)を読む。写本は「キュジコスの人々(*Κυζικηνούς*)」となっており、ドランディの新しい校訂本は写本に最小限の変更を加え、「キュジコス派の人々」(*Κυζικηκούς*)とし、近年この校訂に従った訳も見られる。キュジコスはエピクロスが学派を創設していたランプサコス東方の町であり、「キュジコスの人々」とは、この地に学派を築いたクニドスのエウドクソス(前三九〇—三四〇年頃)↖

「ギリシアの敵」と呼んでいた。そして問答家たちのことを「ぶっ壊し屋」と呼び、ピュロン[1]を「無学で無教育な者」と呼んでいたという。

九　だが、このようなことを言う者たちはどうかしているのである。[2]というのも、この人には、あらゆる人に対する並はずれた親切心を証言する人々が十分いるばかりか、祖国は数々の銅像を建てて彼に栄誉を授け、彼の友人たちは、諸都市の全体をもってしても測りえないほどの数にのぼり、また弟子たちはみな彼の学説の美しい音色に魅了されたからである。ただ、ストラトニケイアのメトロドロス[3]は例外だが、彼はカルネアデスのもとへ立ち去った人であって[4]、これはおそらく、エピクロスの並はずれた善良さが重荷となったからであろう。また、彼の学派伝統は、他のほぼすべての学派が途絶えたのちにも、ずっと存続し、数えきれないほどの学頭職が、弟子たちのあいだで次から次へと受け継がれていったのである。

一〇　また、両親に対する感謝の念や、兄弟に対する親切、家僕に対する温情は、彼の遺言から明らかであるし、彼ら自身が彼と一緒に哲学をしていたという事実からも明らかであって[5]、そのなかでも最も有名だったのが、先に述べたミュウスである[6]。一般的に言えば、エピクロスの人間愛は万人に向けられたものであった。というのも、神々に対する彼の敬虔さとか、祖国に対する愛情のあり方は言い表わせないほどだったからである。実際、あまりにも公正であったために、彼は国の政治にかかわりさえしなかったのである。そして、きわめて困難な事態が、当時、ギリシアを見舞っていたにもかかわらず[7]、彼はその地で暮らし続け、

↙の流れをくむ天文学者・数学者の集まりと見られ、エピクロスはとりわけ天文学の方法をめぐり彼らと見解を異にし、ライバ

ル関係にあったと推定されている（Sedley, 1976a, pp. 138-139）。しかしながら、この「キュジコス派」を「ギリシアの敵」と呼ぶほどの根拠は見当たらない。むしろ、キュニコス派の祖と見られるアンティステネスの、「快楽に耽るぐらいなら、気が狂っている方がましだ」（ディオゲネス・ラエルティオス『哲学者列伝』第六巻三）という主張は、エピクロスの快楽主義と真っ向から対立するであろう。のみならず、エピクロス自身、『生き方について』第一巻で、知者は「キュニコス派のように生きることもないだろう」と述べており（一一九節）、底本の校訂は誤っていないと思われる。

（1）エリス出身で懐疑主義哲学の祖（前三六五頃―二七五年頃）。

（2）アテナイ。

（3）ストラトニケイア（トルコ南西部カリア地方の都市）のメトロドロスは、これまでしばしば言及されてきたランプサコスのメトロドロス（エピクロスの最も重要な弟子）とは、もちろん別人。

（4）カルネアデス（前二一四―一二九年）はプラトンの学園アカデメイアの第十一代学頭。彼のもとへ立ち去ったメトロドロスは、したがって、前二世紀の人であって、エピクロスの直接の弟子ではないことになろう。ディオゲネス・ラエルティオスの記憶違いかもしれない。実際、このメトロドロスはカルネアデスの熱心な聴講者であったとも伝えられており（キケロ『弁論家について』第一巻四五）、年代的に見れば、「庭園」の前二世紀の学頭アポロドロス（二五節参照）の弟子であったと見られる。ピロデモス『アカデメイアの歴史』（断片のみ現存、彼の失われた『哲学者集成』の一部とも見られている）によれば、このメトロドロスはタルソスのディオゲネス、および学頭アポロドロスの弟子であったが、アポロドロスと不和になったため、カルネアデスのところに赴いたという（*PHerc.* 1021 col. XXIV 11-15（Dorandi））。

（5）三節参照。

（6）三節参照。

（7）この事態は、前二九五年、デメトリオス（パレロン出身のアテナイの政治家であり、ペリパトス派の哲学者。ディオゲネス・ラエルティオス『哲学者列伝』第五巻七五以下参照）による海上封鎖のあいだのアテナイの状況のことであって、その時、同地はほとんど飢餓状態に陥った。エピクロスは豆の数を決めて仲間たちに配り、彼らの命をつないだという話が伝えられている（プルタルコス『デメトリオス伝』三四）。

ただ二、三度、イオニア周辺の地域へ友人たちを訪ねるために旅をしただけであった。友人たちはまた、いたるところから彼のもとへやって来て、庭園のなかで彼と一緒に暮らしていたのである――これはアポロドロス[1]も述べているところである。またこの人によれば、エピクロスはその庭園を八〇ムナで買ったという。

一一　他方、ディオクレスは『要覧』の第三巻でこう述べている[2]――彼らはきわめて倹約で質素な生活を送っていたのだと。「とにかく一コテュレー[3]の」とディオクレスは言っている、「安ワインで彼らは満足していたし、あとはすべて水が彼らの飲み物だった」と。また、エピクロスは、「友のものは共有」と言っていたピュタゴラスの流儀で、財産を共有にするのは適切でないと考えていたという。なぜなら、そのようなことは信頼し合っていない者たちのすることだからである。しかるに信頼し合っていない者たちのすることなら、友人たちのすることでもない。また、エピクロス自身は、もろもろの手紙のなかでこう述べている、水と簡素なパンだけで十分なのだと[4]。そして、「どうか私に小壺に入ったチーズを送ってください」と彼は言う、「そうすれば、望むときに、私は贅沢ができるだろうからね」と。快楽が目的であるという学説を唱える彼は、このような人だったのである。アテナイオス[5]もまた、エピグラムによって彼のことを次のように讃えている。

一二　人間どもよ、汝らはくだらぬことに骨を折り、そして利得のために
　　飽くことを知らず、争いや戦いを始める。
　自然の富は、一定のわずかな限度を保っているのに、
　　空虚な判定は限りなき道をゆく[6]、

このことをネオクレスの賢き子[7]は、ムーサの女神たちから、
あるいは、ピュト[8]の聖なる三脚台[9]から、聞き知ったのだ。

だが、先に進むにつれ、この点をわれわれはいっそうよく知ることになるだろう、エピクロスの学説からも、彼自身の言葉からも。

さて、ディオクレスが言うには、昔の人々のなかで、エピクロスが最も受け入れていたのは、アナクサゴラスであって、――もっとも、いくつかの点では彼に異議を唱えていたけれども――、またソクラテスの師

(1) 一〇五頁註(4)参照。
(2) この文のディオクレスは『哲学者伝』や『哲学者要覧』の著者であり、小アジアのマグネシア出身の前一世紀の哲学史家(ディオゲネス・ラエルティオス『哲学者列伝』第二巻五四、第七巻四八)。また、『要覧』とは『哲学者要覧』のこと。
(3) 約〇・三リットル。
(4) 『メノイケウス宛の手紙』一三一や「断片」三七でも水とパンの暮らしのことが述べられている。なお、ワイン、パン、チーズなどの簡素な食生活をする国家は、プラトンの『国家』で、グラウコンが「豚の国」と呼ぶのに対し、ソクラテスが「健康な国家」と呼んでいたもの(第二巻三七二A―E)。
(5) このアテナイオスは、他では知られないエピグラム作家のアテナイオス(ディオゲネス・ラエルティオス『哲学者列伝』第六巻一四、第七巻三〇でも詩句が引用されている)であり、『食卓の賢人たち』の著者とは別人。
(6) 『主要教説』一五、『ヴァチカン箴言集』八参照。
(7) エピクロスのこと(「ネオクレス」は父の名)。
(8) デルポイの古名。
(9) デルポイの巫女ピュティアは聖なる三脚台に座って、ギリシアの人々にアポロンの神託を告げたと伝えられる(エウリピデス『イオン』九一―九三)。

であるアルケラオスであった[1]。だが、ディオクレスによれば、エピクロスは弟子たちに、彼自身の書き物を記憶に留めておく訓練もさせていたのである[2]。

一三　アポロドロス[3]は『年代記』のなかで、エピクロスはナウシパネスとプラクシパネス[4]から教えを受けたのだと述べている。だが、エピクロス自身は、エウリュロコス宛[5]の手紙のなかで、そうではなくて、独学したのだと述べている[6]。それどころか、エピクロス自身もヘルマルコスも[7]、レウキッポスというような哲学者は存在すらしなかったと主張しているのだが[8]、エピクロス派のアポロドロス[9]をはじめ、何人かの人たちは、レウキッポスのことをデモクリトスの師であったと言っている。他方、マグネシアのデメトリオス[10]は、エピクロスはクセノクラテスの講義も聴いたと述べている。

また、エピクロスはものごとを表現するのに標準的な語法を用いているが、文法学者のアリストパネス[11]はその語法を、きわめて特殊なものだと非難している。しかし、その語法は非常に明確なものであって、『弁論術について』のなかでもエピクロスは、明確さ以外に何も要求しないのが適当と考えていたほどである。

一四　そして、いろいろな手紙のなかで彼は、「ごきげんよう」の代わりに「お幸せに」とか、「ご精励の

---

(1) アルケラオスはアテナイまたはミレトスの人、アナクサゴラスの弟子であり、ソクラテスの師であったと伝えられている（ディオゲネス・ラエルティオス『哲学者列伝』第二巻一六）。

(2)『ヘロドトス宛の手紙』三六、八三参照。

(3) このアポロドロス（前一四〇年頃）は、アテナイ出身の博識の文献学者。『年代記』や『神々について』などの著作がある（断片のみ現存）。エピクロス派のアポロドロス（一〇

五頁註（4）参照）とは別人。

（4）このプラクシパネス（前四世紀後半、ミュティレネ出身）はペリパトス派の哲学者で、テオプラストス（前三七〇―二八八年）の仲間とも弟子とも伝えられる哲学者（プラクシパネス「断片」一九、二二a、二二b（Wehrli））。

（5）懐疑派ピュロンの弟子。

（6）セクストス・エンペイリコスに、「エピクロスは、ナウシパネスの弟子であったにもかかわらず、自学自習により、自力で大成した哲学者であると思われんがために、あらゆる方法でそのことを否認し、また師の名声を消し去ろうと熱心に努め、かの人が誇りとしていた諸学問に対する大々的な告発者となったのである」（『学者たちへの論駁』第一巻三）という記述が見える。

（7）この一文は写本通り、*οὔτε αὐτός οὔτε Ἕρμαρχος* を読む。底本に従えば、「エピクロスは、またヘルマルコス自身も（*οὔτε αὐτὸς Ἕρμαρχος*）」となるが、底本の誤植であろう。なお、ヘルマルコスはエピクロスのあと学園を引き継いだ人。第二代学頭（一五節参照）。

（8）この主張は古今論争をひき起こしてきた。これは、エピクロスが単にレウキッポスが哲学者であったということを否定しているだけの意味かもしれないが、続く文から知られるように、アポロドロスら何人かはレウキッポスをデモクリトスの師であったと認めており、哲学者としてのその存在を否定していない。レウキッポスの実在性については、「庭園」内部でも見解が分かれていたように見える。が、彼の存在はアリストテレスによる多くの言及からも確実である。エピクロスの時代にはレウキッポスは、多数の著作を書いたデモクリトスの背景に沈んでいたと見られ、バーネットの指摘するように、エピクロスは単に「レウキッポスが存在したのかどうかすら私は知らない」（「私は知らない」は、「私はあえて彼を無視する」を意味する慣用表現）と言おうとしたのかもしれない（Burnet, 1930, p. 330 n. 2）。なお、この問題に関する近代の論争については、ガスリー参照（Guthrie, 1965, p. 383）。

（9）一〇五頁註（4）参照。

（10）前一世紀、ローマで活躍した著作家。『同名人録』を著した（ディオゲネス・ラエルティオス『哲学者列伝』第一巻三八）。

（11）ビュザンティオン出身の著名な文献学者（前二五七―一八〇年頃）であり、アレクサンドリア図書館長も務めた（前一九四年頃）。

ほどを」といった表現を用いていた。[1]

一方、アリストン[2]は『エピクロスの生涯』のなかで、エピクロスは『カノーン』[3]をナウシパネスの『三脚台』に基づいて書いたのだと主張し、そのナウシパネスから彼は教えを受けただけでなく、サモス島においてプラトン派のパンピロスからも教えを受けたのだと述べている。[4]また、エピクロスは一二歳の時に哲学し始め、[5]三二歳の時に学校を開いたのだという。[6]

また、アポロドロスが『年代記』のなかで述べるところでは、エピクロスは第百九回オリュンピア期の第三年目、[7]ソシゲネスがアルコン職にあった時代のガメリオン月[8]第七日[9]に生まれたのであり、プラトンが亡くなってから七年後のことであったという。[10]

一五　そして、エピクロスは三二歳の時に、まずミュティレネとランプサコスの地に学校を設立し、五年におよんだ。[11]こうして次に、アテナイへ移り、第百二十七回オリュンピア期の第二年目、[12]ピュタラトスのアルコン時代に、七二歳まで生きて、生涯を閉じたとのことである。彼の学校は、アゲモルトスの子、ミュティレネのヘルマルコスが引き継いだという。また、ヘルマルコスもいくつかの手紙のなかで述べているように、エピクロスは尿が石でふさがれたために、[13]一四日間病んだ後、亡くなったとのことである。その時、ヘルミッポス[14]も述べていることだが、エピクロスは温かい湯で満たされた青銅製の浴槽に入り、生《き》のままのワインを求めて、これをぐっと飲み干したのである。

一六　友人たちにはまた、自分の学説を記憶しておくようにと告げ、そのようにして彼は亡くなったとのことである。

(1)ただし、『ヘロドトス宛の手紙』三四、『ピュトクレス宛の手紙』八三、『メノイケウス宛の手紙』一二一では、いずれも「ごきげんよう(*χαίρειν*)」が用いられている。

(2)このアリストンは、ベイリーの推測するアレクサンドリアのアリストン(前一世紀のペリパトス派哲学者)ではなく、伝記的な著作を書いたことが知られるケオス島出身のアリストン(前三世紀後半のペリパトス派哲学者)であろう(ディオゲネス・ラエルティオス『哲学者列伝』第五巻六四など)。

(3)一三三頁註(3)参照。

(4)キケロも同じ事実を伝えている(『神々の本性について』第一巻七二参照)。

(5)「哲学し始め(*ἄρξασθαί τε φιλοσοφεῖν*)」の原意は、「知恵を求め始め」。ここではこの意味で言われていると見られ、エピクロスが実際に哲学研究を始めたのは、一四歳の時であろう(二節参照)。

(6)次節参照。

(7)前三四二/四一年。

(8)ギリシア(アッティカ)の太陰暦では、第七月。現在の太陽暦では、一月から二月にかけての月。

(9)アッティカの太陰暦ではひと月三〇日は、月の満ち欠けに応じて、一〇日ずつ前、中、後の三期に分けられるが、ここで単に「第七日」と言われているのは、月の姿が現われ始める前半の「第七日」とも、月が満ちてゆく中間の「第七日」(すなわち、第十七日目)とも解されるが、ソクラテスやプラトンの誕生日に関するアポロドロスの表現法からすれば(ディオゲネス・ラエルティオス『哲学者列伝』第二巻四四、第三巻二)、前者であろう。しかし、ここのアポロドロスの報告とは別に、エピクロス自身は誕生日の祝いについてガメリオン月の「始めの第十日」と言っており(一八節および一二五頁註(1)参照)、食い違っている。アポロドロスによる伝承が誤りでなければ、「第七日」が実際の誕生日であるが、「第十日」に祝われたのかもしれない(Usener, 1887, p. 405)。

(10)プラトンの死は前三四八/四七年。

(11)ミュティレネでは短期間(一年足らず)しか過ごさなかったため(解説三九五頁参照)、ランプサコスでの学校の設立もエピクロスの三二歳の時と言われているのであろう。

(12)前二七一/七〇年。

(13)膀胱結石(ベイリー)や腎結石(ヒックス)よりもむしろ、尿道結石(加来)の症状であろう。

(14)一〇五頁註(7)参照。

そこで彼に献げる私の詩とは、次のようなものである。

ごきげんよう、君たち、そして私の学説を記憶しておくように。こうエピクロスは、最後に友人たちに語った、息を引きとりながらこの言葉を。

そう、彼は温かい浴槽に身を沈め、生のままのワインを飲み干し、それから冷たいハデス(1)をも飲み干したのだ(2)。

以上が、あの人の生涯であり、これが最期だった。

そして、彼は次のように遺言したのである。「以下の条件で私は、私自身の全財産を、ピロクラテスの子、バテ区のアミュノマコスと、デメトリオスの子、ポタモス区のティモクラテスに、「メートローオン(3)」に登記されている両者への遺贈に基づき、贈与することにする(4)。
一七　その際、両人は、庭園(5)とそれに付属する施設を、アゲモルトスの子、ミュティレネのヘルマルコス、および彼と一緒に哲学研究をする人々、ならびにヘルマルコスが哲学の継承者として後に残す人たちに提供し、彼らが哲学にたずさわりながら過ごせるようにすること(6)。そして一方、私に倣って哲学研究をする人たちには、その人たちがこの庭園における学園を、アミュノマコスとティモクラテスとともに可能なかぎり維持してくれるよう、私は末永く託し、さらに両人の相続人たちにも託することにするが、その場合、どのような仕方であれ、最も安全な仕方で、その相続人たちもまた、私に倣って哲学研究する人たちがこの庭園を次に伝えてゆく当の者たちと同じようにして、この庭園を管理してもらいたい。他方、メリテ(7)にある家については、これをアミュノマコスとティモクラテスは、ヘルマルコスや、彼とともに哲学研究する人たちに、

ヘルマルコスが生きているかぎり、住居として提供してもらいたい。

一八　また、私によってアミュノマコスとティモクラテスに贈与された財産によって生じる収入については、両人がヘルマルコスと相談のうえ可能なかぎりこれを分割し、私の父と母、そして兄弟たちへの供物に

(1)冥界の王の名。あの世を意味する。

(2)この詩は『ギリシア詞華集』第七巻一〇六に収録されている。

(3)「メートローオン（Μητρῷον）」は母なる神（キュベレ）の神殿であり、アテナイの公文書館。

(4)バテ区のアミュノマコスとポタモス区のティモクラテス（メトロドロスの兄弟とは別人）については、他ではまったく知られない。両人に遺産が贈与されるのは、両人がアテナイ市民だったためと推測される。エピクロスを継いで学頭になるヘルマルコスは、一五節や次節で言われているように、ミュティレネ出身の外国人であり、遺産を受け取ることができなかったのであろう。

(5)エピクロスの「庭園（κῆπος）」は、アテナイ北西郊外に位置するプラトンの学園アカデメイアの南東近くにあったと見られる（キケロ『善と悪の究極について』第五巻三）。

(6)これは実質的に、ヘルマルコスを学頭に指名した一文。

(7)アテナイ市内西部の区。

あてるとともに、毎年ガメリオン月の始めの第十日[1]に催される慣わしとなっている私の誕生日の祝いにあて、同様に、私とメトロドロスの追憶のために設けられている、毎月二十日に行なわれる私の哲学仲間たちの集い[2]にもあててもらいたい。またあわせて、ポセイドン月[3]の私の兄弟たちの日も、メタゲイトニオン月[4]のポリュアイノス[5]の日も、私がこれまでしてきたように、祝ってもらいたい。

一九　また、アミュノマコスとティモクラテスの両人は、メトロドロスの息子エピクロス、およびポリュアイノスの息子が哲学研究をしながら、ヘルマルコスとともに生活するかぎり、彼らの面倒をみてもらいたい。また、メトロドロスの娘[6]についても、同じように面倒をみてもらいたい。そして彼女が年頃になったときには、彼女の品行がよくて、ヘルマルコスに従順であるなら、ヘルマルコスが彼とともに哲学研究する人たちのなかから選んだ人に嫁がせてもらいたい。また、アミュノマコスとティモクラテスは、私の財産収入から、両人がヘルマルコスと相談のうえ、毎年、いくらでも差し支えないと自分たちに思われるだけの額を、養育のためにこれらの子らに与えてもらいたい。

二〇　また、両人は自分たちに加えて、ヘルマルコスをも収入の受託者にしてもらいたい。これは、哲学研究のなかで私とともに年齢を重ね、私の哲学仲間たちの指導者として私が後に残したこの人の協力のもとに、一つ一つのことがなされるようにするためである。また、メトロドロスの幼い娘には、彼女が年頃になったとき、アミュノマコスとティモクラテスは、ヘルマルコスの意見を聞いたうえで、財産から差し支えないかぎりの額を切り離して、持参金として分け与えてもらいたい。また、両人はニカノル[7]についても、私がこれまでしてきたように、面倒をみてもらいたい。これは、哲学研究する人たちのうち、私的な事柄にお

いて私に支援を提供してくれ、あらゆる親切を示しながら、私とともに哲学研究のなかで年齢を重ねることを選択した人ならだれでも、私の力の及ぶかぎり、生活に必要なものを何ひとつ欠くことのないようにする

(1)ガメリオン月（第七月、太陽暦では一月から二月にかけての月）の「始めの（より先の）第十日（προτέρα δεκάτη）」とは、月の姿が現われ始める、ひと月前半の「第十日」（ベイリー）とも、月が満ちてゆく中間の「第十日」（すなわち、第二十日目）とも解されるが（一二二頁註（9）参照）、碑文調査などから後者であると推定され、このガメリオン月の「第二十日」がエピクロスの誕生日という解釈がなされている（アルパース、ルイス、ドランディ（1999））。しかし「第二十日」であれば、続いて言及される毎月二十日の集いと重なることになろう。自分の誕生日の祝いの日を指示するのに、エピクロスがわざわざ「始めの（より先の）」という限定をつけたのは、「二十日」の集いと異なる日を示すためであったと解する方が、文脈上自然である。ガメリオン月の「第十日」は、現在の太陽暦では、前三四一年一月十四日にあたる。「第二十日」なら一月二十四日になるが、いずれにせよ、エピクロスが生まれたのは前三四一年の一月ということになる。

(2)「廿日祭」のこと。これは、特に学派創始者のエピクロス自身、および故人となったメトロドロスを記念する催しであったと見られる。メトロドロスはエピクロスの七年前に五三歳で亡くなっている（一三三節）。この記念日への言及は数多く見られ（キケロ『善と悪の究極について』第二巻一〇一、プリニウス『博物誌』第三十五巻五、『ギリシア詞華集』第十一巻四四（ピロデモス）、アテナイオス『食卓の賢人たち』第七巻二九八d、ディオゲネス・ラエルティオス『哲学者列伝』第六巻一〇一参照）、よほど有名であったのだろう。

(3)ギリシアの太陰暦では、第六月。現在の太陽暦では、十二月から一月にかけての月。

(4)ギリシアの太陰暦では、第二月。現在の太陽暦では、八月から九月にかけての月。

(5)ランプサコスの人で、エピクロスの最も親しい弟子の一人と見られる（二四節参照）。

(6)アテナイオス『食卓の賢人たち』第十三巻五九三bより、レオンティオンとのあいだにもうけられた、ダナエのことと推測されるかもしれないが、むしろ幼いアピアであろう。二〇一頁註（4）参照。

(7)他では知られないエピクロスの哲学仲間。

ためである。

二一　なお、私の所有する書物はすべて、ヘルマルコスに贈与すること。

また、もしメトロドロスの子どもたちが成年に達する前に、人間に起こりうる何ごとか(1)がヘルマルコスの身に生じたならば、アミュノマコスとティモクラテスは、私によって残された遺産収入から、その子どもたちが品行のよい者であるかぎり、生活に必要なものの一つ一つが手に入るよう、可能なかぎりの額を与えること。そして残りのすべての事柄についても両人は、可能なかぎり一つ一つのことがなされるよう、私が定めておいたとおりに取り計らってもらいたい。なお、私は召使いたちのうち、ミュウス、ニキアス、リュコンを解放して自由の身とする。またパイドリオン(2)も解放して自由の身とする」。

二二　他方、すでに死が迫っていたときに、エピクロスは、イドメネウス(3)に宛てて次の手紙を書いている。

人生の幸いなるこの日、そして同時に終わりでもあるこの日を迎えながら、私は君にこの手紙をしたためています。排尿の困難と下痢の痛みは相変わらずつきまとっており、それら自体の度をこえて、治まる気配がありません。しかし、こうした痛みすべてに対抗してくれるのは、私たちによってなされたさまざまな対話の追憶(4)による、魂におけるよろこびなのです。そして君は、この私、および哲学研究に対する、若い頃からの傾倒にふさわしい仕方で、どうかメトロドロスの子どもたちの面倒をみてください。

このように彼は、遺言したのである。

また、彼には多くの弟子たちがいたが、特に著名だったのは、まず、アテナイオス（あるいはティモクラテス）とサンデの子、すなわちランプサコスのメトロドロスである(5)。彼はあの人を知って以来、生まれ故郷

へ帰って、ふたたび戻って来るまでの六ヵ月の間を除いては、あの人から離れることがなかったのである。

二三　そして、エピクロスもいくつかの序文や『ティモクラテス』第三巻で証言しているように、このメトロドロスは、あらゆる点ですぐれていた。彼はそのような人であって、妹のバティスをイドメネウスに嫁がせるとともに、自分はアッティカの遊女レオンティオンを引きとって内縁の妻にしていたのである。メトロドロスはまた、エピクロスが『メトロドロス』第一巻で述べているように、さまざまな困難に出会っても、あるいは死に直面しても、ひるむことがなかった。他方、彼はエピクロスの七年前に、五三歳を迎えて亡くなったと言われており、エピクロス自身も上述の遺言状のなかで、メトロドロスは明らかに自分よりも先に世を去ったものとして、この人の子どもたちの面倒をみてくれるように命じているのである。[6]なお、先に述

(1)「死」の婉曲表現。
(2)女性の召使い。
(3)イドメネウスはエピクロスの弟子の一人であり、ランプサコスの人(二五節参照)。以下のものと類似の手紙は、キケロ『善と悪の究極について』第二巻九六でも取り上げられているが、そこではヘルマルコス宛とされている。不一致の理由は定かではないが、キケロの記述に誤りがなければ、おそらくエピクロスはヘルマルコスに宛てても同じような手紙を書いたのであろう。
(4)これはエピクロスがイドメネウスと知り合ったランプサコス時代の追憶であろう。当時エピクロスは三十代前半であって(一五節)、イドメネウスとの対話はおよそ四〇年前にさかのぼる。
(5)この一文の写本は安定せず、人名の列挙と解する校訂や訳などもあるが、続く記述はメトロドロスその人に関するものであり、彼の両親の名を認める従来の校訂に従い、底本通り訳出した。
(6)二一節参照。

べられた軽薄な人物、メトロドロスの兄弟のティモクラテス[1]も、エピクロスの弟子だった。

二四　他方、メトロドロスの著作は以下のものである。

『医者たちへの反論』三巻、
『感覚について』、
『ティモクラテス[2]への反論』、
『高邁について』、
『エピクロスの病弱について』、
『問答家たちへの反論』、
『ソフィストたちへの反論』九巻、
『知恵に至る道について』、
『変化について』、
『富について』、
『デモクリトスへの反論』、
『生まれのよさについて』。

著名な弟子には、アテノドロスの子、ランプサコスのポリュアイノス[3]もいたが、ピロデモス[4]一門の人たち

が述べているように、彼は品位があり、友情に満ちた人であった。また、エピクロスの後継者となったヘルマルコスは、アゲモルトスの子、ミュティレネの人であったが、この人は貧しい父のもとに生まれ、当初は弁論術に専念していたのである[5]。

ヘルマルコスの著作も伝えられており、最良のものは以下のものである。

二五　『エンペドクレスに関する書簡体論考』二二篇、
『学問について』、
『プラトンへの反論』、
『アリストテレスへの反論』。

(1) 学園を去ったティモクラテスであり(六節参照)、エピクロスの遺言執行人の一人(一六節)とは、もちろん別人。
(2) 前註参照。
(3) 一八節参照。ポリュアイノスは、ヘルマルコス、メトロドロスとならんで、学園の最も重要なメンバーの一人。エピクロス派に転ずるまでは幾何学者だった(キケロ『アカデミカ前書』第二巻一〇六、『善と悪の究極について』第一巻二〇参照)。
(4) 一〇五頁註(9)参照。
(5) オイノアンダのディオゲネスの碑文断片にエピクロスがヘルマルコスに宛てたと見られる手紙があり、こう言われている。「君はわれわれの主義の何かを聴こうとして、弁論家たちの言論から離れてゆくだろう。そのあと、君が哲学の門をすぐさま叩いてくれることを、われわれは信じて疑わない」(「断片」八九)。

なお、ヘルマルコスは有能な人であったが、中風で亡くなった。

また同様に、ランプサコスのレオンテウスとその妻テミスタも弟子であり、彼女に宛ててエピクロスは手紙を書いてもいる。(1) さらに、コロテスやイドメネウス(2)も弟子であるが、彼ら自身もランプサコスの人であった。これらの人も著名な弟子たちであったが、ヘルマルコスの後継者となったポリュストラトスもそのうちの一人であった。この人の後を継いだのがディオニュシオス、その後を継いだのがバシレイデスである。また、「庭園の独裁者」アポロドロス(3)も著名であったが、この人は四〇〇巻以上の書物を著わした。また、アレクサンドリアの二人のプトレマイオスもいるが、一人は黒人、一人は白人であった。さらに、アポロドロスの教え子であったシドンのゼノン(4)もおり、この人は多作家であった。
二六　そして「ラコニアの人」とも呼ばれたデメトリオス。(5) また、『講義選集』を著わしたタルソスのディオゲネス。(6) そしてオリオン(7)や、そのほか、真正のエピクロス派の人々がソフィスト呼ばわりしているような人たちもいたのである。
なお、ほかにも三人のエピクロスがいた。一人はレオンテウスとテミスタの子。もう一人はマグネシアの人。四人目(8)は軍事訓練士であった。

さて、エピクロスはきわめて多作であって、著作の数においてあらゆる人を凌駕していた。というのも、その巻数はおよそ三〇〇にまで達しているからである。また、それらのなかには他人の書物からの引用は一切書かれず、すべてがエピクロス自身の言葉なのである。他方、クリュシッポス(9)はエピクロスと多作を競っ

ていたが、これはカルネアデスが述べているとおりであって[10]、彼はクリュシッポスのことをエピクロスの著作の「寄生虫」と呼びつけている。すなわち、彼によれば、エピクロスが何かを書いたなら、クリュシッポスは負けまいとして同じ分量だけ書こうとしたのだ、と。

---

(1) 五節参照。
(2) エピクロスの献身的な弟子で、『他の哲学者たちの教説に従っては、生きることは不可能であること』という論考を著わしたが、これにプルタルコスは『コロテス論駁』および『エピクロスに従っては、快く生きることは不可能であること』という著作によって応えている。
(3) 二節参照。
(4) シドン(フェニキア地方の町)のゼノン(前一五〇年頃)は、ピロデモスの師であり、庭園の学頭であった(キケロ『アカデミカ後書』第一巻四六、『神々の本性について』第一巻五九)。また、このゼノンは思考も表現も明晰と伝えられ(ディオゲネス・ラエルティオス『哲学者列伝』第七巻三五)、キケロもこのゼノンの講義を聴いている(『善と悪の究極について』第一巻一六)。
(5) ラコニア(スパルタを中心とする地域)のデメトリオスは、シドンのゼノンと同時代人。セクストス・エンペイリコス『学者たちへの論駁』第八巻三四八で、「エピクロス派の著名な人々の一人」として言及されており、ストラボン『地誌』第十四巻第二章二〇では、バルギュリア(カリア地方[トルコ南西部]の沿岸都市)出身の名高い人物であるエピクロス派のプロタルコスが、「デメトリオスの師であった」と伝えられている。
(6) 前二世紀の人。また、『ピュトクレス宛の手紙』九六への古註参照。
(7) 不詳。
(8) エピクロスを含めて「四人目」ということであろう。ただし、メトロドロスの息子の名も「エピクロス」であり(一九節)、ここではこのエピクロスを含めて「四人目」ということなのかもしれない。
(9) 一〇六頁註(2)参照。
(10) 一一五頁註(4)参照。

二七　また、このためにクリュシッポスは、しばしば同じことを書いており、心に浮かんだものは何でも書きつけては、急ぐあまり訂正もせずに、そのまま放ってしまい、しかも、引用があまりにも多いので、彼の書物は引用だけでいっぱいであって、こうしたことは、ゼノン(1)やアリストテレスの場合にも見られるのだ、と。ところで、エピクロスによる書き物はとても多く、とてもすばらしいが、それらのうち、最もすぐれたものは以下のものである。

『自然について』三七巻、
『原子と空虚について』、
『恋について』、
『自然学者たちへの反論の要約』、
『メガラ派(2)への反論』、
『問題集』、
『主要教説』、
『選択と忌避について』、
『目的について』、
『判断基準について、あるいはカノーン(3)』、
『カイレデモス(4)』、

『神々について』、
『敬虔について』、
二八　『ヘゲシアナクス』(5)、
『生き方について』四巻、
『正しい行為について』、
『ネオクレス(6)——テミスタ(7)に宛てて』、

(1)このゼノンは、キュプロス島キティオン出身のゼノン（前三三五—二六三年頃）。ストア派の創始者。

(2)メガラのエウクレイデス（前四五〇—三六五年頃）が創始した論理を重視する学派（ディオゲネス・ラエルティオス『哲学者列伝』第二巻一〇六）。メガラ派はエピクロスの批判の的となっていた（『自然について』第二十八巻断片二、一〇参照）。

(3)「カノーン（*κανών*）」の原意は「ものさし、定規」であり、「尺度、基準」を意味する。ここでは、真理の「基準」を論じた著作名として使われている（三一節参照）。

(4)エピクロスの兄弟の一人（三節参照）。

(5)この作品は、夭折したと見られるヘゲシアナクスという若者の最期について、彼の父と兄弟に宛てた書簡とも推測されるが（プルタルコス『エピクロスに従っては、快く生きることは不可能であることについて』一一〇一B参照）、ヘゲシアナクスその人を追悼し、彼の人生を回想する小冊子とも推測される（Obbink, 1996, p. 413）。

(6)ネオクレスは、エピクロスの父（一節参照）、あるいは兄弟の一人（三節参照）。どちらであるか定かでないが、前節に『カイレデモス』、本節に『アリストブロス』というエピクロスの兄弟の名の作品が挙げられており、ここのネオクレスも彼の兄弟であるかもしれない。

(7)夫レオンテウスとともに、エピクロスの弟子（二五節参照）。

『饗宴』、
『エウリュロコス[1]――メトロドロスに宛てて』、
『見ることについて』、
『原子の角《かど》について』、
『触覚について』、
『運命について』、
『感情に関する諸説――ティモクラテス[2]への反論』、
『予知に関すること』、
『哲学のすすめ』、
『像について[3]』、
『表象について』、
『アリストブロス[4]』、
『音楽について』、
『正義と他の諸徳について』、
『贈物と感謝について』、
『ポリュメデス[5]』、
『ティモクラテス[6]』三巻、

『メトロドロス』[7]五巻、
『アンティドロス』[8]二巻、
『病気に関する諸説[9]――ミトレス[10]に宛てて』、
『カリストラス』[11]、
『王政について』、
『アナクシメネス』[12]、
『書簡集』。

さて、これらの著作においてエピクロスが考えていることを、私は、彼の三つの手紙を提示しながら明ら

(1)懐疑派ピュロンの弟子(一三節参照)。
(2)四節参照。
(3)『ヘロドトス宛の手紙』四六参照。
(4)エピクロスの兄弟の一人(三節参照)。
(5)不詳。
(6)二三節参照。
(7)二三節参照。
(8)一一三頁註(8)参照。
(9)本来の書名は『病気と死について』であったかもしれない(Arrighetti, fr. 18)。
(10)一〇九頁註(1)参照。
(11)不詳。
(12)アナクシメネス(前五四六年頃)はミレトス派の著名な哲学者。万物の始源を空気と主張した人(ディオゲネス・ラエルティオス『哲学者列伝』第二巻三)。

かにすることに努めよう。それらの手紙のなかで彼は、自分自身の哲学全体を要約しているのである。

二九　しかしまた、彼の『主要教説』や、あるいは彼の発言のなかで何か引用に値すると思われるものがあるなら、それも私は提出することにしよう。これは、あなた[1]があらゆる面から、この人を理解し、判定することができるようにするためである。

さて、第一の手紙を彼はヘロドトスに宛てて書いているが、それは自然学に関するものである。また第二の手紙はピュトクレスに宛てたもので、これは天界の事象に関するものである。さらに、第三の手紙はメノイケウスに宛てたもので、その手紙では生き方に関する事柄が扱われている。したがって、第一の手紙から始めなくてはならないが、その前に、彼による哲学の区分について少しばかり述べておくことにしよう。

まず、彼の哲学は三つの部門に分けられており、それらは基準学、自然学、および倫理学である。

三〇　ところで、基準学は体系に取り組む方法を扱っており、『カノーン[2]』と題された一巻の書物のうちに含まれている。一方、自然学は自然に関するあらゆる研究を扱い、『自然について』という三七巻の書物のうちに、また、その基本的な事柄に関してはいくつかの手紙のうちに含まれている。他方、倫理学は選択と忌避に関する事柄を扱っている。これは『生き方について』の諸巻や、いくつかの手紙、また『目的について』のうちに含まれている。しかしながら、彼ら[3]は基準学を自然学と一緒に並べるのを習慣としている。そして、前者を判断基準や原理にかかわるもの、つまり、基礎的なものと呼んでいる。一方、自然学は生成と消滅について、および自然について扱うものである。他方、倫理学は選択と忌避についてだけでなく、生き方や人生の目的について扱うものである。

三一　問答法のことを彼らは、人を誤らせる余計なものとして斥けている。なぜなら、自然学者というのは、事象の語るところに従って進めば十分だからである。それゆえ、『カノーン』のなかでエピクロスは、感覚と先取観念、[4] および感情が真理の判断基準だと述べているが、[5] エピクロス派の人々は、思考による表象把握もそうだと述べている。だが、ヘロドトス宛の要約や『主要教説』のなかでも、彼は自分の見解を述べているのである。[6]「実際、すべての感覚は」と彼は言う、[7]「理性のはたらきを含まず、いかなる記憶も受け入れないものである。[8] なぜなら、感覚は感覚自身によって動かされることはなく、[9] また他のものによって動かされた場合でも、何かをつけ加えたり取り去ったりすることのできないものだからである。また、感覚を論

(1)「あなた」と言われている人は、『哲学者列伝』の献呈相手である「プラトン愛好者（φιλοπλάτων）」の匿名の女性（『哲学者列伝』第三巻四七参照）。ディオゲネス・ラエルティオスはこの女性にエピクロスに対する肯定的評価を要望していると見られる。

(2) 一三三頁註（3）参照。

(3) エピクロス派の人々のこと（次節参照）。

(4) 三三節参照。

(5) キケロ『アカデミカ前書』一四二にも同様のことが指摘されているが、そこでは「感情」のかわりに「快楽（voluptas）」と言われている。

(6)『ヘロドトス宛の手紙』三八、五〇、八二、および『主要教説』二四参照。

(7) 以下、次節末までは、エピクロス『カノーン』からの直接的な引用と見られる。

(8) 感覚は直接的なものであって、理性や記憶の加わらないものということ。

(9) 感覚は外的対象によってのみ動かされるから。

駁しうるものも存在しない。[1]

三二　なぜなら、同じ種類の感覚が、同じ種類の感覚を論駁することは、[2]同等の力のゆえにありえないし、異なる種類の感覚が異なる種類の感覚を論駁することも、[3]同じ対象を判定するものでないがゆえに、ありえないからである。さらに、理性のはたらきも感覚を論駁できないのである。理性のはたらきはすべて感覚に依存しているからである。また、ある感覚が他の感覚を論駁することもできない。われわれはすべての感覚に心を向けるからである。また、さまざまな感覚内容が現に存在していることも、感覚の真理性を保証するのである。つまり、われわれが見たり聞いたりするというのは、苦しむのと同じように、現に存在しているのである。それゆえ、明らかでない事柄[4]についても、感覚に現われている事実を手がかりとなる指標にして推論すべきなのである。というのは、実際、すべての概念もまた感覚に由来しており、その形成には推論もいくらか寄与するとはいえ、概念は感覚相互の出会い、類比、類似、あるいは組み立てに基づいているからである。また、狂気の人の幻像や、夢に現われる幻像も真なのである。[5]なぜなら、それらは動かすからである。[6]しかし、あらぬものは、動かさない」。

三三　他方、彼らが「先取観念（プロレープシス）」と言っているのは、いわば、われわれのうちに貯えられている理解や正しい判断、概念や一般観念のことであって、つまり、たとえば、「これこれのものが人間である」というように、たびたび外界からわれわれに現われたものについての記憶のことである。[7]なぜなら、「人間」と言われるやいなや、ただちに先取観念に基づいて人間の形象も、感覚が先導するままに思い浮かべられるからである。したがって、どのような語にとっても、その語が第一に意味するもの[8]は明瞭なのであ

る。そして、もしわれわれが探求されている事柄をあらかじめ認識していたのでなければ、われわれはその事柄を探求できなかっただろう。たとえば、「あの遠くに立っているものは、馬であるか、それとも牛であるか」と問う場合のように。なぜなら、その場合、馬と牛の形態を先取観念に基づいて、ある時、すでに認識していたのでなければならないからである。つまり、あるものの形象を先取観念に基づいてあらかじめ学んでいたのでなければ、われわれはその語を用いることすらできなかっただろう。(9) したがって、先取観念というのは明瞭なものである。そして、判断される事柄は、それに先立つ何らかの明瞭なものに依存しているのであって、その明瞭なものに関連づけながらわれわれは語っているのである、たとえば、「これが人間であるかどうかを、われわれはどうして知っているのか」などと。

(1)『主要教説』二三、二四参照。
(2) たとえば、視覚が視覚を論駁することなど。
(3) たとえば、視覚が聴覚を論駁することなど。
(4) 七頁註(4)参照。
(5) セクストス・エンペイリコス『学者たちへの論駁』第八巻六三、および解説四二〇頁以下参照。
(6) すなわち、見る人を。
(7)「先取観念(プロレープシス)」はエピクロスの用語。「最初の観念」とも呼ばれる(『ヘロドトス宛の手紙』三八参照)。彼の現存著作では四箇所に使用例が見出される(『ヘロドトス宛の手紙』七二、『メノイケウス宛の手紙』一二四、『主要教説』三七、三八)。
(8) 先取観念のこと。
(9) このような主張はエピクロスのものとして、キケロ『神々の本性について』第一巻四三や、セクストス・エンペイリコス『学者たちへの論駁』第一巻五七、第八巻三三一a、第十一巻二一でも言及されている。

三四　また、彼らは判断のことを「想定（ヒュポレープシス）」とも言っており、それには真なるものと偽りのものがあると主張している。すなわち、もしある判断が確証されるか、あるいは反証されないなら、それは真である。他方、もし確証されないか、あるいは反証されるなら、それは偽であることになる。ここから、「待つもの（ト・プロスメノン）」という概念[1]が導入されたのである。たとえば、確証を待ちながら、人が塔に近づき、その塔が近くではどのように現われるかを学ぶ場合のように[2]。

また、彼らは、感情には快楽と苦痛の二つがあって、それらはすべての生きものに起こり、一方は親近なもの、他方は疎遠なものだと言っている。これらの感情を通じて選択と忌避が決定されるのである[3]。また、さまざまな探求のうち、あるものは事象にかかわるものだが、他のものは単に裸の言葉にかかわっている[4]。そして以上が、哲学の区分と判断基準に関する基本的な事柄にほかならない。

しかしここで、われわれは手紙に立ち返らねばならない。

［以下、「エピクロスよりヘロドトスへ、ごきげんよう」で始まる『ヘロドトス宛の手紙』がつづく］

……

［『ヘロドトス宛の手紙』が終わる］

八三　さて、以上がエピクロスによる、自然学に関する手紙である。以下は、天界の事象についての手紙である。

［以下、「エピクロスよりピュトクレスへ、ごきげんよう」で始まる『ピュトクレス宛の手紙』がつづく］

……

［『ピュトクレス宛の手紙』が終わる］

一一七　天界の事象についても、エピクロスは以上のように考えているのである。

他方、人生に関する事柄について、またどのようにしてわれわれはあるものを選択し、あるものを忌避すべきかについて、エピクロスは次の手紙に書いている。が、その前に、われわれは彼と彼に倣う人たちが知者について考えているところをひと通り述べておくことにしよう。

（1）『ヘロドトス宛の手紙』三八、五〇、『主要教説』二四参照。

（2）ルクレティウスに次のような説明が見える。「市の四角い塔を遠くから見るとき／それはしばしば丸みを帯びて見える、／そのわけは角あるものはすべて遠くからは丸みを帯びて／見えるためであり、あるいはむしろ目に見えなくなり、その衝撃が失われ／私たちの眼をゆすらなくなるからである。／なぜなら像が来るまでに多くの空気を突きぬけるため／たびたびの空気との衝突のため力を失ってしまうからである。／こうして角ある物はみないずれも感覚を逃れ／石の建物は轆轤にかけられたように見えることになる」（『事物の本性について』第四巻三五三―三六一）。

（3）『メノイケウス宛の手紙』一二九参照。

（4）「裸の言葉にかかわっている」のは問答法的な探求のことであろう（三一節参照）。裏づけのない言葉による論証への批判については、『ヘロドトス宛の手紙』三七参照。

世の人々からもたらされるさまざまな災いは、憎しみによっても、ねたみによっても、軽視によっても生じるが、これらを知者は推論の能力によって克服するのである。[1]しかし、ひとたび知者となった人は、もはや知者と反対のあり方をもつこともなければ、みずからすすんでそのようになることもない。知者はいっそう深く感情にとらえられるだろう。とはいえ、そのことが知恵に対して妨げになることはないだろう。[2]だが、どのような身体の状態からでも知者になれるわけではなく、またどのような種族のなかでも知者になれる、というわけでもない。

一一八　知者はたとえ拷問にかけられたとしても、幸福である。[3]また、知者だけが感謝の気持ちをもつだろうし、友人たちに関しては、彼らが目の前にいようといまいと、同じように讃え続けるだろう。しかしながら、知者が拷問にかけられるとき、その場で彼は呻いたり、嘆いたりするのである。[4]また、知者は法が禁じている女性とは交わらないだろう、[5]ディオゲネス[6]がエピクロスの倫理学説の『要約』のなかで述べているように。また、知者は家僕たちを懲らしめもせず、かえって憐れみ、だれかまじめな者には寛大な態度をとるだろう。[7]彼ら[8]の考えによれば、知者が恋に落ちることはないだろう。また、埋葬のことを気にかけることもないだろう。また、恋は神からの贈り物ではない、ディオゲネスが……[9]のなかで述べているように。また、知者は美しく弁論することもないだろう。[10]一方、彼らの主張によれば、性的な交わりはいかなる場合もけっして人を益することがないのであって、もしそれが人を害することさえなければ、満足すべきなのである。[11]

一一九　そしてさらに、知者は結婚して、子どもをもうけることさえあるだろう、[12]エピクロスが『問題集』や、『自然について』のなかで述べているように。ただし、結婚するにしても、人生のある時の状況次第だ

(1) ここでの「推論の能力」とは「利益になるもの」を推論する能力。これによって「勇気」が生じる（一二〇b節参照）。

(2) すなわち、どのような文化社会のなかでも。

(3) これはアリストテレスの見解と対立するものである。彼の『ニコマコス倫理学』第七巻第十三章一一五三b一九―二一に、「拷問にかけられたり、大きな不運に見舞われたりしている人であっても、もしその人が善き人であるなら、その人は幸福である、などと主張するような人たちは、その主張が本気であるにせよそうでないにせよ、たわごとを言っているのである」という記述が見える。

(4) ストア派との対比が見られる。エピクテトスに、「善き人はだれも嘆いたり呻いたり泣いたり、顔面が蒼白になったり、震えたりしない」という記述が見える（『語録』第二巻第十三章一七）。

(5)『ヴァチカン箴言集』五一参照。

(6) タルソスのディオゲネスのこと（二六節参照）。

(7) 三、一〇、二一節参照。

(8) エピクロスと彼に倣う人たち（一一七節参照）。

(9) 欠落がある。「第十二巻」という語が推測されているが、定かでない。その場合には、『講義選集』が考えられるが、ここは単に「同じ書」（すなわち、『要約』）だったかもしれない。

(10) すなわち、演説することもないだろう（一二〇a節参照）。

(11)『ヴァチカン箴言集』五一参照。

(12) この見解は、エピクロスに関する後代の証言に反していると見られる。たとえば、後二世紀のアレクサンドリアのクレメンスに、「デモクリトスは、結婚も、子どもをもうけることも拒否している。そうしたことの結果、必要なことが増えることによって、多くの不快なことや煩瑣なことが生じるためである。エピクロスもまた彼に同意している」（『雑録集』第二巻一三八、デモクリトス「断片」A一七〇（DK））という記述が見える（また、エピクテトス『語録』第三巻第七章一九参照）。そこで、カゾボンの修正に従ったガッサンディ以来（Casaubon, p. 274, Gassendi, p. 79, および pp. 1204-1205）、この一文を否定辞の文章に改め、「知者が結婚して、子どもをもうけることはないだろう」という訳が提出されてきた（ヒックス、加来訳など）。しかし、エピクロスが必ずしも結婚を否定していないことは、彼の遺言状から見てとれる（一九節参照）。訳は、写本通りの底本に従った。

ろう。そして、それを拒む人たちもいるだろう。知者はまた、酔いにまかせて無駄口をたたくことなどないだろう、とエピクロスは『饗宴』のなかで述べている。他方、知者は政治にかかわることもないだろう、エピクロスが『生き方について』第一巻で述べているように。また、知者は独裁者としてふるまうこともないだろう。また、キュニコス派のように生きることもないだろう、エピクロスが『生き方について』第二巻で述べているように。また、知者は物乞いすることもないだろう。しかしまた、視力が失われたとしても、知者は人生に参加するだろう、エピクロスが同じ巻のなかで述べているように。また、知者は悲しむこともあるだろう、ディオゲネスが[1]『講義選集』第五巻で述べているように。

一二〇a　そして、知者は訴訟を起こすこともあるだろう。書き物を残すこともあるだろう。しかし、公の場で演説することはないだろう。知者は自分の所有物にも、未来にも気を配るだろう。知者は田園を愛するだろう。知者は偶然の運に立ち向かい、友をだれ一人見捨てることがないだろう。知者は、自分が軽視されない程度に、評判に気を配るだろう[2]。知者は祭り見物では、他の人たちよりいっそうよろこぶだろう[3]。

一二一b[4]　知者は偶像を建立することもあるだろう[5]。もっとも、自分がそれを手に入れるかどうかは[6]、どうでもよいことだろう。知者だけが音楽文芸や詩作について正しく論じるだろう。ただし、現実に詩を作ることはないだろう。また、ある知者が、他の知者より知恵があるといったことはない。また、知者は金儲けをするだろうが、それは困窮したときに、もっぱら知恵によってそうするのである。そして知者は、状況によっては、専制君主に仕えることもあるだろう。また、知者はだれかが正しくしてくれればうれしく思うだろう。また、知者は学派を創立することもあろうが、それは群衆を引き寄せるためではない。そして知者は大衆の

面前で書き物を読み上げることもあろうが、みずからすすんでそうするわけではない。知者は学説を唱えはするが、問題に行きづまることはないだろう。そして、知者は眠りにおいても、同じような人であるだろう。(7)そして友のためには、ときには、死ぬこともあろう。(8)

一二〇b　また、彼らの考えによれば、もろもろの誤りは等しいものではない。健康も、ある人たちには善いものだが、ある人たちにはどうでもよいものである。そして、勇気は自然に生じるのではなく、利益になるものの推論によって生じるのである。友情もまた、必要のゆえに生じるのである。とはいえ、自分の方からまず始めなければならないが（なぜなら、大地にしてもわれわれが種を播くのだから）、友情は、快楽で

---

(1)タルソスのディオゲネスのこと。

(2)『主要教説』七参照。

(3)この見解への言及は、プルタルコス『エピクロスに従っては、快く生きることは不可能であること』一〇九五Cにも見える。

(4)この一二一b節は、写本では、一二一a節のあとに続いているが、内容的に一二〇a節のあとに来るものと見られ、底本をはじめ、他の校訂本でも、このように節分けするのが標準となっている。

(5)ただし、偶像の建立を欲することは、エピクロスによれば、自然でも必要でもない欲望であった（『主要教説』二九への古註）。なお、エピクロスの銅像が建てられていた事実については、九節参照。

(6)この一文は写本通り読む。底本はヒックスに従って「〈εὖ〉（よく）」を補っている。その場合、訳は「自分がよい状態（幸せ）かどうかは」となるが、前文とのつながりが希薄になるだろう。

(7)すなわち、心の乱されない人であるだろう（『メノイケウス宛の手紙』一三五）。

(8)『ヴァチカン箴言集』二八参照。

満たされている人々における共同関係に基づいて形成されるのである。(1)

一二一a　幸福は二通りに考えられるのであり、一つは、神に関するような、至高のものであって、増大をもたないもの。もう一つは、快楽の付加や除去(2)に基づくものである。

しかしここで、われわれは手紙に移らねばならない。

［以下、「エピクロスよりメノイケウスへ、ごきげんよう」で始まる『メノイケウス宛の手紙』がつづく］

……

［『メノイケウス宛の手紙』が終わる］

一三五　ところで、『小摘要』のなかでもそうなのだが、他のいくつかの著作においてエピクロスは、あらゆる予言術を否認している。(3)そして、彼はこう述べている、「予言術というものは存在せず、もし存在するとしても、予言された出来事は何ひとつわれわれによるもの(4)ではないと考えるべきである」と。

人生に関する事柄についても、エピクロスはおよそこれだけのことを述べているのである。そして他のところでは、より多く論じているのである。

一三六　一方、エピクロスは、快楽についてキュレネ派の人々(5)と見解を異にしている。すなわち、キュレネ派の人々は静的な快楽を認めず、動きのうちにある動的な快楽だけを認めている。(6)だが、エピクロスは、両方の種類の快楽を魂と身体に認めているのであって、これは彼が、『選択と忌避について』や『目的につ

いて』、また『生き方について』第一巻や、ミュティレネにいる友人たちに宛てた手紙(7)のなかで述べているとおりである。同様にまた、ディオゲネスも『講義選集』第十七巻において、そしてメトロドロスも『ティモクラテス』(8)のなかでそのように言っている。すなわち、快楽には、動きによる動的なものと、静的なものが考えられるのだ、と。他方、エピクロスは『選択について』(9)のなかで、次のように言っている、「実際、動揺のなさや苦痛のなさは、静的な快楽である。これに対して、よろこびやうれしさは、現実の動きに基づく動的な快楽と見られる」。

一三七　エピクロスはキュレネ派の人々と、さらに見解を異にしている。すなわち、キュレネ派の人々は

(1)『主要教説』四〇、『ヴァチカン箴言集』三九参照。
(2)快楽の「除去」とは、結果として苦痛に至るような快楽を差し控えることであろう。
(3)『小摘要』とは通例、『ヘロドトス宛の手紙』のことと解されるが(『ピュトクレス宛の手紙』八五参照)、同書簡に予言術への言及は見られない。ディオゲネス・ラエルティオスの記憶違いかもしれない。
(4)『メノイケウス宛の手紙』一三三参照。
(5)キュレネ派は、キュレネ(北アフリカの都市)のアリスティッポス(前四三五―三五五年頃)に始まると見られる快楽主義の学派(ディオゲネス・ラエルティオス『哲学者列伝』第二巻八五)。『生涯』四には、アリスティッポスへの言及が見られる。
(6)ディオゲネス・ラエルティオス『哲学者列伝』第二巻八七参照。
(7)七節参照。
(8)この『ティモクラテス』は『ティモクラテスへの反論』(二四節)と同一の可能性もあるが、別の著作と推定されている。
(9)『選択と忌避について』のことであろう。

身体の苦痛の方が魂の苦痛よりも悪いものであって、現に、あやまちをおかす人々は身体の面で懲らしめられるのだから、としている。(1) これに対し、エピクロスは魂の苦痛をより悪いものとしている。現に、肉体に嵐が吹くのは現在のみだが、魂には、過去、現在、未来にわたって嵐が吹くのだから、と。(2) それゆえ、このようにしてまた、魂の快楽の方がより大きいのだ、と。なお、エピクロスは快楽が目的であることの論証に、生きものたちは生まれるとすぐに快楽によろこびを感じるが、苦痛には本性的に、理屈ぬきに反発するという事実をあげている。それゆえ、われわれは本能的に苦しみを避けるのである。こうしてヘラクレスも、身にまとった衣服によって体が食い尽くされていった際に、叫んでいるのである。

歯を噛み、わめきながら。まわりの岩々も嘆いていた
ロクリスの山の頂きも、エウボイアの岬も。(3)

一三八　また、徳を選ぶのも快楽のためであって、徳そのもののためではない、ちょうど医術が健康のために選ばれるように。これはディオゲネスも『講義選集』第二十巻で述べているとおりだが、この人は、主義（アゴーゲー）とは過ごし方（ディアゴーゲー）(4) だとも言っている。また、エピクロスは、ただ徳だけが快楽から切り離しえないものであって、(5) それ以外のものは切り離されるとも主張している、たとえば食べ物の場合のように。

さあ、それでは今やわれわれは、彼の『主要教説』を提示することによって、この書き物全体の、(6) ならびにこの哲学者の生涯の、いわば、冠をおくことにしよう。(7) そして、これらの教説によってこの書き物全体を

閉じ、この終わりを幸福の始まりにしよう。

［以下、『主要教説』が提示され、『哲学者列伝』最終巻（第十巻）のエピクロスの巻が終わる］

（1）ディオゲネス・ラエルティオス『哲学者列伝』第二巻九〇参照。

（2）同様のことが、キケロ『善と悪の究極について』第一巻五五でも言われている。

（3）ソポクレス『トラキアの女たち』七八七—七八八からの引用だが、いくぶんの異同あり。ロクリスはギリシア中部の地方、エウボイアは東部の島。

（4）一種のだじゃれ表現。直訳は、導くこと（アゴーゲー）とは過ごすこと（ディアゴーゲー）。含意についてはさまざまな解釈が考えられる。一つは、「導くこと」を「人を導くこと（教育）」の意味に解し、「教育」とは「生き方」（ベイリー）、「教育」とは「娯楽」（ヒックス）、「教育」とは「職業」（ホワイト）などと訳される。もう一つは、「導くこと」を「人生を導くこと」の意味に解し、「人生を導くこと」とは「人生を方向づけること」と訳される（プレイヤード版）。ここでは文脈上、より重要な後者の含意に解し、「アゴーゲー」を「主義」と訳し、「ディアゴーゲー」を「過ごし方」と訳した。「アゴーゲー」が「生き方」「主義」の意味で用いられることについては、セクストス・エンペイリコス『ピュロン主義哲学の概要』（金山弥平・金山万里子訳）第一巻四、および補註B参照。

（5）『主要教説』五、『メノイケウス宛の手紙』一三二参照。

（6）すなわち、『哲学者列伝』全体の。

（7）底本は「いわば」を括弧で括っているが、写本通り、読点のまま読む。「冠（頂点）をおく」とは、「仕上げをする」の意。

主要教説

朴一功
和田利博 訳

一三九　（一）至福にして不滅なるもの[1]は、自分自身が煩いをもつこともなければ、他のものに煩いをもたらすこともない。したがって、そのものは怒りにかられることもなく、好意にとらわれることもない[2]。なぜなら、そうしたことはすべて、弱さのしるしなのだから。*

＊また彼は、他の箇所でこう述べている。神々は理性によって見きわめられるもの[3]であり、一方で、一つ一つ数えられるように存在しているが、他方で、似た像が完成されて同じところにたえず流れ込むことから[4]、似た形で存在しており、人間の姿をしているのだと[5]。

（二）死はわれわれにとって何ものでもない。なぜなら、解体されたものは感覚を失っているが、感覚を失っているものは、われわれにとって何ものでもないからである[6]。

（三）苦しみのすべてが取り除かれることが、快楽の大きさの限度である[7]。また、快さがあるところ、その快さがあるかぎりの時間、苦しみもなく、悩みもなく、これらの合わさったものもない[8]。

一四〇　（四）肉体のなかでは、苦しみが絶え間なく持続することはない。むしろ、極度の苦しみはきわめて短い時間しか存在せず[9]、肉体における快さを超えているだけの苦しみも、幾日も続くわけではない。また、病気でも長期にわたるものは、肉体のうちに苦しみよりも、快さをより多く含んでいるのである。

（五）思慮深く、美しく、正しく生きることなしには、快く生きることはできず、快く生きることなしには、

思慮深く、美しく、正しく生きることもできない[10]。また、これがそなわっていない人にとっては、思慮深く、

(1)「至福にして不滅なるもの」とは神のことであるが(『メノイケウス宛の手紙』一二三)、神のような人も考えられるだろう(同一三五)。
(2)『ヘロドトス宛の手紙』七七参照。
(3)視覚や精神のところ(『ヘロドトス宛の手紙』四九参照)。
(4)キケロに次のような説明が見える。「類似性と連続性を伴う像が知覚されるとき、言い換えれば、きわめて類似した像の果てしない連続体が無数の原子から成り立ち、私たちのもとにたえず流れ込んでくるとき、私たちの精神は、最大の快楽を味わいながら、これらの像に注意を集め、幸福で永遠なる本性(神の本性)が何であるのかを理解できるようになると、エピクロスは教えている」(『神々の本性について』第一巻四九)。
(5)神々が人間の姿をしているというのは、エピクロスの基本的な見方。彼の見解について、キケロはこう伝えている。「いかなる民族であれ、人はみな、自然によって神々が人間と同じ姿をしていると考えるものである。実際、人は目覚めていようと眠っていようと、人間以外の姿をした神の姿を見たためしがあろうか」と(『神々の本性について』第一巻四六)。
(6)『メノイケウス宛の手紙』一二四参照。
(7)『メノイケウス宛の手紙』一三〇参照。
(8)すなわち、身体的苦しみと精神的悩みの合わさったものもない。
(9)『メノイケウス宛の手紙』一三三、『ヴァチカン箴言集』四、「断片」六四、六五参照。
(10)『メノイケウス宛の手紙』一三二参照。

そして美しく正しく生きる、ということはなく、その人が快く生きることもありえない[1]。

（六）世の人々から安心していられるためには、この目的を確保しうるどのような手段も自然にかなった善なのである[2]。

一四一　（七）ある人たちが有名になって注目されるようになりたいと願ったのは、そうすれば世の人々から身を守る安全が手に入るだろうと考えてのことである。したがって、もしそのような人たちの生活が安全なものであれば、彼らは自然の善を受け取ったことになる。が、もし安全でなければ、彼らは、自分の本性に親近なもの[3]に従って最初から懸命に目指した当のものを得ていないことになる。

（八）いかなる快楽も、それ自体としては悪いものではない。しかし、ある種の快楽をつくり出しうるものは、そうした快楽よりも何倍も多くの煩いをもたらすのである[4]。

一四二　（九）もしあらゆる快楽が、時間的にも、集合体全体[5]においても、あるいはわれわれの自然本性の最も重要な部分[6]においても、凝縮されて存在するなら、それらの快楽は互いにけっして異ならないであろう[7]。

（一〇）もし放蕩者たちの快楽をつくり出すもの[8]が、天界の事象や、死や、さまざまな苦しみについて、精神の恐れを解消し、さらにまた、もろもろの欲望の限度を教えてくれるのであれば、われわれは彼らを非難すべき点を何ももたないであろう。彼らはあらゆる方面から快楽で満たされており、まさに悪である苦しみも悩みも、どこからであろうと身に受けていないのだから。

（一一）もし天界の事象に関する気がかりや、死はわれわれに何らかのかかわりがあるのではないかという、死をめぐる気がかり、さらには苦痛や欲望の限度を理解しないということ、こうしたことがわれわれを何も

（1）この文の原文は、多くの校訂者を悩ませてきた。「これがそなわっていない人にとっては」の「これ（τοῦτο）」の意味が明らかでなく、そのため、さまざまな修正案が提出されてきた。底本は、写本の否定語「（生きるということは）なく（οὐ）」を関係詞句「（生きるということの）もと（ἐξ οὗ）」に修正し、「これ」をその先行詞と解するビニョーネ案に従っている。その場合、訳は、「思慮深く生きるということのもとのものがそなわっていない人にとっては」となり、「もとのもの」とは思慮を指すことになる。しかしこの修正は、『ヴァチカン箴言集』五の異文に適合しない。したがって、この部分にかぎり、底本の ἐξ οὗ を採用せず、写本の、οὐ を訳出した。他方、ベイリーは「これ」を「快く生きること」を指すと解し、「快く生きることがそなわっていない人は、思慮深く、美しく、正しく生きない」という訳を与えているが、前文のくり返しとなって意味をなさない。また、「思慮深く、そして美しく正しく生きるということはなく」を、『ヴァチカン箴言集』五との対応関係から削除したり（フォン・デア・ミュールその他）、「これがそなわっていない人」を説明する後代の註釈と見て括弧でくくったり（プレイヤード版）する案もあるが、採らない。写本通り読めば、「これ」は、直接的には前文の「思慮深く、美しく、正しく」といった性質を指すと見られるが、「そなわっていない人」という表現から見れば、「これ」とは「徳」を指すであろう（『メノイケウス宛の手紙』一三二参照）。なお、オイノアンダのディオゲネスの碑文断片にも同様の文章が刻まれていたと推定されている（「碑文断片」三七欄外（Smith））。

（2）写本では「自然にかなった善」のところに、「支配権力や王権の（ἀρχῆς καὶ βασιλείας）」という語が見える。これを読めば、「どのような手段も」以下の訳は「支配権力や王権の善は自然にかなっている」となるが、この教説は一般的な原則を述べたものと考えられ、訳出は、ἀρχῆς καὶ βασιλείας をウーゼナーとともに後代の書き込みと見る底本に従った。

（3）快楽のこと（『メノイケウス宛の手紙』一二九参照）。

（4）『メノイケウス宛の手紙』一二九参照。

（5）魂と身体の集合体全体（人間全体）のこと（『ヘロドトス宛の手紙』六三参照）。

（6）精神のこと。

（7）この教説の含意は、すべての快楽が凝縮されて存在するわけではなく、実際には、それらは生じる時間や生じる部分によって、それぞれ密度に濃淡があり、質的に差異があるだろうということ。

（8）『メノイケウス宛の手紙』一三一参照。

悩まさないのであれば、われわれは自然研究をことさら必要としないだろう。[1]

一四三　（一二）万有の自然本性とは何であるかをよく知らずに、神話に基づく事柄の何かが気にかかるのであれば、最も重要な事柄に関する恐れを解消することはできない。[2] したがって、自然研究なしには、快楽を混じりけのない純粋なものとして受け取ることはできないのである。

（一三）天上地下の事象や、また一般に、無限の領域の事象が気がかりになっているのであれば、世の人々から身を守る安全を確保しても何の益にもならない。

（一四）人々から身を守る安全は、ある程度なら、はね返す力や富裕によっても得られるが、最も純粋なものは、静かな生活、世の多くの人々から逃れた生活から得られる安全である。

一四四　（一五）自然の求める富は限られており、また容易に手に入る。だが、空虚な思いなしの求める富は、際限なく広がってゆく。[3]

（一六）偶然の運が知者に干渉するのはわずかであって、最大の、最も重要な事柄は、推論の能力がこれを司ってきたのであり、人生の連続的な時間にわたって今も司っており、これからも司るだろう。[4]

（一七）正しい人は最も動揺が少ないが、不正な人は極度の動揺に満ちている。[5]

（一八）欠乏に基づく苦しみがひとたび取り除かれたときには、肉体における快楽は増大することなく、ただ多様になるだけである。[6] 他方、精神における快楽の限度が生み出されるのは、精神に最大の恐れをひき起こしていたもろもろの事柄[7]そのものを、またそれらと同類の事柄を勘考することによるのである。

一四五　（一九）無限の時間は、限られた時間が含むのと等しい量の快楽を含んでいる、もし人が推論によっ

て、快楽の限度を測るならば(8)。

（二〇）肉体は、快楽の限度を無限なものと受け取っているが、それを提供するのは無限の時間である。だが精神は、肉体の目的と限度を考慮に入れ、永遠(9)に関する恐れを解消することによって、完全な生をもたらすのであり、われわれはもはや無限の時間を何ら必要としない。しかし精神は、快楽を避けるのでもなけ

（1）『ヘロドトス宛の手紙』七八参照。
（2）『ヘロドトス宛の手紙』七八参照。
（3）『主要教説』三〇参照。
（4）この教説の起源は、デモクリトスの、「人間たちは偶然の像を自分の考えのなさの言い訳としてこしらえあげた。というのも、偶然はまれに思慮と争うけれども、人生においてたいていのものは鋭敏な洞見がまっすぐにするのだから」（「断片」一一九（DK））にあると見られ、これを修正したものと推定されている（「争う」を「干渉する」に、「たいていのもの」を「最大の、最も重要な事柄」に改めるなど）。
（5）この教説の起源は、デモクリトスの、「正義の栄光は判断における果敢さと沈着さであり、不正の結末は不幸への恐れである」（「断片」二一五（DK））にあると推測されているが、いっそう遡って、前六世紀ソロンの詩行、「風によって、海は波立つ。だがなにか／動かすものさえなければ、海はどんなものより穏やかだ」（「断片」一二（West））に着想を得ているものとも見られている（「波立つ（*ταράσσεται*）」の直訳は「動揺する」、「どんなものより穏やかだ（*πάντων ἐστὶ δικαιοτάτη*）」の直訳は「どんなものより正しい」）。
（6）『主要教説』二九への古註参照。
（7）天界の事象や死、あるいは神話に基づく事柄など（『主要教説』一一、一二参照）。
（8）エピクロスによれば、「苦しみのすべてが取り除かれることが、快楽の大きさの限度である」（『主要教説』三）。それゆえ、その限度以上に大きな快楽はなく、限られた時間にその快楽が達成されるならば、無限の時間はそれを増すものではなく、それと「等しい量の快楽」を含む、というのがこの教説の含意であろう。
（9）死後に続く永遠のこと。

れば、生きることから立ち去る状況が訪れたときに、最善の生の何かが欠けているかのようにして、生を終えることもないのである。

一四六　（二一一）生の限度をよく知っている人は、欠乏に基づく苦しみを取り除くもの[1]、そして生の全体を完全なものにしてくれるもの、これらが容易に手に入ることを知っている[2]。それゆえその人は、もはや苦闘を伴うものごとを何も必要としないのである。

（二一二）根底にある目的を考慮し[3]、また、なされている判断をわれわれが関連づけるあらゆる明白な事実を考慮すべきである[4]。さもなければ、すべては不確定と動揺で満ちることになるだろう[5]。

（二一三）もし君がすべての感覚と争うのであれば、たとえそれらの感覚のうちで君が偽りだと主張するものさえ、何に関連づけて判定すればよいのか、その手がかりを君はもたないことになろう。

一四七　（二一四）もし君が何らかの感覚を無条件に投げ捨てようものなら、そして確証を待つもの[6]についてなされている判断と、現に感覚や感情に、あるいは思考によるあらゆる表象把握にすでに存在している事柄とを、分けて区別しようとしなければ、君は他の感覚をも根拠のない判断によって混乱させることになり、その結果、すべての判断基準を投げ捨てることになろう。他方、もし君が判断にかかわる概念のなかで、確証を待つものも、待たないものも、どれもみな確実なものにしようものなら、君は虚偽を免れないだろう。正しいか正しくないかを見定めるあらゆる判定において、君は異論のすべてをそのままにしておくことになるだろうから[7]。

一四八　（二一五）もし君がどのような機会にも、なされる行為の一つ一つを自然の目的[8]に関連づけようとせ

ず、忌避するにせよ追求するにせよ、途中で方向を変え、何か他のものへ向かおうものなら、君にとってももろもろの行為は君の言説に適合したものにはならないだろう。

（二六）さまざまな欲望のうち、満たされなくても苦しみへ導くことがないかぎりのものは、必要なものではなく、こうした欲望のもつ欲求は、実現しがたいものであったり、災いをもたらしたりするものと思われれば、容易に解消されうるものなのである。(9)

（1）「欠乏に基づく苦しみを取り除く」と同様の表現は、『メノイケウス宛の手紙』一三〇、および『主要教説』一八にも見られる。

（2）この一文の「容易に手に入る」という表現は、『メノイケウス宛の手紙』一三〇、一三三、および『主要教説』一五にも見られる。

（3）『ピュトクレス宛の手紙』一一六、および『主要教説』二五参照。

（4）『ヘロドトス宛の手紙』三八参照。

（5）『ヘロドトス宛の手紙』八二参照。

（6）「確証を待つもの」の原語は、*τὸ προσμένον*（F写本による。直訳は、「待つもの」）。他の写本では、*τὸ προσμενόμενον*（直訳は、「まだ待たれているもの」）となっており、ロング&セドレーはこれを、「まだ待たれている証拠」と解し（vol. 1, p. 87, vol. 2, p. 92. また、七頁註（3）参照）、このくだりを「まだ待たれている証拠を当てにして判断されている事柄」と訳している。しかし、「確証を待つもの（*τὸ προσμένον*）」は、エピクロス派では、「真偽の定まらないもの」という意味の術語であって（『生涯』三四参照）、この教説でもこの語が使用されていると見られる。

（7）『ヘロドトス宛の手紙』五〇参照。

（8）すなわち、人間の自然本性が目指すもの（身体の健康と魂の動揺のなさ）（『メノイケウス宛の手紙』一二八など）。

（9）『メノイケウス宛の手紙』一二七参照。

（二七）人生全体の幸せのために知恵が提供してくれるもののうち、何より最大のものは、友情の獲得である。

（二八）永遠に続く恐ろしいものなど何もなく、長期にわたる恐ろしいものも何もないということについて、われわれを安心させてくれるのと同じ認識がまた、まさにこの限られた人生において、[1]友情による安全こそ、最も完全なものであることを見てとるのである。

一四九　（二九）さまざまな欲望のうち、あるものは自然で必要なものだが、あるものは自然であっても必要のないものである。また、あるものは自然でもなければ必要でもなく、空虚な思いなしによって生じるものである。*[2]

＊エピクロスが自然で必要な欲望と考えているのは、苦痛から解放してくれる欲望のことである、たとえば渇いているときの飲み物のように。また、自然ではあるが、必要でない欲望と考えているのは、苦痛を取り除くのではなく、快楽を多様にするだけの欲望である、[3]たとえば贅沢な食事のように。また、自然でもなく必要でもない欲望と考えているのは、たとえば王冠や、彫像の建立。

（三〇）自然ではあるが、充足されなくても苦しみへ導くことがない欲望のうち、その熱情が激しく宿っているものの[4]場合、そうした欲望は空虚な思いなしによって生じているのであり、それらが解消されないのは、欲望自体の本性によってではなく、人間の空虚な想念によるのである。

一五〇　（三一）自然の正しさとは、互いに害することも害されることもないようにという、相互利益の約束なのである。

（三二）生きもののうちで、互いに害することも害されることもないようにするための契約を結ぶことのできなかったかぎりの者たち、[5]これらの者たちにとっては、正しいことも不正なことも一切なかったのである。またこのことは、害することも害されることもないようにするための契約を結ぶことのできなかった種族や、そうすることを望まなかったどの種族の場合も、同様である。

（三三）正義とは、それ自体で存在していたものではなく、どこにおいても、いついかなる時も、人々の互いの交流において、害したり害されたりしないようにするための、ある種の契約なのである。

一五一　（三四）不正は、それ自体で悪いのではなく、そうした行為を罰する任にある者たちに気づかれはしないかという、気がかりに基づく恐怖の点で悪いのである。

（三五）害したり害されたりしないように互いに結んだ契約のうち、何かをひそかにおかす人は、たとえ

（1）直訳は、「まさにこの限られたものにおいて（*ἐν αὐτοῖς τοῖς ὡρισμένοις*）」。「限られたもの」を永遠に続かない「恐ろしいもの」と解し、「限られた悪」などとも訳されるが（ベイリーなど）、ここでは一般的に「限られた存在（人生）」と解した。キケロ『善と悪の究極について』第一巻六八では、「人生の期間（vitae spatio）」と訳されている。

（2）『メノイケウス宛の手紙』一二七参照。

（3）『主要教説』一八参照。

（4）これについてベイリーは激しさと持続性との関連で恋の情熱を示唆しているが、それだけでなく、むしろ「苦しみへ導くことがない欲望」として、より一般的に、自然ではあるが、必要でない欲望に、「空虚な想念」が結びついたもの、すなわち、もはや自然ではない欲望が考えられるだろう。たとえば、彫像の建立など（『主要教説』二九への古註）への強い欲求。

（5）すなわち、人間以外の動物たち。

現在のところ一万回気づかれなくても、これからも気づかれないだろうと信じることはできない。気づかれずにすむかどうかは、生涯の終わりまで明らかでないのだから[1]。

（三六）一般的には、正しいことはすべての人にとって同じである。なぜならそれは、互いに対する共同関係において何らかの利益になるものだからである。だが、もろもろの地域の特殊性や、まさにそのつど原因となるかぎりのものの特殊性によって、同じものがすべての人にとって正しい、ということにはならないのである。

一五二（三七）正しいと認められた事柄のうち、互いに対する共同関係の必要性において利益になると確証されるものは、たとえそれがすべての人にとって同じものであろうと、同じものでなかろうと、正しさの地位にあるものである。だが、人が法を制定しても、それが互いに対する共同関係の利益にかなう結果とならなければ、それはもはや正しさの本性をもたないのである。また、たとえ正しさに基づいて利益になっているものが変化しようとも、ある期間それが先取観念に適合するならば[2]、それはその期間なおも正しいのである、空虚な表現によって自分自身を混乱させることなく、もっぱら事象に目を向ける人たちにとっては。

一五三（三八）周囲の状況が変わらないのに、正しいと認められた事柄が実際の行動に際し、先取観念に適合していないと判明した場合、そうした事柄は正しくなかったのである。他方、状況が変わって、正しいと定められていた同じ事柄が、もはや利益にならない場合、その場合には、同市民たちの互いに対する共同関係に利益となっていたその時点では、そうした事柄は正しかったのだが、後になって、利益にならないときには、もはやそれらは正しいものではなかったのである。

一五四　（三九）さまざまな外的なものに由来する不安感に最もよく対処する人とは、親しくできるものは親しいものにし、親しくできないものについては、少なくとも疎遠なものにしない人のことである。[3]しかしその人は、疎遠にすらできないものとは接触を避けるようにし、また、追い払うのが得策であるかぎりのものは追い払うのである。

（四〇）隣人たちから最も安心していられる能力をもつ人たちはみな、そのようにして、最も確固とした信頼を得ながら、互いに最も快く生活するのであり、また、最も満ち足りた親交を享受する以上、帰らぬ人に先立たれたことを、憐れむべきことのように嘆き悲しんだりはしないのである。[4]

（1）『ヴァチカン箴言集』七参照。
（2）すなわち、「正しさ」の先取観念に適合するならば。先取観念については、『生涯』三三、『ヘロドトス宛の手紙』七二参照。
（3）「疎遠なもの」にしてしまうのは、世の多くの人々（『メノイケウス宛の手紙』一二四）。
（4）『ヴァチカン箴言集』六六参照。

ヴァチカン箴言集

朴一功
和田利博
訳

一[1]　至福にして不滅なるものは、自分自身が煩いをもつこともなければ、他のものに煩いをもたらすこともなく、また怒りにかられることもなく、好意にとらわれることもない。なぜなら、そのようなことはすべて、弱さのしるしなのだから[2]。

二　〔『主要教説』二と同じ〕

三　肉体のなかでは、苦しみが持続することはない。むしろ、極度の苦しみはきわめて短い時間しか存在せず、肉体における快さを超えている穏やかな苦しみも、幾日も存続するわけではなく、また、病気でも長期にわたるものは、肉体の内に苦しみよりも、快さをより多く含んでいるのである[3]。

四　すべての苦痛は容易に軽視しうる。なぜなら、激しい苦しみをもたらす苦痛が占める時間は短く、肉体において持続する苦痛がもたらす苦しみは微弱だからである。

五　思慮深く、美しく、正しく生きることなしには、快く生きることはできない。また、これ[4]がそなわっていない場合には、快く生きることはできない[5]。

六　害したり害されたりしないように互いに結んだもろもろの契約のうち[6]、何かをひそかにおかす人は、たとえ現在のところ一万回気づかれなくても、これからも気づかれないだろうと信じることはできない。なぜなら、気づかれずにすむかどうかは、生涯の終わりまで明らかでないのだから[7]。

七　不正をしながら気づかれないことは困難であって、気づかれないための確信を得ることは不可能である。

八　自然の求める富は限られており、容易に手に入る。だが、空虚な思いなしの求める富は、際限なく広がってゆき、手に入りにくい(8)。

九　必然は悪いものだが、必然とともに生きることは何ら必然ではない(9)。

---

(1) 以下、八一の断片は、ヴァチカン写本 (cod. Vat. gr. 1950, 十四世紀のもの) に見出されるエピクロスの言葉 (いくつかは彼の弟子たちのものと推定される)。一八八八年にヴォトケによって発見され、「エピクロスの勧告 (*Ἐπικούρου Προσφώνησις*)」と題されているが、通常『ヴァチカン箴言集 (*Sententiae Vaticanae*)』と呼ばれる。

(2)『主要教説』一の異文。

(3)『主要教説』四の異文。

(4)「これ (τοῦτο)」とは、直接的には「思慮深く、美しく、正しく」といった性質を指しているが、含意は「徳」であろう (『主要教説』五参照)。プレイヤード版は「これらの徳 (ces vertus)」と訳している。

(5)『主要教説』五の簡略化された異文。オイノアンダのディオゲネスの碑文断片にも同様の文章が刻まれていたと推定されている (「碑文断片」三七欄外 (Smith))。

(6)「契約のうち」は写本通りの読み。底本 (Marcovich) は *καθ'* を補い (その場合、訳は「契約に反して」となる)、文意をより明瞭にしているが、あえて補う必要はないであろう。

(7)『主要教説』三五の異文。

(8)『主要教説』一五の異文。

(9)「必然は悪い」は、箴言風に圧縮された表現。ストア派の哲学者セネカの『道徳書簡集』(第十二書簡一〇) に、「必然のうちに生きることは悪い。しかし必然のうちに生きることは何ら必然ではない」という敷衍された言葉がエピクロスのものとして引かれている。なお、この箴言は、前六世紀の喜劇詩人スサリオンの戯れ言、「女は悪い。それでも、区民のみなさん！／悪いものなしに家には住めやしない」をもじったものとも推測されている (Usener, 1912, p. 303)。

一〇　君は記憶しておきたまえ、自分が自然本性的に死すべき者であり、限られた時間しか有しないのに、自然に関する考察によって無限と永遠にまで登りつめ、そして見てとったのだ、

現にあること、やがてあるだろうこと、かつてあったことを。(1)

一一　たいていの人々においては、静かなものは麻痺しており、動いているものは荒れ狂っている。

一二　正しい生活は最も動揺が少ないが、不正な生活は極度の動揺に満ちている。(2)

一三　〔『主要教説』一七と同じ〕

一四　われわれは一度だけ生まれ、二度生まれることはできない。そして、もはや永遠に存在しない定めなのだ。それなのに君は、明日の主人でもないのに好機(3)を先送りしている。だが、人生は先延ばしによって空費され、われわれの一人一人は、あわただしく死んでゆく。

一五　人々から羨ましがられるようなすぐれた性格をわれわれがもっていようといまいと、われわれは性格を自分自身に固有のものとして尊重するのだ。そのようにして、隣人たちの性格も尊重すべきなのである、彼らが品位ある人たちであるなら。

一六　だれも悪を見てその悪を選ぶわけではなく、それより大きな悪とくらべてまるで善いもののように、その悪に惑わされ、その悪に捕えられるのである。

一七　若者ではなく、美しく生きてきた老人こそ、幸いと見なされるべきである。なぜなら、人生の盛りにある若者は偶然の運によって大いに取り乱し、さまようが、他方、老人は、善きもののなかでも、かつて

は望みがたかったものを、たしかな感謝の念によってしまい込んだうえで、ちょうど港のようにして、老年のうちに停泊しているのだから。(4)

一八　見ること、交わること、ともに暮らすことが奪われれば、恋の情念は解消される。

一九　過ぎ去った善いことを忘れる人は、その日のうちに年老いてしまう。(5)

二〇　もろもろの欲望のうち、あるものは自然で必要なものだが、あるものは自然ではあるけれども、必要のないものであり、また、あるものは自然でもなければ必要でもなく、空虚な思いなしによって生じるものである。(6)

二一　自然には強制すべきでなく、納得させるべきである。そして、必要な欲望を満たし、自然な欲望もわれわれを害さなければ満たし、他方、害になる欲望を厳しく斥けるなら、われわれは自然を納得させるこ

---

(1) ホメロス『イリアス』第一歌七〇からの引用。この箴言一〇の全体は、エピクロスではなく、弟子のメトロドロスのものと見られる。この一文は、アレクサンドリアの教父クレメンス（後二世紀）の『雑録集』第五巻一三八で、メトロドロスがメネストラトス（不詳）に宛てた手紙のなかで引用されている。

(2)『主要教説』一七の異文。

(3) 底本に従って、「好機（*τὸν καιρόν*）」（ストバイオス）を読む。写本は「喜び（*τὸ χαῖρον*）」となっている。

(4)『メノイケウス宛の手紙』一二二参照。

(5)『メノイケウス宛の手紙』一二二参照。

(6)『主要教説』二九の異文。欲望の分類については、『メノイケウス宛の手紙』一二七参照。

とになるだろう(1)。

二二　無限の時間と限られた時間は、等しい量の快楽を含んでいる、もし人が推論によって、快楽の限度を正しく測るならば(2)。

二三　すべての友情は、それ自体のゆえに望ましい。利益から始まるものではあるが。

二四　夢は神的な本性をそなえず、予言の力もそなえず、像の流入によって生じる(3)。

二五　貧しさは、自然の目的(4)によって測れば大きな富である。しかし限りなき富は、大きな貧しさである(5)。

二六　長い言葉も短い言葉も、同じものを目指していると捉えるべきである。

二七　他のさまざまな営みの場合には、達成されてようやく成果が到来するが、哲学の場合には、認識の歩みとともによろこびがもたらされる。なぜなら、学びの後に楽しさの享受があるのではなく、学びと楽しさの享受が同時なのだから(6)。

二八　友情に性急な人々もためらう人々も、是認すべきではない。しかし、友情のためには危険を冒すこともしなければならない。

二九　実際、私としては、率直な表現を用いながら自然について語り、たとえだれひとり理解しようとしてくれなくても、すべての人々に有益なことを神託のように告げることをいっそう望むだろう、世の思わくに同意し、世の多くの人々からしきりに降り注がれる賞讃の果実を手にするよりも。

三〇　ある人々は、生涯にわたり生活のためのものばかり用意しているが(7)、それは彼らが、われわれすべてに注ぎ込まれている誕生の薬が、死を招くものであることを見通していないからである。

三一　他の事柄に対しては、身の安全を確保することが可能だが、死に関するかぎり、われわれ人間はみな、防壁のない国に住んでいる[8]。

三二　知者への尊敬は、知者を尊敬する人にとって大きな善である。

三三　肉体の叫び、すなわち、飢えないこと、渇かないこと、凍えないこと。実際、これらを満たし、これからも満たす望みがあるなら、人は幸福に関してゼウスとさえ競いうるだろう[9]。

三四　われわれが必要としているのは友人たちからの助けというより、むしろその助けに関する確信なのである。

(1)『主要教説』二六、二九、三〇、『ヴァチカン箴言集』八、三七、および『メノイケウス宛の手紙』一二七参照。
(2)『主要教説』一九の異文。
(3)『ヘロドトス宛の手紙』五一参照。
(4) 一五九頁註（8）参照。
(5)『ヴァチカン箴言集』八、『主要教説』一五参照。
(6) この断片はメトロドロスのものとも推測されている（プレイヤード版註）。
(7) ストバスオスによる引用では、この後に「生きることと呼ばれるものの後まで生きようとするかのように」という文が入っている。この断片三〇は、メトロドロスの言葉と見られる（ストバイオス『精華集』第三巻第十六章二一）。
(8) この断片は、メトロドロスの言葉と見られる（ストバイオス『精華集』第四巻第五十一章三二）。
(9) ルクレティウス『事物の本性について』第二巻一六―一九に、「……あなたは見ないのか／人間の本性が叫び求めるものは、ただ苦痛を／肉体から遠ざけ、悩みと怖れを去って、その心で／悦ばしい感覚を楽しむことだけなのを」と言われ、他方、アイリアノス『ギリシア奇談集』第四巻一三に、「彼［エピクロス］はまた、パンと水さえあれば、ゼウスと幸福を競ってもよい、と言っていた」と伝えられている。

三五　欠けているものを欲することによって、現にあるものを台なしにすべきではなく、現にあるものも、われわれが願い求めているものの一つであったことを考慮すべきである。

三六　エピクロスの生涯は、他の人々の生涯と比較すれば、穏やかさと自足性のゆえに、神話と見なされるかもしれない(1)。

三七　自然本性が弱いのは悪に対してであって、善に対してではない。なぜなら、自然本性は快楽によって保全され、苦痛によって解体されるからである。

三八　人生から立ち去るのにもっともな理由が多くある人は、まったく小さな人である。

三九　いつでも助けを求めているような人は友人ではなく、また助けを友情にけっして結びつけない人も友人ではない。なぜなら、前者は親切によって見返りを取り引きしているのであり、後者は未来にかかわるよい希望を断ち切っているからである。

四〇　あらゆることが必然に基づいて生じると言う人は、あらゆることが必然に基づいて生じるわけではない、と言っている人に対して、何ひとつ非難することができない。なぜなら、彼は相手の言っていること自体が必然に基づいて生じると主張しているわけだから(2)。

四一　笑いとともに、哲学し、家事を行ない、他の自分固有の能力も用いるべきである。そして、正しい哲学からの声を発することをけっしてやめてはならない(3)。

四二　最大の善が生じるときと、その楽しみを享受するときは、同時である(4)。

四三　金銭を愛することは、その金銭が不正なものなら不敬虔であるが、正しいものであっても醜い。な

ぜなら、正しさを伴っていても、さもしく、けちくさいのは見苦しいから。

四四　知者は生活に必要なものだけの身になっても、分けてもらうより、分け与えるすべをいっそう心得ている。それほどの自足の宝を、彼は見出したのである。

四五　自然研究というのは、われわれを自慢屋にも口達者にも、また世の多くの人々のあいだで競争の的となる教養をひけらかす者にもすることなく、たくましく自足した者にしながら、もろもろの事物の善ではなく、自分自身の善に誇りを覚える者にしてくれるのだ。(5)

四六　長い間われわれに大きな害をもたらしてきた劣悪な連中のごとく、つまらない習慣を完全に追い出そうではないか。

四七　偶然よ、私はお前を予期していた、そしてお前が忍び込んでくるのをすべてくい止めたのだ。また、われわれはお前にも、他のどんな状況にも、われわれみずからの身を任せたりはしないだろう。だが、定めがわれわれを立ち去らせるときには、生きることや、それにむなしく執着する者たちに大きな侮蔑を浴びせ

(1)エピクロスの生涯について述べたこの断片は、庭園の学頭を継いだエピクロスの後継者ヘルマルコスのものと推測されているが（プレイヤード版註）、定かではない。

(2)エピクロス『自然について』第二十五巻断片三一参照。

(3)この断片は、メトロドロスのものとも推測されている（プレイヤード版註）。

(4)『ヴァチカン箴言集』一七参照。

(5)この断片は、メトロドロスのものとも推測されている（プレイヤード版註）。

たうえで、われわれはよく生きてきたのだと声を上げながら、美しい凱歌とともに、生きることから立ち去るだろう[1]。

四八　われわれは旅路にあるかぎり、来し方より行く末をよりよきものにするよう、努めるべきである。だが、われわれが旅路の果てに至ったときには、心おだやかによろこぶべきである。

四九　万有の自然本性とは何であるかを知らずに、神話に基づく事柄の何かが気にかかる人たちは、最も重要な事柄に関する恐れを解消することはできない。したがって、自然研究なしには、快楽を混じりけのない純粋なものとして受け取ることはできないのである[2]。

五〇　いかなる快楽も、それ自体としては悪いものではない。しかし、ある快楽をつくり出しうるものは、そうした快楽よりも何倍も多くの煩いをもたらすのである[3]。

五一　君の話を聞くところでは、肉体の衝動が募ってゆき、性愛の交わりを求める状態になっているとのこと。だが、君が、法を破るのでもなく、立派に定められている習慣を乱すのでもなく、隣人のだれかを苦しめるのでもなく、肉体を消耗させるのでも、生活に必要なものを浪費するのでもないときは、君は望むがままに、君自身の選択をしたまえ。とはいえ、これらの制約の少なくともどれか一つに引きとめられずにいるすべはないのだ。なぜなら、性愛はいかなる場合もけっして人を益することがないからであって、もしそれが人を害さなければ、満足すべきなのである[4]。

五二　友情は、まことにわれわれすべてに祝福し合うよう目覚めよと告げながら、人の住む世界を踊りまわっている。

五三　だれに対してもねたむべきではない。なぜなら、善き人々はねたみを受けるにふさわしくはなく、劣悪な人々は、彼らが幸運であればあるほど、それだけ自分自身を損なっているのだから。

五四　哲学するふりをするのではなく、本当に哲学すべきである。なぜなら、われわれが必要としているのは、健康の見かけではなく、真に健康であることなのだから。

五五　不運というのは、失われたものへの感謝によって、また、生じた過去はなされなかったことにすることはできないと知って、癒すべきである。(5)

五六―五七(6)　（五六）知者は、自分が拷問にかけられるのと同じほど、友人が拷問にかけられる場合に苦しむ。(7)（五七）だが、もし友人から不正がなされたならば、知者の生活すべてが、不信によって混乱させられ、

（1）この断片は、メトロドロスのものとも推測されている（プレイヤード版註）。

（2）『主要教説』一二の異文。

（3）『主要教説』八の異文。

（4）『生涯』一一八参照。なお、この文章はエピクロスのものではなく、これの書き出しを保存しているベルリン博物館のパピルス（*PBerol.* 16369）により、メトロドロスがピュトクレスに宛てた手紙からの抜粋と推定されている（プレイヤード版註）。

（5）『メノイケウス宛の手紙』一二二参照。「生じた過去はなされなかったことにすることはできない」という見解は、アリストテレスの好んだもの（『ニコマコス倫理学』第六巻第二章一一三九b五以下）。

（6）五六および五七は、写本ではひと続きの文章として記されている。底本に従って、この箴言を五六―五七としたが、訳文には、（五六）と（五七）の番号を入れた。

（7）「拷問にかけられる場合に」はパラティナ写本三（一八一頁註（1）参照）から補われたもの。

覆されてしまうだろう(1)。

五八　日常的な事柄や政治的な事柄の牢獄から、自分自身を解き放つべきである。

五九　飽くことを知らないのは、世の多くの人々が主張しているように、胃袋ではなくて、むしろ、胃袋の際限なき充足という誤った考えなのである(2)。

六〇　人はみな、たった今生まれたばかりのようにして、生きることから立ち去ってゆく。

六一　隣人たちの光景もまた、この上なく美しい、彼らとの初めての出会いがわれわれの心を一つにしたり、あるいはそのことに多くの熱意が注がれていたりする場合には。

六二　実際、もし子どもに対して生じた親の怒りが正当な理由によるなら、子どもが反発するだけで赦しを得ようと懇願しないのは、もとより愚かである。他方、もし親の怒りが正当な理由によるのではなく、むしろ不当であるなら、その場合、子どもが憤りを抱いてその不当をあおり立てるだけで、寛大な気持ちから別の仕方で親の態度を改めさせようと努めないのは、いかにもばかげている。

六三　つましさのうちにも気品というものがあり(3)、それを省みない人は、限度のなさゆえに度を超す人と何か近いような状態にある。

六四　他の人々からの賞讃は、おのずから伴うべきものであって、われわれとしては、われわれ自身の治療にかかわるべきである。

六五　人が自分自身で十分に供給しうるものを、神々に願い求めるのは愚かである。

六六　友人たち(4)には、嘆き悲しみながらではなく、思いを馳せながら、共感しようではないか(5)。

六七　自由な生活が多くの金銭を獲得することができないのは、そうした行為が群集や権力者(6)への隷従なしには容易でないからだ。しかし自由な生活は、たえざる豊かさのうちにあらゆるものを所有している。また、ある場合にその生活が多くの金銭を手に入れようとも、その金銭もまた、隣人たちの好意を勝ち取るためにたやすく分配できるだろう。

六八　十分なものがわずかという人にとっては、何ものも十分ではない。

六九　感謝を知らない魂のあり方が、その生きものを貪欲にし、あれこれと多彩な生活法を限りなく求めさせる。

七〇　もし隣人に知られようものなら、君に恐怖をもたらすようなことは、何ひとつ君の人生においてなされることのないように。(7)

七一　すべての欲望に対して、次の問いを提出すべきである。欲望に基づいて求められているものが実現されれば何が私に起こるだろうか、また、もし実現されなければ何が起こるだろうか、ということを。

七二　天上地下の事象や、また一般に、無限の領域の事象が気がかりになっているのであれば、世の人々

(1)『ヴァチカン箴言集』三四参照。

(2)『主要教説』二九、『ヴァチカン箴言集』二〇参照。

(3)「気品（καθαριότης）」は写本に沿った底本の読み。ウーゼナーやベイリーは、「気品」ではなく「限度（μεθόριος）」を推測している。

(4)亡き友人たちのこと。

(5)『主要教説』四〇参照。

(6)底本（Marcovich）の δυσναστῶν は δυναστῶν の誤植であろう。

(7)『主要教説』三四、三五、『ヴァチカン箴言集』七参照。

から身を守る安全を準備しても何の益にもならない(1)。
七三　身体に関して何らかの苦痛が生じたということも、類似の苦痛への警戒のために役立つ。
七四　言論の愛好による共同探究においては、打ち負かされた人の方が、何かをさらに学ぶかぎり、それだけ得るものが多い。
七五「長い生涯の終わりを見よ(2)」という言葉は、過ぎ去った善きことに対して感謝を知らない表現である(3)。
七六　君は老年になって私が勧めるような人であり、自分自身のために哲学することがどのような意味をもち、ギリシアのためにそうするのがどのような意味をもつか、その違いを知っている。私は君とよろこびを共にする(4)。
七七　自足の最大の果実は、自由である(5)。
七八　高貴な人は、知恵と友情に最もかかわる。これらのうち、前者は死すべき善であり(6)、後者は不死なる善である。
七九　動揺のない人は、自分自身にも他人にも、煩いをもたらさない(7)。
八〇　若者が身の救済のためになすべき第一のことは、みずからの年齢を見守り、荒れ狂う欲望によってすべてを汚すさまざまなものに対して、警戒することである。
八一　最大の富がそなわっていようと、大衆のあいだで名誉や注目があろうと、またほかにも何か数限りない涙ぐましい原因によるものがあろうと、どれも魂の動揺を解消することはなく、言うに値するほどのよろこびを生み出すこともない(8)。

(1)『主要教説』一三の異文。

(2)ソロンの格言と見られる（ヘロドトス『歴史』第一巻三二参照）。この格言は、アリストテレスが『ニコマコス倫理学』第一巻第十章で人の幸福との関連で言及し検討していたもの。

(3)『ヴァチカン箴言集』一七、一九参照。

(4)この断片の著者については特定できないが、エピクロスだとすれば、この一文は、弟子のランプサコスのレオンテウス（『生涯』二五）に宛てた手紙からの引用とも、あるいはメトロドロスに宛てた手紙からの引用とも推測される。

(5)『ヴァチカン箴言集』四四、六七参照。

(6)「死すべき善」の原文は、*θνητὸν ἀγαθόν*. 論争の的となってきた言葉。写本は、*νοητὸν ἀγαθόν*（思考の善）となっているが、ハルテルが「思考の（*νοητὸν*）」を「死すべき（*θνητὸν*）」に修正して以来、その修正が底本はもとより他の校訂者によっても一般に疑われることなく採用されてきた。しかし、知恵が「死すべき善」というのは考えにくく、『メノイケウス宛の手紙』一三五の「不死なる善きもの」の記述とも適合しないように見える。写本通り「思考の善」と読む方が、『メノイケウス宛の手紙』一三五とも整合するかもしれないが、その読みは箴言の対比的な文意に合わない。プレイヤード版は、「前者」と「後者」を入れ替え、知恵を「不死なる善」とし、友情を「死すべき善」と見る可能性を示唆しているが、これはエピクロスの友情観に抵触するだろう（『主要教説』二七、『ヴァチカン箴言集』五二参照）。底本が正しければ、むしろこの箴言では、知恵の現世性との対比で、友情の永遠性が強調されていると見られる。

(7)『主要教説』一、および一五三頁註（1）参照。

(8)『主要教説』七、一三、一五参照。

「ハイデルベルク大学図書館パラティナ写本」一二九より(1)

一　万人に注ぎ込まれている誕生の薬は、死を招くものなのだ。(2)

二　他の事柄に対しては、身の安全を確保することが可能である。だが、死に関するかぎり、われわれは防壁のない国に住んでいる。(3)

三　知者は、自分が拷問にかけられるのと同じほど、友人が拷問にかけられる場合に苦しむ。(4)

四　十分なものがわずかという人にとっては、何ものも十分ではない。(5)

五　少年じみたふるまいは、言論におけるリズムのよさに基づいて斥けるべきである。なぜなら、驚くほどわずかであっても、そのふるまいは大きなものを奪い去るのだから。

六　おべっか使いとは、思いがけない幸運の召使いである。(6)

（1）以下の六つの断片は、パラティィナ写本（cod. Palat. gr. 129）にエピクロスの言葉として記されているもの。『ヴァチカン箴言集』との対応が見られ、底本に収録されているが、底本は一―四については、『ヴァチカン箴言集』三〇、三一、五六、六八に含まれているのと同文と見て、原文を示していない。しかし一―三は必ずしも同文ではなく、ここでは同文の四も含めすべて訳出した。原文は、ウーゼナー収載のものによる（Usener, 1912, pp. 323-324）。

（2）『ヴァチカン箴言集』三〇の異文。

（3）『ヴァチカン箴言集』三一の異文。

（4）『ヴァチカン箴言集』五六の異文であるが、底本の五六は、この異文から「拷問にかけられる場合」を補っているため、むしろ同文となっている。

（5）『ヴァチカン箴言集』六八と同文。

（6）相手からもたらされる「幸運」目当てのおべっか使いの卑しさを述べたもの。この断片は、エピクロスの格言として伝えられる次の言葉を想起させるとウーゼナーは指摘している（Usener, 1912, p. 324）。すなわち、「卑しい魂は、思いがけない幸運に舞い上がり、思いがけない不運に打ちひしがれる」（「断片」七六）。アリストテレス『ニコマコス倫理学』に、「卑しい者たちが、おべっか使いなのである」という、両概念を結びつけた表現が見える（第四巻第三章一一二五a二）。

エピクロス断片集

朴一功
和田利博 訳

一、[1] 著作断片

『選択と忌避について』より

一　実際、動揺のなさや苦痛のなさは、静的な快楽である。これに対して、よろこびやうれしさは、現実の動きに基づく動的な快楽と見られる。

（ディオゲネス・ラエルティオス『哲学者列伝』第十巻一三六／Usener, fr. 2; Arrighetti, fr. 7）

『問題集』より

二　知者は、気づかれないだろうと知っていれば、法が禁じることを何か行なうだろうか。単純な断言は容易ではない。[2]

（プルタルコス『コロテス論駁』一一二七D／Usener, fr. 18; Arrighetti, fr. 12. 1）

（1）エピクロスの著作や手紙の多くは失われたが、後代の引用や言及によって間接的に彼の文章の部分的な言葉（断片）が知られる。ギリシア文献のみならず、キケロやセネカ、ラクタンティウスらのラテン文献を含め、そのすべてを収録したウーゼナーの断片数は六〇七にのぼる。しかしながら、それらには、要点的なものや伝聞的なもの、あるいは創作的なものなども含まれ、エピクロスその人の言葉（真正断片）と見られるものは限られる。また、ラテン文献はエピクロスの言葉を翻訳ないし意訳したものであり、彼の直接的な言葉ではない。以下では、ベイリーがギリシア文献から真正と判断した八七の断片を訳出した。ベイリーはそれらの断片を、「著作断片」「手紙断片」「典拠不明断片」の三種に分けたうえで、通し番号をつけており、訳出はその方式に従ったが、通し番号は一般的ではなく便宜的なものである（本書の註などで単に「断片」と呼ぶのは、この「エピクロス断片集」を指している）。重要なのは出典であり、その箇所を各断片の（ ）内に記し、／のあとに、対応するウーゼナーやアリゲッティの断片（fr.）番号など関連情報を加えた。底本は基本的にベイリーによるが、近年の研究により底本に従わない場合や、真正でないと判明している断片については、その旨註記し、また、「補遺」として四つの手紙断片を加えた。

（2）エピクロスによれば、不正が気づかれないという保証はない（『主要教説』三五）。が、気づかれなければ不正は悪ではない（同三四）。問題はこの時、知者が不正を行なうかどうか、ということである。プルタルコスは、エピクロスの「単純な断言は容易ではない」というのは、「私は行なうであろうが、それを容認したくはない」という意味だと説明している（『コロテス論駁』一一二七D）。つまり、不正は自己利益だが、共同関係の利益に反し、好ましくないということであろう。だが、エピクロスの立場からすれば、制定された法が状況により共同関係の利益にならないときには、その法は正しさの本性をもたず、破られる可能性がある（同三七、三八）。「単純な断言は容易ではない」とは、むしろこのような考え方の反映かもしれない。

『小摘要』より

三　予言術というものは存在せず、もし存在するとしても、予言された出来事は何ひとつわれわれによるものではないと考えるべきである。

（ディオゲネス・ラエルティオス『哲学者列伝』第十巻一三五／Usener, fr. 27; Arrighetti, fr. 15）

『テオプラストスへの反論』より

四　しかし、その点は別にしても、[1]闇の中にあるこれらのものが色をもっていると、どうして主張すべきなのか、私にはわからない。[2]

（プルタルコス『コロテス論駁』一一一〇C／Usener, fr. 29; Arrighetti, fr. 16）

『饗宴』より

五　ポリュアイノスが、[3]「エピクロスよ、あなたは、酒が身体を温めることを否定されるのですか」とたずねると、彼は答えた、[4]「酒が普遍的に身体を温めるものとなぜ明言しなければならないのかね」。そして少し間をおいて、「実際には、酒は普遍的に体を温めるわけではないように見える。むしろ、特定の量の酒が特定の人を温めるものだと言われるだろう」。

（プルタルコス『コロテス論駁』一一〇九F／

Usener, fr. 58; Arrighetti, fr. 21. 1)

六　それゆえ、普遍的に、酒は温めるものと言うべきではなく、むしろ特定の量の酒が、特定の状態にある、特定の本性のものを温めるものと、あるいは、特定の量の酒が特定の本性のものを冷やすものと言うべきなのである。なぜなら、酒という集合体(5)のなかには、冷たさを構成しうるような本性が含まれていて、その本性が、必要なときに、別の本性と結合して冷却する本性をつくり出す場合に、冷たさが構成されるからである。それですっかり欺かれて、ある人たちは、酒は普遍的に冷やすものだと主張し、他の人たちは、酒

---

(1)この断片の直前で、「色は物体に本来そなわっているものではなく、原子のある種の配列や位置に基づき、視覚との関係で生まれる」というエピクロスの言葉が引かれている。「その点」とは、彼のこの主張を受けたもの。

(2)ルクレティウス『事物の本性について』に、「事実私たちでも目に見えない暗闇の中で／物にさわるが、そのものの色は少しも感じない」(第二巻七四六―七四七)、「さらにまた、色は光がなくては存在しないし、／そして物の元素は光の中には姿を見せないのだから、／それがどんな色をもつけていないのは明らかだ」(同七九五―七九七)と言われている。

(3)ポリュアイノスは学園の最も重要なメンバーの一人(『生涯』一八、二四参照)。

(4)この原文には乱れがあり、ベイリーのテクストでは、「彼(エピクロス)は答えた」ではなく、「だれかが答えた」となるが、エピクロスとポリュアイノスとの対話を描いた『饗宴』の内容の報告としては不自然である。続く原文も含め、さまざまな修正がなされてきたが、ここでは、十分な校訂に基づいていると見られるロウブ叢書(Einarson & De Lacy)のテクストに従って全体を訳出した。

(5)すなわち、原子の集合体。

は普遍的に温めるものだと主張するのである。

（プルタルコス『コロテス論駁』一一一〇A／Usener, fr. 59; Arrighetti, fr. 21. 2）

七　酒はしばしば、身体のなかに入っても温めたり冷やしたりする能力を発揮せず、むしろ身体の塊が動かされ、もろもろの物体の移転が生じると、温かさをつくり出す原子が、時には同じところに集まって、その量により温かさや熱を身体にもたらし、時には散り散りになって身体を冷やすのである。

（プルタルコス『コロテス論駁』一一一〇B／Usener, fr. 60; Arrighetti, fr. 21. 3）

八　性的な交わりはいかなる場合もけっして人を益することがないのであって、もしそれが人を害さなければ(1)、満足すべきなのである。

（ディオゲネス・ラエルティオス『哲学者列伝』第十巻一一八／Usener, fr. 62）

九(2)　君自身(3)が主張するだろうように、もし君が年齢のために何ら妨げられることなく、若いのに、君自身とくらべ年配の、有名なすべての人たちよりも、弁論術の能力においてはるかに卓越しているとすれば、まさに驚くべきことである。……そう、まさに驚くべきことだと私は主張する、もし君が年齢のために何ら妨げられることなく、多くの熟練と慣れが必要と思われる弁論術の能力において傑出しているのに、事象をあるがままに研究することが、年齢のために妨げられることがあるとすればね。なにしろ、その研究は熟練や慣れよりも、むしろ知識が根拠であると考えられるであろうから(4)。（ピロデモス『弁論術について』第二巻／

PHerc. 1672 coll. X 33-XI 1, 3b-13 (Longo); Arrighetti, fr. 21. 4 =イドメネウス「断片」七(Angeli)

『生き方について』より

一〇　実際、私としては、味覚による快楽を取り去り、性愛による快楽を取り去り、音色による快楽を取り去り、形状による快い視覚の動きさえ取り去ったなら、いったい何を善と考えればよいか、わからない(5)。

(アテナイオス『食卓の賢人たち』第十二巻五四六e/Usener, fr. 67; Arrighetti, fr. 22. 1)

(1) 底本の「害さなければ」は『ヴァチカン箴言集』五一と同様の読みであり、ここではこれを訳出したが、『生涯』一一八の写本の読みでは、「害することとさえなければ」という強い表現になっている。

(2) この断片は、エピクロスが『饗宴』のなかで、登場人物のイドメネウス(エピクロスの弟子の一人)に語らせている言葉。

(3)「君自身」とは、イドメネウスの対話相手になっている、ある若者のこと。

(4) この断片は、ピロデモス『弁論術について』第二巻によるもの。ウーゼナーには収録されていないが、ヘルクラネウム・パピルスに見出され、ベイリーが採用しているもの(アリゲッティには収録されている)。なお、ピロデモス『弁論術について』の新たな研究はチャンドラーに見られ、本断片も検討されている(Chandler, pp. 131-133)。

(5) ほぼ同じ文章が、『生涯』六に見える。

一一　なぜなら、肉体の健全な状態と、肉体に関する信頼しうる希望は、正しく推論できる人々にとっては、最高の、最も確実なよろこびを含んでいるのだから[1]。

（プルタルコス『エピクロスに従っては、快く生きることは不可能であること』一〇八九D／Usener, fr. 68; Arrighetti, fr. 22. 3）

一二　美や、徳や、そのような種類のものは、もしそれらが快楽を提供するのであれば、尊重すべきである。しかし提供しないのであれば、それらには別れを告げるべきである。

（アテナイオス『食卓の賢人たち』第十二巻五四六f／Usener, fr. 70; Arrighetti, fr. 22. 4）

『自然について』より[2]

第一巻

一三　宇宙全体の自然本性は、物体と空虚である[3]。

（セクストス・エンペイリコス『学者たちへの論駁』第九巻三三三／Usener, fr. 75）

一四　もろもろの存在の自然本性は、物体と場所である。

（プルタルコス『コロテス論駁』一一一二E／Usener, fr. 76）

第十一巻

一五　なぜなら、もし太陽がその距離によってその大きさを失っていたなら、それよりはるかに多くその色彩を失っていただろうから。実際、このことにいっそう適した距離はほかにないのである。(4)

(「エピクロス『ピュトクレス宛の手紙』九一への古註」／Usener, fr. 81)

不確定な著作より

一六　原子とは、内部に空虚をまったく含まない堅固な物体である。空虚とは、触れることのできない本

(1)『ヴァチカン箴言集』三三、『主要教説』一八参照。

(2)『自然について』の断片として、ベイリーは以下の三つ(一三、一四、一五)の間接的な引用のみを収録しており、ヘルクラネウム・パピルスの断片については、その復元が不確定であるという理由で、いっさい収録していない。しかしベイリーの出版年(一九二六年)と違って、現在、『自然について』のパピルス断片は、可能な範囲で復元が試みられており、本書では別途にその断片群を訳出した(二二八頁以下)。

(3)『ヘロドトス宛の手紙』三九参照。

(4)色彩(輝き)を失うこと。

性のものである。(1)(「トラキアのディオニュシオス『文法技法』への古註」一一六-一一―一二(Hilgard)/Usener, fr. 92)

一七　さあ、彼らには立ち去ってもらおう。あの男は、(2) 他の多くの奴隷根性の者たち同様、口から出まかせのソフィスト的なほらを吹こうと、もがき苦しんでいたのだから。

(ディオゲネス・ラエルティオス『哲学者列伝』第十巻七/Usener, fr. 93; Arrighetti, fr. 101)

二、手紙断片

ある手紙断片(3)

[一八]　もし彼らがそのことを(4)よく考えるならば、彼らは欠乏や貧しさによる悪に打ち勝つのである。(5)

(ピロデモス『富について』第一巻/*PHerc.* 163 col. III 4-7; col. XXXIV 4-7 (Tepedino); Usener, fr. 97; Arrighetti, fr. 108 =ポリュアイノス「断片」四八(Tepedino))

一八　彼らがよく考えるときはいつでも、彼らは欠乏や貧しさや困窮による事態に打ち勝つのである。

一九　たとえ戦争があろうとも、神々の恵みがあれば、その戦争が恐ろしいものになることはないだろう。(6)

神々の恵みがあればこそ、マトロン(7)はもとより、みな人生を清らかに過ごしてきたし、これからも過ごすだろう。(8)　（ピロデモス『敬虔について』第一巻／*PHerc.* 1098 col. X 2-10; Obbink, 33, 929-937; Usener, fr. 99; Arrighetti, fr. 115

(1)『ヘロドトス宛の手紙』四〇参照。

(2)ナウシパネスのこと（二一一頁註（6）参照）。

(3)以下の一八、一九、二〇の三つの手紙断片は、ヘルクラネウム・パピルスからのものであり、復元も不確かなものとしてベイリーが列挙しているもの。ウーゼナーは、一八、一九については年代の確かな手紙断片に（一八、一九のいずれも前三〇八／〇七年［カリノスのアルコン時代］）、二〇は偽作に分類している。アリゲッティは一八、一九は宛名不明の手紙に、二〇は『ポリュアイノス宛の手紙』に分類している。

(4)「そのこと」とは、「快楽に限度があること」とベイリーは推測しているが、次註参照。

(5)この断片のパピルスの新しい校訂（Tepedino）によれば、「そのこと」（前註）や「もし」のところは、「ときはいつでも（ὅ[τ]αν）」が復元され、また帰結の「悪」（ウーゼナーの推定。ベイリーの校訂資料はゴンペルツの推定としているが、誤植であろう）のところは「困窮（δέ[ησι]ν）」が復元される。したがって、この断片訳はもはや通用せず、削除すべきものとして［　］に括り、当該部分に関しては、現在承認されているテペディーノ（1978）のテクストを一八として新たに次に訳出した。なお、この断片は、ポリュアイノスに宛てた手紙のなかでエピクロスが語った言葉と推測される。断片の少しあとに次の記述が見えるからである。「ポリュアイノスに対して、……エピクロスはこう書いている、貧困はどうでもよいことだ、と」。

(6)「恐ろしいものになる」はオビンクの校訂に従っている。

(7)「断片」三五でも言及される、アテナイのエピクロス派共同体における養育係（*παιδαγωγός*）と見られる人。

(8)この断片は、エピクロスがメトロドロスやポリュアイノスに宛てた手紙のなかで語った言葉と推定されている（Obbink, pp. 446-447）。

＝ポリュアイノス「断片」五一（Tepedino））

二〇[1] さあ、私に言ってくれたまえ、ポリュアイノスよ、われわれにとってまさに何が最大のよろこびとなっていたか、君は知っているかね。[2]

（アイリオス・テオン『予行演習』七一－一六―一七（Spengel）／Usener, fr. 105; Arrighetti fr. 87 ＝ポリュアイノス「断片」五三（Tepedino））

『ミュティレネの哲学者たち宛の手紙』より

二一 そうしたことが、彼[3]をそのような乱心状態に至らせたのだ、その結果、彼は私を罵倒し、私のことを皮肉って「先生」と呼ぶようになったのだ。

（ディオゲネス・ラエルティオス『哲学者列伝』第十巻八／Usener, fr. 113; Arrighetti, fr. 101）

二二 だが、私が思うには、あの唸り屋たち[4]は私がクラゲ[5]の弟子であり、幾人かの酔い痴れた若者たちと一緒になって、その講義を聴いたと考えることだろう。というのも実際、彼は劣悪な人間であって、知恵には至りえないような事柄[6]に勤しんでいたのだから。

（セクストス・エンペイリコス『学者たちへの論駁』第一巻四／Usener, fr. 114; Arrighetti, fr. 103）

『アナクサルコス宛の手紙』より

二三　しかし、私は永続的な快楽へと励ますのであって、目指す成果に対して、空虚でむなしい、心を乱すだけの望みしか抱かせない、もろもろの徳へと励ますのではありません。(7)（プルタルコス『コロテス論駁』）

(1) 体裁はポリュアイノス宛と見られるが、ウーゼナーは偽作に分類している（一九三頁註（3）参照）。

(2) この断片の写本は不明瞭であり、さまざまな校訂がなされてきたが、プレイヤード版（ポリュアイノス「断片」五三）はビュデ版のテオン『予行演習』のテクスト（Parillon 校訂、この断片についてはアルメニア語訳から復元）を採用している。それに従えば、訳は、「さあ、私に言ってくれたまえ、ポリュアイノスよ、私はどのようによろこぶべきか、私はどのように楽しむべきか、私に大きなよろこびはどのように生じるべきかを」となる。

(3) ナウシパネスのこと（一一一頁註（6）参照）。

(4)「唸り屋」とは下手な役者を意味する語（デモステネス『冠について（第十八弁論）』二六二）。人をののしる語の一つになっており（プルタルコス『エピクロスに従っては、快く生きることは不可能であること』一〇八六E参照）、ここではエピクロスの論敵を揶揄する表現。

(5) ナウシパネスのこと。『生涯』八参照。

(6)「知恵には至りえないような事柄」とは、この断片を伝えるセクストスによれば「諸学問」のこと。特にエピクロスの念頭にあるのは、おそらくナウシパネスが熱心であった「弁論術」であろう。

(7) この断片は、徳と快楽との一体化を説くエピクロスの見解（『メノイケウス宛の手紙』一三二、『主要教説』五）と相容れないように見えるが、ここでは、目的は快楽であって徳ではない、ということに注意が促されているのであろう。なお、アナクサルコス（前三四〇年頃）は、アレクサンドロス大王に随行した哲学者であり、不動心と人生への満足感のゆえに「幸福な人」と呼ばれていた人（ディオゲネス・ラエルティオス『哲学者列伝』第九巻五八、六〇参照）。

二一七A／Usener, fr. 116; Arrighetti, fr. 42）

『アペレス宛の手紙』より

二四　アペレスよ、[1]君を祝福する、あらゆる教養から清められて、[2]哲学へと踏み出したのだから。

（アテナイオス『食卓の賢人たち』第十三巻五八八ａ／Usener, fr. 117; Arrighetti, fr. 43）

『テミスタ宛の手紙』より

二五　もしあなた方が私のところへ来てくださらないのなら、私自身は、あなた方が、そして何よりテミスタが呼んでくださるところならどこへでも、三段跳びで、すっ飛んでゆくことができるのです。

（ディオゲネス・ラエルティオス『哲学者列伝』第十巻五／Usener, fr. 125; Arrighetti, fr. 51）

『イドメネウス宛の手紙』より

二六　だから、どうか、君自身と君の子どもたちのために、私の聖なる身体の世話をする初穂をお送りください。[3]実際、ふと私は、そんなふうに言いたくなるのです。

（プルタルコス『コロテス論駁』一一一七D―E／Usener, fr. 130; Arrighetti, fr. 54＝イドメネウス「断片」一七（Angeli））

二七　おお、私のあらゆる動きを、(4) 若かりし頃より甘美なものと見なした君よ。

（アイリオス・テオン『予行演習』七一-一三―一四（Spengel）／Usener, fr. 131; Arrighetti, fr. 57＝イドメネウス「断片」一二（Angeli））

二八　もし君がピュトクレスを(5)裕福にしたいと願うならば、金銭をつけ加えるのではなく、金銭への欲望

---

(1) 弟子の「アペレス」の名は、プルタルコス『エピクロスに従っては、快く生きることは不可能であること』一〇九四Dより復元。

(2)「教養から（*παιδείας*）」はウーゼナーやアリゲッティの読み。写本は、「原因、責任から（*αἰτίας*）」であるが、シュバイクホイザーらによって、「教養から（*παιδείας*）」に修正された。ベイリーは、ビニョーネの修正案「暴行から（*αἰκίας*）」を採用し、「汚染から（from contamination）」の訳を与えて、この「汚染」が伝統的な「教養」に言及するものと解している。が、「断片」三三からこの修正案を採らない。

(3) エピクロスが自分への生活支援を求めている発言（「断片」四〇、四一参照）。「聖なる身体」は冗談めいた宗教的な表現であるが、単に冗談ではないかもしれない。

(4)「動き（*κινήματα*）」が何を意味するか、必ずしも明らかでない。ベイリーは「促し、励まし（promptings）」と訳しているが、根拠を示していない。むしろ、「あらゆる」という形容は、文字通り、エピクロスの心身のすべての動き、彼のあらゆる感情、感覚、思考、動作を指示するものと解される（プルタルコス『コロテス駁論』一一二一B―Eにおける「動き（*κινήματα*）」の用語法参照）。

(5)「ピュトクレスを」は、セネカ『道徳書簡集』第二十一書簡七に基づき復元（ウーゼナーによる）。

を取り去るようにしたまえ。（ストバイオス『精華集』第三巻第十七章二三（Hense）／Usener, fr. 135; Arrighetti, fr. 53 ＝イドメネウス「断片」一九ａ（Angeli））

二九　われわれが自足を尊ぶのは、われわれがあらゆる場合に安くて質素なものを用いんがためではなくて、むしろ、そうしたものに不安を覚えないためなのである(1)。（ストバイオス『精華集』第三巻第十七章一三（Hense）／Usener, fr. 135a; Arrighetti, fr. 58 ＝イドメネウス「断片」三六（Angeli））

三〇　人生の幸いなるこの日、そして同時に終わりでもあるこの日(2)を迎えながら、私は君にこの手紙をしたためています。排尿の困難と下痢の痛みは相変わらずつきまとっており、それら自体の度をこえて、治まる気配がありません。しかし、こうした痛みすべてに対抗してくれるのは、私たちによってなされたさまざまな対話の追憶による、魂におけるよろこびなのです。そして君は、この私、および哲学研究に対する、若い頃からの傾倒にふさわしい仕方で、どうかメトロドロスの子どもたちの面倒をみてください。（ディオゲネス・ラエルティオス『哲学者列伝』第十巻二二／Usener, fr. 138; Arrighetti, fr. 52 ＝イドメネウス「断片」二三（Angeli））

『コロテス宛の手紙』より

三一　すなわち君は、あの時、私の言ったことに畏敬の念を抱くあまり、私の膝にすがりついて私を抱きしめ、だれかを畏敬したり嘆願したりする際に、おきまりとなっているどんなすがり方でもしたいという、およそ自然学では説明しがたい欲望にとりつかれたのだ。こうして君は私にも、君自身を崇め返し、敬い返すようにさせたのだ。

どうか、君は不滅な者として君の道を歩みたまえ、われわれのことも不滅な者と考えたまえ。

（プルタルコス『コロテス論駁』一一一七B—C／Usener, fr. 141; Arrighetti, fr. 65）

『レオンティオン宛の手紙』より

三二　救い主なるわが君、愛しのレオンタリオンよ、私たちがあなたのお手紙を読み上げたとき、あなたは何という喝采の渦を私たちに巻き起こしたことでしょう！

（ディオゲネス・ラエルティオス『哲学者列伝』第十巻五／Usener, fr. 143; Arrighetti, fr. 71）

（1）エピクロスが同様の理由で自足を「大きな善」と見ていることについては、『メノイケウス宛の手紙』一三〇参照。

（2）ベイリーはウーゼナーに従って写本のまま分詞の、*τελευτῶντες* を読んでいるが（その場合、訳は、「終わりに向かって［もいる］」となる）、ここでは『生涯』で底本としたロングに従い、形容詞の *τελευταίαν*（終わりで［もある］）を読む。

『ピュトクレス宛の手紙』より

三三　幸いなる君よ、帆を揚げて、あらゆる教養を避けるのだ。

（ディオゲネス・ラエルティオス『哲学者列伝』第十巻六／Usener, fr. 163; Arrighetti, fr. 89）

三四　私はひざまずいて、君の愛らしく神にも似た姿の訪れを待ち望むことにしましょう。

（ディオゲネス・ラエルティオス『哲学者列伝』第十巻五／Usener, fr. 165; Arrighetti, fr. 88）

『少女宛の手紙』より(1)

三五　私(2)とピュトクレス、ヘルマルコス、クテシッポスは、無事にランプサコスに着きました。そしてそこでは、テミスタやその他の友人たちが元気にしているのがわかりました。あなたも、あなたのママも元気でいてくれれば、そしてこれまでと同じように、あなたが何でもパパやマトロン(3)の言うことを聞いてくれれば、それでよいのです。というのも、いいですか、アピアよ(4)、私も他のみんなも、あなたを大いに愛しているのは、あなたが何でもパパやマトロンの言うことを聞くからなのですよ。

（不明のエピクロス派著作家「断片」五（Vogliano）／

（1）ベイリーは『少年ないし少女宛の手紙』という見出しにしているが、「断片」三五の「アピア」は女性であるため（cf. Sedley, 1976b, p. 47 n. 84）、「少女宛の手紙」とした。

（2）この「私」はエピクロスと考えられてきたが（ゴンペルツ、ウーゼナー、ビニョーネ、ベイリーなど）、ポリュアイノスと見る解釈や（ヴォリアーノ、セドレー（1976b）など）、さらには、メトロドロスの妹でありイドメネウスの妻であるバティス（『生涯』二三参照）とする解釈（アンジェリ（1988））も出されている。いずれにせよ推測に留まり、決定的な証拠はない。しかし、エピクロスはかつて学校を設立していたランプサコスの地へ、友人たちを訪ねる旅をしていたと伝えられており（『生涯』一〇参照）、また学園の後継者のヘルマルコスを伴っていることから見ても、「私」をエピクロスと解するのが最も自然であろう。

（3）「断片」一九参照。

（4）「アピアよ（ὦ Ἀπία）」はセドレーの顕微鏡によるパピルス調査により確定されたもの。また、「アピア」は女性名詞と推定される（Sedley, 1976b, p. 47 n. 84）。パピルスの大文字の原文はそれまで、「ΝΑΠΙΑ」と見られていた。ベイリー（ウーゼナー）は「ἡ αἰτία（理由）」に修正している（その場合、訳は、「いいですか、私も他のみんなも、君を大いに愛している理由は、……」となる）が、この修正は現在もはや認められていない。少女アピアについては、だれの娘か特定できないが、メトロドロスの娘と推測される。エピクロスはメトロドロスの子どもたちを非常に気遣っていたからである（「断片」三〇、三六参照）。アテナイオスの伝える「ダナエ」（『食卓の賢人たち』第十三巻五九三b）と矛盾するように見えるが、「アピア」はおそらく「ダナエ」の妹であろう。

PHerc. 176 fr. 5 col. XXIII 1-14（Angeli）; Usener, fr. 176; Arrighetti, fr. 261 ＝ヘルマルコス「断片」二（Longo））

『ミトレス宛の手紙』より

三六　実際、これをしたためている第七の日には、排尿のたびに、私にとっては何も排泄されず、最後の日へと導くような苦痛がずっと内にあるのです。だから君は、もし何ごとかが起こったならば、メトロドロスの子どもたちを、四、五年のあいだ世話してやってください、君が現在、私のために毎年費やしているより、けっして多くを費やすことのないようにしながらね。(1)

（ピロデモス『エピクロスとその他の人々の記録』／PHerc. 1418 col. XXXI 5-16（Militello）; Usener, fr. 177; Arrighetti, fr. 78）

宛名不明の手紙より

三七　水とパンで暮らせれば、私は身体面での快さに満ちているのです。(2) そして、贅沢に由来するさまざまな快楽には、快楽自体のゆえにではなく、それらに伴う不快さのゆえに、侮蔑を浴びせるのです。

（ストバイオス『精華集』第三巻第十七章三三（Hense）／Usener, fr. 181; Arrighetti, fr. 124）

三八　実際、私が立ち去る際にも君に言ったように、(3) 彼の兄弟であるアポロドロス(4)の面倒もみてください。

というのも、あの子は悪い子ではないのですが、何か自分の望んでいないことをする場合に、私に心配(5)をかけるからです。

（不明のエピクロス派著作家「断片」五（Vogliano）／*PHerc.* 176 fr. 5 col. XVII 4-10（Angeli）
＝イドメネウス「断片」三三（Angeli）、ポリュアイノス「断片」五八（Tepedino））

三九　どうか私に小壺に入ったチーズを送ってください、そうすれば、望むときに、私は贅沢ができるだろうからね。

（ディオゲネス・ラエルティオス『哲学者列伝』第十巻一一／Usener, fr. 182; Arrighetti, fr. 123）

（1）エピクロスのこの手紙は、リュシマコス（アレクサンドロス大王の後継者の一人）の執事ミトレス（『生涯』四参照）に宛てられ、メトロドロスの子どもたちへの経済的援助を求めたものと推定されている（Militello, pp. 286-287）。『イドメネウス宛の手紙』（「断片」三〇）同様、エピクロスはメトロドロスの子どもたちを気遣っているが、イドメネウスには子どもたちへの情緒面教育面での面倒をみること（*ἐπιμελεῖσθαι*）を求めているのに対し、この手紙ではミトレスに生活資金面での世話をすること（*διοικεῖν*）を求めていると推測される。

（2）『メノイケウス宛の手紙』一三一、『生涯』一一参照。

（3）この一文のテクストは、アンジェリ（1988, p. 39）による。ベイリーのテクストによれば、訳は「君が立ち去る際にも私が言ったように」となるが、この手紙の書き手はエピクロスではなく、イドメネウスが遠くランプサコスから、アポロドロス（次註参照）の教育係を託したポリュアイノスかレオンテウスに送ったものと推測されている（Angeli, 1988, p. 45）。「エピクロス断片集」としては除外すべきもの。

（4）このアポロドロスはピュトクレスの兄弟（おそらく弟）であり、イドメネウスの弟子であったが、早世したことが知られている（Angeli, 1988, p. 45）。

（5）「心配」の原語は、*φροντίδα*. ベイリーの *φρονίδα*（思慮）は誤植であろう。

四〇　驚くほど大きな度量により、君たちは食料の調達に関することで私に配慮してくれました。そして、私に対する好意のしるしを、天に届くほど示してくれたのです。

（プルタルコス『エピクロスに従っては、快く生きることは不可能であること』一〇九七C／Usener, fr. 183; Arrighetti, fr. 99）

四一　たとえ彼らがヒュペルボレイオイ人のうちにあろうとも、(1)私自身に送ってくれるよう私が定めた額、その額を私は君たち(2)にも取り決めます。実際、私が君たち両人のそれぞれから受け取りたいと望んでいるのは、毎年一二〇ドラクマだけなのです。

クテシッポス(3)が私に届けてくれました、君(4)がお父さんのために、また君自身のために送ってくれた毎年の分担額を。

（ピロデモス『エピクロスとその他の人々の記録』／*PHerc*. 1418 col. XXX 3-13（Militello）; Usener, fr. 184; Arrighetti, fr. 121）

[四二]　貴重な見返りとして彼は、私によって彼に与えられた教えを手にすることになるでしょう。(5)

（ピロデモス『エピクロスとその他の人々の記録』／Usener, fr. 185）

四二　そして賞讃すると彼(6)は、私によって彼に与えられた一ムナをまったく惜しげもなく、アルケポン(7)にそっくり与えたのです。(8)

（ピロデモス『エピクロスとその他の人々の記録』／

（1）この譲歩文の含意は、たとえ彼ら（弟子たち）がどんなに遠くにいようとも、ということであろう。ヒュペルボレイオイ人は極北に住むとされる伝説上の民族（ヘロドトス『歴史』第四巻三二―三六）。

（2）「君たち」とはこの手紙が送られたと見られるミトレスと彼の二人の息子のうちの一人と推測される（Militello, p. 279）。

（3）おそらく、「断片」三五で言及されている「クテシッポス」と同一人物であろうと推測されている。

（4）「君」とはミトレスの二人の息子のうちの一人と推測される（Mlitello, p. 279）。

（5）この一文の原文はウーゼナーに基づき、ベイリーが修正を加えたもの。ウーゼナーはこの一文の前に、「ある少年に羊を与えた」という文言を推定しているが、ベイリーは「ある少年が（エピクロスに）羊を与えた」と推定し、「エピクロスは教えによってその少年に報いた」と註記している。しかしウーゼナーの「少年」や「羊」などの原文校訂には根拠がなく、さらにその校訂に変更を加えたうえで、「見返り」という言葉を読み込むベイリーの修正も正当化されない。このような読みは、ディアーノやアリゲッティによる校訂以来、現在ではもはや認められていない。したがって、この断片は削除すべきものとして［　］に括り、当該部分に関しては、より十分な校訂を経たミリテッロのテクストを四二として新たに訳出した。

（6）「彼」とは、この断片に先立つパピルスに見える「クロニオス」という人物。他では知られないが、エウドクソス派からエピクロス派に転じた人（Sedley, 1976b, p. 30）。

（7）アルケポンは、クロニオスの友人であり、ランプサコスにおけるエピクロス派の仲間ないし一員（Sedley, 1976b, pp. 28, 30）。

（8）この断片は、クロニオスの気前のよさを証言するものと見られる（Sedley, 1976b, p. 29）。

四三　私は世の多くの人々に気に入られたいと望んだことはけっしてありません。なぜなら、彼らが何を気にいっていたか、私にはわからなかったからです。他方、私が知っていたことは、彼らの感覚から遠く離れていたのですから。(1)

（「パリ写本箴言集」一一六八-一一五r／Usener, fr. 187; Arrighetti, fr. 131）

四四　肉体が叫べば魂が叫ぶ、これは自然学では説明しがたいことだとけっして考えてはならない。しかるに、肉体の叫びは、飢えないこと、渇かないこと、凍えないこと。(2)そして、これらを阻止することは魂にとって困難ではあるが、他方、魂に接合されたもの(3)を通じて、日々、魂に自足を勧告してくれる自然に耳を傾けないのは、危うい。

（ポルピュリオス『マルケラへの手紙』三〇／Usener, fr. 200; Arrighetti, fr. 225）

四五　それゆえ、自然に従い、空虚な思いなしに従わないような人は、あらゆる事柄において自足しているのである。なぜなら、自然にとって十分であること、そのためにはどんな所有も富であって、限りない欲求のためには、最大の富でさえ、富ではなく、貧しさなのだから。(4)

（ポルピュリオス『マルケラへの手紙』二七／Usener, fr. 202; Arrighetti, fr. 216）

四六　君が途方にくれるかぎり、君は自然を忘却して途方にくれているのだ。なぜなら、君は自分自身に、限りない恐れと欲望を投げかけているのだから。

（ポルピュリオス『マルケラへの手紙』二九／Usener, fr. 203; Arrighetti, fr. 198）

四七　われわれは一度だけ生まれ、二度生まれることはできない。そして、もはや永遠に存在しない定めなのだ。それなのに君は、明日の主人でもないのに好機を先送りしている。だが、人生は先延ばしによって空費され、われわれの一人一人は、余裕なくあわただしく死んでゆく。

（『ヴァチカン箴言集』一四＝ストバイオス『精華集』第三巻第十六章二九（Hense）／Usener, fr. 204）

四八　しかし君にとっては、わら布団の上に横たわりながら安んじている方が、黄金の寝椅子と贅沢な食卓をもちながら心乱れているより、まさっているのだ。

（ポルピュリオス『マルケラへの手紙』二九／Usener, fr. 207; Arrighetti, fr. 126）

四九　あなたからの手紙とあの論考を、つまり、目に見えないもののなかには、現われている事実に基づく類似があるのを見てとることもできず、また、感覚と目に見えないものとのあいだに存する調和(5)や、逆に

(1)『ヴァチカン箴言集』二九参照。
(2)『ヴァチカン箴言集』三三の異文。
(3)肉体のこと。
(4)『ヴァチカン箴言集』二五参照。
(5)「調和（συμφωνία）」の含意は、「対応」あるいは「整合性」。この意味でこの語をエピクロスはしばしば用いている（『ピュトクレス宛の手紙』八六など）。

反証[1]も見てとることのできない人たちについて[2]、あなたが作成したあの論考を、［記憶に］留めながら……[3]。

（ピロデモス『エピクロスとその他の人々の記録』／*PHerc.* 1418 col. XXIX 7-16（Militello）; Usener, fr. 212; Arrighetti, fr. 137）

五〇　亡くなった友人の記憶は、快いものである[4]。

（プルタルコス『エピクロスに従っては、快く生きることは不可能であること』一一〇五D／Usener, fr. 213; Arrighetti, fr. 258）

五一　小さなものを恵み与えることを避けてはならない。というのは、大きなものに関しても君はそのような人だと思われるであろうから。

（マクシモス『格言集』八／Usener, fr. 214; Arrighetti, fr. 199）

五二　敵が求めてきたならば、その要求に背を向けてはならない。ただし、君の身は守るように。なぜなら、敵は犬と少しも異ならないのだから。

（マクシモス『格言集』六六／Usener, fr. 215; Arrighetti, fr. 200）

三、典拠不明断片

哲学関係

五三　哲学するふりをするのではなく、本当に哲学すべきである。なぜなら、われわれが必要としている

（1）底本通り、「反証（ἀντιμαρτύρησιν）」を読む。ミリテッロは名詞の「反証」ではなく、動詞の「反証している（ἀντιμαρτυροῦσιν）」を復元しているが（その場合、「調和」以下の訳は「調和も見てとることができず、逆に反証している人たちについて」となる）、ここでは「調和」と対比的に「反証」の語が用いられていると考えられ（次註参照）、その復元を採らない。

（2）ストア派が念頭に置かれているのであろう。セクストス・エンペイリコス『学者たちへの論駁』第七巻二一三―四）では、目に見えない空虚の存在と現実の動きという事象との関係について次のように言われている。「たとえば、エピクロスは空虚は存在すると言っているが、これは明らかでないものであり、これを彼は動きという明瞭な事象を通して確信する。というのも、もしも空虚が存在しないとすれば、動きもまた存在するはずがないであろうから。なぜならその場合には、すべてのものが充満して密であることになり、それゆえ動く物体は、そこへと移って行くべき場所をもたないことになるからである。それゆえ、動きが存在する以上、現われている事実は、思いなされた明らかでない事柄を反証しないのである。これに対して、反証は、無反証と抵触するものである。……たとえば、ストア派は、空虚は存在しないと言って、何か明らかでないことを主張しているが、しかし、空虚が存在しないと仮定された場合には、現われている事実（私は動きのことを言っているのだが）も、それと一緒に破棄されなければならないのである」。

（3）［ ］内はベイリー（p. 396）による推定。この手紙は、ミトレスによるエピクロス宛のものと推測されているが、エピクロスから手紙と論考をミトレスに届けるよう託されたメトロドロスがエピクロスに宛てたものとも推測されている（Militello, p. 269）。その場合には「［記憶に］留めながら」の「留めながら（φέρων）」は、単に「たずさえながら（φέρων）」という訳になる。いずれにせよ、この断片は、「エピクロス断片集」としては除外すべきもの。

（4）水腫の病を患っていたときにエピクロスは、先立たれた兄弟のネオクレスの最期の言葉を思い出しながら、「涙に混じる独特の快楽（ἰδιότροπος ἡδονή）によってくつろいでいた」と伝えられる（プルタルコス『エピクロスに従っては、快く生きることは不可能であること』一〇九七E）。

のは、健康の見かけではなく、真に健康であることなのだから。

（『ヴァチカン箴言集』五四）

五四　人間のどんな苦しみも癒さない哲学者の言葉は空虚である。なぜなら、身体の病気を癒さないなら[1]医術に何の益もないように、哲学も、それが魂の苦しみを取り去らないなら、何の益もないのだから[2]。

（ポルピュリオス『マルケラへの手紙』三一／Usener, fr. 221; Arrighetti, fr. 247）

自然学関係

五五　宇宙万有のうちには見知らぬことなど何も起こらない、すでに生じた無限の時間を考え合わせれば。

（伝プルタルコス『雑録集』八-五八一-一七（Diels）／Usener, fr. 266; Arrighetti, fr. 148）

五六　実際、彼ら[3]が声を発することなく、互いに論じ合うこともなく、むしろ、口がきけない人間たちに似たものであるならば、われわれは彼らをいっそう幸福だとか、いっそう解体されないものなどとは考えないだろう。

（ピロデモス『神々の生き方について』第三巻／*PHerc.* 152 col. XIII 37-40（Diels）; Usener, fr. 356 ＝ヘルマルコス「断片」三二（Longo））

五七　われわれは神々には[4]、その務めの際には、敬虔に、かつ立派に犠牲を捧げようではないか。そして、

最もすぐれた、最も威厳ある者たち[5]にかかわる事柄においては、一般の見解によって[6]われわれ自身をけっして動揺させることなく、法に従って、万事を立派に行なおうではないか。そしてさらに、私が語っていた見解に基づき、われわれは正しく犠牲を捧げようではないか[7]。なぜなら、そのようにしてこそ死すべき自然本性は、ゼウスにかけて、見たところ、ゼウスのごとく過ごすことができるのだから[8]。

（ピロデモス『敬虔について』第一巻／*PHerc.* 1098 col. XI 9-26; Obbink, 31, 879-894; Usener, fr. 387; Arrighetti, fr. 114）

（1）写本に準じたナウクの校訂、「癒さないなら（*εἰ μὴ* ..... *θεραπεύει*）」を読む。底本やウーゼナーはストバイオスにより、「取り去らないような（*μὴ* ..... *ἐκβαλλούσης*）」を読んでいる。

（2）哲学の効用については、『メノイケウス宛の手紙』一二二参照。

（3）神々のこと。

（4）「神々には」はディールスによる復元。オビンクやアリゲッティも従っている。

（5）神々のこと。

（6）「一般の見解によって」の原語は、「タイス・ドクサイス（*ταῖς δόξαις*）」。オビンクは「われわれの見解（our views）」と訳しているが、この訳を採らない。「一般の見解」とは「世の多くの人々の見解」のことであろう。『メノイケウス宛の手紙』一二三―一二四では、「世の多くの人々の見解を神々に結びつける者」は不敬虔であり、彼らの言明は偽りの想定と言われている。

（7）「犠牲を捧げようではないか（*θύωμεν*）」は、オビンクによる推定。底本は、ウーゼナーに従って、「あるようにしようではないか（*ὦμεν*）」を推定しているが、オビンクの指摘するように、脱落を補う語としては短すぎる（Obbink, p. 439）。

（8）『メノイケウス宛の手紙』一三五参照。なお、「ゼウスにかけて」以下を底本は省略しているが、訳出した。テクストはオビンクによる。

五八　もし人間たちの祈りに神がそのまま応じてくれるのであれば、とっくの昔に人間たちはみな滅んでいたであろう、彼らはひっきりなしに互いに関して多くのひどいことを、神に祈っているのだから。

（「パリ写本箴言集」一一六八‐一一五ｒ／Usener, fr. 388）

倫理学関係

五九　あらゆる善の始まりであり、根であるのは、胃袋の快楽である。知的な事柄も並はずれた事柄も、これに関係づけられる。

（アテナイオス『食卓の賢人たち』第十二巻五四六ｆ／Usener, fr. 409; Arrighetti, fr. 227）

六〇　われわれが快楽を必要とするのは、それが現にないことによって、われわれが苦しんでいるまさにその時なのである。だが、われわれが安定した感覚状態にあって苦痛を感じていない、まさにその時には、われわれは何ら快楽を必要としないのである。(1) 実際、不正を外につくり出すのは、自然の快楽ではなく、空虚な思いなしにかかわる欲求なのだから。

（ストバイオス『精華集』第三巻第十七章三四（Hense）／Usener, fr. 422）

六一　無上のよろこびをつくり出すものとは、回避された大きな悪とそのよろこびとの対比である。(2) そしてこれこそが善の本性なのである、もし人がこの点を正しく見すえ、ついでそこに踏みとどまるならば。そ

して、善をめぐってぶつぶつ言いながら、むなしく散歩するのでなければ[3]。

(プルタルコス『エピクロスに従っては、快く生きることは不可能であること』一〇九一B/Usener, fr. 423; Arrighetti, fr. 226)

六二　われわれがより大きな快楽を楽しむためには、これらの特定の苦しみに耐えた方がよい。われわれがよりひどい苦痛に苦しまないためには、これらの特定の快楽を差し控えることが利益になる[4]。

(エウセビオス『福音の準備』第十四巻第二十一章四(Mras)/Usener, fr. 442; Arrighetti, fr. 188
=アリストクレス「断片」八-二七―三〇(Heiland))

六三　われわれは肉体を大きな悪の原因として非難せず、また、自分の悩みを状況のせいにしないようにしよう。

(ポルピュリオス『マルケラへの手紙』二九/Usener, fr. 445; Arrighetti, fr. 237)

六四　大きな苦しみはすぐに過ぎ去り、長く続く苦しみは大したものではない[5]。

---

(1)『メノイケウス宛の手紙』一二八参照。

(2)写本のまま παρ' αὐτό(それ[そのよろこび]との対比)を読む。ウーゼナーは παραυτά(ただちに)を推定しており、その場合、訳は、「ただちに大きな悪が回避されることである」となるが、これは続いて言われる「善の本性」の含意にはならないであろう。

(3)「むなしく散歩するのでなければ」は、アリストテレスの学派(ペリパトス派)を揶揄した表現。

(4)『メノイケウス宛の手紙』一二九、一三〇参照。

(5)『主要教説』四、『ヴァチカン箴言集』四参照。

（プルタルコス『どのようにして若者は詩を学ぶべきか』三六B／Usener, fr. 447; Arrighetti, fr. 204）

六五　実際、過度の苦しみは死に結びつくだろう。

（プルタルコス『エピクロスに従っては、快く生きることは不可能であること』一一〇三D／Usener, fr. 448; Arrighetti, fr. 205）

六六　真なる哲学への愛によって、動揺に満ちたやっかいな欲望はすべて解消される。

（ポルピュリオス『マルケラへの手紙』三一／Usener, fr. 457; Arrighetti, fr. 248）

六七　幸いなる自然に感謝しよう、自然は必要なものを容易に手に入るようにし、手に入りにくいものを必要でないものにしたのだから（1）。

（ストバイオス『精華集』第三巻第十七章二三（Hense）／Usener, fr. 469; Arrighetti, fr. 240）

六八　自然の目的（2）に対して貧しく、空虚な思いなしに対して富む人間を見出すことは、めずらしくない。というのも、無思慮な人たちはだれでも、自分のもっているものに満足せず、むしろ、自分のもっていないものに苦しむからである。だから、病気が悪性のために熱を出している人たちが、つねに渇いていて、正反対のものさえ（3）欲するのと同じように、魂が悪い状態にある人たちも、つねにあらゆるものに窮乏していて、

貪欲さのために変転きわまりない欲望のなかに落ち込むのである。
（ポルピュリオス『マルケラへの手紙』二七／Usener, fr. 471; Arrighetti, fr. 214）

六九　わずかなもので十分でない人、このような人にとっては、何ものも十分ではない。(4)
（アイリアノス『ギリシア奇談集』第四巻一三／Usener, fr. 473）

七〇　あらゆるもののうちで最大の富は、自足である。
（アレクサンドリアのクレメンス『雑録集』第六巻第二章二四-八（Stählin/ Früchtel/ Treu）／Usener, fr. 476; Arrighetti, fr. 218）

七一　たいていの人は、暮らしのつましさを恐れ、その恐れゆえに、かえってその恐れを最もひき起こしそうな行為へと進んでゆくのである。（ポルピュリオス『マルケラへの手紙』二八／Usener, fr. 478; Arrighetti, fr. 235）

（1）『メノイケウス宛の手紙』一三〇、および『主要教説』二九参照。

（2）自然の目的とは、身体の健康と「動揺のなさ（ἀταραξία）」、あるいは快楽のこと（『メノイケウス宛の手紙』一二八―一二九、および一三三参照）。

（3）含意は、渇きを癒さない逆効果のものさえ。

（4）『ヴァチカン箴言集』六八の異文。

七二　世の多くの人々は富を手に入れても、彼らが見出すのは悪からの解放ではなく、より大きな悪への変転である。
（ポルピュリオス『マルケラへの手紙』二八／Usener, fr. 479; Arrighetti, fr. 213）

七三　獣じみた働き方からは、多くの財産が積み上げられるが、みじめな人生ができあがる。
（ポルピュリオス『マルケラへの手紙』二九／Usener, fr. 480; Arrighetti, fr. 236）

七四　実際、人が不幸であるのは、恐れのためや、際限のない空虚な欲望のためなのである。人がこれらを制御すれば、自分自身に幸せな理知を確保することができる。（ポルピュリオス『マルケラへの手紙』二九／Usener, fr. 485; Arrighetti, fr. 238）

七五　これらのもの(1)に欠乏することではなく、むしろ、空虚な思いなしに由来する、無益な苦しみに耐えることこそ、苦しみ(2)なのである。
（ポルピュリオス『マルケラへの手紙』三一／Usener, fr. 486; Arrighetti, fr. 239）

七六　卑しい魂は、思いがけない幸運に舞い上がり、思いがけない不運に打ちひしがれる。
（「パリ写本箴言集」一一六八-一一一五、他／Usener, fr. 488; Arrighetti, fr. 201）

七七　（自然は）教えてくれる。偶然によるものをより小さなものと見なすことを、また、幸運であるときには不運を知り、不運のときには幸運を大きなものと思わないことを、また、偶然による善いものは騒がずに受け入れ、偶然による悪いと思われるものに対しては備えておくことを。というのも、世の多くの人々の善や悪はすべて、うたかたのものであって、知恵は偶然とはまったくかかわりがないのだから。(3)

（ポルピュリオス『マルケラへの手紙』三〇／Usener, fr. 489; Arrighetti, fr. 210）

七八　明日を必要とすることの最も少ない人こそ、最も快く明日に立ち向かうだろう。(4)

（プルタルコス『心の平静について』四七四C／Usener, fr. 490; Arrighetti, fr. 245）

七九　美しいものにも、また、根拠なくそれに驚嘆する人々にも、私は侮蔑を浴びせる、その美しいものが何ひとつ快楽をもたらさないときには。(5)

（アテナイオス『食卓の賢人たち』第十二巻五四七a／

---

(1) この断片の直前には、「断片」七七が位置する。その文脈から、「これらのもの」とは、「世の多くの人々の善」を指すと見られる。
(2) この一文では「苦しみ（πόνος）」が重複するため、ウーゼナーはここの「苦しみ」を「悪（κακόν）」に読み替える可能性を示唆しているが、この場合の重複は不自然ではなく、そのまま訳出した。
(3)『メノイケウス宛の手紙』一三四、『主要教説』一六参照。
(4)「贅沢」についても同様のことが言われている（『メノイケウス宛の手紙』一三〇参照）。
(5)「断片」一二参照。

八〇　正義の最大の果実は、動揺のなさである。(1)

（アレクサンドリアのクレメンス『雑録集』第六巻第二章二四 - 一〇（Stählin/ Früchtel/ Treu）／Usener, fr. 519; Arrighetti, fr. 208）

（Usener, fr. 512; Arrighetti, fr. 136）

八一　法は知者たちのために定められているが、それは彼らが不正を行なわないためではなく、彼らが不正を受けないようにするためなのである。

（ストバイオス『精華集』第四巻第一章一四三（Hense）／Usener, fr. 530; Arrighetti, fr. 209）

八二　不正をなし法を犯す者たちは、みじめに、おびえながら全生涯を生きるのだ。なぜなら、(2) たとえ彼らが気づかれずにいることが可能であっても、気づかれずにいることについて保証を得ることは不可能であるから。(3) それゆえ、未来に関する恐れがつねに彼らを圧迫し、現在においてよろこぶことはおろか、安心することも許さないのである。

（プルタルコス『エピクロスに従っては、快く生きることは不可能であること』一〇九〇C―D／Usener, fr. 532; Arrighetti, fr. 207）

［八三］　人類の目的(4)を獲得している人は、だれもその場にいなくても、いつもと同じほど善い人である。(5)

（不明のエピクロス派著作家「断片」／Usener, fr. 533）

八三　われわれは善の究極を、それが現にあって獲得している人は、もはや別種のものを何ひとつ必要としないようなものとも考えており、それゆえ、善の究極とは快楽であって、他方、われわれの主張によれば、(6)悪の最大は苦しむことなのである。(7)

（ラコニアのデメトリオス「断片」五三‐二―九／*PHerc.* 1012 col. LIII 2-9（Puglia））

（1）『主要教説』一七参照。

（2）底本が省いているここの「なぜなら」までの文を訳出した。

（3）『主要教説』三四、三五、『ヴァチカン箴言集』七参照。

（4）快楽のことであろうが、この断片の復元自体が疑われている（次註参照）。

（5）この断片の原文はヘルクラネウム・パピルスに由来するものであるが、底本の採用するウーゼナーの原文は校訂に多大の難があり、現在ではもはや認められていない。したがって、この断片は削除すべきものとして［　］に括り、当該部分に関しては、その前後を含め、より十分な校訂を経たプーリアのテクストを八三として新たに訳出した。

（6）「われわれの主張によれば（*φαμέν*）」は、プーリアによる復元。プレイヤード版は「われわれにとって（*ἡμῖν*）」を推定している。

（7）「苦しむこと（*ἀλγεῖν*）」は、プーリアによる復元。プレイヤード版は名詞の「苦しみ（*ἀλγηδών*）」を推定している。なお、この断片は現在、エピクロス自身のものではなく、ラコニアのデメトリオスによる作品名不明の著作に由来するものと見なされている。「エピクロス断片集」としては、除外すべきもの。

八四　恐ろしく見せるような人は、恐れを抱かずにはいられない。[1]
（「パリ写本箴言集」一一六八-一一五u、他／Usener, fr. 537; Arrighetti, fr. 249）

八五　幸福で至福な状態を確保するのは、金銭の量ではなく、また地位の高さでもなければ、何らかの支配や権力でもなくて、苦痛のなさであり、感情の穏やかさであり、自然に基づくものを定める、魂のあり方なのである。
（プルタルコス『どのようにして若者は詩を学ぶべきか』三七A／Usener, fr. 548; Arrighetti, fr. 144）

八六　隠れて生きよ。[2]
（プルタルコス『「隠れて生きよ」について』一一二八A以下／Usener, fr. 551）

八七　語らねばならない、どうすれば最善の仕方で自然の目的[3]を保持しうるかを、またどうすれば人は、大衆を支配する公職には最初から自発的に就こうとせずにすむかを。
（プルタルコス『コロテス論駁』一一二五C／Usener, fr. 554; Arrighetti, fr. 145）

四、補遺

『イドメネウス宛の手紙』より

八八　当時、君は知者ではなかったけれども、今はそうなろうと熱心になった。以前の生と今の生をふり返ってみたまえ、当時、君は今のように病に耐えていたかどうか、あるいは、君が今打ち勝っているように、富に打ち勝っていたかどうかを。(4)

(盲目のディデュモス『「伝道の書」註解』二四-九—一一 (Binder/ Liesenborghs)/Arrighetti, fr. 133)

『ヘルマルコス宛の手紙』より

八九　「今のところ君はわれわれの哲学を拒否しているが、のちに、君の反感が取り払われたなら、おそら

---

(1) 含意は、他人を恐れさせる者は、逆に他人からの攻撃の恐れを免れないということ。

(2) 含意は、世間から離れて生きよ(前断片参照)。出典のプルタルコスの論考は、エピクロスのこの考え方に反論しようとするもの。エピクロスのこの有名な言葉の反響は、ローマの詩人オウィディウス(前四三—後一八年)の『悲しみの歌』第三巻第四歌二五の、「よく隠れた者こそよく生きた者」という表現に認められる。その表現は、近世の哲学者デカルトの座右の銘として知られている。

(3) 自然の目的とは、身体の健康および「動揺のなさ(*ἀταραξία*)」、あるいは快楽のこと(『メノイケウス宛の手紙』一二八—一二九、および一三二参照)。

(4) アリゲッティはこの手紙をミトレス宛と推測しているが、断片に先行する部分で、「彼[エピクロス]はイドメネウスに書いている」というビンダー&リーゼンボークスの原文校訂はほぼ確実である。いずれにせよ、エピクロス自身の言葉であることは疑われない。

く君は望むだろう、」われわれの集まりに共感をもって入る道を開くことを。そして、君はわれわれの主義の何かを聴こうとして、弁論家たちの言論から離れてゆくだろう。(1) そのあと、君が哲学の門をすぐさま叩いてくれることを、われわれは信じて疑わない……。(2)

（オイノアンダのディオゲネス「碑文断片」一二七（Smith）
＝ヘルマルコス「断片」五三（Longo））

『母への手紙』より(3)

九〇　［……あなたは正確で］確実な［探究を］それら(4)について［しなければなりません］。［というのも、視覚から］離れている人たちの［もろもろの表象が魂に襲いかかってくるとき、それらは最大の動揺をひき起こすからです。(5) しかしもしあなたが事象の全体を正確に見きわめるなら、あなたはお分かりになるでしょう。］現にいない人たちの表象は、現にいる人たちの表象とまぎれもなく同じようなものであることが。なぜなら、現にいない人たちの表象は触れられるものではなく、考えられるものだとしても、それらの表象は、それら自体に関するかぎり、現にいる人たち(6)に対して、向こうの人たち(7)が現にいる場合にも存続していたときのものと同じ力をもっているからです。

ですから、こうした事柄に関しては、お母さん、［ご安心ください。実際、こうは考えないでください、私たちの(8)］表象像は［悪いものだ］と。(9) むしろ、こう思ってください、［あなたがそれらを見るとき、］日々、私たちが何か［善きものをさらに得て、いっそう幸福の道を］進んでいるのだと。というのも、私たちが得

ているこれらのものはけっして功少なきものではなく、私たちのあり方を神にも等しくしてくれるようなものであり、[10] また死すべき定めだからといって、私たちが不滅の至福な本性に劣るわけでもないことを示してくれるようなものだからです。実際、私たちは生きているとき、神々のようによろこんでいるのです［、死は私たちにとって何ものでもないことを知っているのですから。また私たちが死んだときには、私たちは感

（1）『生涯』二一四参照。

（2）［ ］内はスミスによる推定。

（3）以下の二つの『母への手紙』は、作者をめぐって論争の的となってきたもの。従来一般に、若いエピクロスが母に宛てた手紙と解されてきたが、文体が他の手紙と異なることから、エピクロスの手紙ではなく、オイノアンダのディオゲネスが母に宛てた手紙の可能性や、エピクロス以外の人によって書かれた可能性なども推測されてきた。スミスはこうした推測を根拠薄弱として斥け、ナウシパネスに学んだあとの前三一一年頃、若いエピクロスによって、この手紙が初期の文体で書かれたことはほぼ確実と推定している（Smith, pp. 555-558）。実際、内容的にもエピクロス以外の書き手を想定することは困難であろう。

（4）「それら」とは、以下の記述より、夢や想像によって捉えられる表象像のことと考えられる（『ヘロドトス宛の手紙』五一参照）。

（5）「最大の動揺（μέγιστος τάραχος）」という表現については、『ヘロドトス宛の手紙』七七参照。

（6）表象の受け取り手。

（7）表象の送り手。

（8）手紙で用いられる「私たち（私ども）」という一人称複数は、しばしば「私」の謙譲表現であるが、この手紙では、そうではなく、書き手のエピクロス自身と彼の哲学仲間たち、あるいは彼の兄弟を指す表現と推測される。次断片で、エピクロスは自分自身を指す場合、一人称複数ではなく、「私」という一人称単数を用いているからである。

（9）エピクロスの母の迷信深さについては、『生涯』四参照。

（10）『メノイケウス宛の手紙』一三五参照。

覚を失うのです……」[1]。

（オイノアンダのディオゲネス「碑文断片」一二五（Smith）／Arrighetti, fr. 72）

九一[2]［死は人生の善きものの喪失を伴うという理由で、死を恐れる人たちがいます。しかしその恐れは根拠のないものです。どの人も、実際、善きものを奪われたときには、］その人が喪失を感じるなら、それに等しい苦しみを［覚えるでしょう］が、しかしもしその人が喪失を感覚しなければ、どうしてその人は喪失をこうむるでしょうか[3]。

ですから、お母さん、私たちはこの種の善きものとともに、いつもよろこんでいると期待してください。そして私たちがしていることにご自身の胸を高鳴らせてください。とはいえ、ゼウスに誓って、私たちにたえず送ってくださる援助は、どうか惜しんでください。というのも、私は、私に余分が生じる結果、あなたが何かに不足するのではなく、むしろ私は足らなくなっても、あなたはそうならないことを願っているのですから[4]。もっとも、私としてはあらゆるものがふんだんにある生活をしているのです。これは友人たちのおかげであり、またお父さんがたえず私たちにお金を送ってくださるからなのです。近ごろも、託されたクレオンが九ムナを送り届けてくれました[5]。ですから、あなたたちのどちらも[6]、私たちのために個人的に気を重くせず、互いに助け合ってください……[7]。

（オイノアンダのディオゲネス「碑文断片」一二六（Smith）／Arrighetti, fr. 72）

(1)［　］内はスミスによる推定。

(2)この手紙は、実質的に前断片の手紙に直接続くものかどうか明らかでないが、両者の間には大きな間隔はないものと推測される（Smith, p. 559）。

(3)『メノイケウス宛の手紙』一二五参照。

(4)エピクロスの両親が裕福でなかったことについては、『生涯』四参照。

(5)この文の「クレオン」は、『ピュトクレス宛の手紙』八四で言及されている「クレオン」と同一人物であろう。この一文より、クレオンはエピクロス、あるいはエピクロスの父にかかわりのある人（従者）と見られる。

(6)すなわち、母も父も。

(7)［　］内はスミスによる推定。

自然について

朴一功訳

第一巻[1]　宇宙万有の構成原理

一　万有は物体と空虚である。[2]

（『ヘロドトス宛の手紙』三九）

二　物体のうち、あるものは合成体であり、他のものは合成体を作っている要素である。

（『ヘロドトス宛の手紙』四〇）

三　存在するものの自然本性は物体と空虚である。

（プルタルコス『コロテス論駁』一一一四A）

(1) エピクロスの散逸した著作『自然について』は三七巻から成るが、その内容は、発見されたわずかなパピルス断片（発見の経緯については、解説四〇五―四一〇頁参照）、および彼の『ヘロドトス宛の手紙』、『ピュトクレス宛の手紙』や、後代のルクレティウスの『事物の本性について』を手がかりにして、ある程度推測可能である。以下の訳註では、各巻の

パピルス事情に触れたうえで、推定される内容を標題として掲げ、これらの手紙やルクレティウスとの対応関係に適宜触れることにする。推定内容はセドレーの研究書に負うところが大きい（Sedley, 1998, pp. 133, 136）。

なお、『自然について』のパピルス断片すべてを総合的に編集した校訂本はまだない。断片の存在が認められる諸巻のテクスト校訂は、それぞれ特定の研究者によって断続的になされ、そのつど公開されてきたものであり、訳出にあたっては、それらを適宜使用する。また、各断片につけられた通し番号は、この翻訳でのみ用いられる便宜的なものであって、典拠は、断片のあとの（ ）内に示す。また、全体の構成はプレイヤード版に従う（ただし、第二巻は最新のレオーネに拠る）。

第一巻については、パピルス断片は現存しない。その内容は『ヘロドトス宛の手紙』三七―四〇に含まれていたと推定され、中心的な主張は次の四つと見られる。⑴何ものも無から生じない、⑵何ものも無へと消滅しない、⑶万有は物体と空虚である、⑷物体のあるものは合成体であり、他のものはその構成要素である。エピクロスの言葉はしかし、以下の三つの真正断片のうちに認められるだけである。

（2）この一文は、底本のロングに従っている。「物体と空虚（σώματα καὶ κενόν）」は写本にはなく、ガッサンディに基づくもの。ウーゼナーはプルタルコス『コロテス論駁』一一一二Eより、「物体と場所（σώματα καὶ τόπος）」を補っている（Us. 76,「断片」一四参照）。この断片を何も補わず写本通り読めば、「万有は存在する（τὸ πᾶν ἐστι）」という訳になる。プレイヤード版はこの訳を採用しているが、文脈上無理がある。『ヘロドトス宛の手紙』三九のこの文の直前で、万有が存在することについて述べられており、直後で「物体」、および「明らかでない事柄（τὸ ἄδηλον）」（空虚の存在）の証明に言及されているからである。「宇宙全体の自然本性は、物体と空虚である」という同趣旨の真正断片が、セクストス・エンペイリコス『学者たちへの論駁』第九巻三三三に見える（「断片」一三）。最新のドランディ校訂本も「物体と空虚（σώματα καὶ κενόν）」を補っている。

第二巻[1]　物体、万有の無限、像

一　……このような世界の、あるいはまた、そのような世界の……は……、当然のことだが、別のその種の世界も……ではない。また、もし原子が無限でなかったとすれば、……[2]。（*PHerc.* 1149, col. 1）

二　……したがって、ただ一つの世界だけが生じたのではなく、……でもない……[3]。（*PHerc.* 1149, col. 4）

三　……と似ている［世界］[4]にとっては、……。……少なくとも、［分割された］[5]ところで終わるような

（1）第二巻についてはパピルス断片が現存する。この巻は、二種類のヘルクラネウム・パピルス（*PHerc.* 1149/ 993, および *PHerc.* 1783/ 1691/ 1010）から断片的に復元される。*PHerc.* 1149/ 993 の二つは同じ巻物のパピルスであり、*PHerc.* 1149 はコラム上部のパピルス、*PHerc.* 993 はコラム下部のパピルスである。*PHerc.* 1783/ 1691/ 1010 の三つのパピルスも同じ巻物のパピルスであり、*PHerc.* 1783 は巻物の外側部分のパピルス、*PHerc.* 1691 は中心部のパピルス、*PHerc.* 1010 は最後の部分のパピルスである。つまり、第二巻については、これを書き写した巻物が二つ存在し、これらの復元部分が異なっている。そのなかで多少とも復元可能なのは、*PHerc.* 1149, *PHerc.* 993, および *PHerc.* 1010 の三つである。*PHerc.* 1783/ 1691 の二つは、単語のみで文をなさないものや、判読不能なものばかりであり、他方、*PHerc.* 993 のほとんどは、*PHerc.* 1010 のいくつかの部分と重なっている。

したがって、テクストの中心は、*PHerc.* 1149, および *PHerc.* 1010 の二つであり、ある程度の断片は、アリゲッティ（Arrighetti, 1973）の第二十四章（『自然について』第二巻残

存断片一―五一）に収録され、これまで用いられてきたものだが（プレイヤード版など）、不明な部分が多い。近年レオーネのパピルス再調査による新たなテクストが示されており（Leone, 2012, および Leone, 2015, pp. 191-207）、アリゲッティの不明な部分も復元されている。

訳出にあたっては、情報量のより多いレオーネのテクストを底本にした。レオーネはパピルス断片の全面的な再構成を試みているが、そのなかには文意をなさないものも少なからず含まれている。以下ではそれらを省き、比較的有意味な断片のみを訳出し、脱落部分は、……で表記する。また、訳文のあとに典拠となるパピルス（*PHerc.*）とコラム（col.）の番号を一括して示す（アリゲッティとの対応がある場合には、その編集番号［Arr.］）を加える）。なお、レオーネは *PHerc.* 1149 のコラム番号にアラビア数字を、*PHerc.* 1010 のコラム番号にローマ数字を用いている。

第二巻の内容は『ヘロドトス宛の手紙』四〇―五〇に含まれていたと推定される。その中心的な主張は、次の七つであろう。⑴物体と空虚以外何も存在しない、⑵物体の構成要素は原子である、⑶万有は無限である、⑷原子の形は捉えきれないほど多いが、無限ではない、⑸原子はたえず動いている、⑹無限に多くの世界がある、⑺像の存在と可動性。ただし『ヘロドトス宛の手紙』七三に、「まさにこのもの［時間］をある独自の付帯的なものとして思い浮かべ、このものに関してわれわれは『時間』という語を用いている」という記述が見られ、この記述には、「また彼［エピクロス］はこのことを『自然について』第二巻や『大摘要』でも述べている」という古註がつけられており、第二巻への言及から、この巻は時間の問題も扱っていたと推測される（本巻断片一四参照）。しかし現存断片は主として「像」の存在と可動性を扱っており、第二巻の後半部分のものであろう。エピクロスの物理的な「像」の考え方については、『ヘロドトス宛の手紙』四六―五〇が参照されねばならない。

（2）この断片は、無数にある世界のさまざまな形状について述べた『ヘロドトス宛の手紙』四五、七四に関連するように見える。

（3）ルクレティウス『事物の本性について』第二巻一〇七七―一〇七九に、「……宇宙万有（summa）にはただ一つのもの／ただ一つだけが生まれ、ただ一つだけ育つものはなく／何らかの種に属しており、その種のものは数多くある」という詩句が見える。

（4）［ ］内はレオーネによる推測。「似ている世界」なら、われわれの世界に「似ている世界」のことであろう。

（5）［ ］内はレオーネによる推測。

仕方で、……。したがってまた、……どのようなものが無限に、……そしてより小さなものへと分割されて、……することさえないのか[1]……。

(*PHerc.* 1149, col. 6 = Arr. 24. 30)

四　……似てはいるが、［しかし］[2]深部でわずかなものを［捉えた］[3]だけのものは、実際、像ではない、と私は主張する。なぜなら、像の原子は限られたものではないからである[4]……。

(*PHerc.* 1149, col. 8 = Arr. 24. 27)

五　……そのものは、……自然本性的に……であって、……剝離[5]は、……私が述べているように、その仕方で、……[6]。

(*PHerc.* 1149, col. 11)

六　……私が述べているように、それらは像ではない。というのも、それらは、その仕方での、——私が言っているのは以前に述べられた仕方のことだが——、物体からの唯一の放出[7]ではないからである[8]、すでに語られたように……。

(*PHerc.* 1149, col. 14 = Arr. 24. 29)

七　……実際、それらには[9]特定の何らかの［形態］[10]が属しているのであって、……あらゆる「形態（ス

---

(1)『ヘロドトス宛の手紙』五六に、「もろもろのあるものを押しつぶしていきながら、あらぬものへと消し去ってしまう羽目に陥

らないためにも、より小さな部分へ向かって無限に分割することは斥けねばならないだけでなく、限定された大きさの物体において、次々とより小さな部分へ向かうとしても、その移行が限りなく起こると見なすべきでもない」と言われている。

(2)［ ］内はレオーネによる推測。

(3)［ ］内はレオーネによる推測。

(4)「限られたもの（πεπερασμέναι）ではない」とは、限りがない（無数にある）という意味（『ヘロドトス宛の手紙』四一など）。エピクロスによれば、像はたえず放出されるため、像の成立には限りない原子が必要とされる（二三九頁註（1）参照）。

(5)「剝離」の原語は、διασπασμός. 像が物体の表面などから剝がれることを意味する用語。

(6)この断片は、物体の表面からの像の剝離、放出の仕方について述べたものであろう。ルクレティウス『事物の本性について』第四巻九〇―九六では、「すべての匂い、煙、熱そしてまた／その他似かよったものは物から散乱され流れ出ているが、／それはものの内部で生じ、外に出てくるまでに／曲った路のため壊されてしまうためか、まとまったまま急いで／脱出できるまっすぐな通路がないからである。／それに反し、ものの表面の色をもったうすい膜が／放出されるときには、それを引き裂くものは何もない」と言われている。

(7)「放出」の原語は、ἀπόστασις. 像が物体の表面から離れる場面を捉えた言葉と見られる。本巻断片五の「剝離（διασπασμός）」とほぼ同義。それに対し、「流出（ἀπόρροια）」は像が感覚器官や魂に向かう動きを表現する言葉と考えられる。「放出」と「流出」の用語は『ヘロドトス宛の手紙』四六で使用されている。

(8)像の放出は、他の事物の放出とは異なることが念頭に置かれている。ルクレティウス『事物の本性について』第四巻五四―六四では、「まず第一に、目に見えるものの中でも多くのものが／物体を放出する（mittunt）。一部は木が煙を出し、／火が熱を放出するように、まとまりもなく放散され、／一部はもっと密にからまって放出される、／ちょうど時折、夏に蟬が滑らかな衣を脱ぎ／生まれ出る子牛がその表面から膜を落とし、／すべすべした蛇が茨の中にその殻を／脱ぎ捨てる時のように。事実私たちは／このようなことがあるのだから、ものの希薄な像もまた／その表面から放出されているにちがいない」と言われている。

(9)もろもろの像には（レオーネ）。

(10)［ ］内はレオーネによる補い。

ケーマ）」が……わけではない……。[1]　(*PHerc.* 1149, col. 18)

八　……適合した……、もろもろの固体は、[2]……もし人がこうした変化を考え合わせるならば、……また……するときには、……。　(*PHerc.* 1149, col. 21)

九　……なぜなら、物体から［剝がれる］[3]唯一の自然本性[4]は……であるのだから、……。　(*PHerc.* 1149, col. 23)

一〇　……内側に［閉じこめられた原子は］[5]……。実際、それらは……。　(*PHerc.* 1149, col. 24)

一一　……それは流れゆく[6]……、並はずれて［希薄な］[7]……。　(*PHerc.* 1149, col. 25)

一二　……全面的に希薄化された生きものは無限にあり、[8]……それらは凌駕している……動きの……、通り過ぎたうえで、……。　(*PHerc.* 1149, col. 27)

一三　……上方と下方を……するものは何もない、[9]したがって、……は可能であったが、……下方へと……。　(*PHerc.* 1149, col. 31)

(1)形には多様性があっても、あらゆる形があるわけではないというエピクロスの主張は、原子についても、あるいは世界についてもなされていることが、『ヘロドトス宛の手紙』四二、および七四の古註から知られるが、ここでは像の形態の有限性に言及されていると見られる。

(2)「固体（*στερέμνιον*）」は「像（*εἴδωλον*）」と対比されるものであり（『ヘロドトス宛の手紙』四六参照）、エピクロスの術語。キケロの『神々の本性について』第一巻四九に、「エピクロスは深淵で闇に覆われた事柄をいわば心の目によって認識したのみならず、手に取るようにこれを扱い、まず第一に、神々の力と本性は、感覚によってではなく知性によって認識すべきものであり、次に、その本性は、何らかの固体性（*soliditas*）をもつものでも、数的に一定のものでもないことを、すなわち、堅固さ（*firmitas*）ゆえにエピクロスが〝固体（*στερέμνια*）〟と命名したようなものでもないことを教えている」という記述が見える。

(3)［ ］内はレオーネによる補い。

(4)像のことであろう。

(5)［ ］内はレオーネによる推測。

(6)主語の「それ」は像のことであろう。

(7)［ ］内はレオーネによる推測。

(8)ここでの「生きもの」は「命あるもの」の源としての、火や空気のことを指す可能性もあるが、ルクレティウス『事物の本性について』第四巻一一〇―一二〇では、「さて次に像がどれほど希薄なものからできているかを／理解したまえ。そのわけは、まず初めに、元素は、／人の目にかろうじて認められるものよりも、はるかに小さく、／私たちの感覚に捉えられないからである。それでもなお、／そのことを確かめるために、すべての物の根源が／いかに細かいものであるかを短い言葉のうちに悟りたまえ、／まず第一に動物の一部には非常に小さくて／それの三分の一はどのようにしても目に見えないものがある。／これらのものの腸は一体どのようなものだと思ったらいいのか？／それの心臓や目の球はどんなのか？　手足は？　関節は？／どんなに小さいことか！」と言われている。「全面的に希薄化された生きもの」とは像の比喩のように見える。

(9)この一文は、上方、下方の捉え方を述べた『ヘロドトス宛の手紙』六〇に関連するだろう。

一四　……時間は……でない……[1]

(*PHerc.* 1149, col. 36)

一五　……われわれはこう言うことにしよう、……［合成体］[2]全体から、ある固体的な物体[3]の方へそれらの像が流れてゆき、……先に述べられた……それらの像が……そして……から、……と語ることは、……。

(*PHerc.* 1149, col. 37)

一六　……そして外観に関しては、何かがそれらに[4]出会っていくつかの［原子］[5]を方向転換させ、そうした原子が剝離により別の移動形態になるまで、それらは物体と類似した形を保持し続けるのである。[6]……その［合成体］[7]からは、……

(*PHerc.* 1149, col. 38 = Arr. 24. 33)

一七　……われわれが……を見るということは、……もろもろの像の……に伴うものを……[8]

(*PHerc.* 1149, col. 44)

一八　……下方へ……が移動することは[9]……

(*PHerc.* 1149, col. 45)

一九　……限定されたもの[10]は……何らかの……であるだろうが、しかし現実には、……どこにでも……が

移動することは、……。

(*PHerc.* 1149, col. 52)

二〇　……固有であり独自の……は、(11)探求課題でなければならない、……によって……までは……。

(*PHerc.* 1149, col. 55)

（1）時間については『自然について』第十巻、『ヘロドトス宛の手紙』七二参照。

（2）［　］内はレオーネによる補い。

（3）「固体的な物体（*στερέμνια σώματα*）」という表現は、エピクロスの用語であったと見られる。セクストス・エンペイリコス『学者たちへの論駁』第八巻六五に、「もしも彼［エピクロス］が、もろもろの表象のうち、あるものは固体的な物体から生じるが、別のものは像から生じるということに同意し、また明瞭な物事と思いなしとは別のものであることを認めるとするならば、固体的な物体から現出する表象と像から現出する表象とを、彼はどのようにして判別するのかということが、私の探求の的となる」と言われている。本断片では、像の流れを阻む物体の性質を示すために、その物体が「固体的」と形容されているのであろうが、目や耳などの感覚器官が念頭に置かれているようにも見える。

（4）すなわち、像に。

（5）［　］内はレオーネによる補い。

（6）この断片と同趣旨のことは、『ヘロドトス宛の手紙』四八に見出される。

（7）［　］内はレオーネによる推測。

（8）この断片は、対象（固体）を見ることについて述べた『ヘロドトス宛の手紙』五〇が関連する。

（9）主語は「移動する」の用語から「像」と解されるが（『ヘロドトス宛の手紙』四七）、「下方へ」の用語からすれば、単に「原子」と解されるかもしれない（同六一）。

（10）「限定されたもの（*τὰ ὡρισμένα*）」とは、「限定された形態（*ὡρισμένον σχῆμα*）」のことであろう（『自然について』第十四巻断片一七参照）。

（11）時間が念頭に置かれているようにも見える。

二一　……ひとたび……、無限なるものから、ふたたび満たされることは、……[1]。
(*PHerc*. 1149, col. 66 = Arr. 24. 31)

二二　……一つの場所の方へ……上方から、あるいは下方から、無限に［移動する］[2]能力が考えられていたが[3]、……そのような能力は、……。
(*PHerc*. 1149, col. 67)

二三　……実際、［もろもろの像は］[4]対称性によって[5]あらゆる能力を得ており、……することを求めない……。
(*PHerc*. 1149, col. 72)

二四　……いわば、いかなる……についても……ではなく、また……の方にでもなく、……無限の……でもありえない……[6]。
(*PHerc*. 1149, col. 73 = Arr. 24. 34)

二五　……生成に関して　……。実際、第一に、速く生じるその構成は、思考と同じ速さで生み出されるのである[7]……。
(*PHerc*. 1149, col. 76)

二六　……だが、同じ混合から別のものが構成される場合には、……であって、したがってまた、何か別

西洋古典叢書

月報 167

2024＊第4回配本

《魚とカモのモザイク》

目次

2025年4月
京都大学学術出版会

エピクロス讃歌

瀬口昌久

前一世紀前半のローマを生きたルクレティウスは、『事物の本性について』全六巻に四つのエピクロス讃歌をのこしている。

第一の讃歌（第一巻六二―七九）では、エピクロスが人間を長く抑圧してきた宗教の恐怖に抗して初めて立ち上がり、全宇宙の実相を明らかにすることによって、宗教の重圧に勝利したことが語られる。

人間の生活が見た目にも卑しく、
宗教の重圧のもとに押し潰されて、地面に這いつくばり、
天の領域から宗教がその頭をのぞかせ、
恐ろしい形相で死すべき人間を上から脅かしていたときに、
ひとりのギリシア人が最初にこれに向かって
死すべき人間の目を上げ、最初に敢然と立ち向かった。
神々の物語も雷光も、脅しつける天の雷鳴も
彼を押し潰しはしなかった。かえって、それだけ
いっそう激しく、精神の勇気を奮い立たせ、自然の
門にかけられた固い閂を、最初に打ち破ることを渇望させた。
それゆえ精神の旺盛な力が完全に勝利し、
彼は世界の燃えさかる防壁を越えてはるか遠くまで突き進み、
その知性と精神において、広大無辺の全宇宙を踏破した。
そこから勝利者として凱旋し、われわれに告げ知らせたのだ、
何が生じうるのか、何が生じえないのか、さらには、それぞ
れのものに限られた能力と
奥深くに根ざした限界が、いかなる理由でそなわるのかを。

（第一巻六二―七七）（私訳）

エピクロスの名前は一度も言及されない。神の名をみだりに唱えるのがタブー視されるように、全六巻の中でその名に言及されるのはただ一回である。また、ここでは原子論の先行者であるレウキッポスやデモクリトスへの言及もなく、エピクロスが原子論の創始者であるかのように描かれている。自然の内奥の秘密を完全に解き明かして宗教的迷信に立ち向かったのは、エピクロスが最初とされる。

第二の讃歌（第三巻一―三〇）は、エピクロスに倣うことを切望する言葉で始まる。

おお、貴方、かくも深い暗闇の中でかくまで輝かしい光明を
最初にかかげ、人生の恵みを照らし出すことができた方よ、
貴方のあとをわたしは追いかける、おお、ギリシア民族の誉
　れなる方よ、今しも、貴方の深く印された足跡に、
しっかり合わせて、わたしの歩みを置く、
競い合いたい願いは微塵もなく、愛ゆえに、
貴方を真似ることをわたしは切望するのだから。なぜなら、
どうして燕が白鳥と競うことがあろうか、
また、どうして子山羊が震える脚で
力強い馬と競争して張り合うことができようか。
貴方は父にして、真理の発見者、貴方こそ、われわれに父の
教えを授け、貴方の書物から、栄えある方よ、
蜜蜂が花咲き乱れた谷間で花のすべてを味わうように、
われわれも同じく、その黄金の言葉のすべてを糧とする、
永遠なる生命につねに最もふさわしい黄金の言葉を。

（第三巻一―一三）

讃歌の中で、これだけが二人称でエピクロスに呼びかける。それは生命を舵取る女神ウェヌスの後をすべての生き物が追いかけるとする、第一巻冒頭のウェヌスへの祈りと重なる。「栄えある方よ」という呼びかけも、一般的には神々に使われる。人間に真実の悦びをもたらすのは神々ではなく、エピクロスであることが明らかにされてゆく。

なぜなら、貴方の哲学が、神のごときその精神から現われ、
事物の本性を高らかに叫び始めるやいなや、
心の恐怖は消え失せ、世界の防壁はばらばらに崩壊し、
全空虚の中に事が営まれるのをわたしは見るのだから。

（第三巻一四―一七）

エピクロスの哲学によって、人々の心を乱し、怖れさせてきた冥界は消え失せ、神話によって意味づけられ閉ざされた世界は滅び、無限の空虚の中へと開かれた全宇宙の姿があらわになる。エピクロスは神のごとき精神をもち、もたらす悦びも神々しい。この第二の讃歌での高揚は、第三

の讃歌（第五巻一―五四）の次の宣言で頂点に達する。

なぜなら、もし、見出された真実の偉大さが求めるままに
語られねばならぬなら、かの人は神であった、神だ、栄えあ
るメンミウスよ、
彼こそが初めて今は知恵と呼ばれる人生のあの道理を発見し、
そして彼こそ、その技術によって
これほど大きな波乱とこれほどの暗闇から人生を
かくも穏やかで、かくも明るい光の中に置いたのだ。
（第五巻七―一二）

続けて、エピクロスは穀物をもたらした神ケレスや葡萄酒の技を教えた神リーベル（バッコス）とくらべられる。穀物や葡萄酒がなくても人間は生きていけるが、清らかな精神がなければ人間はよく生きることができない。それゆえ、精神に慰めと平静を与えるエピクロスこそが真の神である。さらに、彼の業績は「ヘラクレスの十二の功業」にもまさる。なぜなら、ヘラクレスが打ち倒した狂暴な怪物や野獣よりも、また現に今も森や山々にひそむ野獣よりも、さらに危険なのは、人間の精神の中に入って、心を引き裂く、激しい欲望や、恐怖や、傲慢、下劣、癇癪、放縦、怠惰である。それゆえ、これらすべてのものを征服し、武器によらず、言葉によって精神から一掃したエピクロスこそ、神々の中に数えられるべきであると。

ルクレティウスは研究者が論じるようにエピクロスを神格化しているのだろうか。キケロも、エピクロス派が創始者を神のごとく敬っていると批判する（『トゥスクルム荘対談集』第一巻四八）。しかし、ルクレティウスがエピクロスを神と呼ぶのは、人々の神理解にもとづくもので、彼自身の神理解とは根本的に異なる。それによれば、「純粋たる神々の本性なるものは、われわれの世界から離れ、はるか彼方にあって、不死の生を至高の平安とともに亨受するもののほかにありえない」（第一巻四四―四六＝第二巻六四六―六四八）。ルクレティウスの神々は、世界や人間の運命にまったく介入せず、人間に罰を与えないが、逆に恩恵も与えはしない。つまり、神々が人間に恩恵を与えるとみなす誤った通念にしたがえば、哲学によって最大の恩恵を与えたエピクロスこそ真の神となると言われているにすぎない。エピクロスを神格化する意図がないことは、彼の名前が唯一言及されているという箇所「エピクロスその人さえも、人生の光が尽きると死んでいった」（第三巻一〇四二）からも明らかだろう。

第四の讃歌（第六巻一―四二）では、清らかな精神がなければ人間はよく生きられないとする考えがさらに展開され

る。アテナイは、かつて初めて実り豊かな収穫を人間に与え、生活を再建し、法律を制定しただけではなく、エピクロスを生んだことで初めて人生に甘美な慰めを与えた。生活に必要な物が人間に与えられ、生活が安全になり、富や権力や名声をもつようになっても、それでも誰もが自分の内面では心が不安で、精神の不満によって人生を苦しめていること、それが人間の精神の誤りに起因するのをエピクロスは洞察した。

それゆえ、彼は真実を告げる言葉によって胸を浄め、
その欲望と恐怖に限界を定め、
われわれすべてが追い求める最高の善が何であるかを説明し、
そして、道を指し示した、その小道は狭いが、
そこを通って正しい道筋で最高の善にわれわれが向かうことができるようにと、
またどのような悪が、死すべき人間に関わる出来事のいたるところに存在するのか、
それが自然によって生じ、いかにさまざまな形で偶然であれ、
必然の力であれ、自然が準備したように飛び回るのか、
そして、いかなる門から、それぞれの悪に立ち向かうべきか、
そして、人類がたいてい空しく
胸の中で心労の陰鬱な大波を巻き起こしていることを示した。

（第六巻二四—三四）

エピクロス哲学こそ、万人が求めるよく生きる道を示すものであることが高らかに歌われている。原子論によって宇宙全体を細部に至るまで説明し、人間の精神から死の不安と冥界の暗闇と恐怖を取り払い、静かな悦びと光の世界への転換へと導いたエピクロス。そのエピクロス像と讃歌は後代にも受け継がれ、ハドリアヌス朝時代の一二〇年頃に、トルコ南西部リュキア北部にあった都市オイノアンダのディオゲネスによって刻まれたエピクロス哲学を勧める碑文の序にも、次のように記されている。

すでに人生の日暮れに達して（老齢ゆえにこの世の去りぎわの身なれども）、死に捕まる前に、悦びに満たされたことを讃える立派な讃歌（パイアーン）をつくりたいと願い、健全な人たちの助けとなることを願った。（「断片」三（Smith））

彼も、同胞市民たちを導くために、エピクロス哲学の勝利の讃歌をつくった。それは二万五〇〇〇語にも及び、全長八〇メートルにもわたる柱廊の壁に刻まれて公開された。エピクロスの哲学とは、それほどまでに悦びと讃美を生むものであった。

（古代哲学・名古屋工業大学教授）

蟻の比喩

河島思朗

イソップ童話で擬人化されて描かれるように、蟻は古代ローマの文学作品においても、しばしば人間の比喩として用いられる。

ホラティウス『談話集』一・一では、蟻は勤勉に働く労働者の模範とされる。小さな体でよく働き、冬になると蓄えた食べ物を享受する。その生き方は、農民や兵士や水夫が引退後におだやかな余暇を過ごせるよう、労苦に耐えながら仕事する姿と重ねあわされる。その一方で、冬に蓄えでしのぐ蟻の暮らしは、季節に関係なく必要以上に富を貯めこんで手放さない強欲な金持ちと対比されている。

ウェルギリウス『農耕詩』一・一八六では蟻は穀物を荒らす害虫とみなされる。蟻は「蓄えのない老年を恐れる」ために冬に備えている、と。農夫の立場からすれば、蟻の勤勉さは貪欲で迷惑なものだ。

ウェルギリウス『アエネイス』第四巻に描かれる比喩でもまた、蟻は穀物の略奪者とみなされる。

> それはあたかも、蟻たちが麦の大きな山を前に
> 冬のことを忘れず略奪しては巣にしまうとき、
> 黒い列が野を進み、獲物を草のあいだの
> 狭い道筋に沿って運ぶさまに似る。そのなかには巨大
> 　な粒を
> 肩で支えて押し運ぶ者、なかには列を整え、
> 遅れを叱る者もあるが、通り道はどこも仕事に沸き
> 　立っている。（四〇二―四〇七、岡道男・高橋宏幸訳）

カルタゴに身を寄せていたアエネアス一行が、ディドを置き去りにして、突如、出帆した場面である。蟻の黒い列がつづくように、人々が船に集まり、船団は遠のいてゆく。この描写は、エンニウスが「象の隊列」に用いた表現を下敷きにしていると、古代の註釈者は伝えている。小さいながら集団で働く蟻の性質や仕事に精を出す姿は、裏切の逃走に活気づく異様な光景を強烈に表現している。

蟻の隊列に現われる組織力については、プリニウス『博物誌』第十一巻が伝える。蟻は社会性を有する昆虫で、仕事の役割を分担し、統治組織を持ち、記憶力もある（アリストテレス『動物誌』第一巻第一章四八八aも蟻をポリス的動物とみなす）。重い荷物を口で運び、大きな荷物は肩に担ぐ。

満月の日には夜にも働く勤勉さを有し、特定の日には市を開いて寄り集まる。さらには、人間以外で仲間を埋葬する習慣を有する唯一の動物であるという。蟻は社会を形成する性質を持っている。

そのような蟻が、比喩を超えて、共同体を具現化する物語がある。オウィディウス『変身物語』第七巻に描かれる「蟻男」たちだ。

アイギナ島の名前は、ユピテルに愛された女性アイギナに由来する。そのために、ユノに恨まれることになった。女神は悪疫を送り込み、島全体を大きな災いの渦に包み込む。犬も、鳥も、家畜も、野獣も病に倒れ、死体が無残にも横たわり悪臭を放つ。ついに人間も病に侵され、医術は役に立たず、看護する者も感染して命を落とした。島の王アイアコスはその光景を目の当たりにして、常磐樫《トキワガシ》の木から振り落とされたドングリのように、人々が地に倒れていたと語る。

壊滅的な状況のなか、アイアコスがユピテルに国の救済を願うと、神は雷を鳴らして承諾の印を与えた。ちょうどその場所には、ユピテルに捧げられた聖域ドドネで株分けしたオークの大木が立っていた。アイアコスがその木に目をやると、穀粒を運ぶ蟻たちが列をなして樹皮のうえを歩いていた。そこで彼は、この蟻と同じ数の市民を授けて、町を人で満たしてほしいと祈願した。

その夜、アイアコスは夢を見る。オークの木が揺れ動くと、蟻の隊列は地面にまき散らされ、大きく成長し、まっすぐ立って人間となった。常磐樫とオークは同じ種に属する樹木で、どちらもドングリを実らせる。常磐樫から落ちたドングリが遺体にたとえられていたのに対して、オークから落ちた蟻は人間に変わったのだ。

朝になって目が覚めると、屋敷のなかではざわめきが起こっていた。夢で見たのと同じように、無数の男たちが隊列を組んでいた。彼らには「蟻男」を意味するミュルミドネスという名前が付けられた。そして、以前の性質を今も保っている。「倹約家で苦労をものともせず、飽くことなく稼ぎ、稼いだものを蓄え」(六五六―六六七、高橋宏幸訳)る。

社会性や暮らしぶりが私たちと似ているから、たしかに蟻の比喩は人間を表わすのに適している。けれども、願わくは、キリギリスのように生きたいものだ。

(西洋古典学・京都大学准教授)

西洋古典叢書

［2024］全4冊

★印既刊

●ギリシア古典篇

エピクロス　自然について 他★　朴 一 功・和田利博 訳

●ラテン古典篇

スタティウス　テーバイ物語　1★　山田哲子 訳

スタティウス　テーバイ物語　2★　山田哲子 訳

リウィウス　ローマ建国以来の歴史　7★　砂田　徹 訳

●月報表紙写真――テッセラ（細片）と呼ばれる細かい大理石や色ガラスを寄せあわせて作るモザイクに、古代ローマの暮らしは彩られていた。

ナポリ国立考古学博物館所蔵の《魚とカモのモザイク》はポンペイの「トスカーナ大公の家」から出土したもので、前一世紀前半に作られた。数ミリメートル四方の非常に小さなテッセラを使用して綿密に描く、オプス・ウェルミクラートゥムという技法が使われている。

スズキの側線に沿って置かれた、一筋の黒い大理石が観賞者の視線を惹きつける。そのスズキの下に描かれている三匹の魚は、解説によると、赤ボラとのことだ。鳥は二羽のマガモとエジプトガンで、ひもで結ばれていることから、食用であることがわかる。モザイク全体は黒い縁取りによって切り取られ、静物画のように一つの情景構成している。

中央に描かれているのはオリーブの枝だろう。画面を効果的に分けている。植物の枝を添える描き方は、歌川広重の浮世絵「魚づくし」に通じる趣があるように感じられる。

（写真・文／河島思朗）

の固体[8]も、どのような場所でも構成されるのである。実際、これほど大きな多数体[9]のどこが、その多数体を一定の仕方で構成する諸要素に似ていようか。というのも、それらは……ではないからである……。

(*PHerc.* 1149, col. 80)

(1) この断片は『ヘロドトス宛の手紙』四八に関連するだろう。そこでは、「物体の表面からの流出は絶え間ないのだが、そのことが物体の減少によって明白にならないのは、失われたものがたえず補充されるから」と言われている。また、プルタルコス『コロテス論駁』一一一六Cでは、「無数の像が絶え間なく離れて流れ出てゆくが、他方、当然のこととして、他の無数の原子が周囲から流れ込んでその合成体をふたたび満たす」と言われている。

(2) ［ ］内はレオーネによる補い。「移動する」の主語は、「像」が想定されている。

(3) 『ヘロドトス宛の手紙』六二では、「ある合成体は他の合成体よりも速く移動するであろうが、これは、そうした集合体のなかのさまざまな原子が、最小の連続的な時間においてさえ、一つの場所の方へと移動することによる」と言われているが、この断片は、「一つの場所の方へ移動する」ことが像にもあてはまることを言おうとしたものであろう。

(4) ［ ］内はレオーネによる推測。

(5) 「対称性によって」とは、合成体との「対応によって」ということ。

(6) 否定を積み重ねることによって、何かを肯定しようとするエピクロスの論法の例のように見える（レオーネ）。

(7) 「その構成」とは像の構成（生成）のこと。『ヘロドトス宛の手紙』四八では、「像の生成は思考と同じ速さで起こるということも反証されない」と言われている。「思考と同じ速さで」（またたく間に、の意）は、エピクロスの愛用する表現。

(8) 「固体」については、二三五頁註（2）参照。

(9) 「多数体（πλῆθος）」は原子の集合体であり、前文から固体を指すと考えられるかもしれないが、ここではむしろ像からなる特殊な集合体のことであろう。『ヘロドトス宛の手紙』四八では、「われわれを取り囲むもののなかで像の構成が急速に生じるのは、それが内部の深いところで充実した状態になっている必要がないからであって、ほかにもまた、このような本性のものを生み出しうる仕方はいくつかある」と言われている。

二七　……取り囲むもののなかで、……構成されたうえで、……、さまざまな固体[1]は、実際、多くあり無限にあって、さまざまな像そのもの［もまた[2]］無限にあると見なすのが……。もし……もまた、無限にあるなら、……。しかし無限性とは……。……はありえない……。

(*PHerc*. 1149, col. 90)

二八　……ちなみに、われわれはあわせて観察することができる。すなわち、遠く離れたところでなされる像の生成の仕方に基づいて、――他方、先に述べられた無限性は思考と同じ速さで[3]生み出されるのだが――、さまざまな像が構成されうるのも、われわれは十分明らかに観察できるのである。それらの無限性に基づいても、……は不可能ではない。……それらの希薄さは、われわれが述べたように、……。

(*PHerc*. 1149, col. 92 = Arr. 24. 35)

二九―三〇[4]　（二九）他方、像に属している移動の速さについて、今や、われわれは語ることにしよう。すなわち、まず第一に、感覚で捉えられる希薄さからはるかにかけ離れた希薄さが、移動に関する像の凌駕しえない速さを示しており[5]、……と語ることは、……。……それらの原子にとって、……もろもろの移動するもの[6]は、多くあり無限にあったが、それらはあらゆる面で（三〇）軽いものである。しかしもし並はずれて軽ければ、明らかにまた、それらは移動に際して並はずれて速いものでもある。それどころか、もしそれらの原子が全般的に等しい速さであるならば[7]、ある流れは、［それらの原子が[8]］一つの場所に移動することに

よって、他の流れよりいっそう連続的に通過するのであって、反対の場所へしばしば逆戻りするのではなく、……と言うべきだったのである……。他方、このことをなす何らかの合成体は、諸部分のいわゆる折れ曲がりを[9]……。

(PHerc. 1149/ 993, col. 93 = Arr. 24. 36/ 24. 16, PHerc. 1149/ 993, col. 94 = Arr. 24. 37/ 24. 17)

---

(1)「固体」については、二三五頁註(2)参照。

(2)[ ]内はレオーネによる補い。像の無限性については、二三九頁註(1)参照。

(3)二三九頁註(7)参照。

(4)断片二九、三〇はひと続きのものと見られ、まとめて訳出した。

(5)像の凌駕しえない希薄さおよび速さについては、『ヘロドトス宛の手紙』四七で論じられている。

(6)像のこと。

(7)諸原子の等速については、『ヘロドトス宛の手紙』六一参照。

(8)[ ]内はレオーネによる補い。

(9)「いわゆる折れ曲がり(καλουμένη κλάσις)」とは、たとえば、水に沈んだ櫂の「折れ曲がり」などのことであろう。ルクレティウス『事物の本性について』第四巻四三八―四四二では、「海の水の上に出ている、櫂の部分は／まっすぐであり、舵も上の方はまっすぐであるのに、／水の中に沈んでいる部分は折れ曲がり、／みな上の方に浮き上がって、水の表面近くで／折れてゆれ動いているように見える」と言われ、この点についてさらに同四六二―四六六で、「この種のものにはなお多くの不思議なことを私たちは見るが、／それらはまるで、感覚への信頼を破壊しようとしているようだ。／しかしそれは無駄なことだ。なぜならそれらの大部分は、／私たちが自分でつけ足す推測のために欺くのであって、／実際には見えないものを見たと思うからである」と説明されている。また、プルタルコス『コロテス論駁』一一二一B―Cでは、エピクロス派の立場について、「折れ曲がっているのは、視覚が作用を受けている像であって、像が派生する櫂の方は折れ曲がっていない」と言われ、「われわれは折れ曲がった形の表象を受け取っているが、視覚は櫂が曲っているかどうかの言明をつけ加えることはしない」と説明されている。

三一—三二[1]　（三一）……その合成体にとって……を受け取ることは、……。……固体的な合成体のもとで、思考と同じ速さの生成が[2]……。……何らかの仕方でこれらの［合成体］[3]に［もろもろの像が］[4]入り込み、たとえこのようにして、（三二）……それらの移動においてまとまった折れ曲がりが[5]……としても、同じ……によってこの作用を受け取ることのできる速い存在が[6]、……閉じ込められているものの部分を……。私は主張するが、……もろもろの形象には[7]……。彼らはたわごとを言っているのである[8]……。

（*PHerc*. 1149/ 993, col. 98, 99）

三三　……必然的に対称性によって[9]、……それらの像について……このことは、……自然の……。現に、……だから。実際、まず第一に、……は必然である……。

（*PHerc*. 1149, col. 100 = Arr. 24. 38）

三四[10]　……したがって、［それらの合成体は］[11]速く横切ることはなく、またそれらはこれの諸部分に[12]何らかの［折れ曲がりを］[13]もたらすこともない……さまざまな位置は、……。他方、……［これらの像は］[14]、その形態はけっして無限ではないけれども——無限性はこれらの現われとの対応によるのである[15]——、その放出は遠くまでおよぶような本性のものであって[16]、［↓　三五］

（*PHerc*. 1149, col. 101, *PHerc*. 1010, col. III, IV = Arr. 24. 38/ 24. 18）

三五　このことは、内部に閉じ込められている要素の、……諸部分に関する結びつきによるのである。[17]

(1)断片三一、三二はひと続きのものと見られ、まとめて訳出した。

(2)二三九頁註（7）参照。

(3)［　］内はレオーネによる補い。

(4)［　］内はレオーネによる補い。

(5)「折れ曲がり」については二四一頁註（9）参照。

(6)すなわち、折れ曲がりの作用を受け取ることのできる速い存在（像）が、ということであろう。

(7)「形象」とは「像」の別名（『ヘロドトス宛の手紙』四六参照）。

(8)「たわごと」については推測するほかない。デモクリトスは「たわごとの名人（レロクリトス）」と呼ばれており（『生涯』八）、ここで彼が特に念頭に置かれているのかもしれない。

(9)本巻断片二三参照。

(10)この断片以降のテクストについては、校訂資料をつけずに、より整理されたかたちで、レオーネ（Leone, 2015, pp. 191-207）に収録されており、訳出にあたってはこちらを基本とした。三四から五三までの各断片は途切れのないものとして構成されており、全体は連続的な一まとまりのものとなっている。文が途切れている断片については、次に続くことを［→］によって指示した。

(11)［　］内はレオーネによる補い。

(12)像の（レオーネによる解釈）。

(13)［　］内はレオーネによる補い。

(14)［　］内はレオーネによる補い。

(15)すなわち、無限にあるのは像の形態ではなく、像の現われであるということ。像が無限にあることは、本巻断片二七で言われていた。

(16)『ヘロドトス宛の手紙』四六では、「空虚のなかでの移動が、衝突しそうなものに何ら出会うことなく行なわれるならば、それら［像］は想像しうるあらゆる距離を、思いもよらない時間のうちに通過してしまう」と言われている。

(17)像の諸部分は結合されており、ばらばらになることはない。また、このような像には適した通路があることが、『ヘロドトス宛の手紙』四七で言われている。

……だから実際、私はこう主張する、合成体にはこの種の要因があっても、[1] [この点は][2] 像の場合ほどにもあてはまらず、むしろ像についてはこの特定の要因によりあてはまるのである、[3] つまり、無限性のゆえに、……。それゆえ、最も外側の被膜の相互の結びつきは、[4] 自然本性的にこの種のものであり、[5] ──内側に閉じ込められているものの諸要素は [↓ 三六]

(*PHerc.* 1149, col. 102, *PHerc.* 1010, col. IV, V = Arr. 24. 19)

三六　けっして無限ではないが[6]──、像の構成に基づいて、何らかの折れ曲がり[7]により、それら[8]が分散すると見なすことはできない。むしろ、像がたとえ何らかの固体にぶつかって分散することが [起こる][9] としても、……[しばしば像が][10] 固体に抗して、反対の場所へ戻ってゆくと [見なす必要はないのである][11]……そうではなく、像は、適切な仕方で衝突して最初に移動していたところと反対の場所へ戻る、[12] というよりむしろ衝突しないのである。

(*PHerc.* 1149, col. 103, *PHerc.* 1010, col. VI = Arr. 24. 39-40/ 24. 20)

三七　したがって、今や像の……、かくして像は [これまで][13] 移動していたのとは反対の場所には戻らない、ということである。実際、……については、そのようなこともありえないのである。……収縮は……、また今、このもの[14]の近くに別のものがないのだから、[それらの原子][15] はまだやって来てはいないのだと

(1) すなわち、「通路」があっても(次々註参照)。

(2)「 」内はレオーネによる補い。「この点」とは、遠くまで到達すること。

(3)「像はすべて自らに適した通路をもっており、無限にある

他の原子には、像はいっさい衝突しないか、あるいはわずかしか衝突しない」と、『ヘロドトス宛の手紙』四七で言われている。

(4)この文の「被膜」の原語は「キトーン（*χιτών*）」。原意は「衣服」であり、比喩的に「覆い」「外皮」などを意味する。エピクロスは物体の表面からは物体の「像（エイドーロン）」ないし「形象（テュポス）」が流出しており、これが瞬時にわれわれに届き、われわれの視覚像を構成すると考える（『ヘロドトス宛の手紙』四九）。像もまた原子の集まりである。「キトーン」はこうした「像」ないし「形象」をなすものであるが、物体の最も外側を覆っているという意味でこの語が用いられている。また、「相互の結びつき（*ἀλληλουχία*）」とは「像」の原子間相互の結合を意味する用語。

(5)「相互の結びつきは、自然本性的にこの種のもの」というのは、物体の表面の被膜（像）は、それが覆っている（閉じ込めている）内部の物体の諸要素（原子）の配列と等しい、つまり、物体の表面の被膜（像）のあり方が物体そのもののあり方と自然本性的に類似しているという意味であろう（『ヘロドトス宛の手紙』四六参照）。

(6)像の無限性については、本巻断片二七で言われていたが、ここでは、固体内部に閉じ込められている原子の無限性が否定されている。

(7)「折れ曲がり」については、本巻断片三〇、三二参照。

(8)すなわち、像。

(9)［　］内はレオーネによる補い。

(10)［　］内はレオーネによる補い。

(11)［　］内はレオーネによる補い。

(12)これは像が鏡などに衝突する場合であろう。像が突き抜けたり、反射したりする場合について、ルクレティウス『事物の本性について』第四巻一四六―一五四でこう言われている。「……そしてこれ［像］が他のもの／とくにガラスにゆきあたると、それを突き抜ける、しかし／あらい岩や木の物質にゆきあたると、そこで、すぐ／こわれてしまい、したがって像は一つもできない。それに反し、たとえば特に鏡のように、輝き、緻密なものが／途中にあると、このことは何も起こらない。／なぜならガラスを突き抜けるように、突き抜けることもできず、さりとて／こわれてしまうこともできない、滑らかさは像を破壊しないのだから。／それゆえ、こうして像がそこから私たちの目に返ることになる」。

(13)［　］内はレオーネによる補い。

(14)「物体」と推定される（レオーネ）。

(15)［　］内はレオーネによる補い。「それらの原子」とは像の諸原子。

［言うべき］[1]でもなかったのである。つまり、それらは互いの［↓ 三八］

（*PHerc.* 1149, col. 104, *PHerc.* 1010, col. VII, VIII ＝ Arr. 24. 39-40/ 24. 21）

三八　位置と配列を残さないだけでなく、単に以前に隔たりがあったこれらのものに[2]接近したにすぎず、また、これらにいわば立ち向かうために、その物体[3]はその自然本性のうちに保持しうるものをもっていて、固体とぶつかっても何らの収縮もしないのである。そしてそれゆえ、私の主張によれば、それが何らかの固体にぶつかってたとえ収縮するとしても、……しないのである……。……その合成体[4]は遠くの場所まで速く通過する［能力のある］[5]ものとして生じたのである。だから、私は主張する、像に関しても、そのような能力が生じたのは必然なのだと[6]。

（*PHerc.* 1149, col. 105, *PHerc.* 1010, col. IX ＝ Arr. 24. 41/ 24. 22）

三九　……像が通過するということは……。実際、現われている事実からの類推によって、像がその本性の点でけっして……でないということは、……。それゆえ、表面に最大の結びつきがそなわっているもろもろの固体は、私が述べている種類のもの[7]に対応するものではなく[8]、多くの、あらゆる種類の、少なくないもの[9]がそれに[10]出会い、それを通り過ぎていたのであって、［↓ 四〇］

（*PHerc.* 1149/ 993, col. 106, *PHerc.* 1010, col. X ＝ Arr. 24. 24/ 24. 23）

四〇　その結果、通過する際に、ある程度速さを損なうことは、……先ほど述べたことだが、……［像は］[11]、

たとえふんだんにあっても固体ほどに同じ位置と配列に［留まることはけっしてないのである］(12)。実際、しばしばそれは、最大の結びつきをもっているような物体と出会うのである……［↓ 四二］

(1)［ ］内はレオーネによる補い。

(2)「これらのもの（*ταύταις*）」は女性代名詞であり、単に「原子」を指す可能性もあるが（プレイヤード版［p. 1105 n. 8］）、ここではむしろ「合成体」を指すだろう。

(3)この「物体」は、像と推測される（レオーネ）。

(4)「その合成体（*ἡ σύγκρισις*）」はレオーネによる復元。直前の脱落は二行あり、何らかの合成体に言及されたと推測される。『ヘロドトス宛の手紙』（六一―六二）でエピクロスは、すべての原子が等速で動くこと、その速さが「思考と同じ速さ」であることを述べたうえで、原子の合成体の動きに触れている。合成体とは通常の事物であり、その動きはさまざまであるが、ここで推定される「その合成体」とはきわめて速く動くことのできるものであり、熱や光が考えられているのであろう。ルクレティウス『事物の本性について』第四巻一八三―一八八に、「まず第一に、軽く、小さなものからできているものは／きわめてしばしば速いと見てよいことである。／この種のものに太陽の光とその熱とがある。／そのわけは、これらのものは微小な元素からなり、／その元素は相つぐ打撃によってかりたてられ、／空間を突き抜いて進むことをためらわないのだから」と語られている。

(5)［ ］内はレオーネによる補い。

(6)ルクレティウス『事物の本性について』第二巻二〇四―二〇八で、「それなら、物の最前面にあったもの［像］が放出され、／何ものもその発射をおくらせないときはどうなのか？／太陽の光が空いっぱいに広がるその同じ時間に／何倍もの距離を通りすぎ、もっと速く、／もっと遠くに進むにちがいないことがなぜわからないのか？」と言われている。

(7)像に言及する表現（レオーネ）。

(8)「対応するものではなく」の含意は、像のように「適した通路」をもつものではなく、ということであろう（『ヘロドトス宛の手紙』四七参照）。

(9)すなわち、像。

(10)すなわち、固体。

(11)［ ］内はレオーネによる補い。

(12)［ ］内はレオーネによる補い。

(*PHerc*. 1149/ 993, col. 107, *PHerc*. 1010, col. XI, XII = Arr. 24. 24)

四一　……次のことは必然である、すなわち、……さまざまな像の……、像の形が［このような仕方］[1]で組み立てられ、しかもまた私が述べたたぐいの、合成体との類似性をもつような［像の］[2]形が組み立てられるということは[3]。実際、そのような性質をもつべき種類の形がどうして組み立てられないことがあろうか[4]。

(*PHerc*. 1149/ 993, col. 108, *PHerc*. 1010, col. XII, XIII = Arr. 24. 25)

四二　……先ほど言われた類似性に基づいて判別される［形象は］[5]、たしかに深部までのあらゆる形の［結果］[6]ではなくて、単に表面のところの形の［結果］[7]にすぎない。またそれは、内部に［含まれている原子の］[8]そのような位置と配列が、先に述べた速さを保ちながらともに保全されているようなものでもない。実際、われわれが特定のこのもの[9]を魂のあるものと呼ぶ場合、その根拠になる内部の位置と配列は[10]、……

[→ 四三]

(*PHerc*. 1149/ 993, col. 109, *PHerc*. 1010, col. XIV = Arr. 24. 26)

四三　……。[11] その合成体は、移動する場合に順風のあらゆるまとまった折れ曲がりを［こうむる］[12]。……だ

(1)［ ］内はレオーネによる補い。
(2)［ ］内はレオーネによる推定。
(3) すなわち、合成体の表面の形態をもつように像が組み立てられるということは。

(4)この一文は、合成体における像の形成について述べたもの。『ヘロドトス宛の手紙』四六では、「さまざまな固体［合成体］と形の似たもろもろの形象［＝像］が存在しており、……それらの流出が、まさに固体［合成体］のなかでもっていた連続的な位置と順序を保持することも、不可能ではない」と言われている。なお、本断片で二度用いられている「組み立てられる（μηχανᾶσθαι）」という語は、エピクロスの現存著作中、他では見られないものである。「組み立てる」の主体として神的な存在が考えられるかもしれないが（プラトン『ティマイオス』四五Ｄ八など）、エピクロスはそうした想定を斥けるであろう（『ヘロドトス宛の手紙』七六、『ピュトクレス宛の手紙』九七）。

(5)［ ］内はレオーネによる補い。

(6)［ ］内はレオーネによる補い。

(7)［ ］内はレオーネによる補い。

(8)［ ］内はレオーネによる推定。

(9)人間が念頭に置かれているであろう。セクストス・エンペイリコス『学者たちへの論駁』第七巻二六七に、「またエピクロスの一派は、人間の概念は、まさしく指し示すことによって示されうると考え、『人間とは魂の宿るこのような形態である』と語った」と伝えられている。

(10)この一文では、魂内部の原子の位置と配列は、像によっては保全されず、伝達されないという趣旨のことが述べられていたように見える。プルタルコス『食卓歓談集』第八巻七三五Ａに、像が「個々人の魂における動きや意図、性格や感情のもろもろの映像をも捉えて引き連れていき、それらを伴って降りかかってくると、あたかも魂のあるもののように、像を放射した当のものの判断や推理や衝動を、その受け手に対して語りかけ、報告する」（デモクリトス「断片」Ａ七七（DK））というデモクリトス説が紹介されたうえで、エピクロスはこの見解を採らないと伝えられている。

(11)ここに三行の脱落がある。

(12)［ ］内はレオーネによる補い。

が、［像は］[1] 明らかに、深部までの隔たりによって妨げられもせずに[2]……である。また、像についてはこの通りだと主張しても、けっして、［↓ 四四］

(*PHerc.* 1149/ 993, col. 110, *PHerc.* 1010, col. XV = Arr. 24. 41)

四四　現われている事実によって反証されない。したがって、像が移動に際して凌駕しえない速さを所有していることが、ふたたび明瞭になる。また、何か次のような仕方でも、像の速さについて論証を行なうことが可能であろう。というのも、実際、速いのは、軽さや……を［もっているもの］[3] だけではないからである。……また、もし［固体が］[4] 空気を押しやる能力によって通過するならば[5]、像にもまた、この能力さえ属しているのは明白である[6]。なぜなら、もし固体だけが［↓ 四五］

(*PHerc.* 1149/ 993, col. 111, *PHerc.* 1010, col. XVI, XVII = Arr. 24. 42)

四五　押しやることができ、像の方はできなかったとすれば、固体のみが押しやる方法に基づいて速く移動することができるのに、像の方はできないということになるからである、少なくとも押しやる方法に基づいては。とはいえ［像は］[7]、狭いところに希薄になって小さく収縮する傾向のために、すぐそばの空虚にただちに取り囲まれて移動できるだろう。しかし現に、像もまた多くの物体を押しやる能力があり[8]、固体そのものよりもさらにいっそうそれをなす［能力がある］[9] のだから、［固体が］[10] 速さのこの方法も実際にもって

(1)［ ］内はレオーネによる補い。

(2) ルクレティウス『事物の本性について』第四巻九〇—九六

で、「すべての匂い、煙、熱そしてまた／その他似かよったものは物から散乱され流れ出ているが、／それはものの内部で生じ、外に出てくるまでに／曲った路のため壊されてしまうためか、まとまったまま急いで／脱出できるまっすぐな通路がないからである。／それに反し、ものの表面の色をもったうすい膜が／放出されるときには、それを引き裂くものは何もない」と言われている。固体の深部から隔てられた表面にある物体（像）は、その隔たりによって妨げられることなく固体から流出するだろう。

（3）［　］内はレオーネによる補い。

（4）［　］内はレオーネによる復元。

（5）「空気を押しやる能力によって通過するならば」については、「空気を（ἀέρα）」という語のない、「ある種の押しやる方法によって（κατά τινα τρόπον ἐξωστικὸν）通過しうるものならば」という異文がある。また、「固体」についてはさまざまなものが考えられる。『ピュトクレス宛の手紙』一〇四で、「竜巻は、雲が密集した風によって押しやられ、その多量の風に運ばれながら、同時にその雲を外部の風が側方へ押しやる場合に、下方の場所へと柱状に下降することによって起こりうる。あるいはまた、風が円環をなす状況にあるときに、そこへ上方からある種の空気が一緒に押しやられてきても起こりうる」と言われ、風が空気を押しやる現象に言及されている。

（6）ルクレティウス『事物の本性について』第四巻二四四―二四九に、「それから、それぞれの物が私たちからどれだけ離れているかは／その像が私たちにそれを分からせ判別させる。／なぜなら像が放出されると、すぐに、それ自身と／目との間にある空気を押しやり（protrudit）追いたて／そして空気はすべて私たちの目をつき抜け、そして／瞳をいわば軽くゆすり、通り過ぎるのだから」と説明されている。

（7）［　］内はレオーネによる補い。

（8）この文の「押しやる能力があり（δυνατόν ἐστιν ἐξωθεῖν）」は、像に関しては妥当でないように見える。アリゲッティは、「能力がなく（[ἀδύ]νατόν）」を復元し、プレイヤード版は、主語と目的語を逆にして「多くの物体は像を押しやることが可能であり」と訳している。しかし、いずれも文脈に合わない。ここでの「多くの物体」とは空気など、希薄で軽い物体を指すと解される（前断片参照）。アプロディシアスのアレクサンドロスに、「流出する像は、空気を押しやることができる（προωθεῖν δύνασθαι）ほどの強さをもつだろう」（『アリストテレス『感覚と感覚されるものについて』註解』五七-二五―二六）という記述が見える。また前註（6）参照。

（9）［　］内はレオーネによる補い。

（10）［　］内はレオーネによる補い。

いるとすれば、これらに[1]その方法も属しているとどうして見なすべきではないのか。

(*PHerc.* 1149/ 993, col. 112, *PHerc.* 1010, col. XVIII = Arr. 24. 43)

四六　もし物体のあるものも通過するときにこの［押しやる］[2]方法をもっているとすれば、像の自然本性もまた、私が言っているように、出会う物体を押しやるという方法によって、移動することができる。またその方法は、順風にも属しているはずである。現に、その風は旋回したり、……あるいは、最小の合成体や非常に小さなものにもぶつかってそれらを押しやったりして、それらと風自身のためによい道を確保できるわけだから、次のように言うことはどうしてよい道では[3]ないのか。

(*PHerc.* 1149/ 993, col. 113, *PHerc.* 1010, col. XIX = Arr. 24. 44)

四七　すなわち、像の自然本性にも固体に対応する何らかの能力が内在しているのだと。また像は大地にも挨拶するはずであって、[4]始めから流出している形を変更して固体を押しやるが、一方で、像はもろもろの合成体に対して、たとえそれらが大きな……固体であってもくぐり抜け、押しやる際にさまざまな固体そのものよりもいっそう大きな広がりを取り囲むのであって、何らかの仕方でそれらの小さなもろもろの合成体にぶつかってゆく、ということはありえない。

(*PHerc.* 1149/ 993, col. 114, *PHerc.* 1010, col. XX, XXI = Arr. 24. 45)

四八　したがって、ある物体に属している速さをわれわれが観察する際のあらゆる方法に基づいて、像も

また遠くの場所まで速く通過することにわれわれは十分気づくのである。また、次のことにも気づかねばならない、すなわち、同じ入り込みにより、あらゆる通路を通ってたやすく逃れてゆくことが像に可能であるのも不合理ではない、ということにも。……もろもろの通路を……。というのも、像は固体に対応した形をもっており、〔→ 四九〕

(*PHerc.* 1149/993, col. 115, *PHerc.* 1010, col. XXII = Arr. 24. 46)

四九 また深部に同じ広がりを得ているからである。ただし、深部が多くの物体から作られているのではなく、内部に空虚からなる同じ拡がりをもっているのだから、希薄さのゆえに像はどのような通路もたやすく通り抜けてしまうはずだと、彼ら(5)が何か不合理な仕方であえて言っている点は別である。像が固体を通り抜けることはけっしてできないということを、彼らは気にもかけないのだ、……像は類似した形を保全することができないのであって、たとえ強力な収縮をしても、壁やその他の固体の合成体を通り抜けることはで

---

(1) すなわち、像に。

(2) 〔 〕内はレオーネによる補い。

(3) 「よい道(εὔοδον)」(「容易」の意)は語呂合わせ。

(4) 「大地にも挨拶する(γῆν προσασπάζονται)」は、長い旅をした船乗りの言葉を使った比喩。含意は、もろもろの像は長い距離を移動するということであろう。アテナイの喜劇作家メナンドロスの断片に、「親しい大地よ、ごきげんよう、久しぶりにあなたを見て私は挨拶する」(「断片」一三(Kock))という言葉が見える。なお、ストラボンによれば、メナンドロスはエピクロスと同じ時期にアテナイで見習い兵になったという(『地誌』第十四巻第一章一八)。

(5) エピクロスのある論敵たち。名前は明示されないが、像の構造を理解しない人たち(本巻断片五一参照)。

きないのである。

（*PHerc.* 1149, col. 116, *PHerc.* 1010, col. XXIII, XXIV = Arr. 24. 47）

五〇　このことは、感覚そのものが証言している。実際、内側に多くの空虚を含んではいるが、その自然本性によって、多くの空虚を含まないもの[1]に似ているこのものは、壁を通過する際に、固体とくらべて位置を次々と保持することができないのである。まさにこうしたことは、私の主張によれば、このものに本来そなわっているのではなく、むしろ本性的に何か一つの形態をなす形状をもたず、他の仕方で多くのさまざまな形態をもつ適当な物体にのみそなわっているのであって、私が言っているのは、たとえば、火とか風とか、このような種類のものである。実際、こうしたものは、［→　五一］

（*PHerc.* 1149/ 993, col. 117, *PHerc.* 1010, col. XXV = Arr. 24. 48）

五一　外側が結びついていて内側に多くの空虚を含んでいる自然本性のものとは別の仕方で希薄な部分をもっており、固体的な本性のものを通り過ぎて逃れ去ることができるのである。私がこう主張するのは、ほかでもない、このこと自体が像の場合にもあてはまると見ながら、二つの場合の差異を立ち入って見きわめることなく、まさに「希薄さ」の同名異義性のゆえに誤った考え方をしようとしている人たちに対してなのである。実際、感覚は［このことを見きわめることができるのである］[2]。また像が、固体的な本性のものを通り抜けるといったことも起こりはしないのである、つまりそれは、抵抗感のある合成体が、［→　五二］

（*PHerc.* 1149/ 993, col. 118, *PHerc.* 1010, col. XXVI = Arr. 24. 49）

五二　手という合成体を通り抜けられないのと同様なのである、われわれの述べた「通り抜けの仕方」[3]が像に属しうることを人が示すのでなければ。したがって、私が述べたように、この種の問題のためには、われわれの構成した体系にも目を向けなければならない。実際、その体系は、そうした相違をも認識するための簡潔な要約であって、……を見くらべるような仕方で……。それゆえ、われわれによってまさに次のことが論証された。すなわち、何らかの像が存在すること、そして、像の生成は思考と同じ速さで[4]成し遂げられること、〔↓　五三〕(*PHerc.* 1149/ 993, col. 119, *PHerc.* 1010, col. XXVII, XXVIII = Arr. 24. 50)

五三　また、像は速さにおいて凌駕しえない移動を所有している、ということである。だが、以上に続いて語られるのにふさわしい事柄は、これ以後の巻でわれわれは論じることにしよう。

エピクロスの
『自然について』

(1)固体のこと。
(2)［　］内はレオーネによる補い。
(3)すなわち、火や風などの「通り抜けの仕方」(前断片冒頭参照)。
(4)二三九頁註(7)参照。

第二巻　(*PHerc.* 1149, col. 120, *PHerc.* 1010, col. XXVIII = Arr. 24. 51)

〔欠落〕

第三巻[1]　像、視覚、判断の真偽

〔欠落〕

第四巻　他の感覚について

〔欠落〕

第五巻　原子の性質、部分、速度

〔欠落〕

第六巻　魂の本性

〔欠落〕

第七巻　魂の本性（続き）

［欠落］

第八巻　魂の可滅性

（1）第三巻から第九巻までは、パピルス断片が現存しないばかりか、後代における明確な言及も見られないが、第四巻については、ピロデモス『死について』（不明の巻と見られるもの）のわずかなパピルス断片で触れられており、「記憶を……、われわれは『自然について』第四巻の内容に基づいて整合的に語ることもできないだろう」と言われている（*PHerc.* 807, fr. 6, Arr. 25）。また、ピロデモス『敬虔について』第一巻のパピルス断片に、「裁きに関しては第六巻でも同様であって、……誓いを守る正しい人たちは、自分自身からの、またかの者たち［神々］からの、最善の伝達内容によって動かされることは……。そして第八巻でもほぼ同様なのである」という記述が見える（Obbink, col. 38, 1080-1090）。ここで単に巻数だけが言及されている第六巻と第八巻は『自然について』のものと解され（Obbink, p. 477）、両巻では魂論の観点から、倫理的行為や神々に対する態度なども扱われていたのかもしれない。

いずれにせよ、第三巻から第九巻については、『ヘロドトス宛の手紙』との関連では、その四九—六七節に対応するものと推定され、およその論点は次のようになろう。第三—四巻は、⑴像と視覚、⑵判断の真偽、⑶他の感覚。第五巻は、⑴原子の性質、⑵原子の部分、⑶原子の動きと速度。また、第六—八巻は、⑴魂の本性、⑵魂の可滅性。第九巻は、魂の物体性。以下では、こうした内容の推測に基づき、各巻の一応の標題を示した。

［欠落］

第九巻　魂の物体性

［欠落］

第十巻[1]　物体の属性、付帯性質、時間

一　……時間はけっして存在しえないと考えることもできずに[2]、彼[3]が時間を必然的に何か［この種の[4]］ものと考えていることがただちに見てとれるのだから……。

(*PHerc.* 1413, c. 2, fr. 2 II = Arr. 37. 3)

二　……神々にかけて、語法の慣習を通じてなのだ、なぜなら君はこれらのものが……であるのを、思いなしに基づいて進みながら見ているのだから[5]。ありとあらゆる仕方で事象が生じるとすれば、つねに実際に

(1) 第十巻の内容は『ヘロドトス宛の手紙』六八―七三に対応するると見られる。その論点は、(1) 物体の属性、付帯性質、および (2) 時間の二点であるが、第十巻の現存パピルスは後半の時間論（同七二―七三に対応）のみを扱っており、前半

が欠けている。訳出にあたって使用したテクストは、カンタレラ＆アリゲッティの共同によるもの（Cantarella & Arrighetti, 1972）であるが、このテクストおよび註釈はそのまま同一のものがアリゲッティ（Arrighetti, 1973）第三十七章（『自然について』「不明の巻」に追加された章）に収められている。

第十巻のパピルス断片（*PHerc.* 1413）は、四つの枠（cornice 2, 3, 4, 5）に保存された一五の断片からなるが（cornice 2 frr. 1-4, cornice 3 frr. 5-9, cornice 4 frr. 10-12, cornice 5 frr. 13-15）、判読困難な断片も少なくない。特に cornice 5 の諸断片（frr. 13-15）は、どれも脱落が激しく意味をなさない。そのため訳出にあたっては、比較的文意の読みとれる断片や、復元のわずかな語句であっても有意義な断片を選んでいるプレイヤード版の構成に従った。以下の断片の訳には、パピルス（*PHerc.*）と枠（c.）、および断片（fr.）の番号を示すが、カンタレラ＆アリゲッティは各断片（fr.）をさらに部分に分け、その各部分にローマ数字をつけており、断片特定のため、その数字も合わせて示した。

（2）エピクロスによれば、究極的に存在するのは原子と空虚だけであるから、時間はそれ自体として存在するものでないことが念頭におかれねばならない。

（3）「彼」については不明。プラトンは宇宙の生成以前には時間は存在しなかったと考えており（『ティマイオス』三七E）、アリストテレスは時間が存在するものに入るかどうかについて検討している（『自然学』第四巻第十章）。両者とも、時間の非存在の可能性に言及しており、ここでの「彼」ではないであろう。

（4）［ ］内はプレイヤード版による補い。

（5）「神々にかけて、……君は……」といった表現から、この第十巻は対話形式で書かれていたと推測される。このパピルス（*PHerc.* 1413）はエピクロスの若い時代の対話篇と推測されたこともあったが（Crönert, 1906a, p. 104, n. 501）、同様の形式は第二十八巻にも認められ、『自然について』は多様な形式で書かれていたように見える（cf. Sedley, 1998, pp. 104-105）。あるいは、エピクロスの若い時代の対話篇が第十巻に組み込まれたのかもしれない。

空虚であるものをだれが乱しえようか[1]……。

(*PHerc.* 1413, c. 2, fr. 3 I = Arr. 37. 5)

三　……なぜなら、……何らかの材木や生きものをつけ加えることなしに、［小さなものを通じて[2]］大きなものを［測ること[3]］を彼は探求したのだから……。

(*PHerc.* 1413, c. 2, fr. 3 IV = Arr. 37. 8)

四　……この同じものについて知ろうとする人たちを［君たちは知っている[4]］……、しかしその同じものに対しては……。

(*PHerc.* 1413, c. 2, fr. 3 VII = Arr. 37. 10)

五　……実際、［……[5]］何かそのような企てによって言明が生じるのではなく、すでに先取観念[6]が形成されているこの特定のものを、人が、固有の名前に基づいて指し示すときはいつでも、基底に存続している間隔を置いて[7]、そのあと［われわれは述語づけるのである[8]］……。……一方このものは、……。

(*PHerc.* 1413, c. 2, fr. 4 I = Arr. 37. 11)

六　……人がこのものを別のものと見なすのも正当ではない。まことに申し分なく、と彼は言った[9]、君は

---

(1) この一文の意味は明らかでないが（アリゲッティ）、ここでの「空虚であるもの（ὄντα κενά）」とは「ある独自の付帯的なもの」としての時間（『ヘロドトス宛の手紙』七三）のことかもしれない。セクストス・エンペイリコス『学者たち

への論駁』第十巻二二五―二二七に、「時間（クロノス）は、あらゆる昼とあらゆる夜と時刻（ホーラー）に行き渡っている。そのために、昼または夜に属する時間をわれわれが通過していくのに応じて、昼や夜が長い、あるいは短いと言われるのである。……現にわれわれは、動きの速さと遅さ、さらにまた、より長い静止とより短い静止を、時間を尺度として測定するのである。さてとにかく、これらのことから、エピクロスが時間は非物体的なものとして存立すると考えたこと、ただしストア派と同様の仕方でそう考えたのではないことは明らかである」という記述が見える。

(2)［ ］内はアリゲッティによる復元。

(3)［測ること（μετρεῖν）］はアリゲッティによる補い。この断片は脱落が多い。プレイヤード版は「材木や生きもの」だけを訳出し、あとは欠文にしているが、アリゲッティはアリストテレス『自然学』第四巻第十二章二二〇b一五以下の記述への言及を推測している。これが正しければ、断片の「彼」とはアリストテレスを指すことになろう。実際、アリストテレスはこう言っている、「われわれは、運動変化によって時間を測りながら、それの多少を言い表すが、それは、たとえば一頭の馬を基準にして複数の馬の数を言い表すように、数えられうる側のものを基準にして数を測るのと同じようなものである。すなわち、われわれは数を用いて馬の頭数を識別するとともに、逆に一頭の馬を基準にして馬たちの数そのものを識別しもするのである。時間と運動変化についてもそれは同じことである。すなわち、われわれは時間によって運動変化を測るとともに、運動変化によって時間を測りもするのである」（二二〇b一八―二四）。

(4)［ ］内はプレイヤード版による補い。この断片はあまりにも情報が乏しいが、論争的な文脈の印象を受ける（アリゲッティ）。

(5)［ ］内についてアリゲッティは、「思考［精神］に対する（π[ρὸς διά]νοιαν）」を復元しているが定かでない。プレイヤード版は空白にしている。

(6)先取観念については、『生涯』三三参照。

(7)「基底に存続している間隔を置いて（ἐξ ἀποστήματος κάτω προσυπομένοντος）」の「間隔」とは、時間間隔のことであろう（アリゲッティ）。たとえば、「これは人間である」という言明の主語「これ」を語り、そのあとで述語「人間」を語る場合の時間間隔など。

(8)［ ］内はプレイヤード版による補い。

(9)「彼は言った」という対話形式については、二五九頁註（5）参照。

［提出された］[1]すべてのことを論じたと私には思われる、……昼［と夜］[2]を……。

(*PHerc.* 1413, c. 2, fr. 4 III = Arr. 37. 12)

七　……全体に［目を向けながら］[3]われわれは短い時間と長い時間を区別しているが、［別の仕方で計算している］のではなく、[4]……であるかぎりのすべてのものを……。

(*PHerc.* 1413, c. 2, fr. 4 IV = Arr. 37. 13)

八　……短い……長い……[5]。

(*PHerc.* 1413, c. 2, fr. 4 V = Arr. 37. 14)

九　……から彼らは推定し、また彼らは、時間の大きさについて生じるわれわれの表象は［宇宙万有の］[6]規模と調和していなければ、誤りであり、他の大きさに適合するものでもないと推定するのだから……。まさにこれは、と彼は言った[7]、全面的に……。

(*PHerc.* 1413, c. 2, fr. 4 VI = Arr. 37. 15)

一〇　……われわれは昼と夜の何らかの表象をもっており、その表象に基づき昼と夜に関して、あらゆる動きを測りうる何らかの長さを考えているのである。というのも、われわれは、時間があたかも昼と夜から［作られているかのようにして］[8]、その昼と夜によって時間そのものが[9]測られるなどということを承認しては

（1）［　］内はプレイヤード版による補い。アリゲッティは「先に言われた（προειρημένα）」を復元している。

(2)［ ］内はアリゲッティによる復元。プレイヤード版も従っている。

(3)［ ］内はアリゲッティによる復元（βλέποντες）。ここの「全体」（冠詞なきὅλα）とは何の「全体」なのか判然としない。アリゲッティは「事象全体（tutte le cose）」を示唆しているが、プレイヤード版はβλέποντεςの復元を採用せず、「全体」という語も疑い、この箇所を単に「……に入りながら（en entrant dans ....）」と訳しているが、「全体（ὅλα）」という語は確実であり、用語法から見ればアリゲッティの復元（εἰς ὅλα βλέποντες）は正当であろう。「事象全体」という示唆も妥当かもしれない。『ヘロドトス宛の手紙』七三では、「次の事実はことさら論証を必要とせず、経験的に考えてみるだけで十分だからである。すなわち、昼と夜に、またこれらの部分に、同様にして、感情や感情のない状態に、また動きや静止にも、われわれはこの独自なもの［時間］を結びつけており、さらにこれらの事象について、まさにこのものをある独自の付帯的なものとして思い浮かべ、このものに関してわれわれは『時間』という語を用いている」と言われているからである。

(4)時間の単位の同一性が考えられているのであろう。「別の仕方で計算している（ἄλλως λογίζοντες）」はアリゲッティによる復元。

(5)脱落が多いが、この断片は、『ヘロドトス宛の手紙』七二の、「時間の場合は、われわれが『長い時間』とか『短い時間』とか声に出して言うときに、われわれが一様にくり返している明瞭なものそのものを、類比によって考察すべきである」という主張と関連するように見える。

(6)［ ］内はアリゲッティによる復元（τοῦ παντός）。プレイヤード版は「存在の（τοῦ ὄντος）」を復元している。「宇宙万有の規模」という表現は、アリストテレスを通じて理解されたプラトンの時間論との関連からアリゲッティによって推定されたもの。アリストテレスは『自然学』第四巻第十章二一八a三三で「時間とは全宇宙の動きである」と主張する人たち（プラトンが念頭にあると見られる）に言及している。

(7)二五九頁註（5）参照。

(8)［ ］内はプレイヤード版による補い。

(9)「時間そのもの」はプレイヤード版の訳によるもの。底本は、αὐτο[ί]を復元しており、これを採用すれば、全体の主語の「われわれ」にかかり、訳は「われわれ自身は（……承認してはいないのである）」となるが、ここでは時間そのものが問題となっており、その復元を採用しない。おそらく原文は、αὐτο[ν]（［時間］そのもの）であったと考えられる。

いないからである、[1]……。

(*PHerc.* 1413, c. 3, fr. 5 I = Arr. 37. 17)

一一　……だから、もし君には[2]定められている語法によって［こうしたことに関する］[3]言説が［信頼に値する］[4]ものであれば、私はためらわずにまたこう主張するだろう、時間とは昼と夜ではないが、測りえないもの［でもない］[5]のだと……。

(*PHerc.* 1413, c. 3, fr. 5 V = Arr. 37. 20)

一二　……その点は、われわれの［同意する］[6]ところだが、他方、われわれは反対のことを確立して、それぞれの点に[7]関し両方の言説がまさにわれわれに成り立つようにするのである。しかし次のようなことは、［誤っている人たち］[8]の口実だとわれわれは考える……。

(*PHerc.* 1413, c. 3, fr. 6 I = Arr. 37. 22)

一三　……時間とはあたかも……［を写しうる］[9]ある表象[10]の属性であるかのように［君たちは］[11]考えているとわれわれが言うたびに、まさに時間と考えられていないものを……[12]。

(*PHerc.* 1413, 位置不明の断片 = Arr. 37. 23)

一四　……そしてそれらについて、[13]君はさらにこのもの[14]を何も測っていないのだ。現に人は、より多くの時間やより少ない時間に生じている太陽の動きを比較観察する場合に、それは時間でもあると誤って思いなしてしまう、と言っているのだから、……のゆえに、……。

(*PHerc.* 1413, c. 3, fr. 7 II = Arr. 37. 25)

(1)『ヘロドトス宛の手紙』七三に、「昼と夜に、そしてこれらの部分に……われわれはある独自の付帯的なもの［時間］を結びつけ……」という記述が見える。また、セクストス・エンペイリコス『学者たちへの論駁』第十巻二一九では、「エピクロスは、ラコニアのデメトリオスが彼について解説しているところによると、時間とはもろもろの付帯性質の付帯性質――すなわち、もろもろの昼と夜や時刻、感情や感情のない状態、動きや静止に付随する付帯性質――であると言っている。というのも、これらはすべて、何かあるものに属する付帯性質であり、そして時間はこれらすべてに付随するものであるから、時間がもろもろの付帯性質の付帯性質であると言われるのは、なるほどありそうなことであろう」と言われている。

(2)二五九頁註（5）参照。

(3)［ ］内はアリゲッティによる復元。「こうしたこと」とは、時間と昼夜との関係のことであろう。

(4)［ ］内はプレイヤード版による補い。

(5)［ ］内はアリゲッティによる復元。プレイヤード版はその否定辞の復元（οὐ]δ'）を採用せず、「（時間とは）測定を免れたもの」という訳を与えている。しかしこれは『ヘロドトス宛の手紙』七二の「この独自なもの［時間］を測っている」という記述に合わない。

(6)［ ］内はアリゲッティによる復元（ὁμολογοῦμεν）。プレイヤード版は「考える（concevons）」を推定している。

(7)どのような点か、不明。

(8)［ ］内はプレイヤード版による補い。

(9)［ ］内はプレイヤード版による補い。

(10)昼夜の表象のことであろう（本巻断片一〇参照）。

(11)「君たちは（ὑμ]ᾶς）」はアリゲッティによる復元。プレイヤード版は「われわれは」を推定している。

(12)時間とは、エピクロスによれば、『ヘロドトス宛の手紙』七三で言われるように、「ある独自の付帯的なもの」であるが、いかなる表象の属性でもない。しかしこの断片の原物は現存せず、ナポリ模線画に認められるだけであって、どこに位置づけられるか、特定することはできない（プレイヤード版註）。

(13)昼と夜、あるいは太陽の動きのことであろう。

(14)時間のことであろう。

一五　……そして時間とはあらゆる動きを測りうるある種の表象であって、［最も共通の動きによって］[1]その大きさを測るものであり、……。

(*PHerc*. 1413, c. 3, fr. 9 I = Arr. 37. 31)

一六　……彼らは［そのような］[2]表現法を用いる。しかしともかく［われわれの「生まれのこの栄誉」をその移り変わりに関して持ちだす人たち］[3]は、いまだかつてけっして……。

(*PHerc*. 1413, c. 3, fr. 9 IV = Arr. 37. 34)

一七　……夜と昼の［移り変わり］[4]を見ながら、君は［使用されている］[5]語法を用いるのをためらっている。実際、もし自然のうちに［隠れた］[6]尺度が存在しないとすれば、時間は……。

(*PHerc*. 1413, c. 3, fr. 9 V = Arr. 37. 35)

一八　……われわれはまさに一日をもちながら、これらについてこの種の表象を述語づけるのである、その表象により、一日の量に似ている他の何らかの長さのようにして。もしわれわれによって、その量に、そして「今」に……されるなら……。

(*PHerc*. 1413, c. 3, fr. 9 VI = Arr. 37. 36)

一九　……また［先立つ］[8]観察によってこの点が私に必然的に［見落とされる］[9]ことは［けっしてないだ

(1)[ ] 内はプレイヤード版による訳。アリゲッティの復元に従えば、「最も共通の」以下の訳は「その動きとともにその大きさを測るものではない（[οὐ τι] ἦ κειν[ήσει] [συμ]μετρουμένη [μέ]γεθος）」となるが、テクストに掲載されている当該パピルスの模線画を見るかぎり、プレイヤード版の読みが妥当であろう。アリストテレス『自然学』第四巻第十二章に、「われわれは時間によって運動変化を測るだけでなく、運動変化によって時間を測りもするが、それは時間と運動変化が相互に画定し合っているからである。すなわち、時間は運動変化の数として運動変化を画定するとともに、運動変化は時間を画定してもいるのである」（二二〇b一四―一八）という記述が見える。「最も共通の動き」とはおそらく太陽の運行のことであろう（プレイヤード版註）。

(2)[ ] 内はアリゲッティによる補い。プレイヤード版も同様の推測。「そのような表現法」とは、時間を表現する「ある言い方」のことと推測される（『ヘロドトス宛の手紙』七二参照）。

(3)[ ] 内の原文（οἱ τόδ᾽ ἡμ[ῶν] γενεᾶς [τὸ κ]ῦδο[ς ἐ]πὶ τοῦτο τὸ παράλλαγμα φέροντες）はきわめて不確かな復元。この復元が正しければ、「生まれのこの栄誉」については詩的な引用の可能性が考えられる（アリゲッティ）。

(4)[ ] 内はアリゲッティによる推測。プレイヤード版も同様の推測。

(5)[ ] 内はプレイヤード版による推定。アリゲッティは「適切な」を推定している。

(6)[ ] 内はプレイヤード版による補い。

(7)「これらについてこの種の表象を」の原文は、κατ᾽ αὐτῶν τοιαύτην τήνδε φαντασίαν.「これら」とは、一日の動き、あるいは諸状態のことか（プレイヤード版註）。「この種の表象」とは、時間の表象のことであろう。アリゲッティは「これら」を「彼ら（costoro）」と解しているが（その場合、訳は「彼らのこの種の表象に従って」となる）、アリゲッティ自身が認めるように他の解釈の余地があり、採らない。

(8)[ ] 内はアリゲッティによる推測。プレイヤード版も従っている。

(9)[ ] 内はアリゲッティによる推測。プレイヤード版も従っている。

ろう」[1]。しかしそれにもかかわらず、われわれが言うように、議論が時間にかかわるときには、これら[2]へと「関係づけられる」[3]。また、これらにおいてこそ、自然「に関する」[4]そうした「表現法」[5]に基づいて、「感情」[6]や表象は全体的なものとして「区別して捉えられる」[7]と思われる……。

(*PHerc.* 1413, c. 4, fr. 10 I = Arr. 37. 37)

二〇　……「それ自体としてあるもの」[8]は、固有の「先取観念」[9]に基づいて考えられるもの「と同じような仕方で物体の内に存続しているのではなく」[10]、「それはそれ自体では他の性質を何も」[11]もたないのである、たとえば一日が一日として区別されて呼ばれるようには。またわれわれは、その一日にはそうした区別が属していると言うだけではない。この点を考察しながら、その区別によるものを、……。

(*PHerc.* 1413, c. 4, fr. 10 II = Arr. 37. 38)

二一　……この種の長さは「他に」[12]まったくないのだから、時間は実際に存在するということから出発して、このような「自然本性に関する表現を」[13]……。

(*PHerc.* 1413, c. 4, fr. 10 IV = Arr. 37. 40)

二二　……彼らは同時に、……について「しばしば」[14]探求しているのだが、思考される時間と「付帯的なものに」[15]付随する時間とを区別して捉える必要がある[16]……。

(*PHerc.* 1413, c. 4, fr. 10 VIII = Arr. 37. 44)

(1)［　］内はプレイヤード版による推定。アリゲッティは、「あるとしても（[εἰ δ]έ ποτ᾽)」を推定している。

(2)「これら」の原語は女性複数形であり、昼と夜を指すと解することも、動きと静止を指すと解することもできる。文脈が定かでなく確定できない（プレイヤード版註）。

(3)［　］内はアリゲッティによる推測。プレイヤード版も従っている。

(4)［　］内はプレイヤード版による推定。

(5)［　］内はプレイヤード版による推定。

(6)［　］内はプレイヤード版による推定。アリゲッティは「解釈（interpretazioni）（[ἑρμην]εῖαι)」を推測しているが、何の「解釈」か定かでない。

(7)［　］内はプレイヤード版による推定。アリゲッティは「存続している」を推測している。

(8)［　］内はアリゲッティによる復元（τὸ καθ᾽ ἑαυτό)。「それ自体としてあるもの」とは、「時間」のことであろう。

(9)［　］内はアリゲッティによる復元（[πρόλ]ηψιν)。「先取観念」については、『生涯』三三参照。

(10)［　］内はアリゲッティによる復元（οὐχ ὁμοίως ἐν] διαμέ[νει] σώματι)。

(11)［　］内はアリゲッティによる復元（δ[ι᾽] αὐ[τὸ οὐδὲ]ν τοῦτο ἄλλο {ν})。

(12)［　］内はプレイヤード版による補い。

(13)［　］内の原文は、φωνὰς [περὶ] τοιαύ[την] [φ]ύσιν. 本断片のナポリ模線画は、同じ層に属さないコラムを再現しており、φωνὰς（表現）と φύσιν（自然本性）は、この断片のコラムとは別の箇所に属するものとして、プレイヤード版はこれらの語を斥け、訳出していない。

(14)［　］内の「しばしば（souvent)」はプレイヤード版による推定。πολ[λά]κις を復元していると見られる。アリゲッティは「何回であるか（πο[σά]κις)」を復元しているが、文脈に合わないだろう。

(15)［　］内はアリゲッティによる補い。「付帯的なもの」とは昼と夜など（二六五頁註（1）参照)。

(16)この一文にもかなり脱落がある（ἀνάγκη τὸ[ν ἐπι]νοούμενον [κ]α[ὶ] παρεπόμε[νον δια]λαμ[βάνειν χρ]όν[ον])。プレイヤード版は、「思考される時間はまさに厳密な仕方では……であるのだと、区別して捉える必要がある」と訳している。

第十一巻[1]　世界、天体、大地

一　……取り巻くものの濃密さや希薄さによって包み込まれるだろう、[2]……を与えるようにして。[3]……

(*PHerc.* 1042, fr. 3 II = Arr. 26. 17)

二　……確証することは可能である。実際、まさにこの点に関すること、[4]つまりそれ[5]が生じることは可能であるか、それともまったく不可能であるかということは……。

(*PHerc.* 1042, 位置不明の断片[6] = Arr. 26. 18)

三　……そして、無限を通じて差異を受け取ることは、[7]もしかのものに[8]一万回でも……。……それにも、そしてこれにも、[9]先であろうと後であろうと、それらの［誉れを］[10]見えるものにし、その結果、宇宙万有の

(1) 第十一巻は、世界の起源や、天体の起源、大きさ、動き、そして大地（地球）の不動性などを扱っており、その内容の大半は『ピュトクレス宛の手紙』八八―九三に対応すると推定される。その九一節では、「太陽やその他の星々の大きさは、われわれとの関係では、感覚に現われているだけのものである」と言われ、この一文に次の古註が記されている。「このことを彼［エピクロス］は、『自然について』第十一巻でも述べている。なぜなら、と彼は言っている、もし太陽がその距離によってその大きさを失っていたなら、それよりはるかに多くその色彩を失っていただろうからと」。大地の不動性については、この手紙では触れられていないが、ルクレティウス『事物の本性』第五巻五三四―五六三にその議論があり、またその直後で（五六四―五六五）、太陽が見えている大きさであることが言われており、この『自然について』

第十一巻の関連部分と対応すると見られる。第十一巻の最後の部分では、ある天文学者たちによる人工的な装置の使用についても論じられるが、この点は、『ピュトクレス宛の手紙』九三で、「天文学者たちの奴隷的な小細工（*τὰς ἀνδραποδώδεις ἀστρολόγων τεχνιτείας*）を恐れずに」という言葉によって言及されている。

第十一巻のパピルス断片は、*PHerc.* 1042 と 154 のうちに保存されており、そのすべてはアリゲッティ（第二十六章）に収められている。訳出にあたっては、有意味な断片を選んでいるプレイヤード版の構成に従った。以下の断片の訳には、パピルス（*PHerc.*）と断片（fr.）（断片の区分はローマ数字）の番号、およびアリゲッティの編集番号を示す。

（2）主語は「世界」であろう（プレイヤード版註）。『ピュトクレス宛の手紙』八八に、「世界は無限なものから切り離されたものであるが、ある限界で終わっており、その限界は、希薄であったり濃密であったり、また回転していたり静止したりしている」という記述が見える。

（3）「与える（*ἀποδιδόναι*）」とは、認識論的に「示す（présenter）」とも、あるいは物理的に「放つ（émettre）」とも読めるが（プレイヤード版註）、前者であろう。含意はおそらく、「輪郭を示すようにして」。『ピュトクレス宛の手紙』八八で、世界の「輪郭は丸かったり、三角形だったり、その他どのような形ももっている」と言われている。

（4）「この点」とは、「世界の生成」のことであろう。『ピュトクレス宛の手紙』八九では、「世界が生じるのは空虚を多く含む場所においてであって、ある人たちが主張しているように、混じりけのない広大な空虚においてではない」と言われている。

（5）「世界」のことであろう。

（6）この断片の原文は、非常に細かな破片しか含まない枠（cornice）からヴォリアーノによって復元されたものであり（アリゲッティ）、位置不明。

（7）『ピュトクレス宛の手紙』八八で、「世界は無限なものから切り離されたもの」と言われている。

（8）「かのもの（*ἐκεῖνο*）」は中性形であり、「宇宙万有」を指していると考えられる。

（9）「それ（*ταύτης*）」も「これ（*τῇσδε*）」も女性形であり、「太陽」や「月」、あるいは「大地（地球）」を指すだろう。太陽や月の生成については、『ピュトクレス宛の手紙』九〇で述べられている。

（10）[誉れを（*τιμὴν*）] はアリゲッティによる復元。プレイヤード版は、一語脱落にしている。

無限に対応するような……ではなくて、……。

(*PHerc.* 1042, fr. 5 I, IV = Arr. 26. 19-20)

四　……もろもろの取るに足りないものが出会ったり、出会わなかったりすること、しかし無限なものにとって、出会わないということは……。すなわち、［無限の原子[1]］は出会い、したがって、［無限なもの[2]］はさまざまな類似した本性のものをもっており、また……。……次のこと、つまり、希薄な自然本性のなかで、……であるとき、その空中に宙づりの状態に関して、大地の重さを恐れるべきでないということは、[3]……。

(*PHerc.* 1042, fr. 6 I, IV = Arr. 26. 21-22)

五　……ある程度、空気の上に浮かび、空中に宙づりになることのできるわれわれの側のこれらのもの[4]は、……［等しい圧力が[5]］……。……角度の……、しかし第一の自然本性にも属しうる角度の[6]……。……もろもろの浮かび留まろうとしているものを[7]……、しかし私が以前述べたように、［その渦が[8]］触れることのできない［限界[9]］と［壁[10]］が、それらにいわばある種の防御を用意するかのように、……。……円筒の[11]……。

(*PHerc.* 1042, fr. 7 I, II, III = Arr. 26. 23-24, 26)

六　……は、円筒の切断面に似ているもの[12]を保護する性格のものである。なぜなら、ある人たちは［天界

（1）［　］内はプレイヤード版による推定。

（2）［　］内はアリゲッティによる復元。

(3)アリストテレス『天について』第二巻第十三章二九四a一二―一七に、「実際、大地全体を、もし人が高く持ち上げて放した場合、それが動かないならば、一体どうしてなのか不思議に思わないとしたら、それはよほど気楽な考えの持ち主のすることだろう。ところが、現にこれほどの重い大地が静止しているのである」と言われている。大地（地球）が落下せずに留まっている原因の探究は、初期ギリシア以来の哲学者たちの課題であった（プラトン『パイドン』九九B参照）。

(4)「われわれの側のこちらのもの（τὰ παρ᾽ ἡμῖν）」とは、諸物体から成る大地（地球）全体のこと。プラトンの『パイドン』に、「ある人は大地をちょうど平たいこね鉢のように考えて、それの下側を空気が台になって支えているのだとする」という記述が見える（九九B八）。アリストテレスは、この説をアナクシメネス、アナクサゴラス、デモクリトスのものとしている（『天について』第二巻第十三章二九四b一三―四）。エピクロスは彼らの説をここで検討していると見られるが、彼自身は、大地は空気と結びつき、その力によって支えられ、世界の中心に静止していると考えていたのであろう（ルクレティウス『事物の本性について』第五巻五三四―五六三参照）。『ヘロドトス宛の手紙』七三の古註に、「彼［エピクロス］が、もろもろの世界は、それらの諸部分が変化する以上、消滅しうるものでもあると主張しているのは明らかである。また他の箇所では、大地は空気の上に浮いているのだとも述べている」という指摘が見える。なお、エピクロスが大地（地球）の形を平たいもの（円盤形）と見ていた可能性があるが（本巻断片六）、決定的な証拠はない。

(5)［　］内はアリゲッティによる復元。

(6)この一文は、原子（第一の自然本性）の大きさの限界点（『ヘロドトス宛の手紙』五九参照）にかかわる「角度（角張った形、γωνιότης）」への言及と見られるが（エピクロスには『原子の角《かど》について』という著作がある［『生涯』二八］）、なぜ言及されているのか判然としない。プレイヤード版はこの文を補って、「［この種の］角度ではなく、第一の自然本性に属しうる角度」という訳を与えているが、根拠は示されていない。

(7)天体のことか（アリゲッティ）。

(8)［　］内はアリゲッティによる推測。

(9)アリゲッティは［山（ὄ]ρῶν）］を復元しているが、プレイヤード版は「限界（les limites）」と訳している。［ὅ]ρων を推定していると見られ、それを採用した。

(10)［　］内はアリゲッティによる復元。プレイヤード版は欠語にしている。

(11)大地の形の表現であろう（次断片参照）。

(12)大地のこと（アリゲッティ）。

の限界を］[1]、まるで大地に円環をなして存在しながら、このような渦から［守ってくれる］[2]壁のように考えたからである。[3]……頭上の星々の運動……円環の……。

(*PHerc.* 1042, fr. 8 II = Arr. 26. 27)

七 ……このゆえに、彼らは目の前のあらゆる側に、同じ事象に関する類似の証拠のようにして、[4]円周を置いている、[5]……世界の……。そして大地は［万有の］[6]中心にあると捉えたうえで……。……場所は……無限に……足が……頭上に……。上方に、……と語ることは、……。

(*PHerc.* 1042, fr. 8 III, *PHerc.* 154, fr. 3 I = Arr. 26. 28-29)

八 ……上方への移転において、[7]同様のことが言えると［われわれは見なすだろう］[8]。［また］[9]彼が今しがた頭上にもっていたものを、われわれは［足もとに］[10]、つまり、移転によって、［下方に見えるような印象］[11]を得るだろう……。太陽と［月］[12]の……。上方に……。……間隔は……。……頭上に……足もとに……。

(*PHerc.* 1042, fr. 8 IV, *PHerc.* 154, fr. 3 III = Arr. 26. 30-31)

九 …… 彼には足もとの下の方に見えるので、今、足もとで昇るのを自分が捉えたものが、[13]以前に頭上に頂いていたものが沈んだものとは彼は考えないだろう。したがって、私は主張するが、大地が場所の点で真ん中にあるということから……中心の……。……防壁にそって……。……世界は円くなるようになっており、大地は真ん中にあって、ちょうど四肢の形態に基づき、……であるように[14]……。……到達しない……。

（1）［　］内はプレイヤード版による推定。
（2）［　］内はアリゲッティによる補い。
（3）主語の「ある人たち」とはアナクシメネスが念頭に置かれているだろう。アエティオスの『学説誌』（第三巻一〇・四）に、「ある人たち［アナクシメネスら］によれば挽き臼のように、ある人たち［アナクシマンドロスら］によれば車輪のように、して、宇宙は回転している」という記述が見える（アナクシメネス「断片」Ａ一二（DK））。
（4）すなわち、「同じ事象」（大地の球形）を示す類似の証拠のようにして。大地＝球形説の立場をエピクロス自身が採っていたかどうかは確定できない（アリゲッティ）。
（5）あらゆる方面に地平線の円形を見ている、ということ。
（6）［　］内はプレイヤード版による補い。エピクロス自身は、大地は「万有（ト・パーン）」の中心ではなく、「世界（コスモス）」の中心にあると考えている（本巻断片九、二〇、二一参照）。
（7）「移転において」と訳された原語「ἐν ταῖς μεταβάσεσιν」は、「類推において」とも解しうるが（アリゲッティ）、この断片の文脈では、認識論的な意味よりもむしろ、空間的な意味だろう（プレイヤード版註）。この場合の「移転」とは、大地の上下を置き換えることを意味する。『ヘロドトス宛の手紙』六〇に、「無限なもののなかでは、最も上方とか最も下方とかがあるかのように、上方や下方を断言すべきではない」という記述が見える。
（8）［われわれは見なすだろう（［νο］μί［ζομ］εν）］はアリゲッティによる復元。
（9）［　］内はアリゲッティによる推測。プレイヤード版も従っている。
（10）［足もとに（ὑπὸ π［οσ］ίν）］はアリゲッティによる推定。
（11）［　］内はアリゲッティによる推測。プレイヤード版も従っている。
（12）［　］内はアリゲッティによる推測。プレイヤード版も従っている。
（13）天体のこと（アリゲッティ）。
（14）「四肢」は大地の諸部分の比喩であろう。ルクレティウス『事物の本性について』に、「大地は空気にとって重荷ともならず負担ともならない。／ちょうど人の四肢がその人にとって重荷ではなく、／頭が首にとって荷物ではなく、また体の全重量が／足にあるのが感じられないのと同じである」という記述が見える（第五巻五三九―五四二）。

……行き止まりが……。……下方で……。

(*PHerc*. 1042, fr. 8 V, *PHerc*. 154, fr. 3 IV = Arr. 26. 32)

一〇　……外側で渦がまわっていると思って、その渦からわれわれを守るために、壁を円環をなすようにつくったうえで[1]、彼らは万人の頭上で星々を回転させるのだ[2]……。……その原因を……。

(*PHerc*. 1042, fr. 8 VI = Arr. 26. 33)

一一　……もろもろの対象について、確固とした感覚内容が真に把握されうるのは、……上方や下方へのこの種の移動を……するときである。……無限は、……。……名前は、……。

(*PHerc*. 1042, fr. 9 I = Arr. 26. 34)

一二　……太陽の……、視覚に基づいて［精神にまで[3]］伝えられるものとなる……。

(*PHerc*. 1042, fr. 9 II = Arr. 26. 35)

一三　……もろもろの事物は、……たしかに下方に……、あるいは……上方に、……われわれが見ている球の……。

(*PHerc*. 1042, fr. 9 II = Arr. 26. 36)

一四[4]　……［太陽が[5]］昇る［ように以前われわれに見えた場所へと歩き[6]］、全大地のその地域[7]へと進んでゆ

くなら、太陽は、われわれが通り過ぎたところ、そこのところに沈んでゆくようにわれわれには見えるのである、時にはわれわれがあまり多くの土地を通り過ぎなかったとしても。(8) そして、今度は、その原因を傾斜

---

(1) 本巻断片六参照。

(2) 彼らとは、宇宙の渦を想定するデモクリトスのような哲学者たち(プレイヤード版註)。

(3) [精神にまで(ἐ[πὶ διάνοι]αν)] はアリゲッティによる推測。プレイヤード版も同じ推測。

(4) 一四から一八までの断片については、セドレーの貴重な論文(Sedley, 1976b)の内に、より新しいテクスト、訳、詳細な註解が与えられている(pp. 31-43)。訳出にあたっては、プレイヤード版同様、そのテクストを基礎にし、併せてセドレーの頁数を示す。

(5) [ ] 内はセドレーによる補い。失われた主語が「太陽」であることは、次の断片一五からも確実である。

(6) [ ] 内はセドレーによる補い。文意は、東の方へ歩くとき。

(7) 「全大地のその地域(τὸ μέρος τῆς πάσης γῆς)」という表現は奇妙に見える。「全大地」という言葉で、エピクロスは島に対する本土(小アジア)を意味しているのであろう(セドレー)。その地域(τὸ μέρος)とは本土地帯、大陸部を指すかもしれないが(セドレー訳は、the mainland zone, プレイヤード版の訳は、la zone continentale)、用語法としては、文字通りある地域を指していると見る方が自然である。アリゲッティ訳は、「全大地のある地域(una parte dell'intera terra)」であり、ほぼ直訳。いずれにせよ、小アジアの大陸部が念頭に置かれているなら、この記述は、エピクロスのアテナイ時代ではなく、ランプサコス(ヘレスポントス海峡海岸の都市)時代(前三一〇―三〇七年)のものであろう(セドレー)。

(8) 日没時に東へ歩くと、太陽はわれわれが数分前に通り過ぎたところに沈むように見える。セドレーによれば、ランプサコス(現トルコのラープセキ)の町では、東にゆるやかな傾斜を五〇〇メートル足らず登っても、西の水平線が間近に見えるという。

運動のせいにすることはできない[1]。実際、なぜ君はここからの測定を、あるいは、ここからの測定を、あるいはこの測定を、昇りと沈みの、いっそう信頼できる測定にしなければならないのか。したがって、……ということになるが、……当然、私の考えでは、……。

(*PHerc.* 1042, fr. 9 III = Arr. 26. 37; Sedley, p. 31)

一五　……［彼らは望みえないのだ[2]］、［現象との］何らかの類似を捉えて[3]、こうした事柄について何ごとかを推論するということを。実際、私が思うに、彼らはあるものを考案し（私が言っているのは彼らの道具のことだが）、その別のもののなかでみずからを回転させており[4]、その場合、彼らの教説によって彼らに生じる奴隷状態によるだけでなく、太陽の現われに関するかぎり、昇りと沈みに不確定性があることによっても[5]、彼らが規則性を何も生み出さない道具を用いて、［現象との[6]］十分な類似を思考によって捉えることができないのは当然なのである。しかし彼らの道具は、……。

(*PHerc.* 1042, fr. 9 IV = Arr. 26. 38; Sedley, p. 32)

一六　……このようなことがもたらすのは、道具の表示が天界に見られる現象と同じ類似性を提供するかのような見せかけであり、無理な考え方なのである。というのも、私が思うに、ものわかりのよい人[8]はまず区別すべきだからである。すなわち、(a) 彼が世界について、また世界のなかで現われている事象について論じるときには、彼は何らかの付帯性質に由来する、何らかの現われについて論じている、ということである。その付帯性質というのは、視覚に基づいて思考過程にまで送り届けられ、あるいは魂そのものによって

つねに保存される記憶過程にまで送り届けられ、これだけの量、このような性質といったこと［などを伝え

(1)天文学者エウドクソスの同心天球の一つへの言及であろう（プレイヤード版註）。「傾斜（πλαγιασμός）」とは黄道の傾斜のこと。エウドクソスの同心天球説については、アリストテレス『形而上学』Λ巻第八章参照。

(2)［ ］内はセドレーによる補い。アリゲッティは「（彼らは）うまくなすことによって（riuscendo）」を補っているが、文脈に合わないだろう。

(3)［ ］内はアリゲッティによる補い（coi fenomeni）。「何らかの類似（似姿）を捉えて」の原文は、ὁμοίωμά τι λαβόντες. セドレーは「現象との」を補わず、単にこれを「［心的］モデルを形成して（form［mental］model）」と訳している（プレイヤード版も同様）。しかし「類似（似姿）」は必ずしも「心的」なものに限られないであろう。むしろここでは、「類似（似姿）」は「道具（τὰ ὄργανα）」に再現される星々の運行現象を指していると考えられる。

(4)道具は十分大きく、観察者が内側に身を置けるほどのものであったかもしれない（プレイヤード版註）。ここでの「みずからを回転させており（κυλινδοῦντες αὐτούς）」は、「さまよっており」「ふざけており」という否定的な意味合いをもつように見える。

(5)前断片参照。

(6)［ ］内はアリゲッティによる補い。

(7)セドレー訳は「現象との」を補わず、単に「十分な心的モデル（adequate mental model）」と訳している（プレイヤード版も同様）。

(8)「ものわかりのよい人（τὸν εὐφρονοῦντα）」とは、論敵に対するエピクロスのあてこすり的な表現（セドレー）。

るのである」[1]。［しかし[2](b) 彼が道具の表示について論じるとき、彼は置かれたものの内[3]にそなわっている性質について論じているのである］……。

(*PHerc.* 1042, fr. 9 V = Arr. 26. 39; Sedley, pp. 32-33)

一七 ……［したがって[4]］、私の考えでは、彼が置かれた器具[5]に実際に目を向けながら、その器具に基づく言明と、その器具を通じて想像されるものに基づく言明とを区別せず、またそのきわめて小さな器具からは、世界の現われはもとより、多くのさまざまな現われも生じないとき[6]、彼が太陽について、今しがた語られた昇りと沈みによって当惑するのも当然なのである[7]。なぜなら、現われのそれぞれは……であると、おそらく、信頼することによって……。

(*PHerc.* 1042, fr. 9 VI, *PHerc.* 154, fr. 25 II = Arr. 26. 40; Sedley, p. 33)

一八 ……［もし[8]］われわれがその器具から思考に取り込まれた反対の昇りや沈みの現われをそれらに結[9]びつけたくなければ、太陽と月による、昇りや沈みに向かう実際の移動を思考によって捉えねばならず、また、つねにこのように生じる移動について、［あるいはこのように動くものについても[10]］、その器具それ自体に基づいて、逆になっていると言うべきではないし、またわれわれとは関係のない別の観点から、このようなことはさまざまであるとも言うべきではない。そして、この問題については以上のように区別すべきである。

ところで、大地の下からの支え、それをわれわれは希薄な自然本性と主張しているが……。

(*PHerc.* 1042, fr. 10 I, *PHerc.* 154, fr. 25 III = Arr. 26. 41; Sedley, p. 34)

一九　……一定の距離によって限られながら……。なぜなら、そのようにしてこそ、思考はいっそう確か

(1)［ ］内はセドレーによる補い。

(2)しかし以下、［ ］内の(b)の文章は原文にはなく、セドレーによる推測。

(3)「置かれたもの（ὑποκείμενον）」とは天体観測の器具、すなわち天象儀（プラネタリウム）のこと。この語は次の断片以下で頻繁に用いられるが、文脈上、ここでセドレーによって導入されている。原語の ὑποκείμενον はアリストテレスによって術語化され「基体」と訳されるものであって、エピクロスもこの語を術語的に属性と対比される「基体」の意味、あるいは「対象」の意味で使っている（『ヘロドトス宛の手紙』五〇、七二参照）。今この文脈で、この語が術語的に「基体」や「対象」を指すか、それとも「天体観測の器具」という特定の対象を指すか、解釈が分かれる（アリゲッティは前者と解し「実在（realtà）」と訳すが、セドレーは後者と解しながらも、訳は「対象（object）」とする）。しかし文脈から、「器具」を指すのは確実であろう。実際、このギリシア語は文字通り「下に置かれたもの」（=置かれた器具）という意味で使われていると見られる。混同を避けるため、訳語としては「対象」ではなく、「置かれた器具」ないし「器具」を用いた。

(4)［ ］内はセドレーによる補い。

(5)天象儀（プラネタリウム）のこと（前々註参照）。

(6)テクストはセドレーに従う。アリゲッティに従えば、訳は「きわめて小さな実在からは、たとえ多くの現われが生じるとしても」となるが、ここでは、天象儀（プラネタリウム）が天体の軌道など、わずかなことしか示さないことが指摘されていると考えられる（セドレー）。

(7)本巻断片一五参照。

(8)［ ］内はアリゲッティによる補い。セドレーやプレイヤード版も従っている。

(9)「それらに（τούτοις）」とは、おそらく「太陽と月に」のことだろう（セドレー）。

(10)［ ］内はセドレーによる推定復元。

に、また感覚に現われている事象にいっそう調和した仕方で、大地の静止を捉えるであろうから。しかし、下部の濃密性については、押し返しのためのしっかりとした［濃密性］[1]が大地の不動性にふさわしい比例関係を保持したものとなるように、上部の濃密性との連続性に沿って考えなくてはならない。実際、このようなわけで、太陽の回転はわれわれをけっして悩ませないであろう、もしわれわれがどれだけの仕方でこうした事象のそれぞれが生じうるかを見届け[2]、またそれらの等しさそのものが[3]、大地が……を共有しないことの原因であることを見届けるとすれば。大地は……。

(*PHerc.* 1042, fr. 10 II, *PHerc.* 154, fr. 25 IV = Arr. 26. 42)

二〇　……が必要となろう。なぜなら、大地はあらゆるところから等しい距離だけ離れているので、どの方向にも重みをかけることができないであろうから。実際、空気の自然本性のおかげで大地に属していること、つまり、大地がまさにあらゆるところから同じように圧迫されていて、［世界を限界づける］[4]輪のあらゆるところから等しい距離だけ離れているということ、ちょうど彼が[5]、大地はそのようなものとして世界の中心に位置していると言っているように――まさに大地がそのようなものでもあることは不可能ではない――、それゆえこのことが静止の原因であって、このことを引き起こすようなものが原因ではないのである。というのも、あらゆるところからの空気の同等の圧力が、等しさを引き起こしているからである、［神的な人たちのだれかが言ったように[6]］。かくして、あらゆるところから同じように圧迫されるので、世界における輪の中心に［大地が[7]］留まることを、空気が引き起こしたとすれば、……。

(*PHerc.* 1042, fr. 10 III, *PHerc.* 154, fr. 26 I = Arr. 26. 43)

二　……大地が世界の中心に静止しているという、そのこと自体が、静止していることの原因というよりも、むしろこのことが、すなわち等しさが原因であると言う方が［説得的であったし(8)］、また……。……そして彼ら(9)は時にはこの原因と調和しているのだが、それは彼らが［結びついたものの異質性(10)］を理由に、

---

(1)［　］内はプレイヤード版の補い。アリゲッティは「支え」を補っている。

(2)複数の説明可能性というエピクロスの立場を示す一文。『ピュトクレス宛の手紙』八六に、「天界の事象については、その生成にも幾通りもの原因があり、その本質についても感覚と調和する幾通りもの説明の仕方がありうる」と言われている。

(3)「それらの等しさ」とは、空気の圧力の等しさのこと（次断片参照）。

(4)［　］内はプレイヤード版による補い。

(5)おそらくアナクシマンドロスのことだろう（プレイヤード版註）。

(6)［　］内のテクストはアリゲッティの推定復元に従っている。プレイヤード版は「最も強力な手段として」という訳を与えているが、根拠は示されていない。

(7)［　］内はアリゲッティによる補い。プレイヤード版も従っている。

(8)［　］内はプレイヤード版による推測（convaincant）。アリゲッティは「望ましくはないし（non preferibile）」を推測しているが、文脈に合わないだろう。

(9)「彼ら」とは大地を空気の上に浮かせる自然学者たちだろう（プレイヤード版註）。アリゲッティは「彼ら」ではなく「この説明（questa spiegazione）」と訳しているが、原文の主語は複数であり、無理がある。

(10)［　］内はアリゲッティの推定による復元。プレイヤード版も同様の推測をしている。結びついたものとは、大地と空気の二物体。エピクロスは二要素間の連続性擁護のためにこうした見方を拒否していると見られる（プレイヤード版註）。

空気という支えをつくり出したからである。彼らがたとえ偶然に正しい結論に到達したとしても[1]、彼らのことを、多くの事柄にたずさわる人々よりもすぐれていると見なすべきではけっしてなく、また多くの事柄において、全体的な仕方で多くの点ですぐれていると見なすべきでもなく、あらゆる点で近寄りがたい……と見なすべきでもない……。

(*PHerc.* 1042, fr. 10 IV, *PHerc.* 154, fr. 26 II = Arr. 26. 44)

二三　……実際、彼らの奇妙な連結様式によって定められた［これらの理論[2]］はすべて、滅びてしまったのである……。

それゆえ、この巻においては、最初に提出された主題に関して以上のことがわれわれによって述べられたとしよう。そして続く巻では、こうした天界の事象についてさらに明瞭にすることにしよう。

(*PHerc.* 1042, fr. 11 I = Arr. 26. 45)

第十二巻[3]　世界の形状、天体現象、文明の起源

一　もろもろの世界は必然的に一つの形状をもっていると見なすべきではない。

(『ヘロドトス宛の手紙』七四)

二　むしろ、もろもろの世界は異なった形状をしている。すなわち、ある世界は球形であり、他の世界は

卵形であり、また別の世界は別の形をしている。しかしながら、世界はあらゆる形をもっているわけではない。また世界は無限なものから分離された生きものでもない。（『ヘロドトス宛の手紙』七四への古註）

三　太陽と月の食は、火が消えることによっても起こりうる、われわれのところでもその現象が起こるのが観察されるように。さらにそれらの食はまた、大地であれ、天体であれ、別のその種のものであれ、他の何らかのものが介在することによっても起こりうる。そして、このようにして相互に親近性のある説明の仕方を考え合わせ、またいくつかの事象が同時に重なり合って起こることも不可能ではない、ということも考え合わせるべきである。（『ピュトクレス宛の手紙』九六）

四　日食が起こるのは月が太陽を陰らせるからであり、月食が起こるのは、大地が月を陰らせるからであるが、これは月の退却によっても起こる。（『ピュトクレス宛の手紙』九六への古註）

（1）エピクロス自身も「大地は空気の上に浮いている」と述べたと伝えられている（『ヘロドトス宛の手紙』七三古註）。
（2）［　］内はプレイヤード版による補い。
（3）第十二巻は世界の形状や天体現象、あるいは文明の起源を扱っていたと見られるが（『ピュトクレス宛の手紙』八八―九八、『ヘロドトス宛の手紙』七三―七六に対応すると推定されている）、パピルス断片は現存せず、後代の言及もわずかである。ピロデモスの二つの証言（以下の六、七）から、第十二巻では宗教の起源についても扱われていたことが推測される。

五[1]　……宛の手紙のなかで……そして『敬虔について[2]』のなかでも、『自然について』第十二巻および第十三巻のなかでも、また『ティモクラテスへの反論[3]』第一巻のなかでも……。

（不明のエピクロス派著作家「断片」／*PHerc.* 1111 fr. 44 = Arr. 19. 5）

六　また『自然について』第十二巻において、最初の人間たちは[4]不滅の本性の概念を形成した[5]、と彼［エピクロス］は言っている[6]。なぜなら、……。

（ピロデモス『敬虔について』第一巻／Us. 84; Arr. 27. 1; Obbink, 8. 225-231）

七　……第十二巻においても、彼［エピクロス］はプロディコス、ディアゴラス、クリティアスその他の人たちを非難し[7]、彼らは気がふれて狂っているのだと言って、彼らをバッコスの狂乱信徒にたとえ、われわれを煩わせたり、困らせたりすることのないようにと彼らに勧告している[8]。

（ピロデモス『敬虔について』第一巻／Us. 87; Arr. 27. 2; Obbink, 19. 519-533）

（1）五は真正断片ではなく、第十二巻に言及する証言。
（2）エピクロスの著作の一つ（『生涯』二七）。
（3）ティモクラテスは、エピクロスの弟子であったメトロドロスの兄弟であり、同じくエピクロスの弟子でもあったが、のちに学園を去り、エピクロスを批判した人（『生涯』六）。エピクロスには『感情に関する諸説――ティモクラテスへの反論』の著作があるが、ここの『ティモクラテスへの反論』は、むしろ彼の三巻本の『ティモクラテス』のことであろう（同

二八参照)。

(4)人類史における「最初の人間たち」という意味。

(5)テクストはウーゼナーによる。オビンクの最新のテクストでは、最初の人間たちは「不滅の外的な本性の概念に到達した(ἐπὶ νοήματα <τῶν ἔ>ξω βα<ί>νειν ἀφθάρτων φύσεων)」という訳になるが、「外的な」と「到達した」の部分は不確かな推定であるばかりか、構文上も難がある。セクストス・エンペイリコス『学者たちへの論駁』第九巻二五では、「またエピクロスは、人間たちが神の概念を引き出したのは、睡眠中に得られる諸表象からであると考えている。というのも、と彼は言っている、大きくて人間の形をしたもろもろの像が睡眠中に現出してくることから、人々は、何かそうした人間の形をした神々が真実にも存立していると想定したのである」と言われている。

(6)「最初の人間たちは不滅の本性の概念を形成した」の部分が真正断片。第十二巻に関する証言としてこの部分の前後も訳出している。

(7)非難は、彼らの「無神論」についてであろう。ここで名指されている三人については、セクストス・エンペイリコス『学者たちへの論駁』第九巻五一—五四で、神は存在しないと語る人たちとして次のように言われている。「プロディコス[前五世紀後半の高名なソフィスト]は、生活を益するものが神として想定されたと主張していた。それは例えば、太陽、月、河、湖、湿地、大地の実り、またすべてこうしたものである。またディテュランボス詩人であるメロス島のディアゴラス[前五世紀後半の哲学者であり、抒情詩人]は、人々の言うところによれば、最初は他のだれにもまして神を恐れる人であった。……ところが、ある人から不正な仕打ちを受け、その人は偽りの誓いを立てたのに、そのことで何の災いもこうむらなかったために態度を変えて、神は存在しないと語るようになったのである。またアテナイの僭主政治を行なった者の一人であるクリティアス[前四六〇頃—四〇三年]も、無神論者たちの部隊に属するように思われる。彼は次のように語っているからである——古の立法者たちは、人間のもろもろの正当な行為や間違った行為の一種の監督者として神を作り出し、神々による罰を警戒して何びとも秘かに隣人に不正を働くことがないようにと図ったのだ」と。

(8)七は真正断片ではないが、第十二巻におけるエピクロスの見解を伝える証言。

第十三巻[1]　天地の事象、人間の幸福

一[2]　また、第十三巻において、神がある人たちに対してもっている親近性と疎遠性について［彼は語っている］[3]。

（ピロデモス『敬虔について』第一巻／Us. 88; Arr. 28; Obbink, 37. 1050-1054）

二[4]　……宛の手紙のなかで……そして『敬虔について』のなかでも、『自然について』第十二巻および第十三巻のなかでも、また『ティモクラテスへの反論』第一巻のなかでも……。

（不明のエピクロス派著作家「断片」／*PHerc.* 1111 fr. 44 = Arr. 19. 5）

第十四巻[5]　ミレトス派、エンペドクレス、プラトン主義

一　……しかしあるものは、その動きにおいても、空虚な円環をなしていたように見える。あるものは丸い形であるがゆえに、［多彩な］[6]動きで、あるいは速い動きで、出会うものと［安定した］[7]絡み合いをもつようになるが、他のものは合成体を［つくっても］[8]、容易に解体されうる……[9]。

（*PHerc.* 1148 col. a; Leone, p. 46 = Arr. 29. 1）

(1)第十三巻は、天地の事象、自然研究の効用、人間の幸福などを扱っていたと見られるが(『ヘロドトス宛の手紙』七六―八二、『ピュトクレス宛の手紙』九八―一一〇に対応すると推定されている)、パピルス断片は現存せず、その内容は以下の二つの証言によって知られるにすぎない。これらの証言から直前の第十二巻を受けて、第十三巻でも引き続き宗教的な主題を扱っていたことが推測される。

(2)一は真正断片ではなく、第十三巻におけるエピクロスの見解を伝える証言。

(3)[ ]内はアリゲッティによる補い。プレイヤード版も従っており、オビンクも同様。「彼」とは、エピクロスのこと。『メノイケウス宛の手紙』一二四に、「世の多くの人々は、自分に固有の徳にたえず親しんでいるため、自分に似た存在は受け入れるが、そうでないたぐいのものはすべて疎遠なものと見なす」という、人々の観点からの記述が見える。

(4)二は真正断片ではなく、第十三巻に言及する証言。

(5)第十四巻は次の第十五巻と一体のものとして、万有の構成要素に関する一元論と多元論の批判を展開していると見られる。第十四巻ではミレトス派の一元論とエンペドクレスの多元論、さらにプラトンの要素説が批判され、第十五巻ではアナクサゴラスの多元論が批判される。これら二つの巻はエピクロスの『自然学者たちへの反論の要約』(『生涯』二七参照)に対応するものと推定されている。第十四巻のパピルス断片はわずかながら現存しており(*PHerc.* 1148)、訳出にあたって、テクストはレオーネ(Leone, 1984, pp. 46-64)を基本にし(異なる場合は註で示す)、構成はプレイヤード版に従う。断片の指示は、パピルス(*PHerc.*)、コラム(col.)の番号とともに、レオーネの頁番号を示し、レオーネと対応する箇所がある場合には、アリゲッティ(Arr.)の編集番号をも示す。

(6)[ ]内はアリゲッティによる復元。

(7)[ ]内はアリゲッティによる推定。

(8)[ ]内はアリゲッティによる復元。

(9)この断片は、原子の動きや結合・分離の可能性について述べたものと推測されるが、レオーネ自身による校訂テクストは示されていないため、訳出にあたっては、アリゲッティによる復元テクストを用いた。プレイヤード版は、欠けたままのオックスフォード模線画によるものを用いており、「……円環の……あるいは速い……出会うものどもに……絡み合いをこうむることを……」というほぼ単語だけの訳を与えている。

二　……観察されるものは、同じ……をもっているように見える。……感覚によって［知覚される］(1)［もろもろの物体の］(2)、いっそう大きな増大の変化は(3)……。

(*PHerc.* 1148 col. II; Leone, p. 47)

三　……それらにおいて(4)、われわれが理性によって［ある部分から他の部分への］(5)移行を考えうるかぎり、……。しかし……に従うと、ある自然本性は、……。あるいは、……類似のものは、……(6)。

(*PHerc.* 1148 col. III; Leone, p. 47)

四　……は精神である(7)。……は、……であって、それらから合成体は構成されているとわれわれは主張する。そして……ではなく、……(8)。

(*PHerc.* 1148 col. VI; Leone, p. 48)

五　……動揺すらひき起こす［空虚な］(9)結論のそれぞれに対して、……(10)。

(*PHerc.* 1148 col. XII; Leone, p. 50 = Arr. 29. 7)

---

(1)［　］内はレオーネによる補い。

(2)［　］内はレオーネによる復元。

(3)「もろもろの物体の、いっそう大きな増大の変化」の原文 *αὔξης παραλλάγματα μείζω τῶν σωμάτων* は、「もろもろの身体の、いっそう大きな成長の変化」とも訳しうる。この断片は、世界や天体の形成過程について述べたものと考えられるが（『ピュトクレス宛の手紙』八九―九〇参照）、生物体の成長過程との類似が念頭に置かれていると推測される。ルクレティウス『事物の本性について』第二巻一一〇五―一一二一に、「この世界の創成の時からのち、海と地の始めての日、

／太陽が始めて昇ったとき以来、外部から数多くの／物体［原子］がつけ加えられ、そのまわりにさらに多くの種子［原子］が／広大な宇宙によって投げられ、集められ、つけ加えられた。／それによってこそ海と地は大きくなることができ、／空の住居は広がりを得、高い屋根を／大地から遥かに高め、そして空気は高く昇ったのである。／なぜなら、いたるところから、ものはそれぞれ衝撃を受けて／ものの基本物体［原子］はすべて分配され、その種類のもとに帰り／水は水に帰ってゆき、大地は土の物体［原子］によって大きくなり／そして火は火を、アイテールはアイテールを生み／ついには万物の母たる自然がすべてのものを完成させ／その成長の花盛りまで導いたのであるから。／その時、生命の血管の中に送り込まれるものが、／流れて去るものとちょうど相等しくなるのである。／ここに至って万物はその成長を停止しなければならず／この時、自然はそれ自身の法則に従って成長を抑える」と語られている。

(4)「合成体において」か（レオーネの推測）。

(5)［　］内はレオーネによる補い。

(6)この断片は、『ヘロドトス宛の手紙』五八に関連するように見える。そこでは、「感覚における最小のものは、移行が可能なものと同じようなものでもなければ、それとあらゆる点でまったく似ていないものでもなくて、移行しうるものとある種の共通性をもってはいるが、部分の区別はできないものと考えなければならない……この類比関係が原子における最小単位にもあてはまると見なすべきである」と言われている。

(7)どのような意味で「精神（διάνοια）」と言われたのか不明。

(8)『ヘロドトス宛の手紙』四〇―四一にかけて、「物体のうち、あるものは合成体であり、他のものは合成体を作っている要素である。そして、そうした要素は分割しえず変化しえないものであって……」と言われている。これにこの断片は関連するだろう。

(9)［　］内はレオーネによる補い。プレイヤード版は空白にし、アリゲッティは「多くの」を補っている。

(10)この断片は、エピクロスの二つの書簡の言葉を想起させるものである。『ピュトクレス宛の手紙』八七では、「今やわれわれの生活が必要としているのは、不合理な見解や空虚な思いなしではなくて、われわれが乱されることなく生きるということなのだから」と言われ、『アナクサルコス宛の手紙』（「断片」二三）では、「しかし、私は永続的な快楽へと促すのであって、目指す成果に対して、空虚でむなしい、心を乱すだけの望みしか抱かせない、もろもろの徳へと励ますのではありません」と言われている。

六　……を強化する治療の……。したがって、それは［完全な］[1]恵みを［……の全体に］[2]対してまでもっているわけではない[3]……。
(PHerc. 1148 col. XXIII; Leone, p. 56)

七　……このことにも満足すべきなのである、すなわち、この種の無益なことにとらわれている者はだれでも、いわば「治療薬（パルマコン）」のようなものをもっていることに[4]。この薬のおかげで、自然研究における無条件の安らぎが[5]、自分たち自身の生まれながらの［動揺］[6]から解放してくれることになろう。その動揺はのちにも……[7]。
(PHerc. 1148 col. XXIV; Leone, p. 56 = Arr. 29. 3)

八　……私の言説は、たえず行きづまりをもたらすのではなく、人々にふさわしい仕方で和らぎを提供するだろう……[8]。
(PHerc. 1148 col. XXVI; Leone, p. 57 = Arr. 29. 14)

九　……雲が濃密化することによって水の自然本性が生み出されると主張し、この点もまた、濃密化と希薄化によって［性格］[9]を変えてしまう一つの自然本性から万物が生じることを示す証拠と見なす者たち、彼らに対しては[10]、……。
(PHerc. 1148 col. XXVII; Leone, p. 57 = Arr. 29. 16)

（1）［　］内はレオーネによる補い。
（2）［　］内はレオーネによる補い。

（3）この断片は、次の断片とともに自然研究の治療的役割について述べたものと見られるが、その治癒力の全面性を否定しているように見える。

（4）「治療薬（パルマコン）」とは、『主要教説』一―四の要点を表現した「四治療薬（テトラパルマコス）」（一、神を恐れるな、二、死を気にかけるな、三、善きものは容易に手に入る、四、恐ろしいことは容易に耐えられる）のことを指しているのかもしれない。「四治療薬」は、ピロデモスのある著作断片（『学園の友人たちに』）によって知られている（*PHerc.* 1005 col. V 8-13（Angeli））。

（5）「無条件の安らぎ」の原語は、*καταστάσεις ἁπλᾶς*. レオーネはこれを「単純な表現（rappresentazioni semplicistiche）」と解し、そう訳しているが、採らない。『ヘロドトス宛の手紙』三七でエピクロス自身、自然研究による心の安らぎについて語っている。

（6）［ ］内はレオーネによる推定（*ταραχῆς*）。アリゲッティは「不安（*φρίκης*）」を推定している。

（7）自然研究と心の動揺の除去との関係については、エピクロスの『主要教説』十一に、「もし天界の事象に対する気がかりや、死はわれわれに何らかのかかわりがあるのではないかという、死をめぐる気がかり、さらには苦痛や欲望の限界を理解しないということ、こうしたことがわれわれを何も悩まさないのであれば、われわれは自然研究をことさら必要としないだろう」と言われている。

（8）この断片の含意は、本巻断片五と同様、エピクロスの哲学は人々から無益な行きづまりを取り除くということ。

（9）［ ］内はセドレーによる復元（*χαρακτῆρα*）（プレイヤード版註）。レオーネは「空気（*ἀέρα*）」を復元しているが、文脈に適合しない。もし「空気」が正しければ、「一つの自然本性」として「空気」より根源的なもの（たとえば、アナクシマンドロスの「無限なるもの」など）が想定され、それの濃密化と希薄化を考えなければならないからである。

（10）この断片には、エピクロスによる一元論批判が認められる。濃密化と希薄化による自然万有の生成消滅という理解はアナクシメネス（「断片」一、二（DK）参照）や彼の弟子であるアポロニア（黒海西岸）のディオゲネス（ディオゲネス・ラエルティオス『哲学者列伝』第九巻五七参照）に見られ、彼らは空気を万物の原理としていた。雲の濃密化による水（雨）の生成は、彼らの理論的根拠の一つだったのであろう。

一〇　……水は構成される。[1]……捉えられる形態の……、これらからこの水は……、水から……が生み出されることは、……。

(*PHerc.* 1148 col. XXVIII; Leone, p. 57 = Arr. 29. 17)

一一　……似た表象［について］[2]彼らは誤った推論をする。[3]……感覚は、……を証言している。[4]……。

(*PHerc.* 1148 col. XXIX; Leone, p. 58)

一二　……［よりすぐれた］[5]人々は行なっているけれども、哲学者と呼ばれる人たち——もしデモクリトスもそう呼ばねばならないとすれば、ゼウスに誓って、私はその人たちをその名で呼びたいと希望するが——、彼らのなかでも、……。はたしてわれわれは、天界の事象や［他の同種の事象］[6]において、彼らのあらゆる考えに[7]対して反対しうるだろうか……。

(*PHerc.* 1148 col. XXX; Leone, p. 58 = Arr. 29. 18)

一三　……［少しずつ］[8]多くの粒子を受け入れる［合成体の］[9]、また他の合成体の……。……天界の……希薄化によって……、原理を……彼は結論するだろう……。……空気の……。[10]

---

(1) すなわち、特定の原子から。水を第一の自然本性と見なさない原子論の考え方が基礎にある。ルクレティウス『事物の本性について』第一巻五六五—五六九に、「……素材の物体［原子］はこの上なく緊密な固さを／もってはいるが、しか

しすべての軟らかくできているもの、／すなわち空気、水、土、火などがどのようにして生じるか、／またそれぞれどんな力によって動くかということは、ひとたび／物のなかに空虚が混じっているからには、説明可能なのだ」という詩句が見える。

（2）［ ］内はレオーネによる推定。

（3）『ヘロドトス宛の手紙』五〇に、「虚偽や誤りはいつでも、つけ加えられる判断のうちにある」と言われている。セクストス・エンペイリコス『学者たちへの論駁』第七巻二〇三に、「エピクロスは、相互に関連している二つのもの、すなわち表象と判断（*δόξα*）とが存在し、そしてそのうちの表象――これを、彼は「明証（*ἐνάργεια*）」とも呼んでいる――は、いついかなる時にも真なるものとして存立する、と言っている」と報告され、さらに二一〇節で、「表象はいずれも真であるが、他方、判断はそのすべてが真であるわけではなく、それらは何らかの差異を有しているのである。なぜなら、判断は表象に基づくわれわれの判定（*κρίσις*）であり、……判断のあるものは真であるけれども、別のものは偽なのである」と言われている。

（4）『ヘロドトス宛の手紙』三九に、「物体が存在するということは、感覚それ自体が万人に証言している」という記述が見える。

（5）［ ］内はレオーネによる推定。

（6）［ ］内はプレイヤード版による補い。

（7）「考えに対して」の原語は、*πρός* …… *ἐπινοίας*（複数対格）。アリゲッティやレオーネは、*ἐπινοίας* を、「対して（*πρός*）」にかからない与格の *ἐπινοίαις* と見なし訳出していないが、マルチスペクトル写真の精査により、写字生による最後のイオータ（*ι*）の削除指示が確認された（プレイヤード版註）。この確認により、解読困難であった「はたして」以下の文章の読みが明らかになっている。その内容はエピクロスの多面的な視点を示すものと考えられる。『ヘロドトス宛の手紙』八〇に、「天界の現象やすべての明らかでない事柄については、われわれのところでそれらと類似の現象がどれだけの仕方で生じるかを比較考察しながら、その原因を探究すべき」と言われ、『ピュトクレス宛の手紙』八六では、「天界の事象については、その生成にも幾通りもの原因があり、その本質についても感覚と調和する幾通りもの説明の仕方がありうるのである」と言われており、天界の事象に関して可能な説明が一つではないことが指摘されている。

（8）［ ］内はレオーネによる復元。

（9）［ ］内はレオーネによる推定。ここでの「合成体」は「空気」のことか（レオーネ）。

（10）この断片は、空気＝原理説の解説のように見える。

一四　……自然における……、かつて取り巻いていた……。……蒸発させること……少なくとも水を……。(1)

(*PHerc.* 1148 col. XXXI; Leone, p. 58 = Arr. 29. 19)

一五　……［実際］(2)もろもろの事物が生み出されるのは、［空気の］(3)濃密化や希薄化によってではなく、［原子の］(4)形態の相違によってこそ、もろもろの［事物の］(5)差異の強さが出現するのである。……濃密化によっては……は、強くはない……。

(*PHerc.* 1148 col. XXXII; Leone, p. 59 = Arr. 29. 21)

一六　……火や土や水や空気に特有の形態を定義する［人たちに対しては］(6)、……。彼らは、次の者たちよりもばかげている。すなわち、定義するのではなく並置によって、いわゆる実体的な合成体の一つ一つに対応する何らかの特有の種類の形態が生じる、という説に自発的であろうとなかろうと同意しうる者たちよりも。(7)というのも、この者たちは「諸要素（ストイケイア）」の点で誤りをおかしてはいるが、しかしそのように語ることによって、いっそうそれらに合致する(8)事柄を語っているであろうし、また一般的に混合物における差異を語っているだろうから。それに対し、他方の人たちは、……。

(*PHerc.* 1148 col. XXXIV; Leone, p. 59 = Arr. 29. 22)

一七　……どうして水や空気や火を［分割できないもの］[9]と考えることができるのだろうか、［これをプラ

(1) 一三同様、この断片も空気＝原理説の解説のように見える。

(2)［　］内はレオーネによる推定。

(3)［　］内はプレイヤード版による推定。原文は、単に「それの」となっており、アリゲッティは「一つの要素」と解し、「空気」と特定することに反対している。Arr. 29. 16（本巻断片九）とArr. 29. 20（本巻断片一五）との間にすでに関連する三つの断片があり（一〇、一二、一三）、エピクロスがこれらも含めすべてを空気の論述にあてていると考えるには多すぎると見るからである。しかし、断片一〇、一二は必ずしも空気の論述とは言えず、この断片で濃密化と希薄化に関係するのは、やはり「空気」であろう。

(4)［　］内はレオーネによる補い。プレイヤード版も従っている。

(5)［　］内はレオーネによる補い。プレイヤード版も従っている。

(6)［　］内はレオーネによる復元。「定義する人たち」として、エピクロスは『ティマイオス』の著者プラトン、およびその後継者たち（スペウシッポスやクセノクラテス）、またおそらくその先駆者であるピュタゴラス派を見ているのであろう（プレイヤード版註）。

(7) おそらく、エンペドクレスのような人たちよりも、ということであろう。アリストテレス『生成と消滅について』第二巻第七章三三四a二六―三〇に、「エンペドクレスのような仕方で語るかの人たちにとっては、どのような方式があるのであろうか。レンガと石から壁が、という意味での複合であることは必然である。また、この混合物にしても、もろもろの基本要素は保全されたまま、小さな粒子の形で互いに並置されており、それらから成立していることになるであろう」という記述が見える。

(8) すなわち、「諸要素に」。「それらに（τούτοις）」は「彼らに」とも訳せるが（プレイヤード版の示唆）、文脈に適合しないだろう。

(9)［　］内はアリゲッティ、レオーネによる補い。プレイヤード版は、「固くて解体できないもの」を補っている。

トン主義者たちは説明しない」[1]。現に、大地でさえ固くて解体できないものとは考えられないのだから。まして、そのような主張を表明する場合、彼らが水や空気や火を分割することなどありえない。なぜなら、もしこれらの要素のそれぞれが固いと考えられないようなら、それらが分割に基づいて提供するのは、さまざまな形態の、多くのあらゆる種類の表象であって、三角形でも四面体でも立方体でもなければ、他のどんな限定された形態でもないからである。実際、彼らは、われわれが分割に基づいて捉えるのはむしろこれら四つの目に見える形であって、あらゆる種類の形ではない、ということを認めうる説得力のある論拠を何ひとつもっていないであろう。

(*PHerc*. 1148 col. XXXV; Leone, p. 60 = Arr. 29. 23)

一八　……だが、われわれはさしあたり、火には四面体が属することに同意し、そして残りの要素には、それらの現われている種類に基づいて、他の何らかのその種の形態が属していることに同意しよう。しかしそうだとしても、火の場合には、彼が帰しているような一定の形態の表象が生じるだけとはけっして考えられないし[2]、またそのような表象はつねに生じるわけでもなければ、火のあらゆる本性にかかわるものでもなく、ただ炎そのものの本性にかかわるものであって、しかもその炎は取り巻いているもの[3]のある種の状態のうちにあるのである。しかしこのような形にいたるとき、彼は時には火に［異なった］[4]形態を帰しているように見える[5]……。

(*PHerc*. 1148 col. XXXVI; Leone, p. 60 = Arr. 29. 24)

一九　……［火は］[6]空気による圧力から逃れていたが、それは火そのものがまったく希薄な成分からでき

ており、空気によっては、さらに集まりを受け入れるような集合体(7)のなかへ捉えられることはできないからである。実際、ある量の希薄な成分の密集も圧力を受け入れず、ある一定のつり合い(8)こそがこの種のことをなし遂げうるのである。しかしながら、この点もまたばかげた仕方で表象から類推されているのであって、現われているものを通じて現われていないものを推論するすべを知らないことによるのである。そして他方、

(1)［ ］内はプレイヤード版による補い。以下、断片二一までプラトン説の批判が続く。プラトン説の簡潔な要約が、断片二〇の古註に見える。

(2)「彼」とはプラトンのこと。『ティマイオス』五六Bに、「正しい言論に基づき、ありそうな言論に基づいて、立体［固体］として生成したもののうち四面体の形が火の要素であり種子であるとしよう」という記述が見える。

(3)「取り巻いているもの」とは、「空気」のこと（レオーネ）。

(4)［ ］内はレオーネによる推定。

(5)この一文の含意は、炎にプラトンは四面体とは「異なった」形態を帰しているように見える、ということであろう。実際、『ティマイオス』五八Cでは、「火にも多くの種類が生じたと考えなければならない、たとえば、炎や炎から出て行くものであって、つまり、燃やすことはないが目に光をもたらすものとか、炎が消えたあとの、燃えさしのなかの残り火とかである」と言われている。

(6)［ ］内はレオーネによる補い。プレイヤード版も従っている。

(7)すなわち、空気の集合体。

(8)「つり合い（συμμετρία）」は「適合」とも訳せる。おそらく、圧力を受ける物体（ここでは、火）の孔（空隙）と、圧力を加える物体（ここでは、空気）の諸原子とのつり合い（位置的な適合）のことであろう（プレイヤード版註、および Leone, p. 93）。両者がつり合った場合、火の空隙に空気が入ってゆく可能性がある。

土は逆に、同じ仕方によっては、……できないのである……。(1)

(*PHerc.* 1148 col. XXXVII; Leone, p. 61 = Arr. 29. 25)

二〇　……彼(2)のもろもろの三角形、これらから彼は残りの形態をも組み立てる。(3) もしそれらの三角形を分割できないものと彼が想定していたのであれば、なぜ彼は、それらが分割できない物体であるという何らかの論証を行なわなかったのか。他方、もしそれらの三角形は分割できないものではないと彼が想定していたとすれば、人が別のどのような素材からであれ、自分の組み立てる他のものがそれらの三角形から構成されているなどと、どうして見なしうるだろうか。もっとも、こうした事柄は後の機会にあらためてくわしく論じられるだろう。しかしさしあたり次のことを言っておけば十分である、すなわち、この人が、ある意味で同じように他の……形態の……を非難することについて語っただけでなく、同時にまた、[感情は](4) 何も[推論できない](5) などとくどくど [語っている](6) ことが、笑止にも判明したのだと(7)……。

＊直角三角形、円錐と円柱の要素である角錐と立方体、そして六面体、八面体、十二面体、二十面体、これらから造り主は諸要素とそれらに固有の状態をつくる。(8)

(*PHerc.* 1148 col. XXXVIII; Leone, pp. 61-62 = Arr. 29. 26)

二一　……彼が帰する「形態(スケーマ)(9)」は、これら四つの要素によって生じる状態に [類似して](10) おり、

---

(1) プラトン『ティマイオス』五四B―Cでは、「四つの種類のもの [火、空気、水、土] すべてが、互いを通じて、互いへと生

成するように見えたのですが、そのような見かけは正しくなかったのです。というのは、われわれの選んだ三角形から四種類のものが生じるのですが、三種のもの［火、空気、水］は不等な辺をもった一種類の三角形［正三角形の半分の直角不等辺三角形］から生じるのに対し、第四のもの［土］だけは、二等辺三角形から組み立てられているからです。だからすべての種類が解体によって、多数の小さなものから少数の大きなものが生じたり、その逆になったりして、互いへと生成できるわけではなく、三種のものだけができるのです」と言われている。アリストテレス『天について』第三巻第七章三〇六a一七―二〇に、諸要素（水や空気など）を平面へ分解する人たち（プラトン主義者たち）について、「彼らにとっては、分解不可能なものがまさに不滅であり要素であるならば、何よりも土こそが要素であり、土だけが不滅であるということになる。なぜなら、土だけが他の物体に分解されないからである」という記述が見える。土は六面体（立方体）から成るが、その面をなす正方形は二つの直角二等辺三角形からなり、不等辺三角形からなる他の三つの要素（火、空気、水）へと相互変化はできないと考えられている。

(2) プラトンのこと。

(3) プラトン『ティマイオス』五三C―五六Cにおいて。

(4)［ ］内はレオーネによる復元。

(5)［ ］内はレオーネによる復元。

(6)［ ］内はレオーネによる復元。

(7) これは、エピクロスによるプラトン批判の戦略を要約しているように見える言い回しの痕跡（プレイヤード版註）。なお、この断片には、古註（＊印の文）がつけられている。

(8) この一文は、本断片につけられた古註（Leone, p. 62）。挙げられている図形と、それらからつくられる火、土、空気、水という四つの要素との対応関係は、プラトン『ティマイオス』五五E―五六Bによれば、角錐（四面体）が火であり、六面体が土、八面体が空気、二十面体が水である。

(9) すなわち、四面体（火）、六面体（土）、八面体（空気）、二十面体（水）のそれぞれ。

(10)［ ］内はレオーネによる復元。

とりわけ最初の二つの要素がそうなのである[1]、そうでなければ、現われるものと同質の部分をすでにもっているものがそうなのである[2]。だが、この議論はここで終わりにしよう。

他方、人が「本質（ウーシアー）」を名指すときに、要素を示すこれらの表現を用いる者は張り合っていると思う人たち[3]、さらにまた、ある種の語法のあり方を必要とするものなら、これらの用語からソフィスト的な議論をする者もそうだと思う人たち[4]、この人たちに関して私は少しばかり論じたいと思う。というのも、この人たちが言うには、考えを変える者たちというのは、……。

(*PHerc.* 1148 col. XXXIX; Leone, p. 62 = Arr. 29. 27)

二二　……［正しく哲学する[5]］というのは、相互に調和するものと帰結とを結びつける人［に固有のことと見られるが[6]］、もろもろの適切でない学説に何らかの特定の正しい学説を混ぜ合わせる人には——たとえその人がたまたま先にその正しい学説を攻撃していたとしても——疎遠なことなのである。というのも、寄せ集める人[7]というのは、散らばっている学説を、自分に疎遠な別のさまざまな学説とともに同じものへまとめる人ではなく、自分の側から出てきたものであれ、他の人々の側から出てきたものであれ、互いに両立しない学説を並置するような人なのだから。そしてもし人がエンペドクレスのこの学説を知性にかなった仕方で語り、別の学説を知性なしに……。

(*PHerc.* 1148 col. XL; Leone, p. 63 = Arr. 29. 28)

二三　……実際、［知恵のある人というのは[8]］、突然この特定の人をほめながら、次に逆にその人と反対の

（1）火と土のこと（アリゲッティ）。プラトンは『ティマイオス』五五Dで、火、土、水、空気の順で四要素を挙げている。火は最も動きやすく、土は最も動きにくいものであり、火と土の二つは四要素の両極をなしている。

（2）火のこと（アリゲッティ）。火は、現われるものと同質だから。つまり、火の鋭い諸部分は苦痛の効果に対応しているという意味で、火の諸部分は火がひき起こす現象（現われるもの）に似ているから（プレイヤード版註）。火の形態（四面体）はプラトン『ティマイオス』五六B―Cで「最も鋭く尖っている」と言われており、五六Dでは、「土が火に出くわして、火の鋭さによって分解される」という記述が見える。

（3）ここから話題は、一転してさまざまな学説の捉え方に移り、最後の断片二五まで続く。レオーネはこれらの断片を「付記（excursus）」と見ており、プレイヤード版は、前段落と切り離した扱いにしている。

（4）「これらの用語から」の原語は、*ἀπὸ τούτων τῶν μερῶν*. 直訳は「これらの部分から」。レオーネ訳は、「これらの用語使用に基づいて（in base all'uso di questi termini）」。プレイヤード版訳は「これらの問題に基づいて（sur la base de ces questions）」。文脈からすれば「語法のあり方」を受けた表現と考えられ、「部分」は個々の「用語」を意味するだろう。

（5）［　］内はレオーネによる補い。

（6）［　］内はレオーネによる補い。プレイヤード版も従っている。

（7）原語は、*συμπεφορημένος*. 「寄せ集める人」はその原意の直訳。プレイヤード版はこの語をテオプラストスの、「アポロニアのディオゲネスは、……ある事柄をアナクサゴラスに基づきながら、別の事柄をレウキッポスに基づきながら、彼の書物の大部分を寄せ集める仕方で（*συμπεφορημένως*）書いた」（「断片」二二六A（Fortenbaugh et al.））という文の「寄せ集める仕方で（*συμπεφορημένως*）」を「編集の仕方で（à la manière d'une compilation）」と訳し、本断片の *συμπεφορημένος* も「編集者（compilateur）」と訳している。他方、フォーテンバウらの訳は、「折衷的な仕方で（in an eclectic manner）」。テオプラストスの断片の文脈から見れば、「折衷的な仕方で」がその含意と見られ、「寄せ集める人」とは「折衷する人」のことであろう。いずれにせよ、ここではさまざまな学説を寄せ集める人（折衷する人）の態度が批判されていると見られる。なお、エピクロスによる本巻執筆の主要な資料は、テオプラストスの『自然学説誌』であったように見える（プレイヤード版註）。

（8）［　］内はレオーネによる補い。プレイヤード版も従っている。

考えをしている人をほめるといったことはなく、またこの特定の人が語っているこの特定のことを賞讃しながら、次に逆に他の人が語る、それと反対のことを賞讃するようなこともないのである。むしろ、この特定の人の正しい結論の種類をほめ、次に逆に別の人の結論の種類をほめるとき、彼がほめているのは、この特定の人の結論の種類と対立するものではなくて、それと調和するようなものであって、あらゆる場合に、彼はそのようにふるまうのである。しかし何よりもまず、私が言っていたように、彼は前者の人たちの何かを正しいと見なしているとは思っていないし、後者の人たちのどれについてもそう思ってはいないのである。したがって、彼は詩人たちやソフィストたち、また弁論家たちを引き合いに出すこともないのである。ともかくこれらの人たちは、正しい結論をもつあらゆる［推論への理解］[1]を欠いているからである……。

(*PHerc.* 1148 col. XLI; Leone, p. 63 = Arr. 29. 29)

二四　……注意を傾ける人たちに対して、説得推論的なもの[2]や箴言的なもので騒ぎをひき起こす者たち[3]の……。また、一貫性のあるものを何も結びつけない人は、さまざまな学説においてまったく言葉の誤用をしていると［正当に言ってよい[4]］。のみならず、ある特定の学説に従って歩もうと企てながら、突然、別の学説に従って歩み始める者も同様であって、一つのものについては一つのものに従うべきなのだ。しかし、全面的な仕方で一つの学説の議論を用いようと企てるのではなく、その議論を［行なったうえで、同時に[5]］ある程度だけ変更を加え、固有の学説へと立て直す人[6]は、そうではない……。

(*PHerc.* 1148 col. XLII; Leone, p. 64 = Arr. 29. 30)

二五　……実際、彼らの本性から偶然に出てきた正しい種類の結論さえだめにしたのだから、彼らは言葉を誤用したり、見解を寄せ集めたりしていると言ってしかるべきである。しかし、推論された事柄や偶然によって生じる差異のない何らかの語や表現の共通性のために、当の差異をもはや感じとることのできない者たちは、全面的に沈黙するように。

(*PHerc.* 1148 col. XLIII; Leone, p. 64 = Arr. 29. 31)

---

(1)［　］内はプレイヤード版による補い。

(2)「説得推論的なもの（*ἐνθυμηματικός*）」とは、アリストテレスの術語である「説得推論（エンテューメーマ、*ἐνθύμημα*）」に由来する語。「説得推論とは、ありそうなこと、あるいは、しるし（セーメイオン）からの推論である」と言われ（アリストテレス『分析論前書』第二巻第二七章七〇a一〇）、厳密な論証ではなく、蓋然的な前提（ありそうなこと）や何らかの証拠（しるし）に基づく推論であって、「弁論術的推論（レートリコス・シュロギスモス）」とも呼ばれている（アリストテレス『弁論術』第一巻第二章一三五六b五）。この断片では、「説得推論的なもの」は「箴言的なもの」と並べられており、論証を欠いた断言的なものという意味で使われているように見える。

(3)「騒ぎをひき起こす者たち」とは、寄せ集める者たちを指している（プレイヤード版の解釈）。なお、「騒ぎ（*θόρυβος*）」は、本巻断片五の「動揺（*τάραχος*）」を意味するかもしれないが（レオーネの解釈）、むしろここでは賞讃の騒ぎ（喝采）と解されよう。アリストテレス『弁論術』第一巻第二章一三五六b二四―二五に、「説得推論による弁論の方がいっそう騒ぎを巻き起こす（世の喝采を博す、*θορυβοῦνται*）」という表現が見える。

(4)［　］内はプレイヤード版による補い（on peut dire justement）。

(5)［　］内はレオーネによる復元。

(6)この人は、「知恵のある人」とも「寄せ集める者」とも異なるように見える（プレイヤード版註）。

二六　エピクロス

『自然について』第十四巻　三八〇〇行

クレアルコスのアルコン時代に書かれた(1)

(*PHerc.* 1148 の署名; Leone, p. 64)

第十五巻(2)　アナクサゴラス説

一　……したがって、もしだれかが［哲学しながら(3)］自分自身に煩いをもたらすのであれば、それは私が述べたたぐいの理由による。しかし時が経つにつれ、もしその人が必要なことを何か行なうとすれば、……

(*PHerc.* 1151; Millot 5 = Arr. 30. 5)

二　……存在するさまざまなものの［もろもろの第一の自然本性(4)］については、［そしてそれらから(5)］異なる合成体が生じるのだが、……。まさに、「同質の部分（ホモイオメレイア）」［を示すことが(6)］ないという

(1) 前三〇一／三〇〇年

(2) 第十五巻は第十四巻に続いて、万有の構成要素に関する多元論の批判が展開されていたと見られる。第十四巻では、ミレトス派の一元論やエンペドクレス、プラトン主義など、限定された数の要素による世界説明が取り上げられていたが、第十五巻では無数の要素を想定するアナクサゴラスの無限定

な多元論が扱われる。その内容の要約は、第十四巻同様、エピクロスの『自然学者たちへの反論の要約』（『生涯』二七参照）に含まれていた推定される。第十五巻のパピルス断片は第十四巻よりも乏しいが、現存しており（*PHerc.* 1151）、訳出にあたってテクストはミロ（Millot, 1977, pp. 9-39）により（異なる場合は註で示す）、構成は文意をなさない断片を省いたプレイヤード版に従っている。断片の指示については、パピルス（*PHerc.*）の番号とミロの編集番号とともに、アリゲッティ（Arr.）の編集番号をも示す。

（3）「哲学しながら」の原語は、分詞の *φιλοσοφῶν*. アリゲッティは、複数属格の名詞 *φιλοσόφων* を復元している。これを読めば、訳は「哲学者たちのだれかが」となる。プレイヤード版も従っているが、「しかし時が経つにつれ（*προϊόντος δὲ χρόνου*）」という文脈からすれば、「だれか」は「哲学者」であるよりも、むしろ哲学を手がける人、哲学の初心者であって、ここでは哲学しながら出会う困難を克服する方法が問題になっていると見られる（ミロ）。

（4）［　］内はアリゲッティによる推定復元。

（5）［　］内はアリゲッティによる推定復元。

（6）［　］内はアリゲッティによる推定復元。アリゲッティは、この断片は「第一の自然本性（原子）」の形の多様性を述べたものと解し、ルクレティウス『事物の本性について』第二巻三三三―三四八の、「さてその次に、万物の根源はどんなものであり、／その型においてどれほど大きな差異を示しているか、／どれほど多くの形に分かれているかを聞きたまえ。／……／さらにまた、人間の種族、物言わずして泳ぐ／うろこもつ魚の種族、楽しげな家畜、野獣の群れ／さまざまな鳥たち……／これらのうちどれか一つを種族ごと取ってみよ。／いずれも仲間どうし違った形をもつことを見出すだろう」といった記述の参照を求めている。しかし本断片の「同質の部分（*ὁμοιομέρεια*）」が、原子の形態ではなく、アリストテレス以来使用されている、アナクサゴラスの「同質部分体」を指すのであれば、この断片は原子とその合成体の話ではなくて、エピクロスによるアナクサゴラス説批判になろう（ミロ）。ルクレティウスに次の言葉が見える。「さて次にアナクサゴラスのホモイオメレイアなるものを吟味しよう。／この名はギリシア人の名づけるところで、私たちの国語では／言葉の乏しいため言い表わすことのできないものではあるが、／しかしその事柄そのものを言葉で示すことは難しいことではない。／まず第一に、物のホモイオメレイアと称するものについて／彼が考えているのは、たとえば骨は極小微細な／骨片からつくられ、また極小微細な／肉片から肉はつくられ、血もまた／多くの血の滴が集って生じることである」（『事物の本性について』第一巻八三〇―八三八）。

ことは、……。

(*PHerc.* 1151; Millot 7 = Arr. 30. 7)

三　……命あるものを観想し、創造するものたちは、[1] ……。しかしながら、……［……という］このものの観念は、[2] 生じる必要のないものであり、記憶もまた……。

(*PHerc.* 1151; Millot 9 = Arr. 30. 9)

四　……実際、何であれ明らかであるものの名が呼ばれるのは、これら特定の最も多数のものから、つまり「同質部分体（ホモイオメレー）」からそれ[3]がつくられている仕方だ［とある人は主張する］[4]のだから、……[5]。

(*PHerc.* 1151; Millot 11 = Arr. 30. 12)

五　……また、……に基づく、[6] これこれの種類の表象を、どうしてそれらの合成体は、もっと言われるのだろうか……[7]。

(*PHerc.* 1151; Millot 12 = Arr. 30. 13)

六　……もし人が原子の多様性を……無限に……すれば、[8] ……が存在していただろう。……は、ちょうど……のように、秩序づけられるだろう……。

(*PHerc.* 1151; Millot 14 = Arr. 30. 15)

---

(1) ここで語られている主語（女性複数形）の特定は困難であるが、問題となっているのは、命あるものの出現であろう（ミロ）。

その場合、命あるものの造り主として、何らかの神的な存在が考えられる。しかし『ピュトクレス宛の手紙』九七では、「神的な本性は、これらの事象［月や太陽の周期の規則性］のためにけっして導入されるべきではなく、むしろその本性は厄介な奉仕を免れているものとして、十全な至福のうちに保持されるべきである」という記述が見える。本断片の主語も「神的な本性」と推測され、エピクロスはそれをもち出すことを批判していると考えられる。

（2）［　］内は、パピルスに見える「……ρος」という語尾の訳。ミロは「命あるもの」の例として、「人という（ἀνδρός）」を推測している。この断片の含意は、「人」が神や造り主によって創造されるものでないとすれば、創造の前提となる人の「観念（ἔννοια）」も「記憶」も不要であるということであろう。

（3）「それ」は女性単数形。『ヘロドトス宛の手紙』四〇で言われる「合成体（σύγκρισις）」が推定される（ミロ）。

（4）［　］内はプレイヤード版による補い。

（5）この断片では、アナクサゴラス説が扱われていると見られる。アリストテレスは『自然学』第一巻第四章一八七b一―七でアナクサゴラス派の人々について、「彼らの言うところによれば、すべてどんなものも、すべてどんなものからでも生ずるのを目にしてきたからには、すべてのものがすべてのもののうちに混在しているのである。そして、諸事物が相互に異なったものとして現われ、別々の呼ばれ方をしているのは、無限の諸事物の混在状態にあって数量的にとりわけ優越しているものがあることによる、としている。なぜなら、総体として純粋に白いものとか黒いものとか甘いものとか、あるいは肉質とか骨とかである、ということはなく、それぞれのものが最も多くの割合で含有しているものが、その事物の本性をなすものであると見なされている、というのが彼らの主張である」と述べている。

（6）アリゲッティは「構成（σύστημα）に基づく」を推定している。

（7）この断片は、前断片の続き。アナクサゴラス説の批判がなされていると見られる（ミロ）。

（8）原子の「多様性（παραλλαγή）」とは形の多様性のことであろう。『ヘロドトス宛の手紙』では、「原子の形の相違は無条件に無限にあるわけではなく、ただ捉えきれないほど多い」（四二節）と言われ、形の無限性が否定されており、さらに原子の大きさの無限性も否定されている（五五―五六節）。

七　……その時、……と語ることは、……あるいは、……の必然が、もろもろの自然本性につけ加わり、……他のものから離れる(1)……、……そして感覚はけっして、……しない(2)……。

(*PHerc.* 1151; Millot 15 = Arr. 30. 16)

八　……感覚に関係づけながら、……。しかし彼は、この述語づけが感覚内容のどれだけをそのように包み込んでいるかに目を向け(3)、そして……。

(*PHerc.* 1151; Millot 17 = Arr. 30. 18)

九　……が導き出される、そして原子の場合も劣らず同様に、この種のものはあの種のものよりも、けっして少なくないと言う(4)ことは、……。

(*PHerc.* 1151; Millot 19 = Arr. 30. 20)

一〇　……それらの原子を放出することが(5)……。実際、このようなことは何か存在するものをすでに明らかにしており、またもし他のもろもろの……が(6)……であれば、……は存在していたであろう……。

(*PHerc.* 1151; Millot 20 = Arr. 30. 21)

一一　……このように、……を導くことが(7)……。われわれがまさに最初から選択した事柄こそ、われわれのために組織化されると私は主張する……。

(*PHerc.* 1151; Millot 21 = Arr. 30. 22)

（1）これは、原子の動き方について述べているのであろうが、原子の形の差異が有限であることを示そうとする議論かもしれない。ルクレティウス『事物の本性について』第一巻四九五―四九八では、「それゆえ形の新しさには粒子［原子］のかさの増加が／伴う。したがって種子［原子］の形には／無限の差異があると信ずることは不可能なのだ。／そうでなければ、巨大な種子［原子］が存在することになろう」と語られている。

（2）「反証しない」が推定されるかもしれない（ミロ）。

（3）主語の「彼」も、「この述語づけ（κατηγορία）」の内容も明らかでないが、判断の検証が感覚によってなされる仕方が説かれているのであろう。『ヘロドトス宛の手紙』三八では、「あらゆることを感覚に基づいて見定めるべき」と言われている。

（4）「けっして少なくない（μηδὲν ἔλαττους）」はプレイヤード版に従った訳。原語は「けっして小さくない」とも読める（ミロの訳）。『ヘロドトス宛の手紙』五五で、「原子の大きさには何らかの差異があることは認めるべきである」と言われており、この断片でも原子の数ではなく、大きさの差異のことが論じられていると推測されるかもしれない。しかしより重要なのは同四二節で、「各々の形ごとに、似ている原子は無条件に無限にある」と言われていることである。

（5）「合成体」が像（表面の原子）を放出することについて言われているのであろう。

（6）「他のもろもろの（αἱ ἕτεραι）」は女性複数形であり、「原子」とも「合成体」とも解しうるが、定かでない。

（7）この一文をアリゲッティは、「等式によって（τοῖς ἰσασμοῖς）論証を導くことが」と訳し、この断片を方法論的なものと解している。しかしミロは、「導く」の原語ὑφηγεῖσθαιには、「論証を導く」という意味の用法はなく、むしろ「だれかを導く」「案内役をする」といった意味であり、「等式によって」ではなく、「等しい資格の者たち（τοῖς ἰσοτίμοις）」（同じ考察を享受する者たち）を推定し、この断片の含意をそういった人たちを助けるものと推定する。いずれにせよ、推測の域を出ない。

一二　……それらを運び、それらを覆うことになるものにとっては、[1]……だとすでに言われた。そしてそれら自体は、それらを覆うものによって保持されるだろう、ちょうど……もまた、……。

(*PHerc.* 1151; Millot 22 = Arr. 30. 23)

一三　……小部分からなる塊の[2]……。

(*PHerc.* 1151; Millot 22A = Arr. 30. 24)

一四　……は、まったくその説の最良の説明である。……もろもろの合成体の形態に基づく性質によるのではなく、［同質部分体[3]］が、自然本性的に……現われているように思われる……。

(*PHerc.* 1151; Millot 23 = Arr. 30. 26)

一五　……［自然に関する[4]］研究にたずさわっている人たちを……。しかし原理のなかで、どのようなものが正しいのか、あるいは正しくないのかについて、もろもろの見解を見きわめることもまた、……まさに彼ら自身が、……自然的なものの……において、……。

(*PHerc.* 1151; Millot 24 = Arr. 30. 27)

一六　……その説を……。実際、形[5]に依存しない性質に基づいて、同質の部分は、……。

(*PHerc.* 1151; Millot 25 = Arr. 30. 28)

一七　……何に関するものであろうと、それぞれの結論が成り立つかぎり、議論のなかで演繹によってまとめられているものは、そして［循環によるもろもろの結論は］[6]、……であるのだから、……。

(1)「それらを運び、それらを覆うことになるもの」とは、「それら」（物体内部の原子）を包む表面の原子のことと推測され、この断片は合成体の形の保持が問題になっていると見られる（ミロ）。しかし、『ヘロドトス宛の手紙』六四に、「もし魂が残りの集合体［身体］によって何らかの仕方で覆われていなかったならば、感覚を得ることはなかったであろう」と言われており、ここでは「それら」（魂の原子）を覆うものとしての身体が考えられているように見える。その場合には、反対の立場のアナクサゴラス説との関連が認められるだろう。プラトンの『クラテュロス』で、「身体が生きて動きまわるように、身体全体の自然本性を抱え、運ぶのは、魂のほかにない」と言われたうえで、「他のあらゆるものの自然本性を秩序づけ抱えているのは知性であり魂である」という見解がアナクサゴラス説として紹介されている（四〇〇Ａ五―一〇）。

(2)「塊（ὄγκος）」とは粒子群のこと。粒子群は原子の小さな合成体（『ヘロドトス宛の手紙』五二参照）。

(3)［　］内はプレイヤード版による推定。原語は、「ὁμοιο（類似の）」という接頭辞のみ。語尾がなくミロは訳出していないが、プレイヤード版は「同質部分体（homéomères）（ὁμοιομερῆ）」としており、訳はそれに従った。

(4)［　］内はアリゲッティによる復元。プレイヤード版も従っている。

(5)「形」とは、原子の形態ではなく、むしろ物体の形であろう（ミロ）。

(6)「循環によるもろもろの結論は（ἐπιφορᾶι περιφοραῖς）」はヴォリアーノに従ったアリゲッティによる復元。ミロは「現に、もろもろの結論によって（ἐπειδὴ ἐπιφοραῖς）」を復元しているが、この断片と次の一八の断片では、「結論（ἐπιφορά）」「演繹（καταφορά）」「循環（περιφορά）」という三つの術語が使われていたと見られる。

(*PHerc.* 1151; Millot 26 = Arr. 30. 29)

一八　……演繹［によって］[1] まとめられ、第一の結論において固有でないもののうち、……を示すために、[2]……。

(*PHerc.* 1151; Millot 27 = Arr. 30. 30)

一九　……われわれの学説にとっては、……。そのことは、多くの理由により、行なう必要がないのである……。[3]

(*PHerc.* 1151; Millot 28 = Arr. 30. 31)

二〇　……人間のために、……魂を……。[4]

(*PHerc.* 1151; Millot 31 = Arr. 30. 32)

二一　……「神霊的なもの（ダイモニオン）」の本性に関する想定から生まれた［不安は］[5]、まさに取り除かれようとしていた。そして［汚れなき者］[6] は、最も敬虔なものについて、……を思い浮かべるようなこともなく、……。……自然に関する研究にたずさわっている者たちが吟味するのは、この存在でもなければ、あの存在でもなく、……何らかの共通性による存在なのである……。

(*PHerc.* 1151; Millot 34 + Q = Arr. 30. 35)

二三　エピクロス

『自然について』第十五巻　三二〇〇行

ヘゲマコスのアルコン時代に書かれた[7]

（*PHerc.* 1151 の署名[8]; Millot 1A）

第十六巻―第二十四巻[9]

［欠落］

（1）［ ］内はミロによる補い。

（2）矛盾しないものを示すために（ミロの示唆）。「示すために」の原文は、ミロによるアオリスト不定形の、ἐνδεικνύ[σα]σθαι（示した）ではなく、アリゲッティの復元に従い、現在不定形の、ἐνδείκνυ[σ]θ[αι（示す）を読む。プレイヤード版もアリゲッティに従っている。

（3）文脈が定かでなく、文意は特定できない（ミロ）。

（4）脱落が多く文意をなさないが、倫理への移行が推測される。

（5）［ ］内はプレイヤード版による補い。

（6）［ ］内の「汚れなき者（ἀμ[ί]αντος）」はミロによる推定。プレイヤード版は欠語にしている。

（7）前三〇〇／二九九年。

（8）この署名は、誤ってパピルス断片の最初に置かれたもの。ミロはそのまま最初に置き、編集番号1Aとしているが、プレイヤード版はもとの位置に戻し最後に移しており、訳出はそれに従った。

（9）第十六巻から第二十四巻までのすべての巻については、パピルス文献の証拠は一切なく、またこれらの巻に関する最小限の証言も残されていない。したがって、現在のところ、これらの巻の内容はまったく知られない。

第二十五巻(1)　魂、生み出されたもの、行為

一　……魂と残りの自然本性がその「生きもの（ゾーオン）」をつくり出すということは、(2)……そして一体と考えられているのに、その生きものを構成するとわれわれが言っていた［魂的な］(3)自然本性と［残りの］(4)自然本性が、他のことしか考えないということは、(5)……。……目に関してではなく、(6)……。

（*PHerc.* 419 fr. 7; Laursen a, p. 72）

二　……しかるべき仕方で推論することが、……。なぜならそれは、(7)属性とその属性がそなわっているものと(8)言わねばならない何か一つのものでもなければ、ある［異なった］(9)距離から［眺められる］(10)場合の異なるものでもなく、また……でもないのだから……。

（*PHerc.* 419 fr. 5a; Laursen a, p. 73）

（1）第二十五巻から最終巻の第三十七巻までのパピルス文献も乏しい。例外は、この第二十五巻、そして第二十八巻、第三十四巻の三つの巻である。第二十五巻の断片はいくつかのパピルス（*PHerc.* 1191, 1420, 1056, 419, 697）から構成され、訳出にあたって、テクストは基本的にラウルセン（Laursen, 1995, pp. 66-108 [Laursen a]、および Laursen, 1997, pp. 14-49 [Laursen b]）により（異なる場合は註で示す）、構成はプレイヤード版に従うが、補ったものもある。断片の指示は、パピルス（*PHerc.*）のほか、関連するパピルス内の断片（fr. = frammento）、また必要に応じて、枠（c. = cornice）、小片（pz.

＝pezzo）、帯（z.＝zona）の番号を示すとともに、ラウルセンのページ数、およびラウルセンと対応箇所がある場合には、アリゲッティ（Arr.）の編集番号をも示す。第二十五巻は、パピルス断片から見て、魂の構成と発達、およびそれらに基づく行為論が展開されていたと見られる。なかでも決定論の論駁は最も重要な課題であったと推測される（本巻断片三一参照）。

（2）この文の「残りの自然本性」とは身体を指し、「その生きもの（τὸ ζῷον）」とは人間のことであろう。『ヘロドトス宛の手紙』六四に同様の表現が見られ、「もし魂が残りの集合体［身体］によって何らかの仕方で覆われていなかったならば、感覚を得ることはなかったであろう」と言われている。しかしこの断片では、感覚ではなく、人間の思考が問題となっている。

（3）［　］内はラウルセンによる復元。

（4）［　］内はラウルセンによる復元。

（5）この断片は心身関係にかかわっているように見えるが、続く言葉が欠けており文意が判然としない（ラウルセン）。「他のこと（τὸ ἕτερον）」とは、自分以外のことと推測される（本巻断片一四、一五参照）。

（6）目が自分自身を見る可能性と魂が自分自身を知る可能性に関するプラトンの議論が関連しているように見える（『アルキビアデスI』一三二D—一三三C参照）。

（7）「それ」とは魂に生じる作用（たとえば、「意志」）のことと推測される（後註（10）参照）。

（8）「属性とその属性がそなわっているもの」とは、たとえば、「熱さと火」。属性は本質的なものと考えられており、火から熱さを取り除くことはできず、これらは「一つのもの」である。

（9）［　］内はプレイヤード版による補い。

（10）［　］内はプレイヤード版による推定。ラウルセンは「（ある距離のところから）入って来る（τὸ ἀπό τινος διαστήματος ἐπεισερχόμενον）」を推定しているが、ここでは視点の相違が述べられていると見られる。「異なった距離から眺められる」とは、微視的に見られるということであろう。たとえば、火が微視的に見られれば、原子の集合体。この断片で語られていることは、主語の「それ」が、熱さと火のような「一つのもの」でもなければ、微視的に見られる「異なるもの」（原子）でもないということであろう。問題となっている主語の「それ」とは、いわば「発現している属性」として、たとえば、「意志」のようなものが考えられる（プレイヤード版註）。意志は魂の属性として魂と一体のものでもなければ、隠れた原子という異なる存在とも区別される。

三[1]　……怒りの……を……、予見するもの[2]はそのような作用を受けるのである。なぜなら、欲望に関しては、結果として生じるすべてが予見に基づくわけではないからである[3]……。

(*PHerc.* 1420, c. 1, pz. 4, z. 1; Laursen a, p. 86 = Arr. 35. 5)

四　……向こうに横たわっているものとして、……。なぜなら、たとえこの事象[4]がどのようにしてひき起こされるかを人が発見しなくても、それでも［原子から構成されている[5]］と言われる魂には、［それが生じたことが認められねばならない[6]］のだから。しかしながら、論理的な方法というのは、この事象に基づいて推論したうえで、……成し遂げられるだろう……。

(*PHerc.* 1420, c. 1, pz. 5, z. 1; Laursen a, p. 88 = Arr. 35. 7)

五　……原因の説明には、最初の［構成[7]］が……。

(*PHerc.* 1191, c. 6, pz. 1, z. 2; Laursen a, p. 89)

六　……予見されるものに似ており、……内に残され、把握されうるような動きの……は[8]、外側から……、もろもろの能力の……。

(*PHerc.* 1420, c. 1, pz. 5, z. 2; Laursen a, p. 89 = Arr. 35. 8)

七　……［ある人たちにはより多く、他の人たちには[9]］より少なく刻印しながら、またある人たちにはご

(1)この三から以下の六までの断片は、プレイヤード版には収録されていない。しかし、ある程度判読可能であり、重要と思われ

る内容も含まれているので訳出した。

（2）「予見するもの」は中性単数であり、魂の部分あるいは機能と解される（ラウルセン）。

（3）欲望の源泉に言及する重要な断片。ルクレティウス『事物の本性について』第四巻八七七―八九一でこう言われている。「さて次には、私たちが望めばなぜ歩みを運ぶことができ、／手足にさまざまな運動を与えることができるのか、／いかなるものがこれほど重い私たちの体を前に押しやる習いなのか／説明しよう。あなたは私の言葉を聞きたまえ。／私は言う、まず私たちの心（animus）に歩くことの像がやって来て／心をゆする、そのことは先に言ったとおりだ。それからして／意志（*voluntas*）が生じる、実際、心があらかじめ何を欲しているかを／見なければ誰も何事も始めはしないのだから。／何かを心があらかじめ見ればそのものの像が現われる。／それゆえ心が歩み進むように自分を動かすと／全身の中、手足関節の中に散らばっている／魂（anima）の力を心がすぐに打つ。／それはやり易いことである。なぜなら二つは結び合わされているのだから。／それから今度は魂が体を打つ、そして／体全体が少しずつ押され、動いてゆく」。ここで最初にやってきて意志を生み出す「歩くことの像」は予見に基づくものではない。

（4）「事象」の原語は、*σύμπτωμα*（シュンプトーマ）。エピクロスの術語では「付帯性質」を意味するが（『ヘロドトス宛の手紙』六七参照）、ここでは一般的な意味（出来事、事象）で言われている（ラウルセン）。

（5）［　］内はラウルセンによる推測。

（6）［　］内はラウルセンによる推測。

（7）［　］内はラウルセンによる推定。「最初の構成」はエピクロスがしばしば用いる術語（断片二〇など）。人間の生まれながらの原子構成を意味する。

（8）このくだりは、『ヘロドトス宛の手紙』五〇の、「われわれが精神であれ感覚器官であれ、それらの把握作用によって捉える形や属性のどのような表象であっても、その表象が当の固体の形なのであって、それは像が次々に集まったものによって、あるいは内に残ったものによって生じるのである」という記述と関連する。「内に残され、把握されうるような動き」とは、精神や感覚器官の内に残った像の集まりの動きであろう。

（9）［　］内は、関連するパピルス断片（*PHerc.* 1191, c. 6, pz. 2, z. 2, col. 3; Laursen a, p. 91）によって補われる（ラウルセン）。プレイヤード版も従っている。

くわずかに刻印することさえないが、感覚器官に入り込んでくるものに似た形をしたいくつかの［像］(1)は、それらに向こう側から道が用意されたことから、(2)ふたたび精神の合成体にも入り込んでくるのであって、(3)精神の構成そのものもまた、その諸要素(4)を通じて、入り込んでくる原子とあらかじめ存在するもろもろの孔(5)との相違に応じた仕方で、少なくとも多くの場合、原因(6)を担っているのである。しかし生み出されたものの思考内容もまた……(7)。

(*PHerc.* 1420, c. 2, z. 2; Laursen a, p. 91 = Arr. 35. 10)

---

(1)［ ］内はラウルセンによる補い。プレイヤード版も従っている。

(2)「向こう側から道が用意されたことから（*ἐκ τοῦ ἐκεῖθεν προοδοποιηθῆναι*）」は、プレイヤード版に従った訳。ラウルセンは「向こう側から（*ἐκεῖθεν*）」を「入り込んでくる（*παρεμπιπτόντων*）」にかけているが、文法的に難がある。「向こう側から」とは、感覚器官の側から、の意。ルクレティウス『事物の本性について』第四巻九七三―九七七に、「多くの日々を引き続き演芸の仕事に／心を打ち込んだ人は、よく知られているように、／それを感覚で楽しむことをすでにやめてしまっても、／それでもなお、心の中にひらいた道が残っていて、／それを通って物の同じ像が現われてくる」という記述が見える。

(3)『ヘロドトス宛の手紙』四九では、「われわれがものの形を見たり考えたりするのは、外的な事物から何かがわれわれの内に入ってくることによると見なさなければならない。なぜなら、外的な事物がそれ自身の色や形の本性をわれわれに刻印することは、……もろもろの事物から、それらと似た色や似た形をした何らかのさまざまな形象が、視覚や精神に適合した大きさに従って、すばやく移動しながら、われわれの内に入ってくることによる」と言われている。視覚の対象も精神の対象も「形象」（像）であるが、この断片では、精神の対象は像であっても、「感覚器官に入り込んでくるもの［像］に似た形」をしていると言われ、心的な像と感覚的な像との

相違が示唆されている（ラウルセン）。

（4）「その諸要素」とは、精神を構成する「諸原子」のことであろう（プレイヤード版註）。

（5）「孔」とは原子間の空虚な間隔のことであり、そこのところをより微細な原子が通過しうる（プレイヤード版註）。「あらかじめ存在するもろもろの孔」とは、精神を構成する原子間の空隙。ルクレティウス『事物の本性について』第四巻六五二―六五六では、「孔にはより小さなもの、より大きなものがあり、／またあるものでは三角、あるものでは四角であり、／丸いものも多く、またさまざまに角多いものがあるに違いない。／なぜなら、もろもろの原子の形の配列および運動が要求するように／孔の形も違い、体を引き締めている組織と同じく／通路もさまざまに変化しているに違いないのだから」と言われている。

（6）行為の原因（責任）のこと（次註参照）。

（7）ここに現われる「生み出されたもの（ἀπογεγεννημένον）」は本巻でしばしば用いられるエピクロスの術語。その含意をめぐって近年多くの論争があるが（(1)原子に還元されない精神の状態、(2)原子に還元されうる精神の状態、(3)行為主体、など）、基本的な意味は魂に後天的に「生み出されたもの」あるいは「発達したもの」と考えられる。広義には後天的な「人の魂のあり方」「人格」を指すだろう。ここでは「生み出されたもの」の思考内容もまた、行為の原因（責任）を担うといった趣旨の文が続くと推測される。

八　……あらゆるものに先行の動きからの原因をもたせると同時に(1)、議論を反転させながら(2)、……（まさにそれゆえ、巧みさによって(3)、実際、君たちはここまでの愚かさに至ったのだが）、むしろこう［言わねばならない(4)］、さまざまな記憶や、それらに伴う記憶に類似した状態は、生み出されたものそのものに属するのだと(5)……。

（*PHerc.* 1420, c. 2, z. 3; Laursen a, p. 92 = Arr. 35. 11）

九　……だが、他の場合にはまた、二つのそれぞれに(6)独自のものがある。なぜなら、それらの原子(7)は、生み出されたものに対し［……(8)］何も行なわないからである。しかし、ある場合には、原子の組み合わせに基づいて一つの作用があるけれども、……多くのもの(9)を同じ機能へ結びつけたり、時には別の機能へ結びつけたりする［何らかの分離(10)］もある。他方、記憶の……は、そのもろもろの始まりから、……。

(1) これは、あらゆる事象が先行の動きによって引き起こされるという決定論的な主張。ここで念頭に置かれている「動き」は、直前の断片七の議論との関係から、精神や感覚器官、あるいは「生み出されたもの」の動きが考えられる（ラウルセン）。

(2)「反転させながら」の原語は、*περικάτω τρέποντες*. 反転（ペリトロペー）については、セクストス・エンペイリコス『学者たちへの論駁』第七巻三八九―三九〇で、「ところで人は、デモクリトスやプラトンがプロタゴラスに反論して教示したように、反転のゆえに、あらゆる表象が真であると言うことはできないであろう。というのも、もしもあらゆる表象が真であるとすれば、あらゆる表象が真であるわけではないということもまた、表象に即して成立するのであるから、真であることになろう。またかくして、あらゆる表象が真であるということは偽になるであろう」と説明されている。つまり、ある主張A（たとえば、あらゆる表象は真）が成立するなら、

それによって、非A（あらゆる表象は真であるわけではない、という表象）もまた真となるから、Aがくつがえされる（反転する）ことになる。反転の議論とは、自己論駁の議論にほかならない。

（3）「巧みさ（*εὐφυΐα*, 素質のよさ）」は、続く「愚かさ（*ἀφυΐα*, 素質のなさ）」との対比からプレイヤード版によって推定されたもの。ラウルセンは「素朴さ（*εὐήθεια*）」を推定しているが、この断片は「反転」議論に言及するものであり、「巧みさ（素質のよさ）」も「愚かさ（素質のなさ）」に反転する事態が言われていると考えられる。

（4）［ ］内の「言わねばならない（*ῥητέον*）」はラウルセンによる復元。この復元は他のパピルス（*PHerc.* 1191）からも確実であり、これによれば、主語は一般的に「人」であるが、実質的にはエピクロス自身になろう。プレイヤード版は「君たち」を推定し、「［君たちは］言わねばならない」と訳しているが、*ῥητέον* の用語法に合わないだろう。

（5）「さまざまな記憶や……は、生み出されたものそのものに属する（*αὐτῶν τῶν ἀπογεγεννημένων* ..... *τὰς μνήμας γίνεσθαι*）」は、「さまざまな記憶や……は、生み出されたものそのものを対象とする」とも訳せる（プレイヤード版の訳）。しかしここで言われているのは記憶の対象ではなく、記憶も生み出されたものの一つということであろう（Németh, 2017, p. 130 n. 33）。

（6）「それぞれ」とは定かでない。以下の文から見れば、原子と「生み出されたもの」のことと推測される。

（7）魂を構成する原子のことであろう。

（8）［ ］内は「何か共通のことを」が推定されるが、文法上の難点からラウルセンは空白にしている。プレイヤード版は「共通の仕方では」という訳を補っている。

（9）プレイヤード版は「多くのもの（*πολλά*）」について「多くの生み出されたもの」を推定しているが、ラウルセンは、*πολλά* を副詞用法として「しばしば」の意味に解し、「結びつけたり」の目的語として「二つの部分」を補い、「しばしば二つの部分を」と訳している。プレイヤード版の推定の方が自然であろう。

（10）［ ］内はプレイヤード版による読み。欠けた綴り *διαλη* から、*διάληψις*（分離、区別）を復元するマーシのテクスト（Masi, 2006, p. 76）に従っていると見られる。*διάληψις* は原子の作用にかかわるものであり、認識論上の単なる「区別」ではなく、物理的な「分離」と考えられる。「分離」とは原子運動間の連関が途切れること。原子の「逸れ」に関する言及は、エピクロスの現存テクストにはどこにも見出されず、ここでも同様であるが、「分離」は「逸れ」に相当する可能性があるかもしれない（プレイヤード版註）。

(*PHerc.* 1420, c. 2, z. 4; Laursen a, p. 93 = Arr. 35. 12)

一〇 ……集合体、とりわけ、精神の合成体のところで生じる衝撃からの動きはただちに途絶えるのではなく、苦しみの状態が解かれてゆく仕方に基づいて、その像の……という印象からの……を、適合するものに基づいて、……。(1)

(*PHerc.* 1420, c. 1, pz. 1; Laursen a, p. 94 = Arr. 35. 1)

一一(2) ……われわれはこの特定のものを集合体として［だけでなく］(3)、原子としても、また動いている原子としても、あるいは集合体としても呼びうるのであって、ただそれらが下方へ動くことそのものが語られるだけではないのである。(4) 実際、もろもろの属性の多様な……は、［同じ物体にそなわっている］(5) 属性に基づいて、……。

(*PHerc.* 1056, c. 2, z. 2; Laursen a, p. 102 = Arr. 34. 11)

一二 ……共通のものの多くを、(6) それらの基にあるものとともに認めながら、(7) そのうえで、像の一定の流入に基づいて、十分に把握せずに判断を加えるかぎりのものについて、(8) あるいは十分に把握されないものからの類推によって判断を加えるかぎりのものについて、別の判断を加える場合に、(9) ……

(*PHerc.* 1056, c. 3, z. 1; Laursen a, p. 104 = Arr. 34. 13)

---

(1) 文意は明らかでないが、ルクレティウス『事物の本性について』第二巻九六三―九六六に、「苦痛が生じるのは、物質の粒子

が／何らかの力によって、生きた肉体、手足にわたって／かきたてられ、内部の自分の座で混乱する時であり、／もとの位置に帰るときに快い悦びが生じる」と言われており、同様の見方は、精神の苦痛を述べたこの断片の内容にもあてはまるであろう（ラウルセン）。

(2)この断片のテクストは、アリゲッティによる。ラウルセンのものには誤植（「動いている原子としても」の脱落）がある（ラウルセン自身、後の論文［Laursen b, p. 5 n. 1］でその旨記している）。

(3)［ ］内はアリゲッティによる復元。プレイヤード版も従っている。

(4)原子は本質的に下方に動くと考えられているが、集合体内部においては、衝突などによって多様な動きをする。

(5)［ ］内はアリゲッティによる復元。

(6)「共通のもの」とは、「属性」のこと（プレイヤード版註）。

(7)「基にあるもの」の原語は、「ヒュポケイメノン（ὑποκείμενον）」、原意は「基に置かれたもの」。アリストテレスの術語として通常「基体」と訳されるが、エピクロスはこの語を「対象」の意味で用いている（『ヘロドトス宛の手紙』五〇参照）。ここでは、属性の基にある対象のこと。

(8)「十分に把握せずに」の原語は、ἀπεριλήπτως. ラウルセン訳に従ったが、プレイヤード版は「想像過程によって」、アリゲッティは「感覚経験と関係なく」と訳す。ルクレティウス『事物の本性について』第四巻八〇二―八一七に、「そして像は希薄なのだから、心をこらして見なければ、／はっきり見ることができない。それゆえ今あるものも／すぐに消えてゆく、もしそれを見ようと心が待ちかまえない限りは。……それからまた私たちは小さな印の上に大きな推測をつけ加え、／そして、みずから錯覚の罠の中に捕えられる」という記述が見える。

(9)この断片の一行目の「認めながら（καταλειπόντων）」および最後の「判断を加える場合（προσδοξαζόντων）」の原語は複数属格の分詞であるが、三人称複数の命令文にも読める。ラウルセンは「彼らに放棄させ、……判断を加えさせよ」と訳し、この一文を混乱したエピクロス主義者たちに向けられたものと解する。しかし καταλειπόντω はエピクロスによってしばしば「認める」の意味で使われ、全体は分詞構文と見られる（プレイヤード版の解釈）。

一三　……が[1]物体的な粒子から作られていることを、次に、それは[2]さらに自分自身の共通の状態[3]を考察するのである。というのも、それはこれら[4]以外のものを思考することすらできないからである、これらが物体であろうと、あるいは類推によってその場所[5]であろうと[6]、……。

（*PHerc.* 1056, c. 3, z. 2; Laursen a, p. 104 = Arr. 34. 14）

一四　……彼[7]は自己自身によって、自己自身のことを、似ていて差異のないもの[8]に基づいて考える――ちょうど思惟されるものがこれと[9]何か一つのものであるかのようにして――と言われる［だけではない[10]］だろう。彼はまた、自己自身によって、他のものから[11]、自己自身へ向かうものとも言われるだろう。そして何らかの状態において自己自身のことを考えると言われるかぎり、……。

（1）主語としてアリゲッティは「魂」を推測しているが、プレイヤード版は「身体」を推測している。続く文章から見れば「身体」のように見えるが、「魂」の可能性も排除できない。

（2）「それ」とは、魂（*ψυχή*, アリゲッティ）か、あるいは精神（*διάνοια*, ラウルセン）のことであろう。プレイヤード版も両方の可能性を推測しているが、続く「さらに……考察する」や、次文の「思考する」という表現から見れば、「それ」とは「魂」よりもむしろ「精神」を指すと見られる。

（3）「自分自身の共通の状態」の意味は判然としない。ラウルセンは「精神自身の一般的な状態」と解するが、プレイヤード版は「魂自身と身体との共通の状態」と解する。おそらく後者であろう。その場合、「共通の状態」とは、魂が「身体との隣接性と共感性に基づいて、当の身体にも与えていた」感覚のことと推測される（『ヘロドトス宛の手紙』六四参照）。

(4)すなわち、身体や、身体と魂との共通の状態。

(5)「場所」とは「空虚」の別名であり、アリゲッティは「空虚」と意訳しているが、プレイヤード版は「空間性(spatialité)」(「身体」の広がり)を示唆している。エピクロスによれば、魂は物体であり、身体と同じ広がりをもつものだからである(『ヘロドトス宛の手紙』六五参照)。

(6)『ヘロドトス宛の手紙』四〇に、「物体と空虚のほかには何ものも、想像によってであれ、想像しうるものからの類推によってであれ、考えることすらできない」と言われている。

(7)主語の「彼」は男性単数と想定されており、ラウルセン訳に従ったもの。女性形の「魂」(アリゲッティの補い)ではありえない。ここでは魂と身体との合成体としての「人間」が問題になっていると推測される(プレイヤード版の示唆)。テーマは人間の自己認識であろう。セクストス・エンペイリコス『学者たちへの論駁』第七巻二八五に、「もしも人間の全体が全体的に自らを探求し、そしてそれといっしょに(つまり、全体が全体的に自らを思惟するのといっしょに)思惟されるとすれば、把握されるものは、もはや何も存在しないであろう。しかしこれはおかしなことである。また他方、もしも全体が探求されるものであり、そしてそれといっしょに(つまり、探求されるのといっしょに)全体が思惟されるとすれば、今度は、探求するもの、すなわち把握を行なおうとするものが、何も残らないであろう」と言われ、この断片では同様の問題が扱われていると見られる(ラウルセン)。

(8)「似ていて差異のないもの(τὸ ὅμοιον καὶ ἀδιάφορον)」とは、自己自身のことであろう。考える自己と考えられる自己は、似ていて差異がない。

(9)「これと」の原語は女性形の、*ταύτῃ*であり、「この仕方で」とも訳せる語。プレイヤード版は「この点から見ると」と解しているが、語法的には「一つのもの」と結びつく代名詞であろう。ラウルセンは「これ」について「精神(*διάνοια*)」の可能性を示唆している。その場合、ここの内容は、アリストテレス『形而上学』Λ巻第九章一〇七五a三―五の、「質料をもたないかぎりのものについては、思惟されるものと、思惟とは別のものではなく、同じものであって、思惟作用と思惟されるものとは一つである」という記述と酷似する。

(10)[ ]内はラウルセンによる補い。

(11)「他のものから(*ἐκ τῶν ἄλλων*)」は、ネーメトの提案に従った(Németh, 2017, p. 13)。ラウルセンは「他のもののなかで(*ἐντὸς ἄλλων*)」、プレイヤード版は「他のものを除いて(*ἐκτὸς ἄλλων*)」を推測しており、原語は確定しがたいが、ネーメトの推定が最も自然である。

(PHerc. 1056, c. 3, z. 3; Laursen a, p. 105 = Arr. 34. 15)

一五　……［自己自身のことを何か特定の仕方で］[1]考えると言われる［のではなく］[2]、私が表明した仕方で考えると言われるだろう。すなわち、それは[3]自己自身によっても自己自身のことを考えると言われ（さもなければ、あらゆる［生きもの］[4]は、あらゆる点で自己自身のことを感覚できなくなってしまうであろうし、またこれら[5]に関する推論を把握することも困難であろうから）、感覚内容を手がかりにして推論するような仕方ではなく、私の主張によれば、まさに次のような仕方で、……。

(PHerc. 1056, c. 4, z. 1; Laursen a, p. 106 = Arr. 34. 16)

一六　……と、私は言った。そして全体についての推論が生み出され、その推論は、私が先の議論で述べたもろもろの動き［とすべての］[6]事柄に由来する原因をそなえている。……。

(PHerc. 697, c. 2, pz. 2, z. 1; Laursen a, pp. 106-107 = Arr. 34. 3)

一七　……ある［状態］[7]は、何らかの［像の］[8]流入に基づいて生み出されることによってひき起こされ、他の状態は、［身体と魂の］[9]隣接性に基づいてひき起こされるのである（そしておそらく、われわれの本性の不安定な部分ではなく、多かれ少なかれ、自分自身の内なる目的を記憶し推論する部分に基づいてもひき起こされるのである）[10]、さらにまた、……。

(PHerc. 1056, c. 4, z. 2; Laursen a, p. 107 = Arr. 34. 17)

一八　……自然の目的(11)を追い求め、自然本性によって捉えていた……、精神は……、注意深く測定する仕

(1)［　］内はラウルセンによる補い。

(2)［　］内はラウルセンによる補い。プレイヤード版も従っている。

(3)「それ」は中性単数と想定されている。したがって「それ」は身体か、あるいはむしろ身体と魂の合成体と推測されるが（プレイヤード版註）、「考える（*διανοεῖσθαι*）」との関連から見れば、明らかに後者である。エピクロスが念頭に置いているのは、「生きもの（ゾーオン）」としての人間であろう（本巻断片一参照）。

(4)［　］内はラウルセンによる補いの訳。プレイヤード版も従っている。

(5)「これら」が何であるのかは不明（ラウルセン）。

(6)［　］内はアリゲッティによる復元。プレイヤード版も従っている。

(7)［　］内はラウルセンによる推定。プレイヤード版は「精神の状態」と解している。

(8)［　］内はアリゲッティによる訳の補い。ラウルセンやプレイヤード版も同じ解釈。

(9)［　］内はプレイヤード版による補い。『ヘロドトス宛の手紙』六四に、「その別のもの［魂］は、その動きにより自分に実現された能力を通じて、感覚という付帯性質をただちに自らのためにつくり上げるとともに、その性質を身体との隣接性（*ὁμούρησις*）と共感性に基づいて、私が述べたように、当の身体にも与えていたのである」と言われている。

(10)（　）内をラウルセンは「隣接性」の事例と解し、「そしておそらく（*καί που*）」を「たとえば」と訳しているが、*καί που* の用語法から見て、（　）内はむしろ「隣接性」に対する補足であろう。

(11)人間の自然本性が目指すもの。身体の健康と「動揺のなさ（*ἀταραξία*）」、あるいは快楽のこと（『メノイケウス宛の手紙』一二八―一二九、および一三三参照）。「自然の目的」はエピクロスがしばしば用いる表現（『主要教説』二五など）。

方を思い出したのである。[1] そしてこの仕方をそれは、自然の目的のために記憶によって捉えながらも、さまざまな判断のなかで、あるいは他の仕方で［この目的から逸れながら］[2]、心地よいものや苦しいものを差し出していたのである――私が以前に大いに書きつけていたように。したがってまた、実際どれだけ、……。

（*PHerc.* 697, c. 2, pz. 2, z. 3/ *PHerc.* 1056, c. 4, z. 3; Laursen a, p. 108 = Arr. 34. 18）

一九[3]　……似ていない……に対して、……ある時、［精神は］[4] 思い出した、あるいは思いだすのと類似の感情を得て、その状態に留まった。そこで、静かに、……そして最も大きな不安をもたらすものを考察することによって、……とりわけ、……人間と人間を超えるものに関する自然な感情［によって引き起こされる］[5] 不安を……、そして見えざるものの……。

（*PHerc.* 697, c. 2, pz. 2, z. 3/ *PHerc.* 1056, c. 4, z. 4; Laursen b, p. 14 = Arr. 34. 19）

二〇　……いっそう必要であったものごとの記憶、あるいは記憶と類似の状態が内部に生じたのは、明確にされた、すべてを吟味するものとの関係づけがなされたからであって[6]、不明確な、判別を必要とするものとの関係づけによるのではない。他方また、そのことの記憶は[7]、あるいは記憶と類似の動きは、ある面では、ただちにともに生じていたが[8]、他の面では[9]、原理と原因をもちながら成長していったのである。その原因は、一方で、もろもろの原子の、同時にまた、生み出されるものの、最初の構成の原因であり、他方で、われわれがあらゆることを行なう場合の、もろもろの原子の成長してゆく構成の原因であり、同時にまた、生み出

されたものそのものの構成の原因でもあるが、生み出されたものそのものは、ある場合には、……を生み出したものとの対立を必然的に［ひき起こす］(10)……。

(*PHerc.* 1191, c. 4 + c. 7/ *PHerc.* 1056, c. 5, z. 1/ *PHerc.* 697, c. 2, pz. 2, z. 4; Laursen b, pp. 16-17 = Arr. 34. 20)

---

(1)「思い出した」の主語は定かでない。ラウルセンは中性単数と解し「それ（it）」と訳しているが、アリゲッティは「精神（la mente）」を推定している。プレイヤード版はこの一文を訳出していないが、先行の文（アリゲッティには収録されていない *PHerc.* 697）に「精神（διάνοια）」の語が見え、アリゲッティの推定は誤っていないであろう。

(2)［ ］内はプレイヤード版による補い。

(3)この断片一九から最後の三六までは、Laursen b（三一六頁註（1）参照）のテクストによる。

(4)［ ］内はアリゲッティによる補い。ラウルセンは「彼」を、プレイヤード版は「知者」を補っているが、パピルス（*PHerc.* 697）から見れば、主語はアリゲッティが補うように「精神」であろう。

(5)［ ］内はプレイヤード版による補い。

(6)『生涯』三一に、「『カノーン』のなかでエピクロスは、感覚と先取観念、および感情が真理の判断基準だと述べている」と伝えられている。「すべてを吟味するもの」とは、感覚や、先取観念、感情のことであろう。

(7)「そのことの記憶（τούτου μνήμη）」における「そのこと」とは、「すべてを吟味するもの」のことであろう。プレイヤード版は「先行する記憶（précédent souvenir）」を推測しているが、「そのこと」は中性単数であり、文法的に難がある。

(8)含意は、生まれるとともに生じていたが、ということ。先天的な記憶のことが言われている。

(9)すなわち、後天的な記憶の場合には。

(10)［ ］内はラウルセンによる補い。

二一　……一緒に押し込められた［もろもろの原子］[1]に基づいて生じる［物体の］[2]…［だけでなく］[3]、一緒に押し込められた［もろもろの原子］[4]もまた、明らかに同じ仕方で……。なぜなら、それらは一緒に押し込められると、そのようなものを生み出し、そうした活動を開始しうる本性をもっていたからであり、同じ距離から［眺める］[5]仕方に基づくと、［同じ諸原子］[6]が、……。

(*PHerc.* 697, c. 3, pz. 1, z. 1; Laursen b, p. 18 = Arr. 34. 4)

二三[7]　……先に述べられた仕方で［生じ］[8]、同じものごとを成し遂げうるものであることは、……。しかし、これらのことやそれらのことを成し遂げるものに本性上なりうる多くのもの[9]が、そうしたことを成し遂げるものになっていないのはそれら自身のゆえにであって、それらを構成する原子とそれら自身の両方に属する同じ原因によってではないのである。まさにこのようなものに対して、とりわけわれわれは戦い、非難するのである、ちょうどあらゆる動物たちの場合のように、最初からの乱れた本性にしたがう態度のゆえに……[10]。というのも、このようなものにとっては、その構成原子の本性は、ある行動に対しても、行動の程度や性格傾向の程度に対しても何ら作用しなかったからであって、生み出されたものそのものが、何かこうした事柄の原因の全体を、あるいは大半を担っているのである。また、それらの原子のうち、いくつかのものはその

（1）［　］内はラウルセン、プレイヤード版による補い。女性名詞として原子（不可分な本性）が補われるのは確実であろう。

（2）［　］内はプレイヤード版による補い（des corps）。ラウル

センは「事物の（of the things）」を補っているが、ここではおそらく、物体としての「魂」（あるいは「精神」）の構成が問題になっていると見られる。

（3）［ ］内はラウルセン（Laursen, 1988, p. 8）による補い。

（4）［ ］内はラウルセン、プレイヤード版による補い。

（5）［ ］内はプレイヤード版による補い。「同じ距離から眺める」とは、構成要素の原子といわば同じ物理的次元から眺める、ということ（プレイヤード版註）。

（6）［ ］内はアリゲッティによる復元。含意は、一緒に押し込められた諸原子の集まりは物体（ここでは「魂」あるいは「精神」）としての合成物であるが、その実質は「同じ諸原子」ということであろう。

（7）プレイヤード版は断片二二、二三、および二八から三三までロング&セドレー（vol. 2, pp. 104-108, 113, vol. 1, pp. 102-104）のテクストと訳に従っている部分があり、以下の註では、その旨を示す必要がある場合、（ ）内にLSの略号を示す。

（8）［ ］内はアリゲッティによる復元。ラウルセンもプレイヤード版も従っている。

（9）「多くのもの」の原語は、πολλά. 中性形であり、ラウルセンは「多くの生み出されたもの」と解しているが、LS, およびプレイヤード版は「多くの生きもの」と解する。LSの根拠は、本巻断片二八後半部（LS 20j）の、「……われわれは時には、なおいっそうそれ（LSは「自己決定する動物」、プレイヤード版は「生きもの」、ラウルセンは「生み出されたもの」と解する）を咎めるのである。とはいえその場合、いっそう勧告的な仕方によるのであって、生み出されたものそのものと最初の構成とを同じように一つのものへと織り合わせながら、野性の動物たちをわれわれが清めるような仕方によるのではないのである。実際、野生の動物には、われわれは勧告的な仕方や矯正的な仕方を用いないし、また「無条件に報復的な」（LSによる復元）仕方も用いないのである……」という箇所に見られる動物の記述である。しかし直前および直後の文章から見れば、「多くのもの」は「多くの生きもの」ではなく、「多くの生み出されたもの」であろう。含意は、おそらく「多くの人格」。

（10）プレイヤード版は欠落部分に、LSに従って「憎みながら」を推定している。

本性から乱れた動きをするが、その動きは全面的にそれらの原子によるわけではなく[1]、取り巻いているものから自然な……へ必然的に入り込んでくるものによるのである。……すべての［原因は[2]］それらの原子の最初からの構成そのものと、そして……集合体の……、生み出されたものそのものからの……。

（*PHerc.* 1191, c. 4 + c. 7/ *PHerc.* 1056, c. 5, z. 2/ *PHerc.* 697, c. 3, pz. 1, z. 2; Laursen b, pp. 19-20 = Arr. 34. 21 = LS 20B 1-4）

二三　……多くの人々と戦い、同時にまた勧告しながら……、これは、同じ方法の強制的な原因[3]と反対のものである。そのようにして、それらの原子とのある種の差異を[4]――異なった距離から［眺める場合[5]］のような仕方ではなく、何らかの区別しうる仕方で――受け取るものが生み出されるときはいつでも、それ[6]は自分自身からの原因を得るのである。次に、それはただちにもろもろの第一の自然本性[7]までその原因を伝え、その原因の全体を何らかの仕方で一つにするのである[8]。したがってまた、このようなことを適切に区別できない人たちは、原因の判定について自らを嵐に巻き込んでいるのであって、まさにこれらの事柄に関して、われわれはある者たちとはより多く、他の者たちとはより少なく、戦い、非難し、そして……。

（*PHerc.* 1191, c. 4 + c. 7/ *PHerc.* 697 c. 3, pz. 1, z. 3/ *PHerc.* 1056, c. 5, z. 3; Laursen b, pp. 22-23 = Arr. 34. 22 = LS 20B 5-7）

二四　……は、自分自身からの原因によるのではなく、最善の行動や思考に属する原因によるのである。

（1）「全面的にそれらの原子によるわけではなく」の部分を、プレイヤード版は、LS による推測に従い、「［彼らの行動の原因とす

べきものは」全面的にそれらの原子であるわけではない」と［　］内を補って訳し、あとを欠文にしているが、ラウルセンによる欠文の復元はほぼ確かであり、LSの推測は誤っているであろう。

(2)［　］内はラウルセンによる推定。

(3)「同じ方法の強制的な原因」という表現は奇妙である。「強制的な」は「同じ方法」の註記であるかもしれない（ラウルセン）。この表現全体の含意は単に「強制的な方法」であろう。

(4)「それらの原子とのある種の差異」はLSに従った訳。原文の、τῶν ἀτόμων（直訳は、「それらの原子の」）の属格をどのように解するかで訳は違ってくる。ラウルセンは「それらの原子のうちで、ある種の差異を」と訳している。LS訳は「生み出されたもの」と原子との非同一性を明瞭にするが、ラウルセン訳もその含意をもっているかもしれない（たとえば、原子の以前の状態との差異など。Cf. Annas, 1993, p. 56, n. 17)。「差異」の原語 ἑτερότητα は、その形容詞「ἕτερος（異なる）」と同様、属格とともに用いられると見られ、その自然さから訳はLSに従った。「生み出されたもの」にかかわるその「差異」がどの程度かについては、解釈の余地がある（三二一頁註（7）参照）。

(5)［　］内はLSおよびプレイヤード版による補い。

(6)三人称単数の「それ」は、「生み出されたもの」（ラウルセン）であって、「彼」（［LS］）ではないであろう。

(7)「もろもろの第一の自然本性」の原語は、πρῶται φύσεις. ラウルセンは、精神のある種の発達した状態、あるいは心のある種の能力を示唆するが、プレイヤード版は、魂を構成する原子と解する。後者であろう。

(8)「一つにする」とは、自分自身からの原因の全体を第一の自然本性と一つにする（統合する）ということであろう。LSは「一つにする」ではなく、「規準にする」という読みを採用しているが、パピルスの読みとして難がある。プレイヤード版も「一つにする」を採用している。

……その時、われわれはそれら[1]とけっして戦うのではなく、もろもろの原子……とともに、……を［助長した[2]］ために、自分自身と戦っているのである[3]。そしてわれわれは自分自身からの［悪い[4]］原因を憎むけれども、あるいは、少なくとも……であるかぎりのものには、それらに最初からの［構成[5]］と共通のものがもはや属していなければ、勧告しないけれども、また……しばらくの間、同じ原因から……。

(*PHerc.* 1191, c. 7/ *PHerc.* 697, c. 3, pz. 1, z. 4/ *PHerc.* 1056, c. 5, z. 3; Laursen b, p. 23 = Arr. 34. 23)

二五　……をもってはいるが、柔軟性[6]をもたない人たちとは、われわれは戦わない［だけでなく[7]］、最も時宜にかなったことをするよう、彼らに呼びかけることも、促すことも試みないのである。というのも、自然本性自体が悪く合成されていて、ものごとに原因を別の仕方で結びつけようとはしない、その自然本性のせいで、すでにその人は固まってしまっているからである。その固さは、……と似た固さであり、……また、彼らは原因をもち出していても、われわれがもち出すかぎりの事柄に対してではないのである……。

(*PHerc.* 1191, c. 7/ *PHerc.* 697, c. 3, pz. 1, z. 1/ *PHerc.* 1056, c. 5, z. 4; Laursen b, p. 25)

二六　……われわれが自然本性を原因にしようと、その人を原因にしようと、何ら違いはなく、われわれは両方の語[8]を同じものに適用しており、また、この種の表現を［用いる[9]］とき、その自然本性を咎めながら、同様にその人を咎めているのである。ある時には、肉体における最初の構成や、肉体の……を構成するものに関して……われわれは咎めるのである。……。(*PHerc.* 1191, c. 7 + c. 8/ *PHerc.* 697, c. 3, pz. 2, z. 2; Laursen b, p. 26)

二七　……と、述語づけられる自然本性(10)についてであって、そのもの自身とか、彼自身とさえ呼ばれる自然本性(11)についてではない。また、精神の面において、たとえ生み出されたものの最初の構成が何かを強いるとしても、(12)必然的に特定のこのものにいたるまで、この種のものが生み出されてゆくわけではない。むしろ

（1）最善の行動や思考。

（2）「助長した（*συνεπενεγκαμένοις*）」のテクストはプレイヤード版の読みに従う。ラウルセンは「導入した（*ἐπενεγκαμένοις*）」を読んでいる。その場合には、「知性を導入した（*νοῦν ἐπενεγκαμένοις*）」という復元の可能性が考えられるが（ラウルセン）、パピルスの状態が悪く定かでない（プレイヤード版註）。

（3）この一文は、プレイヤード版に従った訳。ラウルセンは、「自分自身と戦っており」の主語として「彼ら」を補って、「[彼らは] 自分自身と戦っており」と訳しているが、主語を「彼ら」にするのは文法的に困難である。

（4）[　] 内はプレイヤード版による推定。

（5）[　] 内はプレイヤード版による補い。

（6）「柔軟性」の原語は、*ἀτονία*. 原意は「緊張のなさ」。しばしば、「怠惰」「弛緩」など否定的な意味をもつが、ここでは続いて述べられる「固さ」との対比で肯定的な含意をもつと見られ、プレイヤード版に従って「柔軟性（malléabilité）」の訳を採用した。ラウルセン訳は、直訳の "the lack of tension".

（7）[　] 内はラウルセンによる補い。

（8）「非難」と「賞讃」であろう。

（9）[　] 内はプレイヤード版による補い。

（10）勇気ある、臆病な、などと形容される自然本性（プレイヤード版註）。

（11）行為や性格の原因（責任）を帰しうる自然本性。

（12）「生み出されたものの最初の構成が何かを強いる」の原文は、*τι ἐκβιάζηται ἡ πρώτη σύστασις τοῦ ἀπογεγεννημένου.* ボブツィンは、この文を、「最初の構成が生み出されたものから何かを追い払う」と訳しているが（Bobzien, 2021, p. 137）、文脈に合わない。中動相の *ἐκβιάζηται* の意味は、ここでは「追い払う」ではなく、むしろ「強いる」であろう。

この種のものがこのようなものから[1]必然的に生み出されてゆく場合、魂が生じるまで、あるいはまた、ある程度の傾向や動きをもつ魂が生じるまでのことであって、この種のものが生み出されたとしても、それが必然的に特定の種類の魂にいたるわけではないのである。あるいは、年齢が進むときにはいつでも、この種のものが生み出されてゆくのは必然に基づくのではなく、何か他のものをも［生み出し］[2]うる自分自身から、あるいは自分自身からの原因から……。

(*PHerc.* 1191, c. 7 + c. 8/ *PHerc.* 697, c. 3, pz. 2, z. 3/ *PHerc.* 1056, c. 6, z. 1; Laursen b, p. 28 = Arr. 34. 24)

二八　……最初の［構成］[3]をなす構成的な［原子が、もし］[4]生み出されたものを［つくり出さなかった］[5]とすれば、しかも他のものがなしうる仕方でそうしなかったとすれば、そしてこの最初の構成がさしあたり別のものを何もつくり出さず、何らかのことを短期間に成し遂げることもなく、強制されて抵抗するようなこともせず、……生み出されたものが何かをなすとすれば、その場合、他の点で[6]、生み出されたものが同じものを[7]すべてもっているなら、われわれは生み出されたものから責任を免れさせることはない。しかしわれわれはそのもの[8]とその構成とを一体のものにしながら、［これらを］[9]同じように清めるが、少なくとも勧告せず、また意味のないある種の言語習慣に基づいて、われわれが多くの点を改めさせるようなこともないのである。というのも、責任を免れているものというのは、必然的に……最初の構成から免れているべきであって、その構成と同じ結果を達成するものではないからである。しかしもしそれ[10]がまた、すでに自分自身からの原因のゆえに、劣悪であるその最初の構成と似たものへと進んでゆくなら、われわれは時には、なお

いっそうそれを咎めるのである。とはいえその場合、いっそう勧告的な仕方によるのであって、生み出されたものそのものと最初の構成とを同じように一つのものへと織り合わせながら、野性の動物たちをわれわれが清めるような仕方によるのではないのである。実際、野生の動物には、われわれは勧告的な仕方や矯正的な仕方を用いないし、また［無条件に報復的な］(11)仕方も用いないのである……。

（*PHerc.* 1191, c. 7 + c. 8/ *PHerc.* 697, c. 3, pz. 2, z. 4, 5/ *PHerc.* 1056, c. 6, z. 2; Laursen b, pp. 29-31 = Arr. 34. 24-25［LS 20j］）

二九　……第一の始めからわれわれにはもろもろの導く種子があり、あるものはこれらのものへ、他のものはそれらのものへ、また別のものはこれらとそれらの両方のものへいつもわれわれを導くのであり、行為

（1）最初の構成の原子のことであろう。
（2）［　］内はラウルセンによる補い。
（3）［　］内はラウルセンによる補い。プレイヤード版も従っている。
（4）［　］内はラウルセンによる推定。プレイヤード版も従っている。
（5）［　］内はプレイヤード版による補い。
（6）「他の点で」の原語は、*ἄλλα*.「しかし（*ἀλλά*）」を復元する可能性もあるが、文脈上採らない。
（7）最初の構成と同じ性格のもの。
（8）生み出されたもの。
（9）［　］内はラウルセン訳による補い。含意は、生み出されたものと最初の構成との全体を。プレイヤード版は、「この存在を（cette entité）」と訳している。
（10）ラウルセンは「生み出されたもの」と解している。プレイヤード版は「生きもの」、LSは「自己決定する動物」と解しているが（vol. 2, p. 113）、文脈からすれば、「生み出されたもの」であろう。
（11）［　］内はLSによる復元。プレイヤード版も従っているが、アリゲッティは「あまりにも容赦のない」を復元している。

であろうと、思考であろうと、性格傾向であろうと、多かれ少なかれ導くのである。したがって、すでに生み出されたものがこれこれの性質のものになるのは、ある場合には、無条件にわれわれに起因するのである。そしてわれわれを取り巻くものから必然的にもろもろの孔を通って流れ込んでくるものが、ある時に［これこれの性質のものに］(1)なるのは、われわれに起因するのである、あるいはむしろ、われわれ自身によるわれわれの判断に起因するのである。(2)そしてもし自然本性に反して……。

（*PHerc.* 1191, c. 8, pz. 1, z. 5/ *PHerc.* 697, c. 4, pz. 1, z. 1/ *PHerc.* 1056, c. 6, z. 3; Laursen b, pp. 32-33 = Arr. 34. 26 = LS 20C 1）

三〇　……作用を受けることはたえず生じるけれども、……われわれの最初の構成のなかや、われわれを取り囲みながら、われわれの内に入って来るものの機械的な必然性のなかだけでなく、われわれが自分自身のなかにも原因をもっているかのようにして、われわれが互いに勧告し、戦い、改善するということは、……。なぜなら、もし勧告する過程にも、勧告される過程にも、そのつど自分自身に属するものの機械的な必然性を帰する人がいるとすれば、……非難したり賞讃したりするとき、彼は自分のふるまいを理解することが［できないだろう］(3)から。しかしもし彼がそのふるまいを行なうとすれば、彼はわれわれ自身の場合に、われわれが思い浮かべるような、原因の先取観念に基づくその行動をそのまま認めていることになるだろう(4)し、単に名前だけを変えてしまっていることになるだろう、(5)……。

（*PHerc.* 1191, c. 8, pz. 2, z. 1/ *PHerc.* 697, c. 4, pz. 1, z. 2/ *PHerc.* 1056, c. 7, z. 1; Laursen b, p. 35 = Arr. 34. 27 = LS 20C 2-4）

三一　……これほどのさまよい。なぜなら、このような言説はひっくり返っており、あらゆるものが、われわれが「必然に基づく」と呼んでいるようなものであることをけっして確証できないからである。まさにこの点について彼は[6]、相手が愚かにふるまっているのは[7]相手自身によるかのようにして、その相手と戦っているのである。たとえ彼が、相手がそうしているのはかえって必然によるのだと、いつも議論によって、際限なく主張するとしても、彼が適切に推論したことの原因を自分自身の方に結びつけ、適切でない仕方で推

（1）［　］内はラウルセンによる補い。

（2）主語の「流れ込んでくるもの」というのは、外界の対象からわれわれに入ってくる視覚や精神に適合した大きさの「形象（テュポス）」ないし「像（エイドーロン）」のことである（『ヘロドトス宛の手紙』四六、四九参照）。ここの一文の意味は、情報の受容はわれわれに依存する、あるいはより正確には、われわれ自身が形成した判断に依存する、ということであろう（ラウルセン）。

（3）［　］内はLS（vol. 1, p. 103）に従ったプレイヤード版の補い。

（4）非難や賞讃。

（5）この文の「そのまま認めている」の原語は、*καταλείπων*. ラウルセン訳は「見捨てている（deserting）」。また「名前だけを変えてしまっている」については、次断片参照。

（6）「彼」とはエピクロス派の論敵（LSおよびラウルセン）。プレイヤード版は三人称単数の主語を、前文を受けて「言説」と解しているが、「戦っている」の主語はやはり論敵であろう。

（7）「愚かにふるまっている」の原語は、*ἀβελτερευομένῳ*. ここでは論争相手の発言内容を指す表現と見られる。プレイヤード版は「愚かなことを言っている（il dit des sottises）」と訳し、LSは「無意味なことを言っている（talking nonsense）」（vol. 1, p. 103）と意訳している。ラウルセン訳は、acts foolishly.

論したことの原因を論争相手の方に結びつけている点で、彼は正しく推論してはいない[1]。しかしもし彼が自分のなすことを自分自身に帰着させるのではなく、必然に帰するのであれば、［一貫すること[2]］さえないだろう……。われわれ自身によって［なされている[3]］と言われるものを「必然」という名前で呼ぶことは、単に名前を変更しているにすぎない。しかし彼が論証すべきは、そのようなものについて、われわれが［輪郭の劣悪な[4]］たぐいの先取観念を形成したうえで、それをわれわれが、われわれ自身による原因と呼んでいることなのである、……。

(*PHerc.* 1191, c. 9 + c. 8/ *PHerc.* 697, c. 4, pz. 1, z. 3/ *PHerc.* 1056, c. 7, z. 2; Laursen b, pp. 36-37 = Arr. 34. 28 = LS 20C 5-8)

三二　……しかし君たちが主張していることからすると、「必然による」という表現を［「空虚なもの[5]」］と呼ぶことになるが、……。そしてもしだれかがこの説を論証しようとせず、また、われわれがその原因を「われわれ自身による」と呼びながら遂行する行動を思いとどまらせるような、われわれのなかの役立つ要素も衝動も彼が一切もたずに[6]、われわれが今その原因を「われわれ自身による」と名づけながら、何らかの仕方でなそうと努力しているあらゆることを、彼がその場で「必然」と呼ぶなら[7]、彼は単に名前を取り替えているにすぎないだろう。また彼は、ある場合にどのようなことが必然に基づくかを見てとる人が、強制に抗して何かをなそうと努力する人たち[8]をいつも思いとどまらせるように、そのようにしてわれわれの行動を改めさせることもないだろう。しかるに精神は、その時、どのような行動が、何らかの仕方でわれわれ自身からなされ、なそうとする意欲によるもの[9]と見なすべきか、これを見出そうとするだろう。というのも、そ

れはほかになすべきことも言うべきことも何ひとつもたないのだから……。(10)

(*PHerc.* 1191, c. 9 + c. 8/ *PHerc.* 697, c. 4, pz. 1, z. 4/ *PHerc.* 1056, c. 7, z. 3; Laursen b, p. 39 = Arr. 34. 29 = LS 20C 9-11)

三三　……まったく考えられないことだ。しかしもしだれかがその点を力ずくで主張するのでなければ、

(1)「正しく推論してはいない」の原文は、*οὐκ ἐπιλογίζεται.* 含意は「事実を考慮に入れていない」。LS訳は、「経験的に推論してはいない」。ラウルセン訳は、「データに基づいて推論してはいない」。この原語の用法については、『自然について』第二十八巻断片四、および三五三頁註(3)参照。

(2)[ ]内はLS(vol. 1, p. 103)による推定。

(3)[ ]内はラウルセンによる補い。プレイヤード版も従っている。

(4)[ ]内はLS(vol. 2, p. 106)による復元。

(5)[ ]内はプレイヤード版(LS)による推定(*κενόν*)。

(6)「思いとどまらせるような、われわれのなかの役立つ要素も衝動も彼が一切もたずに(*μηδ᾽ ἔχει ἡμῶν τι συνεργὸν μηδ᾽ ὅρμημα ἀποτρέπειν*)」という原文はぎこちない。脱落の可能性が推測されるが(ラウルセン)、このまま読めば、「一切もたずに」の含意は、「一切考慮せず」「一切示さず」ということであろう。

(7)この文の「その場で」はプレイヤード版に従った訳。原語は、*κατὰ χώραν.* アリゲッティやLSは*κατὰ μώραν*(愚かな[必然]で)を採用しているが、語法に難がある。

(8)たとえば、死の不可避性を免れようとむなしく努力する人たち(cf. LS, vol. 1, pp. 108-109)

(9)プレイヤード版は、LSのテクストに従って否定詞を補い、「意欲によるものでない」という意味に訳しているが、原文校訂に難がある。

(10)この一文は、プレイヤード版に従った訳。ラウルセン訳のように、「それ[あるいは、彼]は、……と言うほかなすべきことを何ももたない」とも訳せるが、三人称単数の主語は、文脈から見れば、「彼」(決定論者)ではなく「精神(*διάνοια*)」であろう。

さらにまた、少なくとも自分が論駁している事柄や導入している事柄を明示するのでなければ、私が以前からくどくど言っているように[1]、単に表現が変えられているにすぎないのである[2]。[↓ 三四]

(*PHerc.* 1191, c. 9 + c. 8; Laursen b, p. 40 = Arr. 34. 30 = LS 20C 12)

三四　だが、最初に十分に原因を語った人たち[3]、みずからの先人たちよりはるかに傑出していただけでなく、後代の人とくらべても何倍も傑出していた人たちというのは、たとえ多くの事柄において大きな問題を軽減したとしても、あらゆることの原因を必然や機械的なものに帰する点で、自分たちの言っていたことを忘れたのである。まさにこのようなことを教える言説そのものは崩壊したのであって、その人[4]は、行動において自分の見解と衝突していることを忘れていたのである。そしてもし行動に際してその見解について何らかの忘却が生じなかったとすれば、彼はたえず自分を混乱させていただろう。また、そのような見解が支配するかぎり、彼はこの上もない苦境にさえ落ち込むだろうし、他方、支配しなければ、彼は自分の行動と自分の見解との矛盾のゆえに葛藤で満たされることになろう。

だから、以上の事柄はこのような次第だから、こうした問題をついでに片付けようとした際に、私が最初から語っていた主題についても説明しなければならない、[何らかの同じような災いがわれわれに降りかかることのないように[5]]……。

(*PHerc.* 1191, c. 9 + c. 8/ *PHerc.* 697, n. 4, pz. 2, z. 1/ *PHerc.* 1056, c. 7, z. 4; Laursen b, pp. 41-42 = LS 20C 13-15)

三五　……そしてしばしば両方のもの(6)は同じ原因を分けもっているが、一方が他方に引き込まれてしまうこともなければ、どちらか一方が時間の経過や、年齢や、別の原因によって他方に引き込まれ、強制されて、こうした事態の多くをひき起こすといったこともないのである。

したがって、目的そのものについての考察、および始源が、原因を担っていたのであって、われわれもまた原因を担っていたのである。しかるに、われわれからのものは、次の点の認知であった(7)。すなわち、もし基準が何であり、もろもろの判断を通じて達成されるすべてのことを判定するものが何であるかをわれわれが把握しようとせず、ただ多くの人々の傾向に理由もなく従おうものなら、われわれが何かを探求する場合

（1）本巻断片三一、三二参照。

（2）次に断片三四が直ちに続く。そのことを［↓　三四］によって示している。

（3）原子論の創始者たちのことであろう。

（4）デモクリトスのことであろう。

（5）［　］内はLSによる復元。

（6）「両方のもの（ἀμφότερα）」が何を指すか、必ずしも明らかでない。内容的には次段落の、「目的そのものについての考察（τοῦ τέλους αὐτοῦ ἐπιλόγισμα）」と「始源（ἀρχή）」のことであろう（Németh, 2017, p. 121）。ボブツィンも同様に解しているが、この「始源」を「始源（的な本性）（the origin（al natures））」と推測している（Bobzien, 2021, p. 146）。しかし「始源（ἀρχή）」は、エピクロスが「根源的な要素」の意味でしばしば使う表現であり（『ヘロドトス宛の手紙』三九、『ピュトクレス宛の手紙』一一六）、「始源的な本性」を意味しないと考えられる。むしろこの断片の文脈では、「目的」の始源として快楽が念頭に置かれているように見える。

（7）以下の文は、ウーゼナーによって「真正の主要教説」と指摘されている（Usener, 1887, p. XLV）。またその内容は、『主要教説』二二、二五とも似ていると注意されている。

の、あらゆる基礎が失われるであろうし、超過が［帰結するだろう[1]］と。

（*PHerc.* 1191, c. 9/ *PHerc.* 697, c. 4, pz. 2, z. 2/ *PHerc.* 1056, c. 8, z. 1; Laursen b, p. 43 = Arr. 34. 31）

三六　……そして同じもの[2]は永続的なものとして生み出されたのであり、また、ある種の種子だったのである、私がぶつぶつ言っているように。それはわれわれを出発点から別のものへと導く種子であって[3]、その別のものが現にあるときに、われわれは考えたり判断したりするのである……。

（*PHerc.* 1191, c. 9/ *PHerc.* 697, c. 4, pz. 2, z. 2/ *PHerc.* 1056, c. 8, z. 1; Laursen b, p. 44）

三七　……また、われわれの自然本性が一緒にはたらくことによってなされることが多くあり、一緒にはたらかないことによってなされることも多くあり、また、われわれの自然本性がわれわれにより秩序づけられて[4]なされることも多くある。他方、われわれの自然本性自体が何かを導いてゆくことによってなされることもあって……、そのものは成長する［だけでなく[5]］、われわれを取り囲んでいるものから入り込んで来るもろもろのもの[6]が、それにつき従うばかりか、それをより善きものへと導くはたらきもするのである。そして入り込んで来るものは最初から、われわれを静止状態の［外へ導き[7]］、われわれを強い驚きへと導くのである……。

（*PHerc.* 1191, c. 9/ *PHerc.* 697, c. 4, pz. 2, z. 2; Laursen b, p. 45）

三八　……さまざまな音声、思考作用、思考内容、表象、また魂における永続的な、あるいは永続的でな

い煩いや幸福について、［考え省みること］(8)が、原理やカノーン(9)や判断基準を少しずつ追い求める原因［なのである］(10)。なぜなら、これらのもの(11)が判断基準についての考察へと導き、判断基準そのものや、……感覚内容や、……その考察から、私がさきに述べた事柄(12)を少しずつ探求することへと導いたからである。実際、これらのもの(13)は互いに原因と有用性を提供しあい、また、一つ一つの思考内容が代わる代わる立ち現われては、直ちに他の思考内容を引きずりこんだのであって、そうした思考内容は、最初は少しずつ生じ、そしてすばやく流れ出し、次にますますしっかりと理解されてゆくのである。これは、一つには成長、および不活

（1）［ ］内はボプツィンによる推定（Bobzien, 2021, p. 146, n. 76）。
（2）「同じもの」とは「われわれから生じたもの」（ラウルセン）。
（3）断片二九参照。
（4）「秩序づけられて」の原語は、κατακοσμουμένης. ボプツィンは、「配列し直されて（rearranged）」と訳している（Bobzien, 2021, p. 146）。
（5）［ ］内はラウルセンによる補い。
（6）像（外的な情報）のこと。
（7）［ ］内はプレイヤード版による復元（p. 1126 nn. 75-76）。「静止状態の［外へ導き］」とは、「不活発から脱却させ」の意（次断片後半参照）。
（8）［ ］内はプレイヤード版による補い（réflexion）。
（9）一三三頁註（3）参照。
（10）［ ］内はボプツィンによる推定（Bobzien, 2021, p. 148）。
（11）「これらのもの（ταῦτα）」が何を指すか、定かでない。前文の「考え省みること（心理的および倫理的反省）」と見る解釈（プレイヤード版註、および Németh, 2017, pp. 126-127）もあるが、推測の域を出ない。文脈からすれば、むしろ言及されている音声、思考作用、思考内容、表象、魂における煩いや幸福のことであろう。
（12）原理やカノーンのこと。
（13）ここでの「これらのもの（ταῦτα）」も、音声、思考作用、思考内容、表象などであろう（前註（11）参照）。

発からの脱却という自然な原因によるのであり、もう一つにはわれわれ自身から生じる原因によるのである……。われわれからは、……。

（*PHerc.* 1191, c. 9/ *PHerc.* 697, c. 4, pz. 2, z. 3/ *PHerc.* 1056, c. 8, z. 2; Laursen b, pp. 46-47 = Arr. 34. 32）

三九　……そしてわれわれによる、またわれわれの自然本性とわれわれを取り囲むものによる、もろもろの原因と動きから、……。

したがって、われわれが最初に提起した問題のうち、作用を受ける仕方と原因をなす仕方のどちらも十分に説明された。というのも、学問的知識に基づくもののうち、これまでにしっかり捉えられてきたかぎりのものは、もはやしっかり捉えられているからである……。

（*PHerc.* 1191, c. 9/ *PHerc.* 1056, c. 8, z. 3; Laursen b, p. 48 = Arr. 34. 33）

四〇　……今や、君たちが主張している事柄については、……。

（*PHerc.* 697, c. 4, pz. 2, z. 4/ *PHerc.* 1056, c. 8, z. 4; Laursen b, p. 50）

エピクロス

『自然について』

第二十五巻

第二十六巻―第二十七巻(1)

［欠落］

第二十八巻(2)　哲学の言語について――メトロドロスとの対話(3)

一　……というのも、そのようにして、次のことを指摘することが必要だったからである。すなわち、わ

(1) 第二十六巻と第二十七巻については、パピルス文献の証拠は一切なく、またこれらの巻に関する最小限の間接的証言も残されていない。したがって、現在のところ、これらの巻の内容はまったく知られない。

(2) 第二十八巻の断片は二つのパピルス (*PHerc.* 1479/1417) からなっており、訳出にあたって、テクストはセドレー (Sedley, 1973, pp. 38-56) により(異なる場合は註で示す)、構成はプレイヤード版に従う。断片の指示は、プレイヤード版に従って、断片 (Fr.)、コラム (col.)、セドレーのページ (p.) の番号を示すとともに、セドレーと対応箇所がある場合には、アリゲッティ (Arr.) の編集番号をも示す。第二十八巻はパピルス断片から、哲学の言語や言明の真偽の問題を扱っていたと見られ、『ヘロドトス宛の手紙』三七―三八の意味論、および七五―七六の言語起源論に関連するだろう。

(3) この巻がメトロドロスとの対話であることは、本巻断片九から知られる。メトロドロス(前三三〇―二七七年)はエピクロスの最も重要な弟子の一人。ランプサコスの人であり、『生まれのよさについて』や『デモクリトスへの反論』などの著作があった。エピクロスより七年前に亡くなり、その時五三歳だったと伝えられる(『生涯』一二三参照)。

れわれと同じ言葉を話す人たちが[1]、われわれが使っている言葉に反する仕方で[2]、これらの概念に、ある別の思いがけない誤った含意[3]を割り当てているのを見て、……[4]。

(Fr. 6 col. I; Sedley, pp. 39-40)

二　……にもかかわらず、彼らが表象と結びつけている他の考えにも言及していることを私が引き合いに出さなかったとしても[5]、明らかに、彼らには少なくとも何か別の考え[6]があることになろう、……。

(Fr. 8 col. II; Sedley, p. 40 = Arr. 31. 2)

三　……最初に空虚というものを、「ある時、同時にまた、ここに」という観点から考えた人[7]自身の見方によるかぎり、[空虚の][8]自然本性は、ここに[ある][9]。したがって、このようにして空虚の意味もまた、最初に[それら][10]を認識した人たちに関するわれわれの著作[11]のなかで、われわれが書き記していた語法のうちに与えられているのである。そして後にわれわれはその著作を再び取り上げたうえで、正確に述べたのである……。

(Fr. 8 col. IV; Sedley, p. 41 = Arr. 31. 4)

(1) すなわち、日常言語を話す人たちが。
(2) すなわち、日常言語の多義性のゆえに、エピクロス派と反対の仕方で。
(3) すなわち、エピクロス派が「正しい」と認めている意味とは違った「誤った」含意を。
(4) 本断片は、エピクロス派が日常言語を改良しようと試みていた時期に言及しているように見え、またその試みの難点に触れられていると推測される(セドレー)。

（5）「彼ら［エピクロスの論敵］」が、感覚の証拠の信頼性を拒否するにもかかわらず、証明のために表象に頼っている場合をエピクロスが引き合いに出さなくても、という意味であろう（プレイヤード版註）。「彼ら」が感覚的証拠を否定しているとすれば、「彼ら」とは、エピクロスと同時代のディオドロス・クロノス（カリア地方イアソス出身）の学派（エウクレイデスを祖とするメガラ派）の人たちと推測される（セドレー）。クロノス（老いぼれ）はあだ名（ディオゲネス・ラエルティオス『哲学者列伝』第二巻一一一―一一二参照）。メガラ派は「論争家たち（エリスティコイ）」とも「問答家たち（ディアレクティコイ）」とも呼ばれ（同第二巻一〇六）、エピクロスには『メガラ派への反論』という著作があった（『生涯』二七）。ディオドロスらメガラ派については、本巻断片一〇でエピクロスの批判の的となっている。

（6）すなわち、表象と結びついた考え。

（7）おそらく、デモクリトス。「ある時、同時にまた、ここに（*καὶ ἅμα καὶ ποτὲ καὶ ἐνταῦθα*）」の含意は、何らかの物体が「ある時、ここに」あるなら、その時間とその場所は「同時に」存在する、ということであろう。物体の存在する時間が終われば、その場所は「空虚」になる（プレイヤード版註）。

（8）［　］内はセドレーによる補い。

（9）［　］内はセドレーによる補い。この一文は「ここに」という日常経験による、見えざる「空虚」の存在証明。

（10）［それら（[*αὐ*]*τοὺς*）］はセドレーによる復元。この復元が正しければ、直前の内容から、時間や場所と考えられる。しかし、その代名詞はむしろ、本断片に先立つ名詞、たとえば、「さまざまな音声（*φθόγγοι*）」に言及するものであったかもしれない（セドレー）。『ヘロドトス宛の手紙』七六に、「何か目に留まっていない事柄は、気づいていた人たちが導入し、何らかの音声を人々に伝えたが、そうした音声には発音するよう強いられたものもあれば、最も一般的な理由に従ってその仕方で表現することを彼らが推論によって選んだものもあった」という説明が見え、またルクレティウス『事物の本性について』第五巻一〇二八―一〇二九には、「ところで自然はさまざまな音（sonitus）を舌で出すことを／人間に強いた。そして有用さ（utilitas）が物に名前をつけた」という言語起源論の簡潔な要約が見える。他方、プレイヤード版註は、「それら（[*αὐ*]*τοὺς*）」ではなく、再帰代名詞「自分たち自身（[*αὐ*]*τοὺς*）」を復元する可能性を示唆している。その場合、その部分の訳は「最初に自分たち自身を認識した人たち」となるが、文脈に合わないだろう。

（11）これは、原初的な言語の問題を扱ったエピクロスの著作『発声（*Ἀναφωνήσεις*）』（ピロデモス『怒りについて』XLIV 5で言及されている）のことと推測される（セドレー）。

四　……多くのさまざまな種類の名前の変更を［することはできない(1)］。というのも、感覚とともにある名前(2)のうち、変更が可能なものはわずかだからである。しかもそのわずかな名前というのは、われわれが以前に表象に基づかない仕方で定義していたのだが、何らかの経験的推論(3)によってそのようなものでないとわかったときに(4)、われわれが変更したものなのである。しかし概念把握の方法によって反駁される可能性のあるもののうち、大多数については(5)、……。

(Fr. 8 col. V; Sedley, pp. 41-42 = Arr. 31. 5)

五　……困難や不明瞭さのなかで人が考えている［概念を点検するためには(6)］、視覚の鋭さ［に頼るべきである(7)］。なぜなら、すべての人々に現われている事実からこそ(8)、類比的な推論によって明らかにされるべき事柄(9)が判断されうるからである。したがって、そのような仕方に基づいて、現われている事実は、……。

(Fr. 11 col. I; Sedley, p. 43 = Arr. 31. 7)

六　……［言葉の(10)］特有性(11)［の探求において(12)］、君(13)は、確証の欠如にかかわることや、反証にかかわることを何ひとつ取り入れないのだから、知者とも知者でない者とも［同じほど(14)］不協和をきたしているのだ。しかも、君はもろもろの名前のうち、いくつかのものを同じ語法(15)を通じて直接それらの意味を定めていたの

（1）［　］内はセドレーによる補い。

(2) 感覚される事物を指す名前のことであろう（セドレー）。

(3)「経験的推論」の原語は、「考慮」や「考察」を意味する *ἐπιλογισμός*. ここでは術語化されており、感覚によって供給されるデータ（経験的データ）に基づく推論を意味すると見られる（セドレー）。

(4)「そのようなものでない」とは、定義していたようなものでない、あるいは、指し示すべき事物を指し示す名前（語）ではない、ということ。

(5)「概念把握の方法によって（*περιληπτικοὶ τρόποι*）」とは、感覚の証拠によらず、その概念を想像しうるか（考えられるか）、想像しえないか（考えられないか）によって事象を捉える方法（『ヘロドトス宛の手紙』四〇では物体と空虚の存在証明に適用されている）。その方法によって「反駁される可能性のあるもの」、言いかえれば、その概念を想像しえないもの（考えられないもの）とは、たとえば、目に見える大きさの原子や、あるいは無数の部分をもつ有限の物体などのことである（『ヘロドトス宛の手紙』五六―五七）。エピクロスは「考えられない」ということを、たいていの場合、十分な虚偽証明と見なしているように見える（セドレー）。

(6)［ ］内はセドレーによる補い。

(7)［ ］内はセドレーによる補い。

(8)「現われている事実」の原語は、「現象」とも訳される *τὰ φαινόμενα*. ここでの含意は、「目に見える事柄」。プレイヤード版訳は、「明瞭な事柄（ce qui est évident）」。

(9)「明らかにされるべき事柄」とは、感覚に「明らかでない事柄」のこと（『ヘロドトス宛の手紙』三八参照）。

(10)［ ］内はセドレーによる補い。

(11) 言葉の「特有性（*ἰδιότης*）」については、『ヘロドトス宛の手紙』七五―七六で、「もろもろの名前［語］も、最初から人為的な定めによって生じたのではなく、人間たちのさまざまな自然本性そのものが、それぞれの種族ごとに、特有の感情を抱き、特有の印象を受け取って、それぞれの感情と印象によって整えられた空気を、さまざまな種族の住んでいた地域の違いにも応じて、特有の仕方で発したものなのである。そしてその後に、言葉の意味が互いにとって曖昧になるのが少なくなるように、またより簡潔に表明されるように、それぞれの種族ごとに、特有の名前が共通の理解によって定められたのである」と言われている。ここではしかし、哲学用語を造り出そうとするメトロドロスの私的な用語法に関するものと解される（セドレー）。

(12)［ ］内はセドレーによる補い。

(13) エピクロスの弟子メトロドロスのこと（本巻断片九参照）。

(14)［ ］内はセドレーによる補い。

(15) 同じ通常の語法、すなわち、日常言語の用法。

だが、その際、君は感覚内容そのものに関する多くの人々の錯誤[1]を示しており、概念だけでなく、……。

(Fr. 11 col. II; Sedley, p. 43 = Arr. 31. 8)

七　……しかしもし当時われわれが、提案されていた表現法[2]に基づき、「人間のあらゆる誤りは、ほかでもなく、語法の多種多様な習慣のゆえに、先取観念と現われている事実に関して生じる形態をもっている」[3]、という主張と何か同じようなことを考え、語っていたとすれば[4]、そして、……。

(Fr. 12 col. III; Sedley, pp. 44-45 = Arr. 31. 10)

八　……この点はどちらなのか明らかでない、すなわち、われわれがその見解をすっかり忘れてしまい、ちょうど他の多くの人たちも多くの場合にそうしてきたように、われわれが自分自身と反対の立場を取ったのか、それとも、われわれは覚えてはいたが、しかし……[5]。

(Fr. 12 col. V; Sedley, p. 45)

九　……君が言うように、メトロドロスよ……[6]。しかしゼウスに誓って、当時、われわれが何かを意味する場合にその基礎となる、個々の事物に関する推論を君が知っていたとは、私は言わないだろう……。そして君はまた、当時、ある習慣的な用法を適合させることなく、[名前を][7]割り当ててもいたのだが、それによって君は、どんな音声を割り当てようと、人は何か特定のことを思いなすという事実を明白にせず、また[日常言語の使用者による][8]名前と事象との区別のなさ[9]を、見ようとも省みようともしなかったのだ。

そして私はまた、君がこれらの語とそれらの語との違いを確立したうえで、それらの語よりもこれらの語の方が実際によいという理由で、これらの語を語るのを選んではいないと主張している点に目を向けていたのだ。しかし、君がどのような名前を用いても事象を語りうると主張したとき、君はあらゆる人に、われわれに対しても、知恵を分けもっている人たちに対しても、単に［他の手続きに従う方が］[10] かえってふさわしいことを示しているにすぎなかったのである……。……類推の……君が当時していた［ことを］[11]、今、私は

---

(1) この錯誤は、感覚内容自体の錯誤ではなく（『生涯』三二参照）、むしろ感覚内容に適切でない語を適用する錯誤。たとえば、もはや正しくない事柄に「正しい」という語を適用する場合のように（『主要教説』三八参照）。

(2) エピクロス自身の表現法。「先取観念」などの考案された術語が念頭に置かれていると見られる。

(3) すなわち、先取観念と現われている事実が対応しない形になっている、ということ。

(4) 実際に語ったかどうかは不明。「先取観念」については、『生涯』三〇、『ヘロドトス宛の手紙』三八、七二参照。

(5) 他では見られない、エピクロスにおける自己批判的な文章。

(6) この断片は、続く文章から、術語をつくり出そうとするメトロドロスの過去の試みを扱っていると見られる。

(7)［ ］内はセドレーによる補い。

(8)［ ］内はプレイヤード版による補い。

(9)「名前と事象との区別のなさ（ἀδιαληψία）」とは、名前と事象との対応関係を厳密に考えないということであろう。この句の全体をセドレーは、日常言語における語（名前）と対象との、一対一の厳密な対応関係の欠如を指すものと解している。

(10)［ ］内はプレイヤード版による補い。

(11)［ ］内はセドレーによる補い。

見てとっているのだが、その時はそうではなかった。またこの部類[1]に関してそれぞれの事象が正しく語られることに伴う個々の制約を、今、私は見てとっているが、当時はそうではなかった。そして、[2]［↓ 一〇］

(Fr. 13 col. II-III; Sedley, pp. 45-47 = Arr. 31. 11-12)

一〇　こうした事象と整合しうるようなものは何もないだろう……。［この点を無視したり[3]］疑ったり［せずに[4]］、今や私はこの点を、思うに、多彩な仕方で[5]見ているのだ。なぜなら、すでに述べたように、人が実際、互いにかけ離れている本性の罠に陥らないようにして[6]、語の選択がわれわれにとっては同じ特有の性質に基づく種類のものであることを見てとれるなら、［哲学の[7]］教示に際して、人は語彙について同じ選択[8]をしても正しいはずであろうから。しかし、互いにかけ離れている本性の罠に［陥った[9]］人が、……であっても、事象に基づいて論駁されなかったという事実は、……。私はそれらの語を、ある人たち[10]が受け入れていたような仕方ではなく、われわれが区別していたような仕方で、つまり、君が理解していた意味で見きわめていると確信している。しかしながら、おそらく適切でない［と君は言う[11]］かもしれない[12]、［↓ 一一］

(Fr. 13 col. IV; Sedley, pp. 47-48 = Arr. 31. 13)

一一　こうしたことをもち出して、議論を長引かせるというのは。まったくその通りなのだ、メトロドロスよ。なぜなら、ある人たち[13]が何かおかしな仕方で、実際の語法に基づく意味内容よりも、むしろどんな意味でも受け入れているのを君は観察していたけれども、そうした例を数多く君はもち出すことができるだろ

うと私は思うからであって、他方、われわれの用法は慣習的な語法をないがしろにしないし、また明白な感覚対象に関して名前を変更したりもしないのである。というのも、……であるとき、次のこともまた何かおかしなことなのだから、……。……それはつまり、他の人たちが、知られていないもののために、知られて

(1)「この部類（τοῦτο τὸ εἶδος）」とは、哲学探究の領域。脱落のある前文に「類推の（ἀναλογισμοῦ）」という言葉があり、とりわけ目に見えないもののことと推測される（セドレー）。
(2)「そして」のあとは、次の断片一〇が直ちに続く（[↓一〇] はそのことを示す）。
(3)［ ］内はセドレーによる補い。
(4)［ ］内はセドレーによる補い。
(5)「多彩な仕方で（ποικίλως）」とは、「鮮明に」（セドレーの初訳）ではなく、「さまざまな角度から」（プレイヤード版の訳）という意味であろう。
(6)すなわち、異なった本性のものを結びつけないようにして。
(7)［ ］内はセドレーによる補い。
(8)日常言語と「同じ選択」ということであろう（プレイヤード版註）。
(9)［ ］内はセドレーによる補い。
(10)「ある人たち」とは、メガラ派のなかでも、特にディオドロス・クロノス（三五一頁註（5）参照）を中心とする人たちと推定されている。メガラ派によれば、語の意味は用いる人の意図によってしか決定されず、したがって語の多義性はありえない。アウルス・ゲリウス『アッティカの夜』第十一巻一二に、「あらゆる語は本性的に多義的である」と主張するストア派のクリュシッポスに対し、ディオドロスの、「いかなる語も多義的ではなく、だれも多義的に語ったり感じたりせず、語る人が語っていると感じるもの以外が語られているようには見えないはずだ」という主張が伝えられている。
(11)［ ］内はセドレーによる補い。
(12)「かもしれない」のあとは、次の断片一一が直ちに続く。
(13)前註（10）参照。

いるものの方から言葉を移行させる[1]［からではなく[2]］、むしろ彼ら自身の錯誤[3]によるからであって、こうした錯誤をわれわれは、われわれの書き上げた著作『多義性について[4]』のなかで語っている。[5]［→ 一二］

(Fr. 13 col. V; Sedley, pp. 48-49 = Arr. 31. 14)

一二　しかしながら、こうした人たちはわれわれにとって何の関係があろうか［と、君は言うかもしれない[6]］。というのも、多くの機会にわれわれは、彼らがわれわれに対抗して抱いているどのような見解であれ、そうしたものにどこまで注意を払うべきか、そしてどこまで、どのような場合に無視すべきかについて明確にしてきたからである。そしてわれわれはつねに、幸福を目指して備えているしっかりとした人たちのために議論すべきなのである、なぜなら人生は、……。

私はまた次のこともしばしば心に留めたのだ。すなわち、ある人[7]がわれわれに向けたかもしれない難点を私がもち出したときに、もしその人が、われわれが日常の語法から借りているもの[8]が、その著作[9]ではそのまま同じものとして実践される結果になっていると解するとすれば、多くの人たち[10]にとってはおそらくこう判断されるかもしれない。つまり、その時、把握の方法[11]に基づいてであれ――その把握が概念によるものにせよ、表象によるものにせよ、理論的考察によるものにせよ――、あるいは把握の方法でない仕方に基づいてであれ――すなわち、挙げられたこれらの種類のどれでもなく、もっぱら自分自身の内から動き出るものに基づいてであれ[12]――、虚偽の見解が、あの日常の語法に潜むことになったのだが、しかし現在、その表現手段は別の事柄[13]にも適合するのだから、その区別[14]から真理への何らかの導きが生じるのだ、と。[15]［→ 一三］

(Fr. 13 col. VI-VII; Sedley, pp. 49-50 = Arr. 31. 15-16)

一三　しかしそれにもかかわらず、君と対等になろうとする者がそうした疑念を君に少しでも結びつける

---

(1)これはエピクロス自身の方法。「知られているもの」とは「感覚に明らかなもの」。
(2)［　］内はセドレーによる補い。
(3)おそらく、語の多義性を認めない錯誤（三五七頁註（10）参照）。
(4)これは他では確認されない著作。したがって、内容も定かでない。単にディオドロス・クロノスに対する反論の著作であったかもしれない（セドレー）。
(5)「語っている」のあとは、次の断片一二が直ちに続く。
(6)［　］内はセドレーによる補い。
(7)おそらく、メガラ派の人。
(8)すなわち、不正確な用語。
(9)この著作については不明であるが、メトロドロスの何らかの著作であろう（プレイヤード版註）。
(10)ここでの「多くの人たち」とは、以下の「把握の方法」などの術語的表現から知られるように、エピクロスの学派内の多くの人たち。
(11)「把握の方法（ἐπιβλητικὸς τρόπος）」の原意は、精神を投げかける（集中させる）（ἐπιβλητικός）方法。事象に思考や感覚を集中させ、事象を把握する方法であり、エピクロスの術語。この方法の用例は、『ヘロドトス宛の手紙』五〇―五一に見られる。
(12)すなわち、主観的にであれ。
(13)「別の事柄」とは、真の哲学の表現と教示（プレイヤード版註）。
(14)どのような区別か定かでない。言葉の第一義的な意味と比喩的な意味との区別かもしれないが（セドレー、およびプレイヤード版註）、本断片の文脈から見れば、むしろ日常語の不正確な用語法と、正確に限定された哲学の用語法との区別であろう。
(15)このあと、次の断片一三（col. VII の続き）が直ちに続く。

ことのないように、経験的推論[1]の全体に向かうことにしよう、……。

［語が意味を変えたということが示唆されるときは、いつも次のことを念頭に置きたまえ[2]］、すなわち、まさにこの点を明らかにしようとする者が説得力を発揮するのは、だれかがある言葉によってあることを語りながら、以前はその反対のことを思いなしていた場合に、その相違が類推によるものでなかったときより[3]も、むしろその人が何らかのことを行なっていたり、行なっていなかったりしたとき[4]であろう、と。なぜなら、思うに、もっぱらこのようなことに基づいてこそ[5]、私は、気のきいた者[6]が、もろもろの対立している見解のなかから、ある見解を一般的にいっそう知恵のあるものと解する前に、それとは矛盾する見解を抱いていたのではないかと疑いうるからである。というのも、私の知るかぎり、彼の抱いている見解は、どのような点でも、実際に存在する証拠の把握によるようなものではけっしてないのだから[7]。［↓一四］

(Fr. 13 col. VII-VIII; Sedley, pp. 50-51 = Arr. 31. 16-17)

一四　だからこそ、私は、われわれが当時まだ経験的推論を適用していなかったどのような見解についても、次の原則に照らしてみるべきだと主張するのである。すなわち、私の考えでは、すべての見解をただちに経験的評価へ導くこともできないのであって、むしろ、人は、機会が許すときに、経験的推論の能力を示す用意があるだけで十分だということである。なぜなら、評価すべき見解に対して経験的に推論せず、はなはだ不十分な仕方で注意を払う人であっても、［それが行為にかかわる見解であるなら、その見解に基づいて行動しようとする者を、その人が観察する機会をもつときには[8]］、その見解に経験的な評価をくだすこと

ができるはずだからである。すなわち、その人は、その者がそのような動きを起こした［結果を見るだろう］(9)。そして、その動きに導かれながら、選択の領域に劣らず、忌避の領域においても、その人は正しい評価に到達するだろう。

他方、さまざまな見解のうち行為にかかわらないかぎりのもの（私が言っているのは、経験的な見解ではなく、理論的な部分に属する見解のことであるが）、こうした見解が虚偽であるなら――つまり、不合理な仕方であろうと、推論に基づいてであろうと、誤りをもっているなら――、その見解は、理論的な事柄とは別の、何か真実でない事柄が、その見解に基づいて語られている点で論破されるだろう。あるいは、その見解がどこか遠くから実際の行為との接触に踏み込む場合に、不利益な行為へといたるかぎり論破されるだろう。しかしこのようなことが何もなければ、こうした見解は虚偽ではないと容易に見てとれるだろう(10)。［↓

(1)「経験的推論」の原語は、ἐπιλόγισις（= ἐπιλογισμός）。エピクロスの術語であり（三五三頁註（3）参照）、誤った論理の落とし穴を最小化するための、観察や経験に基づく推論（セドレー）。

(2)［　］内はセドレーによる補い。

(3)この文の「類推によるもの（ἀναλογιστική）」の意味は判然としないが（セドレー）、文意はおそらく、その相違が類推（論理）によらなかったとき、ということであろう。

(4)すなわち、実際の行為に着目するとき。

(5)すなわち、観察される行為という証拠に基づいてこそ。

(6)「気のきいた者（ἀστεῖος）」とは、ディオドロス・クロノス、あるいは彼の追随者のことか（セドレー）。

(7)このあと、次の断片一四が直ちに続く。

(8)［　］内はセドレーによる欠落部の補い。

(9)［　］内はセドレーによる欠落部の補い。

(10)このあと、次の断片一五が直ちに続く。

［一五］

（Fr. 13 col. VIII-IX; Sedley, pp. 51-52 = Arr. 31. 17-18）

一五　それゆえ、だれかが議論の相手に同じものを知っていて知らない、ということはありえないと同意させたうえで、「覆われた父」(1)やその種の謎をもち出すとき、だれもが容易に笑い飛ばすであろう。というのも、この謎は、［問題が行為にかかわっており、それゆえ単なる空虚な言葉によっては、ただちに解決されえないと応答する人を打ち負かすことは(2)］ないだろうからである。［それに対して(3)］、最初に無知のせいで自分自身の与えた同意内容に［矛盾を強いられる人は(4)］、それにもかかわらず、自分がその内容に同意した際の条件に目を向けるとき、その詭弁を笑うのである。なぜなら、彼はある習慣的な語法により、自分の応答には、詭弁にちょうど適合しうるような事例まで含めはしなかったのであって、その結果、ソフィストが謎をもち出すやり方のゆえに、同じものを知っていて知らないことは可能であると、否定もせずに語る羽目に陥っているのだと考えるからである。

それゆえ、最初にまったく矛盾する仕方で同意したとき、ソフィストのある者たちと違って、その点に用心しない人は、行為にかかわる論駁を受けていると思ってはいないのである。とはいえ、用心しない人は、ソフィストがもち出すたぐいの事例は別として、同じことを知っていて知らない、ということが不可能であることを、そもそもしっかり考えたこと(5)がなかったのである(6)。［↓　一六］

（Fr. 13 col. IX-X; Sedley, pp. 52-53 = Arr. 31. 18-19）

一六　しかしながら、その違いを考慮しない人たちにとっては、この用心しない人というのは、その詭弁が普遍的に真でもあると[7]同意せざるをえない人とちょうど同じ事態をこうむっていると思われるかもしれない。［その人たちが見ていない違いというのは、普遍的な見解を表現する人がそうするのは[8]］個々の事例の［経験的な吟味によるであろうが[9]］、ともかく普遍的に同意されるような様式によっている、という点なのである。他方、詭弁に同意している人というのは、個々の事象のそれぞれについて把握することがなく、また、あらゆる場合にあてはまるようなことについて、普遍的な仕方で同意したり、否定したりすることもないの

(1)「覆われた父」とは、「同じものを知っていて知らないことは可能である」ことを主張する詭弁的議論の名。議論の相手に、自分の父は知っているが、前にいる「覆われた人物」（覆いを取れば、自分の父）は知らないと認めさせるもの。この議論は「覆われた人物」という名称で、メガラ派の哲学者エウブリデス（前四世紀ミレトスの人）の考案と言われているが（ディオゲネス・ラエルティオス『哲学者列伝』第二巻一〇八）、彼の弟子のディオドロス・クロノスの発明とも伝えられている（同一一一）。エウブリデスの同時代人であるアリストテレスもこの詭弁について論じており（『ソフィスト的論駁について』第二十四章一七九a三九―b四）、また後にストア派でも論じられ（ディオゲネス・ラエルティオス『哲学者列伝』第七巻八二）、特にクリュシッポスはこれに関する二巻本の著作を書いている（同一九八）。

(2)［　］内はセドレーによる欠落部の推定。

(3)［　］内はセドレーによる補い。

(4)［　］内はセドレーによる補い。

(5)「しっかり考えた」の原語は、ἐπελελόγιστο. セドレー訳は、「経験的に」を補っているが（work out empirically）、通常の表現と見られ、その必要はないであろう。

(6)このあと、次の断片一六が直ちに続く。

(7)すなわち、知っていて知らないことは可能であると。

(8)［　］内はセドレーによる欠落部の推定。

(9)［　］内はセドレーによる補い。

である。したがって、私は主張するが、以上のこの違いを見てとらない人にとっては、詭弁に同意する人が何か似たようなことをしていると思われたであろう。しかし実際にはしていないのであって、この点は詭弁に同意する人自身が自分自身に証言しているのである、すなわち、彼が何か普遍的な事柄に同意するようなときにも（その際、彼が、個々の事例によって経験的に普遍性が否定されるのではないかと恐れて、一万回肯定しようとも）、また、そのような同意をしないときにも。[1] なぜなら、同意する場合、その見解が行為にかかわるとすれば、彼はまた、個々の事例において、何かこの種のものであったと経験的に同意したり否定したりしていた行為にただちに踏み込むからである。他方、同意しない場合には踏み込まないからである。[2]

(Fr. 13 col. X-XI; Sedley, pp. 53-54 = Arr. 31. 19-20)

［→ 一七］

一七　理論的な見解の領域でも同様であって、普遍的な事柄に同意する場合、その領域とは無縁の経験的な仕方で、その人はただちに、何らかの確証されるべき見解に――［実際には虚偽だと判明するような見解に］[3]――同意するのである、……何か普遍的な言明に沿ったことをしようと望むために。そして、その同意に何らかの行為が結びつくような場合には、いつも彼はその方面で誤るのである。他方、普遍的な事柄に同意しない場合、彼はそのようなことを何もなさないのである。

したがって、こうした行為を指標に用いて、以上のような違いを見てとるべきである。そして、あらゆる言明に関して、われわれがこのことを実践するならば、私がこれまで語ってきた領域でわれわれが面目を失うようなことはないだろう。

そして、誤っているものがこのたぐいのものである場合にはいつでも、その誤りの、ある種の明瞭な姿に向かうようにして、生じている事態をまさに最初からよく観察しなければならない。そしてそのようにして、人は、概括的な主張によるのではなく、用心しつつ、ただちにその誤りに接近し、さまざまな仕方でその虚偽を包囲しながら、以前のように普遍的な事柄を思いなさずに、自分自身の側に何らかの基準（カノーン）を保持するならば、その基準に助けられて、いわば活動的な観念[4]、あるいはそれに類似したものを形成するまで、虚偽に踏み込むようなことはないだろう[5]。［↓　一八］　(Fr. 13 col. XI-XII; Sedley, pp. 54-55 = Arr. 31. 20-21)

一八　したがって、このようにして何か誤っているものがあれば、われわれは、……を見てとらねばならないと私は主張する。……また私は、この種の誤りが依然としてわれわれにあるような事例を、君にもこの人たちにも、くり返しもち出すのをためらわないだろうし、またこの種のものでなくても、誤っていると思われるような他の事例についてもそうするだろう。しかしながら、さしあたり私はそれらをもち出したくはない、十分な長さになっている議論の再出発などせずに済むように。

---

(1) すなわち、普遍性を認めないときにも。
(2) このあと、次の断片一七が直ちに続く。
(3)［　］内はセドレーによる欠落部の推定。
(4)「活動的な観念（ἐνεργητικὴ ἰδέα）」とは、行為に至る観念。この表現は、アリストテレスに由来するように見える（『ニコマコス倫理学』第七巻第三章一一四七a三三参照）。
(5) このあと、次の断片一八が直ちに続く。

だから、われわれによってさしあたり十分にむだ話が語られたとしよう。[1] そして君たちは、私とここにいるメトロドロスによって今しがた語られた事柄を、一万回記憶に留めるようにしたまえ。

さて、君たちに対して、この連続的な講義における第二十八回のむだ話が、今や終えられたと私は思う。

(Fr. 13 col. XII-XIII; Sedley, pp. 55-56 = Arr. 31. 21-22)

一九　エピクロス
『自然について』
第二十八巻
(古い原本に基づく……
アンティパテスの後継者ニキアスのアルコン時代[2]に書かれた[3])

(*PHerc.* 1479/ *PHerc.* 1417 における末尾の署名; Sedley, p. 56)

第二十九巻—第三十一巻[4]

［欠落］

第三十二巻[5]　魂について

一[6]より多くの巻を通じて考察された内容を要約するような、ある簡潔で要点を捉えた一種の定義を、彼[7]は第三十二巻において提出している。すなわち、彼はこう言っている、「魂とは、……ある種の自然であると言えるであろう」と。

（不明のエピクロス派著作家「断片」／*PHerc.* 998, fr. 11 = Arr. 32）

第三十三巻[8]

［欠落］

（1）「むだ話が語られたとしよう（ἠδολεσχήσθω）」は、ソクラテス・プラトンに由来する用語（プラトン『国家』第六巻四八九A、『パイドロス』二七〇A参照）。

（2）前二九六／九五年。

（3）（　）内の、「古い原本に基づく……書かれた」という文は、パピルスでは小さな文字になっており、写字生による「編集註記」であろう（セドレー）。

（4）第二十九巻から第三十一巻については、内容を推測するに足る資料は残されていない。

（5）第三十二巻については、パピルス断片は現存せず、証言が一つあるだけである。

（6）一は真正断片ではなく、第三十二巻に言及する唯一の証言。この巻では何らかの魂論が展開されていたのかもしれない。

（7）エピクロスのこと。

（8）第三十三巻に関する資料はなく、内容も推測できない。

第三十四巻[1]　夢の表象、明らかでない事柄、指標

一[2]　……明らかでない事柄の「判断基準（クリテーリオン）」を示すことである、彼[3]が第三十四巻で述べていたように[4]。

（不明のエピクロス派著作家「断片」／*PHerc.* 998, fr. 12）

二[5]　……［照合基準に照らし[6]］……を受け取るが、最も準備された［孔[7]］によってさえ視覚を説得することがないし[8]、付加的な想定によって[9]認められているどのようなことも、何ら恐ろしいものをつくり出しえない、むしろ……精神の……が、……。

（*PHerc.* 1431, col. III; Leone, pp. 51-52 = Arr. 36. 1）

三　……どこからなのか、そして不安のなさは、……。

（*PHerc.* 1431, col. IV; Leone, p. 52）

四　……［魂が[10]］その形[11]について気がかりを抱いているので、また実際、その形そのものが、ふたたびわ

(1) 第三十四巻は、その諸断片から、夢に現われる表象や、明らかでない事柄の判断基準について論じられていたと推測される。

(2) 一は真正断片ではなく、第三十四巻に言及する証言。

(3) エピクロスのこと。

(4) この証言のテクストは、テペディーノ（Tepedino, 1987, p. 79）による。

(5) 以下、第三十四巻の諸断片は一つのパピルス（*PHerc.*

1431）からなっており、訳出にあたって、テクストはレオーネ（Leone, 2002, pp. 51-66）により（異なる場合は註で示す）、構成はプレイヤード版に従う。断片の指示は、プレイヤード版に従って、パピルス（*PHerc.* 1431）、コラム（col.）、レオーネのページ（p.）の番号を示すとともに、レオーネと対応箇所がある場合には、アリゲッティ（Arr.）の編集番号をも示す。

（6）［　］内はレオーネによる推測的な訳。「照合基準」と訳された原語は *ἀγωγή* であり、原意は「導くこと」。これをレオーネは、判断を照合すべき基準（riferimento）と解しているが、多様な意味をもちうるため、プレイヤード版は訳出できないとして、空白にしている。

（7）［　］内はレオーネによる推測。プレイヤード版も従っている。「孔」とは外部から像が入り込むための通路。「準備された孔」とは「適合した孔」の意。

（8）「視覚を説得することがない（*ὄψιν μὴ πεῖσαι*）」は、他では見られない表現。ルクレティウス『事物の本性について』第四巻七二二―七三四に、精神と像との関連で視覚への言及が見られ、こう言われている。「さて次に、精神を動かすものは何か、そして心に／訪れるものはどこから来るのか、かいつまんで聞きたまえ。／まず言うべきことは、さまざまな仕方でいたる所に／あらゆる方向に数多く、物の稀薄な像、／空中で出くわせばやすやすと、あたかもくもの糸か金箔のように／つながるほど稀薄な像がさまよっていることだ。／事実このものは、目を打ち視覚をひき起こすもの／に比べてずっと細かな構造をしているのだ、／なぜならそれは体の孔を通って入ってゆき、精神の稀薄な／本性を動かし、そのなかに感覚をひき起こすのだから。／そのようなわけだから私たちはケンタウロスやスキュラの体を見、／ケルベロスの犬面を見、また死んですでにその骨を／大地に抱かれている人々の像を見るのである」。本断片の「視覚を説得することがない」の主語は、目に入って来る幻影などと推測される。

（9）「付加的な想定によって（*προσυπολήψει*）」はセドレーの復元（プレイヤード版註）に従った。レオーネのテクスト（*πρὸς ὑπολήψει*）に従えば、「想定に加えて」「想定をこえて」という意味になり、この一文は、「想定をこえて存在を認められているどのようなことも」と訳されるが、この断片が幻影などにかかわるものであるとすれば、文脈に適合しないだろう。

（10）［　］内はレオーネによる推測。プレイヤード版も同じ推測をしている。

（11）夢や幻の形のことと推測されるが、この断片が夢の文脈かどうか定かでない（プレイヤード版註）。

ずかに変化したのだから、……。

(*PHerc.* 1431, col. V; Leone, p. 53 = Arr. 36. 2)

五　……まさにこれらのことを、[1] 不安なき者になろうとする人のなすべきことと認めているわけではけっしてなく、また理解すらしていないのに、［自分の］[2] 不安から解放されるということは、……。そして何かさまざまなことを行なっている人、その人は、他の悩みも［欲望］[3] ももたずに喜んではいるが、[4] ……。

(*PHerc.* 1431, col. VIII; Leone, p. 54 = Arr. 36. 4)

六　……これらの行動に関しても伝承されている神話の［罰］[5] を、他の人であれその人自身であれ、もろもろの矛盾のゆえに曲解しているのである。まさに、これらが、すべての……に関して、……する者たちに実現される罰であって、……する者たちには、……恐ろしい……[6]。

(*PHerc.* 1431, col. IX; Leone, p. 55 = Arr. 36. 5)

七　……の原子へと……、夢の中で見られるもろもろの事象［のせいで］[7]、その人は不合理にも自分自身

---

(1)「これらのこと」とは、自然研究のことと解される。『主要教説』一一で、「もし天界の事象に対する気がかりや、死はわれわれに何らかのかかわりがあるのではないかという、死をめぐる気がかり、さらには苦痛や欲望の限度を理解しないということ、こうしたことがわれわれを何も悩まさないのであれば、われわれは自然研究をことさら必要としないだろ

う」と言われており、また『ヘロドトス宛の手紙』八〇―八二では、自然研究が動揺のない平静な心境（アタラクシアー）をもたらすことが強調されている。

(2)［ ］内はプレイヤード版による補足。

(3)［ ］内の原語は、ἐπ[ιθυμίαν]. レオーネによる推測的復元であるが、プレイヤード版は欠落のままにしている。

(4)本断片は、自然研究なしに不安から解放されうると信じている人について述べられていると見られ、続くいくつかの断片でも「その人（οὗτος）」について語られている。「その人」とは宗教に向かう人と考えられる（本巻断片一一参照）。ルクレティウス『事物の本性について』第三巻四一―五四に次の記述が見える。「実際、人々はたびたび病気や恥辱の生活こそ／死の国タルタロス［地獄］よりも怖るべきものであると主張し、／魂の本性は血からできているとか、あるいは、気が向けば／風からできていることを知っていると威張り、／私たちの教えなど少しも必要としないとうそぶくけれども、／しかしこれは、そのこと自身が証明されるからではなく、／すべては虚栄のための高言であることが次のことからわかるだろう。／すなわち、その同じ人々が国から追われ、人目をさけて／遠くのがれ、恥ずべき罪で身をけがし、／ありとあらゆる悩みを背負いながらも命をつなごうとする、／そしてこのみじめな人々はどこに行きつくにしても、死者をまつり、／黒い羊をほふっては下界の神々に犠牲を捧げ、／きびしい境遇にあるほどなお激しく／その心を宗教に向けるのである（advertunt animos ad religionem）」。

(5)［ ］内はプレイヤード版による推測。レオーネは「誤った想定（le false supposizioni）」を補っているが、続く文章から見れば、補われるのは「罰（τιμωρία）」であろう。

(6)ルクレティウス『事物の本性について』第三巻九七八―一〇一九に、「そして、深い地下の世界アケロン［冥府の河］にあると伝えられているものは／まことに私たちのいるこの世の中にみなある。／物語の言うように、宙に吊下がった巨岩を恐れて根もない恐怖に／動けなくなっているのは、あわれなタンタロスのことではなく、／この世の中でこそ、神々へのむなしい怖れが死すべきものを押さえつけ、／人々は運命のもたらす災難の落下をおそれているのだ。／……／かえってこの世にこそ、悪業に対する罰への怖れがあり、悪業がきわだてば怖れもきわだち、そして罪の償いとして／牢獄があり、岩から投げ落とされる恐ろしい責苦があり、／鞭、死刑執行人、拷問台、油の熱湯、焼けた金板、松明がある」という記述があり、この断片との類似性が認められる（プレイヤード版註）。

(7)［ ］内はプレイヤード版による補い（à cause des）。

を動揺させており、経験的に推論することに[1]行きあたりもせず、……することもない……。

(*PHerc*. 1431, col. X; Leone, pp. 55-56 = Arr. 36. 6)

八　……したがって、今や見えざるものにまで向っている把握のはたらき[2]によって捉えられるすべての自然本性[3]もまた、……との類似性[4]に目を向けるならば、われわれに見えてくるだろう、……。

(*PHerc*. 1431, col. XI; Leone, p. 56 = Arr. 36. 7)

九　……そしてふたたび、［その人[5]は知らないのである[6]］、像に関して自分に結びついている［鋭い眼力[7]］に基づいて何もかも推論するのではなく、もろもろの事象の一つ一つを取り上げて、自分が実際どこから推論すればよいのかを、……。

(*PHerc*. 1431, col.XII; Leone, p. 57 = Arr. 36. 13)

一〇　……［衝突の[8]］……。そしてそこから、私の言っている仕方に基づいて抵抗が生じるなら[9]、恐ろしいものは何もないだろう。しかし現実には、視覚を［逃れる[10]］これらすべてのものは[11]、……。

(*PHerc*. 1431, col. XIII; Leone, pp. 57-58 = Arr. 36. 14)

一一　……［もし[12]］……優勢の……、［そしてもし[13]］例外なく全般的に、それらの原子のうちに、ある一つの混乱状態が潜んでいるとすれば、またもし優勢に基づく判断すら形成されないとすれば[14]……。実際、この

(1)「経験的に推論すること（ἐπιλογίσασθαι）」については、第二十八巻断片四参照。

(2)「把握のはたらき（ἐπιβολή）」については、三五九頁註（11）参照。

(3)たとえば、見えざる空虚や原子などの自然本性。

(4)「類似性（ὁμοιότης）」についての説明が欠けているが、おそらく、物体の動く「場所」と「空虚」との類似性（『ヘロドトス宛の手紙』四〇）や、見えざる「原子の大きさ」と実際に観察される「事物の大きさ」との類比関係などと推測される（同五八―五九）。

(5)自然研究なしに不安から解放されうると信じている人。本巻断片五参照。

(6)［ ］内はレオーネによる補い。

(7)「鋭い眼力（ὀξυδέρκεια）」はレオーネの推測による復元。ルクレティウス『事物の本性について』第四巻八〇二―八〇九に、「そして像は稀薄なのだから、心をこらして見なければ、／はっきり見ることができない。それゆえ今あるものも／すぐに消えてゆく、もしそれを見ようと心が待ちかまえない限りは。／それで心自身待ちかまえ、それぞれの物には何が続くのか／見ようと待っているからこそ、見えるのである。／目の場合でも、稀薄な物を見ようとするときには、／目をこらし、待ちかまえるではないか」と語られている。

(8)［ ］内はレオーネによる復元。プレイヤード版も従っている。

(9)「抵抗（ἀντικοπή）」とは、原子が受ける抵抗のことであろう。『ヘロドトス宛の手紙』六一に、「外部からの抵抗を受けるまでは、……原子は思考と同じ速さで移動を続けるだろう」と語られているが、この断片との関係は不明。

(10)［ ］内はレオーネによる補い。プレイヤード版も従っている。

(11)「これらすべてのもの」とは、像のことであろう（三六九頁註（8）参照）。

(12)［ ］内はプレイヤード版による補い。

(13)［ ］内はプレイヤード版による補い。

(14)特定の種類の原子の優勢。この優勢に基づいて合成体の属性に関する判断が形成されるが、さまざまな種類の原子の「混乱」があまりにも大きければ、形成されない（プレイヤード版註）。

原因のゆえに、その人[1]もふたたび神話的な判断へと歩んでゆく……。

(*PHerc*. 1431, col. XIV; Leone, p. 58 = Arr. 36. 15)

一二　……そのような仕方で明瞭にされる［推論[2]］は多くはない。他方、われわれ自身に結びついていて、われわれ自身に由来する動きから生じる原因は、［不合理な[3]］動きをも生み出すと見なさなければならない、事象の声そのものに従って進むならば[4]。……。

(*PHerc*. 1431, col. XV; Leone, p. 59 = Arr. 36. 16)

一三　……しかし、集合体[5]そのものにおいて、［対象に[6]］注意を集中するはたらき[7]と区別されるのは、下方への移動過程[8]であり、同様にまた、［魂[9]］そのものの内部で衝突によって生じる移動過程であり、同様にまた……である……。

(*PHerc*. 1431, col. XVI; Leone, pp. 59-60 = Arr. 36. 17)

一四　……しかしまた、……すべてが明らかになっているのではなく、あるものは明らかであり、他のものはそうでないといった場合に、［現われている事実（パイノメノン）[10]］は［指標（セーメイオン）[11]］であると言われる。しかし、その違いについては、［ある者たちはよく識別せずに、このように……していない[12]］……。

(*PHerc*. 1431, col. XVII; Leone, p. 60 = Arr. 36. 18)

一五　……その人が力ずくで抵抗し、帰結に同意しないときは［そのたびに[13]］、私は彼をその誤りの

（1）自然研究なしに不安から解放されうると信じている者。本巻断片五参照。

（2）［ ］内はレオーネによる補い。プレイヤード版も同様であるが、「神話」や「類推」などの可能性も示唆している。

（3）［ ］内の「不合理な（ἀλόγους）」はレオーネによる復元であるが、ここは「原子を（ἀτόμους）」の復元も可能である。プレイヤード版はその復元を採用していると見られ、この一文を「われわれ自身に結びついていて、われわれに帰せられる動きから生じる原因（責任）、これを生み出すものは［原子］でもあると見なさなければならない」と訳しているが、夢の文脈（本巻断片七）に適合しないだろう。

（4）『生涯』三二に、「問答法のことを彼ら［エピクロス派］は、人を誤らせる余計なものとして斥けている。なぜなら、自然学者というのは、事象の語るところに従って進めば十分だからである」と伝えられている。

（5）魂と身体を構成する原子の集合体（＝人間）のこと（『ヘロドトス宛の手紙』六三参照）。

（6）［ ］内はプレイヤード版による補い。

（7）感覚や思考のはたらき。原子の動きが念頭に置かれている。

（8）『ヘロドトス宛の手紙』六一で、「打撃による上方への移動にしても、側方への移動にしても、また原子自身の重さによる下方への移動にしてもより速いということはない」と言われており、「下方への移動過程」とは、原子の重さによる最も原初的な運動のあり方。

（9）［ ］内はレオーネによる復元。プレイヤード版も「魂」を推測している。

（10）［ ］内はレオーネによる復元。プレイヤード版も従っている。「現われている事実（パイノメノン）」については、三五三頁註（8）参照。

（11）［ ］内はレオーネによる復元。プレイヤード版も従っている。原語「セーメイオン」の原意は、「しるし」。

（12）［ ］内はレオーネによる復元。プレイヤード版はその復元はあまりに不確かであるとして訳出していないが、文意は「ある者たちはそれ（その違い）を見ていない」であろうと推測している。

（13）［ ］内はプレイヤード版による補い。

［原因］[1]と呼ぶのだ。なぜなら、これらのものが「事象」[2]と呼ばれることはどうでもよいことだからである……。

(*PHerc.* 1431, col. XVIII; Leone, p. 61 = Arr. 36. 19)

一六　……［もろもろの表象］[3]が「動かす性質のもの（キーネーティカ）」と言われるのは、[4]……。また、それらはわずかではないし、大多数のものは、われわれを取り囲んでいるものの方から、［像が］[5]われわれの内に入り込んでくることによるものだが、他のものは表象過程全体に伴うものである、とわれわれは言うだろう……。

(*PHerc.* 1431, col. XIX; Leone, pp. 61-62 = Arr. 36. 20)

一七　……われわれが「真実」と呼ぶものは、……。しかし、われわれが念頭に置いているのは、昔の自然論者のうち「脈拍」と名づけている者たちが、[6]単に「事象（プラーグマ）」としか言っていないものを、われわれは［「原子の内的振動」[7]」と呼んでいることである……。

(*PHerc.* 1431, col. XX; Leone, pp. 62-63 = Arr. 36. 21)

一八　……これに類似しているどんな［表象］[8]であろうと、それはわれわれを取り囲んでいるものから来ているのではなく、脈拍に基づくものなのであるが、それをわれわれが「明証（エナルゲイア）」と呼ぼうとするかぎり、……。したがって、もし彼らが、その違いを……と呼ぶにせよ、……。

(*PHerc.* 1431, col. XXI; Leone, p. 63 = Arr. 36. 22)

一九　……［移行］(9)と［通過］(10)により、それらの孔にはある種の均り合い(11)が生じる。そしてある孔にとっては、すでに準備されているので、均り合いがただちに生じるが、他の孔にとっては、［そうではない］(12)。そうした孔は、私の主張によれば、精神の……が、動揺なく……。

(*PHerc.* 1431, col. XXII; Leone, pp. 63-64 = Arr. 36. 23)

---

(1)［　］内はセドレーの推定する原語「*αἴτιον*」の訳。レオーネは「(誤りに) 値する (*ἄξιον*)」を復元しているが、文脈に適合しないだろう。
(2)「事象」の原語は、*πράγματα*. プレイヤード版は「実在 (*réalités*)」と訳している。
(3)［　］内はプレイヤード版による推測。
(4)『生涯』三二に、「狂気の人の幻像や、夢に現われる幻像も真なのである。なぜなら、それらは動かすからである。しかし、あらぬものは、動かさない」という記述が見える。
(5)［　］内はプレイヤード版による補い。
(6)エロティアノス (後一世紀の文法学者、医師) の『ヒッポクラテス用語解』に、「デモクリトスは動脈の動きを『脈拍 (プレボパリエー)』と呼んでいる」という記述が見える (デモクリトス「断片」一二〇 (DK))。
(7)［　］内はプレイヤード版による補い。
(8)［　］内はレオーネによる補い。プレイヤード版も従っている。
(9)［　］内はレオーネによる復元。プレイヤード版は不確かであるとして訳出していない。
(10)これもレオーネによる復元。プレイヤード版は不確かであるとして訳出していない。
(11)「均り合い (シュンメトリアー)」とは、「孔」と「像」との対応性のこと (三六九頁註 (7) 参照)。
(12)［　］内はレオーネによる復元。プレイヤード版も従っている。

二〇　……それら［の原子］(1)には、最初の文書で述べられたように(2)、相互衝突に基づく［動き］(3)が属しているのは必然であるが(4)、それでも、われわれの側からの［衝突］(5)により(6)、それら［の原子］(7)には、ある種の均り合いが生じる……。

（*PHerc.* 1431, col. XXIII; Leone, pp. 64-65 = Arr. 36. 24）

二一(8)　……たとえ［濃密］性が［一緒に］なくても、もろもろの孔の［均り合い］は、こうした［流入］にかかわる通過が［これらのもの］(9)にも［できる］ようにするのである(10)。したがって、……を生み出すかぎりのものは、……。

（*PHerc.* 1431, col. XXIV; Leone, p. 65）

二二　……実際、だれかがこの同じ問題を概観し、そして論じられた事柄のうち(11)、この論述が明らかでない事柄について解明してきたその方法を固守するなら、その人はけっして他の声が自然の目的(12)にいっそう適合しているとは思わないだろう……。

（*PHerc.* 1431, col. XXV; Leone, p. 66 = Arr. 36. 25）

エピクロス
『自然について』
第三十四巻

第三十五巻―第三十七巻(13)

(1)［ ］内はプレイヤード版による補い。

(2)「最初の文書」とは『自然について』第一巻を指すと見られるが、そのなかで原子の衝突について論じられていたとは考えにくく（衝突については、むしろ第二巻）、この第三十四巻の第一草稿を指す可能性も推測されている（cf. Sedley, 1998, p. 113 n. 51）。

(3)［ ］内はプレイヤード版による補い。レオーネは「固体性（la solidità）」を補い、この一文を「相互衝突における固体性がそれらに固有のものである」と訳しているが、文脈に適合しないだろう。

(4)『ヘロドトス宛の手紙』四四では、「原子にそなわっている固さは原子を衝突によって跳ね返らせる」と言われている。

(5)［ ］内はプレイヤード版による補い。

(6)すなわち、われわれの魂内部での衝突により（本巻断片一三参照）。

(7)［ ］内はプレイヤード版による補い。

(8)本断片は、欠落状態がひどくプレイヤード版は訳していないが、レオーネの推測による復元テクストを訳出しておく。［ ］内はすべてレオーネによる推定。

(9)「これらのもの（αὐταῖς）」とは、像（ないし像の原子）のこと（レオーネによる推測）。

(10)『ヴァチカン箴言集』二四では、「夢は神的な本性をそなえず、予言の力もそなえず、像の流入に基づいて生じる」と言われている。

(11)「そして論じられた事柄のうち」の原語は、καὶ τῶν ἐν λόγωι. これはアリゲッティに従ったレオーネの復元。セドレーは、ἐν λόγωι を ἐνλόγων と推定し、プレイヤード版はその復元をあえて採用し、「まさに理性をそなえた人々のなかで、だれかが……」という訳を与えているが、推測が強すぎるであろう。

(12)「自然の目的」については、『メノイケウス宛の手紙』一三三参照。

(13)第三十五巻から第三十七巻については、いかなる痕跡も現存しない。

［欠落］

解説

朴一功

はじめに

現在まで伝えられているエピクロス（前三四一―二七〇年）の書き物はわずかである。後三世紀の伝記作者ディオゲネス・ラエルティオスによれば、エピクロスは「きわめて多作であって、著作の数においてあらゆる人を凌駕して」おり、「その巻数はおよそ三〇〇にまで達して」いたという（『哲学者列伝』第十巻二六）。けれども、そのほとんどは失われ、エピクロスのものとして全体がほぼ完全なかたちで伝えられているのは、わずかに、『哲学者列伝』第十巻に収められた要約的な『ヘロドトス宛の手紙』（哲学の基本原理・自然学）、『ピュトクレス宛の手紙』（天界気象論）、『メノイケウス宛の手紙』（倫理学）という三つの書簡、および四〇箇条からなる『主要教説』だけである。

これらのほかには、一八八八年にヴァチカン図書館で発見された「エピクロスの勧告（Ἐπικούρου Προσφώνησις）」と題された八一の断片からなる警句集（『ヴァチカン箴言集』と呼ばれるもの）がある。これには『主要教説』のいくつかの異文が見られるだけでなく、エピクロスの弟子たちの言葉も含まれていると推測され、全体は必ずしもエピクロスのものとは言えないが、彼の倫理観の奥行きを示す言葉の数々が収録され

ている。他方、失われていた三七巻本のエピクロスの主著『自然について』の断片が、近年、明るみに出た。後七九年にイタリアのヴェズーヴィオ火山の噴火で埋もれ、炭化した『自然について』のパピルスの巻物がナポリ南東の都市ヘルクラネウムで十九世紀初頭に発見され、それの復元作業によって貴重な断片群が二十世紀後半に至るまで断続的に公刊されてきた（この事情については後述する）。

エピクロスは折りにふれて、われわれの伴侶としうるような意義深い哲学者である。以下では、本書を読むのに必要と思われる事柄を述べるとともに、彼がどのような哲学者であり、どのような哲学を展開したのか、その概略を問題点を含めて記すことにする。

一、収録作品と二次資料

本書は、エピクロスの現存作品のすべてを、すなわち、『ヘロドトス宛の手紙』、『ピュトクレス宛の手紙』、『メノイケウス宛の手紙』、『主要教説』、『ヴァチカン箴言集』、および『自然について』の断片群を訳出するとともに、エピクロス自身の言葉と見られる後代の引用断片、さらに、ディオゲネス・ラエルティオスの『哲学者列伝』に記されているエピクロスの伝記（『生涯（*Vita*）』と略称される）をも訳出している。『生涯』に、三つの手紙と『主要教説』を組み込めば、『哲学者列伝』第十巻の全体が構成される。『生涯』にはエピクロス自身の言葉も多く伝えられており、したがって本書には、現在、われわれがエピクロスについて知りうる一次資料のすべてが収められている。

エピクロスに関する二次資料は多数ある。最も有名なのは、エピクロスの思想を祖述しているローマの哲学詩人ルクレティウス（前九四―五五年頃）の『事物の本性について』である。この情熱的な宇宙論詩はエピクロスの哲学の敷衍であり、最良の註釈と言えるものである。また、ルクレティウスと同時代の文人キケロ（前一〇六―四三年）や、紀元後の伝記作者プルタルコス（後五〇―一二〇年）、あるいは懐疑派のセクストス・エンペイリコス（後二〇〇年頃）、ストア派の哲人政治家セネカ（前四―後六五年）らのさまざまな著作にも、エピクロスに対する批判を含めて参考になる記述が数多く見られる。

一方、キケロと同時代のエピクロス派の哲学者ピロデモス（前一一〇―四〇年）の著作（断片のみ現存）、あるいは後二世紀のオイノアンダ（トルコ南西部の町）のディオゲネスの碑文断片も、エピクロスに関する貴重な資料である（あいにく、これらの邦訳はまだない）。後代のこうした記述は、エピクロスの言葉を理解する手がかりになるだけでなく、しばしばエピクロスの哲学の本質的な問題をあぶり出しており、われわれの思考の幅を広げてくれるものとして有益である。本書では、必要に応じてしばしば註で言及した。

二、傍らのエピクロス

エピクロスの哲学の柱が原子論と快楽主義であることは、一般によく知られている。しかし彼の哲学は、哲学の歴史においてしばしば激しい批判にさらされてきた。原子論は心の非物質性の否定につながり、快楽は人生の目的にはなりえないと見られるからである。とはいえ、「死はわれわれにとって何ものでもない」

（『メノイケウス宛の手紙』一二四、『主要教説』二）という、原子論に基づく彼の鋭い死生観は、それ自体の深みを内包し、古今、論争の的になってきたものである。エピクロスの哲学には秘められた魅力がある。

ルネサンス期の画家ラファエロの有名なフレスコ画「アテネの学堂」は象徴的である。そこには多くの哲学者が描かれているが、向かって中央部の左側に、右手人さし指で天を指さしながら、左手に宇宙論の著作『ティマイオス』を携えているプラトンと、その右側に、右手をやや広げてその手のひらを地に向けながら、左手に人間論の著作『エティカ（ニコマコス倫理学）』をもっているアリストテレスが、相並んで歩く姿が描かれている。天と地、宇宙と人間、理念と現実、どちらにいっそうまなざしを向けるべきか、その対比が暗示されている。プラトンと並ぶのはアリストテレスであり、この二人の哲学者が哲学の中心であるようなイメージが哲学の歴史において一般的であろう。

他方、エピクロスはどこに描かれているだろうか。彼は壁画下部の左端のところで、頭にぶどうの葉を戴いて、静かに本を読んでいるのである。その姿は彼の「隠れて生きよ」（「断片」八六）という言葉を実践しているようにも映るが、こうした描かれ方からすると、エピクロスはやはり哲学の中心部ではなく、傍らに位置づけられていると言わなければならない。古代ギリシアの哲学ばかりでなく、その後の哲学の歴史においても、主流はプラトンとアリストテレスであり、エピクロスは傍流であることが、この絵によって象徴されているであろう。

三、『哲学者列伝』におけるエピクロス

ところが、ディオゲネス・ラエルティオスの見方はこうした位置づけとは正反対とも言えるのである。彼の『哲学者列伝』は全体が一〇巻から成っているが、それらのほとんどの巻は複数の哲学者の伝記を扱っている。例外は第三巻のプラトンと第十巻のエピクロスである。第三巻の全体がプラトンにあてられ、第十巻の全体がエピクロスにあてられているのである。このような扱い方からすると、プラトンとならぶ哲学者は、アリストテレスではなく、エピクロスであるように見える。つまり、ディオゲネス・ラエルティオスにとっては、エピクロスの重要性はプラトンのそれに劣らないと考えられているのである。むしろまさっているかもしれない。というのも、第十巻は『哲学者列伝』の長い論述の最終巻であり、しめくくりであって、その巻は特別の意味を有していたにちがいないからである。ディオゲネス・ラエルティオスは最後に、エピクロスの『主要教説』を紹介するにあたってこう述べている。

さあ、それでは今やわれわれは、彼の『主要教説』を提示することによって、この書き物全体の、ならびにこの哲学者の生涯の、いわば、冠をおくことにしよう。そして、これらの教説によってこの書き物全体を閉じ、この終わりを幸福の始まりにしよう。（一三八節）

感慨に満ちた言葉である。このあと、彼は、四〇箇条からなるエピクロスの『主要教説』を書きつけて『哲学者列伝』を終えているが、その教説はこの列伝全体のいわば「冠」（仕上げ）となるよう意図されたものである。エピクロスの哲学は、前六世紀のタレスからはじまり、およそ三〇〇年にわたって展開されてき

た哲学の最終的な成果であったばかりか、この宇宙に生きる人間の幸福の基礎になるものと、ディオゲネスは見ていた。

四、エピクロスの生涯

エピクロスと言えば快楽主義が語られ、英語で「エピキュリアン（epicurean）」と言えば、「快楽主義者（hedonist）」の別名である。しかし、これは後世の伝統の一端にすぎない。そもそもエピクロス自身はどのような人生を歩み、どのように哲学に携わったのであろうか。ヘレニズム哲学の研究で著名なデイヴィッド・セドレーは次のように言っている[1]。

どのような思想体系についても、それを歴史的に評価するためには、ある程度の伝記的情報が必要とされる。さもなければ、われわれはその体系の哲学的な起源について漠然とした思弁をこえて、前に進むことはけっしてできないだろう。

伝記的情報は、古代より賛否の両論が激しいエピクロスの哲学を理解しようとする場合、特に必要である。エピクロスの生涯については、何よりディオゲネス・ラエルティオスの『哲学者列伝』第十巻の伝記（『生涯』）（参照箇所は第十巻の節番号のみを示す）が第一の基礎資料であるが、詳細が省かれていたり、簡略化され

（1）Sedley, 1976a, p. 121.

ていたりするところもある。以下では『生涯』に基づきながらも、他の資料から得られる情報も加えて補いながら、エピクロスの生涯について、とりわけ彼の哲学経歴との関連で、年代順におおよそのことを記すことにする。

(1) 生まれ、見習い兵時代、コロポン時代

エピクロスは、前三四一年、サモス島（エーゲ海南東の島）に生まれた。彼には三人の兄弟がいる。父はアテナイからの植民者であり、一八歳の時にエピクロスは、市民権登録と二年間の軍事訓練（「新成人・見習い兵（エペーボス）」）のためにアテナイに行った。その頃（前三二三年）、アテナイではプラトンの没後、学園アカデメイアの第三代学頭としてクセノクラテスが講義しており、その講義にエピクロスが参加していた可能性もあるが（一三節）、彼自身はそれを望まなかったとも伝えられている（キケロ『神々の本性について』第一巻七二）。また、前三二三年は、大帝国を築いたマケドニアのアレクサンドロス大王が急逝した年であり、アテナイに反マケドニア機運が高まるなか、アリストテレスが「不敬神」の罪で告訴され、学園リュケイオンを離れて母の生まれ故郷エウボイア島のカルキスで、病のなか人生最後の日々を過ごしていた。

こうしてアカデメイアとリュケイオンというアテナイの大きな二つの哲学の殿堂も、時代の転換期を迎えつつあった。大王の死後、いわゆるヘレニズム時代に入るが、前三二二年にサモス島のアテナイ人は大王に仕えていた将軍ペルディッカスによって追放されたため、アテナイでの「見習い兵」の訓練を終えて二十歳になる若きエピクロスは、家族の移り住んだコロポンに行くことになる（前三二一年）。

サモス島の北東に小アジアの港町ノティオンがある。そこから北方の内陸部にある町がコロポンである。その地はかつて、伝統的神観念の批判で知られる詩人哲学者クセノパネス（前五三〇年頃）を生んだところである。エピクロスはコロポンで二十代の一〇年間を過ごしたと見られるが、そこでどのような生活をしていたのか、詳しいことはわからない。「母親と一緒に家々を歩きまわっては、お祓いを唱えていた」とか、「父と一緒に読み書きを教え、みじめなほどの報酬を得ていた」とか（四節）、生活の貧しさを伝える言葉がある。エピクロス自身、父の仕事を引き継いで、子どもたちに読み書きを教える学校教師をしていたとも見られるが（三節）、われわれにとって重要なのは、彼と哲学との出会いである。

（2）哲学への関心、独学

エピクロスの哲学的欲求は、サモス島時代の少年期（一二歳の時）に芽生えている。彼は、「サモス島においてプラトン派のパンピロスからも教えを受けた」と言っており（一四節）、この事実はキケロによっても伝えられている（『神々の本性について』第一巻七二）。キケロはしかし、エピクロスが「このプラトンの弟子を驚くほど軽蔑した。自分が他人から何かを学んだと見なされるのを恐れてのことだ」とつけ加えている（同七三）。こうした非難めいた発言はキケロだけでなく、懐疑派のセクストスなどにも見られるが、どれだけ真実を伝えているか定かでない。

われわれが注目すべきは、エピクロス自身がエウリュロコス宛の手紙のなかで「独学した」と述べていることである（一三節）。エピクロスは哲学そのものをだれかから学んだとは考えていなかったように見える。

彼の著作の巻数は三〇〇にまで及んでいたが、「それらのなかには他人の書物からの引用は一切書かれず、すべてがエピクロス自身の言葉」と伝えられている（二六節）。実際、彼の現存作品に関するかぎり、引用はまったく見られない。また、彼が特定の哲学者の名前をあげることもほとんどない（例外は「デモクリトス」と「エンペドクレス」の名〔『自然について』第十四巻断片一二、二三〕）。

だが、実際には、エピクロスは先人たちから多くを学んでいるのである。哲学において重要なのは、先人たちの名ではなく、彼らが何を語っているのかということである。これを見きわめ、検討し、ふるいにかけ、自らの判断を示す作業がエピクロスの哲学のスタイルであり、「独学」というのは、彼の哲学の自立性の表現かもしれない。興味深いエピソードがある。

しかし、彼自身は、一四歳になってはじめて哲学に触れた、と言っている。なお、エピクロス派のアポロドロス〔前二世紀の「庭園」の学頭〕が『エピクロスの生涯について』第一巻で述べているところでは、彼が哲学の道へ進んだのは、読み書きの教師たちに失望してのことであって、それはその教師たちがヘシオドスに出てくるカオスに関する事柄を彼に説明できなかったからである。だが、ヘルミッポス〔前三世紀後半の伝記作者〕が言うには、彼は学校教師をしていたのだが、しかしのちに、デモクリトスの書物とめぐり合って、哲学に熱中することになったのである。（二節）

ここには二つの特徴的なことが伝えられている。一つは「カオス」のこと、もう一つはデモクリトスの書物のことである。

懐疑派のセクストスによれば、読み書きの教師が「最初にカオスが生まれた」というヘシオドスの詩句を

読みあげたとき、エピクロスは、それでは「カオスは何から生まれたのか」と尋ねたが、答えてもらえず、そうしたことを教えるのは「哲学者と呼ばれている人たちの仕事」だと言われて、哲学者のもとへ赴いたという（『学者たちへの論駁』第十巻一八─一九）。エピクロスが一四歳のときである。この出来事は十九世紀のイギリスの功利主義者J・S・ミル（一八〇六─七三年）の回想を彷彿とさせる。ミルの父は、少年期の彼に強く印象づけたという。世界がどのようにして存在するようになったのかは、何ひとつ知られない問題であって、どのような答えをしようと、結局、「だれが神をつくったのか（Who made God ?）」という問いがすぐに立ち現われて、困難をさかのぼらせるだけなのだ、と（『自伝』第二章）。

宇宙の始まり、世界の存在の原因という、いわば形而上学的疑問が、近代のミルと同様、すでに古代の少年エピクロスに湧きおこり、彼を哲学へと促したのである。読み書きの教師に失望した彼は、どのような哲学者のところへ赴いたのであろうか。彼は一四歳、サモス島時代である。この時、宇宙の始まりが問題であったとすれば、彼が教えを受けたのは、やはりプラトン派のパンピロスからであっただろう。彼のもとで、エピクロスはプラトンの著作を知り、『国家』をはじめさまざまな対話篇、とりわけ宇宙論を展開している『ティマイオス』を読んだと推測される[1]。

（1）『自然について』第十四巻でエピクロスは、世界の構成をめぐって、いわゆる「プラトン立体」による要素論を批判的に検討している（同巻断片一七─二二）。

（3）デモクリトスの書物、「クラゲ」のナウシパネス、哲学の形成期

先の記事には、もう一つ、重要な事実が述べられている。原子論の創始者デモクリトス（前四二〇年頃）の書物との出会いである。このめぐり合いは、彼が教えを受けたと言われるテオス（コロポン西方の港町）のナウシパネスを通じてのことであろう（一四節）。ナウシパネスは懐疑派ピュロンの弟子であったが、同時に、原子論者デモクリトスの信奉者でもあった（『哲学者列伝』第一巻一五、第九巻六九）。エピクロスは、哲学の方法を論じた彼の『カノーン』をナウシパネスの『三脚台』に基づいて書いたとも言われている（一四節）。それゆえ彼は、ナウシパネスからデモクリトスの哲学だけでなく、哲学の方法についても学び、みずからの哲学を形成していったと見られる。その時期はエピクロスの少年期ではなく、「見習い兵」を経たコロポン時代（二十代）であっただろう[1]。

ところが、ナウシパネスから教えを受けたにもかかわらず、エピクロスはこの師を批判しており、彼のことを「クラゲ」とか、「文盲」「ペテン師」「娼婦」などと激しい言葉で呼んでいたと伝えられる（七—八節）。ナウシパネスへのエピクロスの敵意を推測して、セクストスはその理由を次のように説明している。

というのも、ナウシパネスは多くの若者を引きつけ、諸学問、なかでもとりわけ弁論術を熱心に追究していたからである。そこでエピクロスは、ナウシパネスの弟子であったにもかかわらず、自学自習により、自力で大成した哲学者であると思われんがために、あらゆる方法でそのことを否認し、また師の名声を消し去ろうと熱心に努め、かの人が誇りとしていた諸学問に対する大々的告発者となったのである。現に彼は『ミュティレネの哲学者たちへの手紙』のなかで次のように語っている、「だが、私が思うには、あの唸り屋たちは、私がク

ラゲの弟子であり、幾人かの酔い痴れた若者たちと一緒になって、その講義を聴いたと考えることだろう」。ここで彼が「クラゲ」と呼んでいるのはナウシパネスのことであり、それは、彼を無感覚と見なしてのことである。（『学者たちへの論駁』第一巻二一四）

これによれば、エピクロスがナウシパネスを「クラゲ」にたとえたのは、彼を「無感覚」と見なしたからである。しかしナウシパネスは何に対して「無感覚」と見なされたのであろうか。いろいろと推測できる。弁論術に熱心なナウシパネスは知恵に「無感覚」と見なされたのかもしれない[2]。あるいは、「クラゲ」という比喩はプラトンの対話篇『ピレボス』の記述に由来するとも考えられる（二一C）。それによれば、「クラゲ」の状態とは、思慮を欠いた状態、過去、現在、未来のどのような快楽も感知しない状態、すなわち、文字通り「無感覚」にほかならない。

（1）ストラボンによれば、エピクロスはサモス島とテオスで育てられ、アテナイで見習い兵になったという（『地誌』第十四巻第一章一八）。この記述が事実なら、エピクロスがナウシパネスのもとで学んだのは「見習い兵」時代以前と見られるが、ヘルミッポスによれば、エピクロスはデモクリトスの書物と出会う前に学校教師をしていた（二節）。これは一八歳以前には到底ありえないとして、セドレーは、ストラボンの記述が時系列を表現したものかどうか疑っている（Sedley, 1976a, p. 149 n. 2）。エピクロスの家族はサモス島からコロポンに移り住んだが、見習い兵を終えた彼は家族と合流し、そのあとコロポンに比較的近い港町であるテオスのナウシパネスの学校に入ったと推測される（DeWitt, 1954, p. 55）。

（2）この方向の解釈は、セドレー（Sedley, 1976a, p. 135）に見られる。真理に「無感覚」とするリストの解釈も同様であろう（Rist, 1972, p. 5）。

また、次のようなことも考えられる。ナウシパネスは若い頃、懐疑派ピュロンの虜になっていたのであり、人のあり方についてはピュロンに、言説については自分にならうべきだと語っていただけでなく、エピクロスもまたピュロンの生き方に感嘆していて、ピュロンのことを彼から聞き出そうとしていたのだという（『哲学者列伝』第九巻六四）。ピュロンの判断保留による生き方にナウシパネスは魅せられていたように見えるが、同時に彼は、デモクリトスから「冷静（アタンビエー）」の概念を受け取り、人生の目的とは「不動心（アカタプレークシアー）」であると述べたと伝えられている（デモクリトス「断片」三（DK））。その状態は「無感覚」に近いものとも見られ、これがエピクロスによって「クラゲ」にたとえられたのかもしれない(1)。

だが、どれも推測の域を出ない。いずれにせよ、エピクロスはナウシパネスのもとで学んだにもかかわらず、師と対立することになったのは確かであろう。彼がナウシパネスから何を、どれだけ学んだのかは明らかでない。しかし重要なのは、コロポンでの一〇年間は、エピクロスの哲学の形成期であったということである。なぜなら、その一〇年を経て、彼は学校を設立することになったからである。三十代になったエピクロスはコロポンを離れ、レスボス島（エーゲ海東端）のミュティレネに向かい、学校をつくったのである。

（4）ミュティレネ時代、学校の設立

ディオゲネス・ラエルティオスは、アポロドロス（前二世紀、アテナイ出身の文献学者）の『年代記』に基づき、こう伝えている。

エピクロスは、三二歳のときに、まずミュティレネとランプサコスの地に学校を設立し、五年におよんだ。こうして次にアテナイへ移り、第百二十七回オリンピック大会期の第二年目〔前二七一／七〇年〕、ピュタラトスのアルコン〔最高行政官〕時代に、七二歳まで生きて、生涯を閉じたとのことである。彼の学校は、アゲモルトスの子、ミュティレネの人ヘルマルコスが引き継いだという。（一五節）

エピクロスは三二歳のときにミュティレネに学校を設立した（前三一〇年）。ミュティレネはコロポン北方のレスボス島の中心都市であるが、彼がこの地に向かったのは、おそらく哲学的な土壌があったからであろう。ミュティレネは、前三四五年、すでにプラトンのアカデメイアを去っていた四〇歳のアリストテレスが妻ピュティアスを伴って移り住み、弟子になるテオプラストスと出会って二年ほど生物学関係の研究に励んだ町である。それからおよそ三五年を経て、エピクロスがその地に学校をつくったのである。

しかしながら、彼がミュティレネで過ごした期間は、長くない。わずか一年足らずで彼はミュティレネを離れ、ランプサコスに移ったようである。時代はアレクサンドロス大王の死後、いわゆる「後継者戦争」の真っただ中であり、ミュティレネは、当時、「隻眼（モノプタルモス）」の異名をもつアンティゴノスの統治下にあった。プルタルコスが、ミュティレネでエピクロスに向けられたと見られる「群衆の怒り」に言及していることから（『エピクロスに従っては、快く生きることは不可能であること』一〇九〇E）、エピクロスはミュティレネで何らかの迫害を受けたため、北のヘレスポントス海峡の港町ランプサコスに逃れたと推測される。オ

(1) この方向の解釈は小池（二〇〇七、六八頁）に見られる。

イノアンダのディオゲネスの碑文断片に、その時の彼の様子が次のように刻まれている。

［ついに彼は］岩の［上に避難する場所を見つけた］、そこからは、海はもはや彼をふたたび吸い込んだり、打ち砕いたりすることはできなかった。もとより、彼は海に押しつぶされ、［海水を］呑み込んだのだ。彼は海に浸食された岩石に落ちて引き裂かれた。それでも彼は回復していった、少しずつ……。波の襲撃が中断する合間に、彼はやっとのことで乾いた場所へと救われたが、全身の皮は剝がれていた。そこで彼は見晴らしのよい端のところに横たわり、そうしたままそこのところでその日を過ごし、その次の夜も、そしてふたたび昼も過ごしていた、夕暮れまでずっと、飢えと傷に苛まれながら。（「碑文断片」七二（Smith）、［ ］内はスミスの推定）

難民のようにして、エピクロスはランプサコスに辿りついたのかもしれない。とはいえ、一年足らずの短い期間ながらも、ミュティレネに学校を開いたのは、彼にとって収穫であった。この時、のちに彼の後継者となるヘルマルコスに出会ったからである。ヘルマルコスは「貧しい父のもとに生まれ、当初は弁論術に専念していた」と伝えられる（二四節）。エピクロスが彼に宛てたと見られる手紙も、オイノアンダのディオゲネスの碑文断片に含まれており、こう言われている。

君はわれわれの主義の何かを聴こうとして、弁論家たちの言論から離れてゆくだろう。そのあと、君が哲学の門をすぐさま叩いてくれることを、われわれは信じて疑わない……。（「碑文断片」一二七（Smith）＝エピクロス「断片」八九）

こうして、ヘルマルコスはエピクロスの学校の門を叩いたのであろう。彼はエピクロスとともに哲学研究に励み、終生、師のもとで過ごし、師の亡きあと、「庭園」を継ぐことになる。

(5) ランプサコス時代、友人たち、哲学の確立期

ミュティレネを離れランプサコスに着いたエピクロスは、その地でも学校を開き、四年余り過ごした。ランプサコスは、「太陽は灼熱せる金属の塊」と述べて「不敬神」の罪で告発されたアナクサゴラス(前五〇〇—四二八年頃)が人生の最後を過ごした町であり(『哲学者列伝』第二巻一二—一五)、思想的に寛容なところであったのだろう。アナクサゴラスは「知性があらゆるものを支配」しており、「知性が万物を秩序づけた」(アナクサゴラス「断片」一二(DK))という学説で知られる。エピクロスはこのような学説に共感したのかもしれない。(1) 「昔の人々のなかで、エピクロスが最も受け入れていたのは、アナクサゴラス」だったと伝えられている(一二節)。

ランプサコスでエピクロスは多くの友人を得ている。地理学者ストラボンは、「エピクロス自身も、ある意味でランプサコスの人であった。彼はランプサコスで暮らし、その都市の最も有力な人たち、すなわちイドメネウスとレオンテウス、およびその一門の人たちと親交をもったからである」と記している(『地誌』第十三巻第一章一九)。イドメネウスもレオンテウスも、そしてレオンテウスの妻テミスタも、ランプサコスの人であり、エピクロスの弟子であった(二五節)。

(1) エピクロスが原子の「逸れ」をアナクサゴラスの「知性」に代わるもの(自律的な世界形成の必要条件)と考えていた可能性をセドレーは示唆している(Sedley, 1983, p. 14)。

エピクロスはランプサコスを離れてアテナイへ移ってからも、これらの弟子たちにしばしば手紙を書いている。たとえば、イドメネウスに宛てた手紙では、「もし君がピュトクレスを裕福にしたいと願うならば、金銭をつけ加えるのではなく、金銭への欲望を取り去るようにしたまえ」と指示している（「断片」二八）。また、若いピュトクレスに宛てた手紙では、「幸いなる君よ、帆を揚げて、あらゆる教養を避けるのだ」（六節）という、印象深い助言をしているばかりか、さらに彼の求めに応じて、天界気象について論じた『ピュトクレス宛の手紙』を書いている。

エピクロスには特別の魅力があったように見える。それは彼の人柄と学説の両方によるものであろう。「あらゆる点ですぐれていた」と言われる弟子のメトロドロスは、エピクロスとともにランプサコスからアテナイに行き、師から離れることがなかった（二二節）。また、「品位があり、友情に満ちた人」（二四節）ポリュアイノスは、「偉大な数学者だったと言われているが、エピクロスに賛同し、すべての幾何学は偽りだと信じるようになった」と伝えられている（キケロ『アカデミカ前書』第二巻一〇六）。エピクロスは「ポリュアイノス自身に幾何学を忘れさせようと」したのである（キケロ『善と悪との究極について』第一巻二〇）。彼はエピクロスに出会う前は、キュジコス派に属していたと見られる[1]。キュジコスはランプサコス東方の町であり、そこでは、傑出した数学者エウドクソスが教えた人たちによる学派（キュジコス派）が形成されていた[2]。エピクロスはとりわけ天文学の方法をめぐり彼らと見解を異にし、ライバル関係に合ったと推定されている[3]。

ランプサコスでは、エピクロスを神のように慕う人もいた。献身的な弟子のコロテスである。彼は、「エピクロスが自然学の講義をするのを聴講していたとき、突然、身を投げ出してエピクロスの膝にすがりつい

た」と言われている（プルタルコス『コロテスへの反論』一一一七B）。プルタルコスによれば、実際、エピクロスは『コロテス宛の手紙』で、「君は、あの時、私の言ったことに畏敬の念を抱くあまり、私の膝にすがりついて私を抱きしめ、だれかを畏敬したり嘆願したりする際に、おきまりとなっているどんなすがり方でもしたいという、およそ自然学では説明しがたい欲望にとりつかれたのだ」（「断片」三二）と述べている。

このような師弟関係のなかでエピクロスがランプサコスで過ごした四年余りは、彼の哲学の確立期であったと言える。彼の主著『自然について』三七巻は、復元されたパピルス断片に記された執筆時期や、断片の内容、あるいは彼の『ヘロドトス宛の手紙』との対応関係から、一連の巻の成立年代が推定されている。(4) おそらく、第一巻から第十三巻までは、エピクロスのランプサコス時代（前三一〇―三〇七年）に書かれ、第十四巻以降は、後のアテナイの「庭園」時代に書かれたと見られる。エピクロスの哲学の基礎的な骨格はランプサコス時代に形成されたと言ってよい。

（1）Sedley, 1976a, p. 139.

（2）クニドスのエウドクソス（前三九〇―三四〇年頃）はプラトンの学園で学んだ天文学者であったが（プラトン『国家』第七巻五三〇B、藤沢訳註（1）参照）、快楽説でも著名であった（アリストテレス『ニコマコス倫理学』第十巻第二章）。彼の天体論については、アリストテレス『形而上学』Λ巻第八章参照。

（3）Sedley, 1976a, pp. 138-139.

（4）Cf. Sedley, 1998, pp. 128-132.

（6）アテナイへ、エピクロスの庭園（学園）

こうして前三〇六年、三六歳の時にエピクロスはアテナイに行き、学園を設立し、以後、前二七〇年の死の時までそこで仕事をした。彼の哲学活動の最終的な拠点はアテナイである。ランプサコスで多くの弟子たちを得ていたにもかかわらず、なぜ彼はアテナイに移ったのか。移動の理由は容易に想像がつく。一つは、彼がアテナイ人であり、一八歳の青年時代に「見習い兵」としてアテナイで過ごしたこと、もう一つは、アテナイが哲学の中心地であったことである。[1] アテナイでは、当時、北西の郊外にプラトンのアカデメイアがあり（クセノクラテス亡きあと、第四代学頭ポレモンが主宰）、東郊外にアリストテレスの学園リュケイオンがあった（アリストテレス亡きあと、第二代学頭テオプラストスが主宰）。ディオゲネス・ラエルティオスによれば、

　彼はその地［アテナイ］で暮らし続け、ただ二、三度、イオニア周辺の地へ友人たちを訪ねるために旅をしただけであった。友人たちはまた、いたるところから彼のもとへやって来て、庭園［学園］のなかで彼と一緒に暮らしていたのである。——これはアポロドロス［前二世紀の学頭］も述べていることである。またこの人によれば、エピクロスはその庭園を八〇ムナで買ったという。（一〇節）

　エピクロスはアテナイで庭園を購入し、そこで三五年間過ごし、七二年の生涯を閉じた。「尿が石でふさがれたために、一四日間病んだのち、亡くなった」と伝えられる。最後は、「温かい湯で満たされた青銅製の浴槽に入り、生《き》のままのワインを求めて、これをぐっと飲み干した」という（一五節）。エピクロスの庭園の場所についてはキケロに次のような記述が見える。

　私たちは午後の散歩の場所を、何よりもその時間に喧騒を免れているという理由で、アカデメイアにするこ

とに決めた。それでみんなは約束の時間にマルクス・ピソ［キケロの年上の友人、執政官でペリパトス派］の宿舎に集まった。そこから出て私たちはいろいろな話をしながらディピュロン門からの六スタディオン［約一一〇〇メートル］の道程をこなした。かくして、名高いのも宜《むべ》なるかな、アカデメイアのあの遊歩道に着くと、そこには私たちが望んだ静寂があった。……［略］……

そのときポンポニウス［キケロの若いころからの親友、エピクロスの信奉者］が言った。「私の場合、君たちはいつもエピクロスの心酔者だとして責めるのだが、たしかに、君たちも知っているように、私がとりわけ愛しているパイドロス［エピクロス派の哲学者、学園の学頭を務めた］とともに、いま私たちが通り過ぎてきたばかりのエピクロスの庭園で（in Epicuri hortis, quos modo praeteribamus）長い時間を過ごしている。……」。（『善と悪の究極について』第五巻第一章一―三）

この記述から、庭園はアテナイ北西郊外のアカデメイア近辺にあったことが知られる。アカデメイアがディピュロン門からおよそ一一〇〇メートルのところにあったとすれば、エピクロスの庭園はその南東付近に位置していたのであろう。この庭園に学園をつくり、多くの弟子たちを得るとともに、エピクロスは『自然について』の第十四巻以降の作品をはじめ、他のさまざまな著作を書いたと推測される。

他方、この時代には、アテナイにもう一つの哲学の学派が起こる。ストア派である。エピクロスが学園を設立して数年後、アテナイ中心部の彩色柱廊（ストアー・ポイキレー）で三十代初めの、キティオンのゼノン

（1）Cf. Rist, 1972, p. 9.

が学派をつくり、活動を始めたのである（『哲学者列伝』第七巻二―五）。こうしてアテナイの哲学は新たに活況を呈し、さまざまな論争がなされることになる。エピクロスの哲学はこのような状況のなかで、吟味検討を経ながらつくり上げられていった。庭園における彼の哲学活動について、セドレーは次のように言う(1)。

エピクロスはアテナイに彼の学園を設立することを選んだが、アテナイはさまざまな哲学学派の名高い所在地であっただけでなく、思想交換の中心的な場であった。彼がそこにおいて庭園のなかで、ただじっと座って三五年の時を過ごしたとは考えられない。競合する学派との接触は望ましくもあり、不可避であった。

五、三つの手紙と『自然について』

エピクロスは多数の手紙を書いている（「断片」一八―五二参照）。サモス島からアテナイ、アテナイからコロポン、コロポンからミュティレネ、ミュティレネからランプサコス、ランプサコスからふたたびアテナイへと彼は移り住み、最後のアテナイで三五年間過ごし、七二年の生涯を閉じた。『母への手紙』を別とすれば、彼の書いた手紙のほとんどは最後のアテナイ時代のものであろう。それらは彼の親しい人たちに宛てられたものである。いくつかの手紙は彼の哲学を解説するものであり、『書簡集』として著作に分類されている（二八節）。エピクロスの「最もすぐれた」著作名を列挙したあと、ディオゲネス・ラエルティオスは次のように言う。

さて、これらの著作においてエピクロスが考えていることを、私は、彼の三つの手紙を提示しながら明らか

にすることに努めよう。それらの手紙のなかで彼は、自分自身の哲学全体を要約しているのである。（二八節）

三つの手紙、すなわち、『ヘロドトス宛の手紙』、『ピュトクレス宛の手紙』、『メノイケウス宛の手紙』は、エピクロスの哲学を知るための最も基礎的な資料である。彼の多くの著作は失われたが、親しい弟子たちに宛てられた三つの手紙にはエピクロスの中心的な見解が集約されており、これらによってわれわれは彼の哲学の骨格を知ることができる。『ヘロドトス宛の手紙』は彼の哲学の基本原理および自然学を扱っており、『ピュトクレス宛の手紙』は天界気象の事象を扱い、『メノイケウス宛の手紙』は人間の幸福への道筋について論じている。

これらの手紙はエピクロスの哲学の要約であるが、哲学の論述において要約ほど重要なものはないであろう。当の哲学の価値があらわになるからである。エピクロスにとって哲学の言葉は意味のあるものでなくてはならず、要約の目的は、ひとえにその言葉に命を吹き込み、生きたものにすることである。『ヘロドトス宛の手紙』のなかで彼はこう言っている。「あらゆる正確な知識において何より大事なのは、理解された事柄をすみやかに用いることができる」ことであり（三六―三七節）、「要約そのものが記憶に留められるなら、たえず助けとなる」のだと（八三節）。

しかし三つの手紙は要約であるだけに、われわれにとってはかえって疑問を呼び起こすかもしれない。た

（一）Sedley, 1976a, p. 145.

とえば、弟子のヘロドトスはエピクロスの学説について「すでに習熟した人」と推測され（三六節）、予備知識の点で現代のわれわれとは立ち位置が異なる。また『ヘロドトス宛の手紙』に見られるような、専門用語で圧縮された文章は必ずしも読みやすいものではない。その手紙は、「ギリシア語で書かれた最も難解でわかりにくい作品の一つ」とさえ言われるほどである。[1] 比較的読みやすいように見える『ピュトクレス宛の手紙』や『メノイケウス宛の手紙』についても、われわれはさまざまな疑問を抱くかもしれない。要約の背景には全体があるが、われわれはそれを知らない。結局、われわれにとっては、要約は要約であって、十分な内容理解のために必要な多くの論述が省かれていると言わなければならない。

六、背景にある『自然について』

実際、三つの手紙の背景には、エピクロスの失われた相当数の作品群がある。残念ながら、われわれはそれらを現在ほとんど見ることができない。しかしながら、幸いにも、彼の『自然について』のパピルスが十九世紀初頭に発見され、今日までそれの復元作業が続けられてきた。『自然について』は三七巻からなるエピクロスの最大の作品であるが、この作品こそ、三つの手紙の基礎になっているものである。われわれが読むのはしかし、切れ切れの数少ない断片群である。脱落も多く、文脈も定かでない。復元されたわずかな単語、わずかな文章、そこからいったい何が見えてくるだろうか。

欧米ではこの方面の研究が活発になされてきたが、日本での研究はと言えば、ほとんど見られないという

のが現状である。およそ三〇年前に神崎繁氏は、「これらのパピュロス文書は、エピクロス自身の著作『自然について』復元の期待を含めて、この学派についての従来の知見に大きな変化をもたらしつつある」と述べていたが[2]、その後、この方面の研究は紹介的なものはあるものの[3]、日本では進展していない。『自然について』の断片もあまり知られていないであろう。神崎氏は二〇一六年に急逝された。生きておられたなら、このような状況は少しは変わっていたかもしれない。プラトンやアリストテレスとちがって、エピクロスは、まだ日本では積極的な研究の的になってはいないと言わなければならない。

七、『自然について』の発見

『自然について』の現存断片はわずかであるが、多少まとまったものもある。今、この作品のパピルスが見出された経緯について、ここで簡単に触れておきたい[4]。

時代は、後七九年のイタリア。ヴェズーヴィオ火山が大噴火した。ポンペイとともにヘルクラネウムの町

（1）Bailey, 1926, p. 173.
（2）神崎、一九九七、八四頁。
（3）たとえば、小池（二〇〇七、八二—八四頁）や近藤（二〇一一、六七—六八頁）。
（4）欧米、特にイタリアでこの方面の研究が活発である。以下に述べられることは、主としてセドレー（Sedley, 1998, pp. 94-98）に負っているが、関連する情報は、ヤンコー（Janko, 2000, pp. vi, 3-4）や、ヘルクラネウム協会（The Herculaneum Society）のホームページなどから得られ、そうした情報も補足している。

が埋もれ、その発掘が十八世紀初頭より続けられた。そして一七五二年にナポリ湾に臨む郊外の別荘（「パピルス荘 Villa dei Papiri」と呼ばれる[1]）の書庫や図書室など、いくつかの部屋で、幸運にも、パピルス文書が発見されたのである。

パピルスの巻物はもろく、湿気で一枚一枚の層がくっついているばかりか炭化していたが、その巻物をできるかぎり破損せずに開くという困難な作業が、ヴァチカンから派遣されたピアッジョ神父（Antonio Piaggio）によって、一七五四年から始められた。ピアッジョは巻物を解く巧妙な装置を考案し作業に取り組んだが、難航し、四〇年以上費やしても、エピクロス派のピロデモスの著作など、わずか一八の巻物しか開くことができなかった。

一七九六年にピアッジョが亡くなると、そのあと一八〇二年からイギリスの好古家で聖職者のヘイター（John Hayter）が引き継いだ。ヘイターはナポリ南のポルティチの町でピアッジョの装置を多く作るとともに、その作業に経験のある一三人の現地の製図工を雇い、巻物を解いて模写する仕事にカルリーノ銀貨の報酬を提供しながら作業を強力に進めた。そして、およそ二〇〇の巻物が開かれ、一〇〇近くが模写されたという。

ヘイターはポルティチに四年間滞在したが、ナポレオン帝政下のフランスのナポリへの侵入にともない、一八〇六年にシチリアのパレルモに避難した。彼はパピルスの模写をオックスフォードに持ち帰ったが（この写しはボドリー図書館に保管され、「オックスフォード模線画」と呼ばれる。略号O）、パピルスのほとんどはナポリにあって、作業は続けられた（こちらの写しはナポリ国立図書館に保管され、「ナポリ模線画」と呼ばれる。略号N）。巻物の始めの部分は失われていたり読めなかったりしたが、解かれていった最後の部分に書物の名前が見出

されるものがあった。「エピクロスの自然について」という表題である。時には巻数や行数、執筆年代が記されているものもあった。こうして半世紀を経て十九世紀初頭のヘイターの時代に、『自然について』の一部が明るみに出たのである。とはいえ、依然、そのテクストはきわめて不十分であり、全貌を知るにはほど遠い。

八、パピルスの復元状況

しかしその後一世紀余り経って、両大戦間のヴォリアーノ（Achille Vogliano）の研究、さらに一九七〇年代になって、ジガンテ（Marcello Gigante）によるヘルクラネウム・パピルス（*PHerc.*）の国際研究センター設立、ならびに研究雑誌『エルコラーノ（ヘルクラネウム）紀要（*Cronache Ercolanesi*）』の創刊などが見られ、以前より

（1）「パピルス荘」はカエサルの義父であったローマの政治家カルプルニウス・ピソの別荘であり、その蔵書はピソのものか、あるいはピソの保護を受けていた哲学者ピロデモスのものと見られているが、証拠が乏しい（両者の結びつきを示すものは、ピロデモスの著作『ホメロスによるすぐれた王について』がピソに献呈されたという事実以外にない）。ヤンコーは、当時カンパニア地方に点在していた、共和派高官たちの大きな書庫の一つと推測しているが（Janko, 2000, p. 4）、ジガンテは「パピルス荘」所有者の最善の候補はピソと論定し、オビンクもそれがピソのものであるのはほぼ確実と見なしており（Gigante, 2002, p. vii and 13）、一般的にもそう考えられている（Sedley, 2009, p. 32）。しかしいずれにせよ、推定をこえる決定的証拠がないのが現状である。

エピクロスのテクストについてわれわれは、はるかに多く知りうる状況になっている[1]。

エピクロスの『自然について』は三七巻本であり、彼の秩序だった講義録と見られる[2]。第二十八巻の最後で、エピクロス自身、「さて、君たちに対して、この連続的な講義における（ἀκροάσεως τῆς ἑξῆς）第二十八回のむだ話が、今や終えられたと私は思う」（第二十八巻断片十八）と語っているからである。とはいえ、たとえば、第十巻には対話形式が取り入れられており（第十巻断片二参照）、各巻はさまざまな機会にさまざまなかたちで書かれたようにも見える。第一巻から第十三巻までは、エピクロスのランプサコス時代（前三一〇―三〇七年）に書かれ、残りの巻は前三〇六年以降のアテナイ時代に書かれたと推定されている[3]。第十四巻が三〇一／三〇〇年に、第十五巻が前三〇〇／二九九年に、また、第二十八巻が前二九六／九五年に書かれたことが知られるが、あとの巻の執筆年代は不明である。三七巻のうち、パピルス文書が発見されているのは、第二、十、十一、十四、十五、二十五、二十八、三十四の八巻だけである。それらの巻のいずれも切れ切れの断片から成っているが、パピルス断片が比較的多く復元されているのは、現在のところ、第二、十一、二十五、二十八の四巻である。

九、『自然について』の分量

『自然について』の各巻はもともとどれだけの分量であったのか。発見された第十四巻と第十五巻の末尾の署名欄には行数が記されており、それによると、第十四巻は三八〇〇行、第一五巻は三二〇〇行である。

一行の標準的な長さは、ヘクサメトロス（六脚韻）一行に相当する。ヘクサメトロス一行の平均文字数は、三六文字であり、したがって、第十四巻の長さは、三八〇〇×三六＝一三万六八〇〇字、第十五巻の長さは、三二〇〇×三六＝一一万五二〇〇字となる。巻によって分量の違いがあり、一行の文字数にも差異があると推測されるが、一つの巻の典型的な長さはおよそ一二万五〇〇〇字と見られる。

トゥキュディデスの Oxford Classical Text（ＯＣＴ）の一頁はおよそ一四〇〇字だから、『自然について』の典型的な巻（一二万五〇〇〇字）は、ＯＣＴの約九〇頁に相当する。『自然について』の各巻がある程度一様の長さで書かれていたとすれば、全体は、ＯＣＴの九巻ないし一〇巻分に相当するだろう。(4)

『自然について』は大作である。ＯＣＴのおよそ九〇頁に相当する一つ一つの巻にしても、かなりの長さ

（1）ブリガム・ヤング大学「古代宗教テクスト保存センター」のブーラス（Steeven W. Booras）によって、マルチスペクトラル・デジタル画像によるパピルス復元法が開発され、この画像は赤外線で撮られるため肉眼で識別できないほどの黒いパピルスも判読可能であり、今後の研究が期待される（Janko, 2000, pp. vi-vii）。マルチスペクトラル画像法（Multispectral Imaging, ＭＳＩ）はブーラスらによってヨルダンのペトラ・パピルスに適用されたが、その成果がジガンテらに注目され、ＭＳＩはヘルクラネウム・パピルスにも適用されるようになった。エピクロスの『自然について』に関して言えば、レオーネによる第二巻の研究に取り入れられている（cf. Leone, 2012, pp. 221-222）。ヘルクラネウム・パピルス解読法の歴史と展望については、cf. Janko, 2016, pp. 117-161.

（2）この点はセドレーによって指摘された（Sedley, 1974, p. 89）。

（3）Sedley, 1998, pp. 128-132.

（4）以上は、セドレー（Sedley, 1998, pp. 102-103）に基づく。ちなみに、トゥキュディデスのＯＣＴ一冊は三四〇頁ほどである。プラトンの『パイドン』は新版ＯＣＴで九九頁、それを含む第一巻は五五六頁あり、『自然について』のおよそ六巻分に相当する。

である。けれども、『自然について』三七巻のうち、パピルスが発見されているのは、先に述べたように、第二、十、十一、十四、十五、二十五、二十八、三十四の八巻だけであり、それらのパピルス断片もわずかなものであって、本来の巻の切れ端にすぎないと言うほかない。しかし、たとえわずかであっても、一次資料としての価値は失われない。数行のエピクロス自身の文章が、従来のエピクロス解釈に新たな光をあてる可能性も大いにありうるだろう。

十、『自然について』の構成

『自然について（ペリ・ピュセオース）』という表題は、古くは初期ギリシアの哲学者アナクシマンドロスの著作にも見られる伝統的なものと考えられるが、重要なのは、エピクロスが「自然（ピュシス）」という言葉によって何を念頭に置いていたかということである。ここにわれわれの通常の自然概念を持ち込んではならない。たとえば、自然に親しむ、といった表現に見られるように、われわれのごく普通の自然概念には、われわれ、すなわち人間が入っていないからである。また、夜空に輝く天体も入っていないかもしれない。自然に親しむ人間自体は、あたかも自然ではないかのように、それとは別物のように想定されているのである。つまり、われわれの親しむ自然は、一般に、山や川、海や野原、野に咲く花々などであって、われわれ自身でもなければ、広大な宇宙でもないであろう。

他方、このような自然概念とちがって、エピクロスにとっては、「自然」とはあらゆる存在、すなわち宇

宙万有のすべてを指し示す言葉である。天上の星々、無限に広がる宇宙空間、天界、この地上世界、大地、海、山河、動物、植物、われわれ人間、身体、そして命の源泉である魂、光、微粒子、また、人間が自然に発する音声言語など、これらすべてを指す包括的な言葉である。エピクロスの『自然について』はこのような万有としての自然を原理的に論じたものであり、われわれが感覚し、知覚する世界の全体が何であるか、また、そのなかで偶然にも生まれ、育ち、生き、死んでゆくわれわれ自身が何であり、どのような存在であるかを探究しようとするものであって、われわれの最も基礎的な世界観、人生観にかかわるものである。

この意味での自然研究は、エピクロスによれば、われわれの人生に最も必要なものである（『主要教説』一一）。三七巻から成ると伝えられるエピクロスの『自然について』の全体はどのような構成になっているのだろうか。パピルス断片や、後代の引用断片、あるいは伝承的記述から推測して各巻の内容を示せば、およそ次のようになるだろう。パピルス断片の現存する巻には星印（＊）をつけておく。

第一巻　宇宙万有の構成原理
＊第二巻　物体、万有の無限、像
第三巻　像、視覚、判断の真偽
第四巻　他の感覚について
第五巻　原子の性質、部分、速度
第六巻　魂の本性

第七巻　魂の本性（続き）
第八巻　魂の可滅性
第九巻　魂の物体性
第十巻*　物体の属性、付帯性質、時間
第十一巻*　世界、天体、大地
第十二巻　世界の形状、天体現象、文明の起源
第十三巻　天地の事象、人間の幸福
第十四巻*　ミレトス派、エンペドクレス、プラトン主義
第十五巻*　アナクサゴラス説
第十六巻―第二十四巻［欠落］
第二十五巻*　魂、生み出されたもの、行為
第二十六巻―第二十七巻［欠落］
第二十八巻*　哲学の言語――メトロドロスとの対話
第二十九巻―第三十一巻［欠落］
第三十二巻　魂について
第三十三巻［欠落］
第三十四巻*　夢の表象、明らかでない事柄、指標

第三十五巻―第三十七巻〔欠落〕

以上の構成からわかるように、三七巻のうち、パピルス断片の現存する八巻（第二、十、十一、十四、十五、二十五、二十八、三十四巻）は全体の四分の一に満たないばかりか、残りの二九巻については原文が完全に失われており、そのうち、後代の証言もなく内容のまったく知られない巻もかなりある。若干の復元がなされている八つの巻にしても、われわれはエピクロスのまとまった論述を手にすることができない。われわれが見るのは断片的な記述であり、そうした記述にもさまざまな脱落がある。このような状況下で、研究者たちは多くの推測的な議論を重ねてきたが、『自然について』の現存パピルスの断片解読のみに基づいてエピクロスの自然学を再構築することは、やはり困難と言わざるをえない。

しかしながら、三つの手紙からは得られないエピクロスの見解を、何らかのかたちで読みとることのできるパピルス断片もけっして少なくない。哲学的意義の観点から見れば、人間の成長発達と決定論の問題を扱っている第二十五巻は、特に重要であり、貴重である。今、われわれがエピクロスの哲学に迫ろうとする場合、健全な方法は、ほぼ完全なかたちで伝えられている三つの手紙を基礎にしながら、『自然について』の復元された断片や、ルクレティウスをはじめとする後代の資料を適宜参照することであろう。

十一、エピクロスの哲学

（1）基準学（カノニコン）

エピクロスの哲学の柱は原子論と快楽主義であり、その哲学は三つの手紙に要約されている。それらを要約し、ここでいわば要約の要約を提示する必要はないであろう。もとよりわれわれは三つの手紙そのものを読む必要があるが、その過程でいろいろと疑問が呼び起こされるかもしれない。重要なのはしかし、そうした疑問のなかでも、これらの手紙に含まれている哲学的問題、すなわち、時代や地域をこえ、いつでもどこでも、人が立ち止まってふりかえれば、驚かざるをえないような問題であろう。この意味では、天界気象の事象を網羅的に扱った『ピュトクレス宛の手紙』はほとんどが事実的、観察的なものであって、むしろ本格的な哲学への導入的なものと言ってよいだろう。その手紙の最後で、エピクロスはピュトクレスに対して、「何より君が専念すべきは、始源や、無限性や、それらに類した事柄の研究、さらには判断基準や感情、そしてこれらをわれわれが考察する際の目的の研究なのです」と語って、哲学的な問題へと促しているからである（一一六節）。こうした問題は、ほかでもなく『ヘロドトス宛の手紙』と『メノイケウス宛の手紙』の二つに含まれているのである。エピクロスはとりわけどのような哲学的問題に取り組み、どのような解決を与えようとしたのか。この観点から、彼の哲学を見届けておきたい。

エピクロスの哲学は、「三つの部門に分けられており、それらは基準学、自然学、および倫理学である」と言われている（二九節）。自然学と倫理学の二部門でエピクロスの哲学は尽くされるように思われるが、こ

れらに「基準学（カノニコン［κανονικόν］）」というもう一つの部門がつけ加えられている。この学はわれわれになじみのないものである。「基準学」は『カノーン（Κανών）』と題された一巻の書物のうちに含まれていて、判断基準や原理にかかわるものと説明されている（三〇節）。「カノーン」という言葉の原意は「まっすぐな棒」「ものさし」であるが、転じて「基準」を意味する。「カノーン」の含意は「基準」であり、「基準学」と訳される「カノニコン」とは、とりわけ「判断の基準学」なのである。

この「基準学」は今日の認識論に相当するものと見られるが、注意すべきは、これが「体系に取り組む方法」であり「基礎的なもの」と呼ばれていることである（三〇節）。すなわち、基準学とは、自然学や倫理学に取り組むための基礎を提供しようとするものである。自然について、そして倫理についてわれわれは正しい知識を求めるが、そのような知識はどのようにして得られ、その正しさは何によって保証されるのか。われわれの判断の真偽は何に基づくのか。こうしたことが基準学の扱う問題である。

（2）真理の判断基準

基準学を論じた『カノーン』はエピクロスの多くの失われた著作の一つであり、現存しないが、ディオゲネス・ラエルティオスがその著作における重要な議論を報告している（『生涯』三一―三二）。彼はまずこう言っている。

> 『カノーン』のなかでエピクロスは、感覚と先取観念、および感情が真理の判断基準だと述べているが、エピクロス派の人々は、思考による表象把握もつけ加えている。だが、ヘロドトス宛の要約や『主要教説』のな

かでも、彼は自分の見解を述べているのである。（三一節）

この記述から、基準学が、真理の判断基準を説くものであったことがわかる。しかも非常に重要なことが述べられている。その基準は、エピクロスによれば、感覚、先取観念、感情の三つということである。のちに、エピクロス派の人々は、思考による表象把握を加えているが、エピクロスは、感覚、先取観念、感情の三つを基準としている。思考による表象把握も、その表象自体が感覚や感情に由来するのであれば、これらに還元されるだろう。由来しなければ、その表象把握は単に想像的なものにすぎず、基準とは言えないであろう。問題は、なぜエピクロスが、感覚、先取観念、感情の三つを真理の基準にしたのかということである。そもそも彼は、感覚や先取観念、感情をどのような意味で語っているのだろうか。

（3）感覚、先取観念、感情

順次確認することにしよう。まず、感覚は、見たり聞いたり触れたり、あるいは匂いを感じたり、食べ物や飲み物を味わったりすることであり、さしあたり説明を要しないであろう（その問題性については後述する）。それに対し、「先取観念（プロレープシス）」というのはエピクロスの哲学に欠かせない術語である。少し硬い用語に見えるが、原意は、「先に（プロ）取得されているもの（レープシス）」、「あらかじめ（プロ）捉えられているもの（レープシス）」である。それは、われわれのうちに貯えられている一般観念のことであって、「これこれのものが人間である」というように、たびたび外界からわれわれに現われたものについての記憶のこ

とだと説明されている（三三節）。

このような先取観念はわれわれが生まれ育つなかで、見たり聞いたりする感覚を通じて、身近な人たちから教えられ、記憶され、身についていく最も基礎的な観念である。それは「人間」という観念だけでなく、馬や牛、水、土、草花といった名詞的な観念、あるいは、大きい、小さい、赤い、青い、うるさい、静か、きれい、きたない、といった形容詞的観念、あるいは、歩く、走る、飛ぶ、といった動詞的観念、さらには、真実、本当、うそ、といった抽象的な観念（ルクレティウス『事物の本性について』第四巻四七三―四七九）などである。こうした観念をわれわれは言葉とともに把握し、記憶し、心の内にあらかじめもっていて、ものごとを判断する際に照らし合わせるのである。

このような先取観念については、定義は不要である。むしろ、意味をなさないであろう。幼児は、たとえば赤い色を示されて、赤色を感覚し、「赤い」という観念と言葉を学び、覚えるのである。幼児は成長し、少年少女になっても、「赤色」の意味を辞書で調べたりはしない。すでに経験的に知っているからである。辞書も「赤色」については、たとえば「血のような色」（『広辞苑』）といった例示的説明をするほかない。したがって、感覚に基づく先取観念は、われわれの世界認識の最も基礎となるものであり、ものごとの判断の基準となるものである。牛を見て、人間である、と言うことは誤りである。牛には「人間」の先取観念があてはまらないからである。

他方、エピクロスの挙げている「感情（パトス）」とは、必ずしも喜怒哀楽のことではない。原語の「パトス」は心がこうむっている状態を意味する言葉であるが、エピクロスがその言葉で念頭に置いているのは、

怒りや悲しみ、あるいはどのような通常の感情にも認められる、いっそう根源的で普遍的な感情、すなわち、快楽と苦痛である。快楽や苦痛をわれわれは「感情」とは呼ばないかもしれない。しかし実際には、怒りや悲しみのなかで、われわれは「苦痛」を感じ、よろこびや楽しさのなかで、われわれは「快楽」を感じるのである。快楽と苦痛は、われわれが根源的に感じる感情にほかならない。たとえば、赤ん坊は空腹になれば苦痛を感じ、泣き叫ぶ。ミルクを与えられれば、快楽を感じ、満足する。快苦の感情は生まれながらのものであって、エピクロスが見ているのは、この局面なのである。『メノイケウス宛の手紙』一二九ではこう言われている。

われわれは快楽こそ第一の、生まれながらの善と認めており、そして快楽を起点にしてわれわれはすべての選択と忌避を始めるとともに、快楽に立ち返りながら、その感情を基準にしてすべての善を判定しているのである。

ディオゲネス・ラエルティオスもこう報告している。

エピクロスは快楽が目的であることの論証に、生きものたちは生まれるとすぐに快楽によろこびを感じるが、苦痛には本性的に、理屈ぬきに反発するという事実をあげている。それゆえ、われわれは本能的に苦しみを避けるのである。（一三七節）

このような観察はエピクロスに限られない。キケロの友人マルクス・ピソ（アスカロンのアンティオコス［アカデメイア第十六代学頭］の弟子）は次のように言う。

古い時代の哲学者たちはみな、とりわけ私たちの学派は、子ども時代に最も容易に自然の意志を認めることが

できると考えているので、ゆりかご（incunabula）に目を向ける。（キケロ『善と悪の究極について』第五巻五五）

「古い時代の哲学者たち」にはストア派も含まれるだろう。ストア派によれば、「生きものは、自己自身を保存することへ向かおうとする最初の衝動をもっている」（ディオゲネス・ラエルティオス『哲学者列伝』第七巻八五）のであり、幼児も自分で立とうと努め、「倒れては、泣きながら何度も立ち上がったりして、ついには苦闘のすえ、自然が促すところまで自分を訓練する」のである（セネカ『道徳書簡集』一二一–八）。このように生まれながらの生きものの行動に目を向け、その観察事実に基づいて倫理説を組み立てる議論は、「ゆりかご論法（cradle argument）」と呼ばれている。[1] ストア派は自己保存本能を根源的と見ているが、エピクロスは自己保存本能ではなく、快楽と苦痛の感情を根源的と見ている。どちらの見方も成り立つように見える。

むしろ問題は、こうした事実に基づいて倫理説を組み立てることができるかどうかであろう。つまり、観察される自然の事実から人間の生きる目的を導き出そうとする「ゆりかご論法」というのは、はたして正当な議論なのかどうか。その論法には、「…である」という事実から、「…すべき」という原理を導き出すことができるかどうかという、倫理学の基礎問題が伏在しているのである。人間の目指すべき目的が自己保存であろうと快楽であろうと、いずれにせよ、その目的を「ゆりかご論法」によって正当化しようとすれば、「ゆりかご」以上の論拠が必要となろう。この時、エピクロスが目を向けるのは、ほかならぬ人間の「幸福」である。彼は次のように言う。

(1) Brunschwig, 1986, p. 113.

幸福をもたらしてくれる事柄に励むべきなのである。現に幸福があるなら、われわれはすべてを手に入れているのであり、幸福が欠けていれば、それを手に入れるためにわれわれはあらゆることを行なうのだから。(『メノイケウス宛の手紙』一二二)

人は心地よいものに快楽を感じ、それを求め、選ぶが、不快なものには苦痛を感じ、それを避け、斥ける。目的となる幸福の実質もまた快楽であると見て、エピクロスは、快楽こそ、「幸せに生きることの始まりであり、終わりである」と論定する(同一二八)。

(4) 感覚の真理性

しかしながら、基準学にかかわる問題が生じる。それは以上のような判断基準の最も基礎となっている感覚をめぐる問題である。感覚は、しばしばわれわれを欺くことがあるからである。たとえば、小さく見えたものが、実際には大きかったという場合など。これは月並みな事例であるかもしれない。ところが、ディオゲネス・ラエルティオスは、『カノーン』のなかのエピクロスのかなり長い発言を引用している。

「実際、すべての感覚は」と彼〔エピクロス〕は言う、「理性のはたらきを含まず、いかなる記憶も受け入れないものである。なぜなら、感覚は感覚自身によって動かされることはなく、また他のものによって動かされた場合でも、何かをつけ加えたり取り去ったりすることのできないものだからである。また、感覚を論駁しうるものも存在しない。なぜなら、同じ種類の感覚が、同じ種類の感覚を論駁することは、同等の力のゆえにありえないし、異なる種類の感覚が異なる種類の感覚を論駁することも、同じ対象を判定するものでないがゆえ

に、ありえないからである。さらに、理性のはたらきも感覚を論駁できないのである。理性のはたらきはすべて感覚に依存しているからである。また、ある感覚が他の感覚を論駁することもできない。われわれはすべての感覚に心を向けるからである。また、さまざまな感覚内容が現に存在していることも、感覚の真理性を保証するのである。つまり、われわれが見たり聞いたりするというのは、苦しむのと同じように、現に存在しているのである。それゆえ、明らかでない事柄についても、感覚に現われている事実を手がかりとなる指標にして推論すべきなのである。というのは、実際、すべての概念もまた感覚に由来しており、その形成には推論もいくらか寄与するとはいえ、概念は感覚相互の出会い、類比、類似、あるいは組み立てに基づいているからである。また、狂気の人の幻像や、夢に現われる幻像も真なのである。なぜなら、それらは動かすからである。しかし、あらぬものは、動かさない」。（三一―三二節）

ここでエピクロスは感覚の真理性を強調している。どのような感覚も理性のはたらきや記憶を介さず直接的なものであり、感覚内容は現に存在しているからである。その直接的な感覚経験を基礎にして、われわれは世界の姿を認識する。同じ種類の感覚は同等の力をもっているとはいえ、見まちがいや聞きまちがいも、よりはっきりとした感覚経験によって修正されるだろう。遠くから円く見えた塔が、近くで見れば四角であったとか、小さく見えたものが、実際には大きいものであったとわかるように。

こうしたことはありふれたことであり、ここに感覚の同等性から、同じ塔が円くて四角いといった矛盾した事態を認めることもできるが、そのような不確定性は必ずしも重要な問題ではない。塔の現われではなく、塔そのものの形とは何か、といったいわば形而上学的問題に踏み込まなければ、矛盾した自体は遠近の条件

などを特定すれば、容易に解消するからである。「人が塔に近づき、その塔が近くではどのように現われるかを学ぶ」とエピクロス派の人たちは考える（三四節）。どのような場合でも、それぞれの感覚の真理性をエピクロスは疑わない。むしろ問題はその真理性の拡張にあるだろう。彼はこう言っているからである、「狂気の人の幻像や、夢に現われる幻像も真なのである。なぜなら、それらは動かすからである」と。これはどういうことであろうか。

（5）狂気の幻像、夢の幻像

われわれは通常、狂気の人の幻像や夢の幻像を真とは見なさない。狂気の人の幻像は妄想であり、夢の幻像は単なる夢にすぎない。にもかかわらず、それらは「真」と言われている。エピクロスの理由づけは、「それらは動かすから」というものである。すなわち、それらは狂気の人の心を動かし、夢見る人の心を動かすからである。つまり、そうした幻像は何らかの影響力をもっており、単なる非存在ではないということである。この意味で幻像は「真」と言われている。妄想は狂気の人を行動に駆りたて、夢は夢見る人をおびえさせたり、よろこばせたりするだろう。

しかしながら、このような幻像が一定の影響力をもつ存在という意味で「真」だとしても、幻像に対応する実物が実際に存在しなければ、その幻像はやはり夢まぼろしにすぎず、この点では、幻像は「真」と言えないであろう。要するに、幻像は現に存在し、感覚されているという意味では「真」、すなわち「真実」であるが、対応する実物が存在しないという点で、「偽」なのである。より正確に言えば、幻像に対応する実

物が存在するという判断は、「確証されない」がゆえに「偽」なのである（三四節）。

とはいえ、実物の存在は何によって確認されるのであろうか。もちろん、感覚による。夢から目覚め、狂気から覚めた場合の感覚によるのである。しかし夢の中での感覚と目覚めた場合の感覚、狂気の感覚と狂気から覚めた場合の感覚、これらすべての感覚は、エピクロスによれば、感覚として同等である。同等であれば、夢や狂気の幻像と実物との区別はあいまいになるだろう。幻像と実物との決定的な違いは何であろうか。

（6）固体

彼の考え方について、セクストス・エンペイリコスは『学者たちへの論駁』第八巻六三で次のように報告している。

エピクロスは次のように言っていた。すべての感覚されるものは真であって、表象はすべて存立するものに由来しており、感覚に作用を及ぼすもの〔像〕とちょうど同じようなものである。またもろもろの表象のうち、あるものは真であり、別のものは偽であると言う人たちは、判断を明瞭なものから区別できないがゆえに誤っている。現に、オレステスの場合には、彼がエリニュスたちを見ていると思ったとき、感覚は、もろもろの像によって作用を受けており、真であったが（というのも、像は存在していたのであるから）、しかし知性は、エリニュスたちは固体的なものであると考えて、偽なる判断をもつことになったのである。

適切な例が挙げられている。アイスキュロスの悲劇作品『供養する女たち』の場面である（一〇四八行以下）。不義の母親を殺害したオレステスは、その行為の重大さのあまり狂気に襲われ、復讐の女神エリニュ

スたちを見ていると思う。エピクロスによれば、この時の狂気のオレステスの感覚はあくまでも真であるが、知性のなす判断は偽である。「虚偽や誤りはいつでも、つけ加えられる判断のうちにある」とエピクロスは言う（『ヘロドトス宛の手紙』五〇）。しかしここに問われるべき哲学的な問題が潜んでいる。判断にこのような真偽の区別が生じるのは、何によるのであろうか。

エピクロスは、すべての感覚を真と見なしている。そうだとすれば、判断の真偽は、感覚あるいは感覚されている像と像の原物との対応関係に基づくだろう。対応していれば真、対応していなければ偽である。しかるに、感覚されている像は心的なものである。それは心の内にある。他方、感覚されている像の原物は心の外にある、と見なされている。しかし、なぜ原物は心の外にあると言えるのだろうか。そもそも原物自体は感覚されていないのである。もし原物が心の外に確認できなければ、像だけがあり、それは幻像と変わらないであろう。

オレステスの狂気は一時的なものであり、癒されるかもしれない。また、われわれの見る夢も一時的なものであり、目覚めればそれは単なる夢だったとわかるかもしれない。狂気と正気、夢と覚醒、これらはわれわれの日常的な経験的事実であるが、これらの区別の基礎にあるものは、やはり幻像と実物との相違であろう。もしこの相違が本質的なものでなければ、狂気と正気の区別も、夢と覚醒の区別も不明瞭になるだろう。

今、たとえ狂気の状態でなくても、われわれはこの世に生れて以来、ずっと長い夢を見続けている可能性すら考えられる。われわれが実物と思っているさまざまな光景も、一連の長い夢のなかのまぼろしにすぎないかもしれない。だが、これはエピクロスの見方ではない。彼は、感覚の外部、あるいは、狂気の外部、夢

の外部に、原物が存在することを疑わない。原物は、この世の実物であり、感覚される像とはちがって、「固体（στερέμνιον）」と呼ばれる（『ヘロドトス宛の手紙』四六）。すなわち、幻像とちがって、手ごたえのあるものである。この考え方の背景にこそ、エピクロスの自然学がある。その基本原理を以下で確認することにしよう。オレステスは、エリニュスの幻像を「固体」でないにもかかわらず、まさに「固体的なもの」と錯覚したのである。

（7）宇宙の存在

エピクロスの自然学は広大な宇宙から人間の魂や極微の存在にいたるまで、あらゆる自然存在について、すなわち万有について論じるものである。その自然学は、周知のように、原子論に基づくものである。原子論は近代になって復興され、まぎれもなく現代科学の基礎をなしており、二十一世紀のわれわれから遠いものではない。宇宙万有を解き明かそうとする原子論的な自然学に、いったいどのような哲学的問題があるだろうか。そもそも原子なるものが存在するのだろうか。「固体」といったものも、やがては消え去ってしまうようなものではないか。エピクロスの基本的な考え方を見ておくことにしよう。

彼は根本的な原理を確認することから始めている。それは、何ものもあらぬものからは生じない、また、何ものもあらぬものへと消滅しない、という原理である（『ヘロドトス宛の手紙』三八―三九）。そして万有についてこう述べる。

万有はつねに今あるとおりにあったし、またつねに今あるとおりにあるだろう。なぜなら、万有が変化していく先のものなど何もないのだから。実際、万有のほかに、万有のなかへと入り込み、これに変化を生み出しうるものなど何もないのである。（三九節）

エピクロスは一四歳の時に、宇宙の起源について疑問を抱き、哲学の道に入った（二節）。彼は、結局、万有（宇宙）の存在をそのまま認めるのである。万有の存在の始まりというのは、問うことができないからである。それを問うなら、原因となるその始まり自体もまた万有の一部であって、万有の始まりとは言えないからである。万有の外部には何もなく、万有は限りないもの、無限なものである（四一節）。万有はつねに、今あるとおりにあるものであり、われわれはその存在の神秘性を、われわれ自身の存在同様、そのまま受け入れるほかないのである。

（8）物体の存在

問題は、万有とは何であるかということである。空間的にも、時間的にも、万有は果てしないものであり、すべてが感覚に明らかとは言えない事柄である。しかし感覚を手がかりにして、それに基づいて推論がなされ明言される、「万有は物体と空虚である」と（三九節）。物体とはわれわれの身のまわりにある物体であり、これが「固体」であるが、なぜ「固体」なのか。また空虚は、物体が何も存在しない空間と考えられるが、目に見えないものである。エピクロスによれば、「まず物体が存在するということは、感覚それ自体が万人に証言しており、明らかでない事柄については、感覚に基づいて推論により判定しなければならない」（三

九節)。

物体の存在は万人の感覚に明らかであり、これをエピクロスは疑わない。というより、疑うことができない。彼によれば、感覚は真理の最も基礎的な基準だからである。ここに夢や狂気の介在する余地はない。それゆえ、彼の立場からすれば、われわれは誕生以来、長い夢を見ているなどと語るのは、実際の夢の経験に基づく、「夢」という言葉の比喩的な用法にすぎないであろう。とはいえ、夢や狂気の幻像が「真」と見なされながら、それに対応する実物(物体)が存在しないと判断されるのはなぜであろうか。あるいは逆に、幻像の実物(物体)が存在すると、誤って判断されるのはなぜであろうか。物体の本質が明らかにされねばならない。

(9) 空虚の存在、物体の存在、原子の存在

エピクロスは空虚の存在を確認するとともに、物体について論じている。空虚は、感覚に「明らかでない事柄」である。その存在について彼はこう述べている。

> つまり、もしわれわれが空虚とか、空間とか、触れることのできない本性と名づけているものが存在しないならば、物体は存在する場所をもたず、また、物体は明らかに動いているのに、そのように動いていくような場所ももたないことになるだろう。そして、物体と空虚のほかには何ものも、想像によってであれ、想像しうるものからの類推によってであれ、考えることすらできないのである。(四〇節)

この議論は強力である。空虚がなければ、物体は動いていく場所をもたないというのは、必ずしも正当で

はないが（目に見えない物体、たとえば充満している空気などを押しのけてゆく場合などがあるから）、空虚がなければ物体は存在する場所をもたないというのは、たとえアリストテレスのように、物体相互の「置き換わり」によって純粋な空虚の存在を否定しようとも[1]、正当な見方であろう。こうして空虚の存在を確認したうえで、さらに物体についてエピクロスはこう述べている。

> またさらに、物体のうち、あるものは合成体であり、他のものは合成体を作っている要素である。そして、そうした要素は、もしあらゆるものがあらぬものへと消滅するわけではないとすれば、分割しえず変化しえないものであって、合成体の解体においても存続しうる強さをもっており、本性において充実しており、どの点においても、どのような仕方でも、解体されるようなものではないのである。したがって、物体の始源は分割しえない本性のものであることが必然である。（四〇―四一節）

ここで、「分割しえない本性のもの（ἄτομος φύσις）」と言われているのが原子である。これの凝集が物体の固体性を形成するのである。物体を形づくる要素として、このような原子が存在するというのは、感覚によってではなく、「あらゆるものがあらぬものへと消滅するわけではない」という原理によって正当化されている。

原子とは、文字通り、「分割しえないもの（ἄτομον）」である。エピクロスは物体の究極の要素として、このような見えざる原子の存在を認めるのである。もし原子が分割されるなら、その分割されたものをエピクロスは、再度、「分割しえないもの」、すなわち、「原子」と呼ぶだろう。そして、このような原子が、彼によれば、存在するあらゆるものの要素にほかならない。

(10) 魂の原子

したがって、エピクロスは、当然のようにして、われわれの魂もまた原子によって構成されている「物体」と見なしている。魂は命の源泉であり、われわれのあらゆる生命活動の源泉であるが、目に見えないものである。魂が物体であるというのは、まさに逆説的であり、われわれの感覚にけっして明らかなことではない。ところが、彼は次のように言う。

すなわち、魂とは微細な成分からなる物体であって、集合体〔身体〕全体に行き渡っており、また熱と何らかの仕方で混じり合っているプネウマに最もよく似ていて、ある面ではプネウマに、他の面では熱に似たものなのである。しかし魂には微細な成分からなるという点でプネウマや熱そのものよりもはるかにまさっている第三の部分があって、それゆえその部分は残りの集合体ともいっそうよく共感しうるものとなっているのである。そして以上のすべては、魂のもろもろの能力や、感情、動きやすさ、思考過程、また失われるとわれわれが死んでしまうようなもの、こうしたものが明らかにしているのである。さらにまた、魂は感覚の最大の原因をもっているということも、心に留めておかなければならない。（六三節）

ここでも重要なのは、われわれの感覚経験である。エピクロスは明らかに、人間の生きている姿、そして死んだ姿を観察している。命の源泉である魂の実質についても、こうした観察から推定できるであろう。だ

(1) アリストテレス『自然学』第四巻第七章二一四a二九—三二参照。

れもが呼吸をする。生きている身体はあたたかい。われわれは感じたり、感覚したり、考えたり、欲望したりする。このような心のさまざまな能力や、動き、はたらきがある。人は死ぬと、息や熱は失われる。これらの現象を観察することによって、その背後にある魂は、微細な成分から成り立っているとエピクロスは主張する。微細な成分とは、あたたかい息のようなもの、すなわち、熱と混じり合ったプネウマ（息、風）に似た原子にほかならない。

しかしここに論理の飛躍があるのではないか。息や身体のあたたかさは物理的な現象であり、その根源はプネウマや熱の原子かもしれない。ところが、感情や思考過程は、どのような原子のはたらきであろうか。「微細な成分からなるという点でプネウマや熱そのものよりもはるかにまさっている第三の部分」があるとエピクロスは言う。名前のないこの部分も、「万有は物体と空虚である」という彼の自然学の原理から見れば、ある種の原子から成るものであろう。こうした原子の動きがわれわれの感情や思考過程の実質になるとしても、しかしその動き自体は原子そのものによるのではなく、原子を動かしている何らかのもの、すなわち、原子ではない何らかのものである可能性も考えられる。なぜなら、われわれは感情を抑制したり、自由にものごとを考えたりしているように見えるからである。

人間の自由意志の存否にかかわるこの点については、のちに改めて取り上げることにしよう（(15) 以下）。さしあたり重要なのは、エピクロスがわれわれの認識の基礎と見ている感覚の問題である。感覚は、彼の魂論によってどのように説明されるのであろうか。この点が明確になれば、それによって、夢や狂気の幻像やその真偽についても明瞭にできるはずである。

（11）感覚の原因

「魂は感覚の最大の原因をもっている」とエピクロスは言う。「最大」と言われ、「すべて」と言われないのは、感覚の成立には身体が必要とされるからである。「もし魂が残りの集合体［身体］によって何らかの仕方で覆われていなかったならば、感覚を得ることはなかったであろう」と彼はつけ加えている（六四節）。われわれの魂は身体によって覆われており、身体とは、魂の、いわば「入れ物」なのである（ルクレティウス『事物の本性について』第三巻五五五）。

身体の感覚器官は、われわれのさまざまな感覚活動に欠かせないものである。感覚は、感覚器官と感覚されるものとの接触による。たとえば、りんごの甘酸っぱさは、りんごのうちにあるのではなく、また舌のうちにあるのでもなく、りんごと舌とが接触してはじめて生じる（同第四巻六一五―六二六参照）。接触こそ、あらゆる感覚の源泉である。

なぜなら、味覚のみならず、触覚はもとより、聴覚や嗅覚についても同じように考えられるからである。「聞くということは、声を発したり、音を立てたり、物音がしたり、あるいはどのような仕方であろうと、聞こえるという状態をひき起こすものの方から、何らかの流出物が移動することによって生じる」のであり、「嗅覚もまた、ちょうど聴覚の場合と同じように、事物から移動してきて、当の感覚器官を動かすのに適した何らかの粒子群が存在していなければ、いかなる感覚状態もけっしてつくり出すことができない」とエピクロスは言う（五二―五三節）。だが、このような説明はどこまで妥当であろうか。問題は視覚の場合である。

（12）視覚、精神、像

何かが見える、というのはどのような事態であろうか。感覚対象からの流出物が感覚器官を動かすという、こうした感覚の説明が視覚の場合にもあてはまるのだろうか。ここにエピクロス独自の考え方が認められる。彼は先人たちの見解を批判しながら、次のように説明している。

> 他方また、われわれがものの形を見たり考えたりするのは、外的な事物から何かがわれわれの内に入ってくることによると見なさなければならない。なぜなら、外的な事物がそれ自身の色や形の本性をわれわれに刻印しうるのは、われわれとその事物とのあいだにある空気によるのではなく、さまざまな光線や、われわれからその事物に向かうどのような流出物によるのでもなく、むしろもろもろの事物から、それらと似た色や似た形をした何らかのさまざまな形象が、視覚や精神に適合した大きさに従って、すばやく移動しながら、われわれの内に入ってくることによるのである。（四九節）

つまり、われわれがものの形を見るのは、ものから、ものに似た「形象」がわれわれの内に、すなわち、われわれの目に入ってくることによるのである。「形象」と目との接触が、ものが見えるという感覚をひき起こすのである。この「形象」は「像」と呼ばれる（四六節）。像はものの姿であるが、ものの表面から放出される物理的な存在であり、これも当然、原子から構成される。今日の物理学で言えば、光の粒子のようにも考えられるが、エピクロスは「光線」ではないと主張しており、彼は光線よりも微細な粒子の集まりを想定しているだろう。実際、像は視覚だけではなく、「精神に適合した大きさに従って」、われわれの内にも

入ってくると見なされている。像はわれわれの思考の対象でもある。われわれは事物や景色を見ながら、あるいは思い浮かべながら、ものごとを考える。目に見える視覚像も、思い浮かべられる表象像も、同じように外部からの「像」によって構成されるのである。

このような像は、きわめて微細な粒子から成っており、心的な表象や記憶に貯えられて、先取観念をも構成する。こうした像が外的な事物から放出され、目と接触することにより、「見える」という感覚が生じるのである。さらに精神にまで入り込んで、われわれが考える場合の表象をも形づくるのである。視覚や思考に関するこうした物理的な説明は、「像」というエピクロスの用語を、光の粒子や波動に置きかえれば、現代のわれわれにとっても自然なものかもしれない。哲学的に重要な問題はしかし、その先にある。

(13) デモクリトスとの相違

エピクロスによれば、われわれは何かを見て、それを思い浮かべ、それについて思考をめぐらすが、その場合、像が精神の内にも入り込んでくる。ここからさらに、彼は次のように言う。

そして、われわれが精神であれ感覚器官であれ、それらの把握作用によって捉える形や属性のどのような表象であっても、その表象が当の固体の形なのであって、それは次々と密集する像によって、あるいは内に残った像によって生じるのである。しかし、虚偽や誤りはいつでも、つけ加えられる判断のうちにある。この判断は、確証されることを待ちながら、あるいは反証されないことを待ちながら、あとで確証されなかったり反証されたりする事柄にかかわっているのである。(五〇節)

きわめて重要な発言である。表象そのものが、固体の形であると言われている。ただし、条件がある。その場合の表象は、「次々と密集する像」、あるいは「内に残った像」によって生じる、ということである。切れ切れでないこのような像の把握から生じる表象は安定した姿をしており、固体そのものの姿を保持しているであろう。

　このような見方は、原子論の創始者デモクリトスの懐疑主義的な見方と、基本的に異なっている。デモクリトスについて、セクストス・エンペイリコスは次のように伝えている。

> 他方、デモクリトスは、ある時には諸感覚に現われるものを否認し、そしてこれらのうちの何ものも真理に従って現われているわけではなく、ただ思いなしに従って現われているにすぎないのであり、もろもろのあるもののうちで真なることとして存立するのは、原子と空虚が存在するということである、と言っている。すなわち、彼は言う、「甘さといい、苦さといい、熱さといい、冷たさといい、色といい、すべては慣わしの上のことにすぎず、まことには原子と空虚のみ」。この言葉の意味するところは、もろもろの感覚対象は存在すると見なされ、またそう思いなされているけれども、しかし真理に従えばそれらは存在するものではなく、ただ原子と空虚だけが存在している、ということである。（『学者たちへの論駁』第七巻一三五）

甘さ、苦さ、熱さ、冷たさ、色などは、デモクリトスによれば、すべて慣わしの上のことにすぎず、存在すると見なされ、そう思いなされているにすぎない。しかし、エピクロスによれば、これらの感覚対象は、単なる「慣わし」によるものではなく、感覚対象として現に存在するのである。感覚されているものは、文字通り、感覚されており、この感覚そのものの存在は否定できないからである。だれも火の熱さを否定しな

いだろう。

（14）夢の幻像

しかるにエピクロスは、「虚偽や誤りはいつでも、つけ加えられる判断のうちにある」と言う。これはどういうことであろうか。彼の見解は次の文章に見出される。

> 実際、睡眠中に生じるものであれ、思考や思考以外の判別能力による他の把握作用に基づくものであれ、いわば似姿のうちに捉えられるような表象像が、実在していて真なるものと呼ばれるものと似ているのは、もし何かその種のぶつかってくるものが存在しなかったならば、けっしてありえなかったであろう。しかし誤りは、もしわれわれが自分自身のうちに、表象把握と結びついてはいるが、その把握とは区別される、他の何らかの動きをも取り入れていなかったならば、起こりえなかったであろう。（五一節）

ここで、「睡眠中に生じるもの」とは、夢の幻像である。そして注意すべきは、続けて語られる、「思考や思考以外の判別能力による他の把握作用に基づくもの」も、その水準のものということである。なぜなら、これらも「いわば似姿のうちに捉えられるような表象像（*τῶν φαντασμῶν οἱονεὶ ἐν εἰκόνι λαμβανομένων*）」だからである。思考や思考以外の判別能力（すなわち、感覚）による把握作用に基づくものとは、われわれの思考の産物である妄想であり、われわれの感覚の産物である幻影にほかならない[1]。

（1）この点は、ファーリーの鋭い研究に負っている（Furley, 1967, pp. 206-208, および 1989, pp. 164-165）。

これらが「実在していて真なるものと呼ばれるもの」と似ているのは、「ぶつかってくるもの」すなわち、像の存在によるのである。だが、この場合の像は、連続的で安定した信頼できる像ではない。そのような像は、「目をうち視覚をひき起こすものより、ずっと細かな構造をしている」のである（ルクレティウス『事物の本性について』第四巻七二八―七二九）。それゆえ、「似姿のうちに捉えられるような表象像」とは、切れ切れの、いわばでたらめな像、いっそう稀薄な像の結果なのである。これにつけ加えられる判断に、誤りや虚偽が生じる可能性がある。夢の幻像や狂気の幻想は、安定した像による表象ではなく、切れ切れの不安定な像によってひき起こされる表象であるにもかかわらず、夢のなかや、狂気の状態においては、これが実際の「固体」の姿と判断され、錯覚されるのである。夢から目覚め、狂気が癒されれば、錯覚は解かれるであろう。

（15）運命の奴隷か

われわれはこの世に生き、やがて死を迎える。これは夢まぼろしではない。その生命活動の源となるわれわれの魂は、エピクロスによれば、微細な原子から構成されている。われわれの体内に流れる血液、呼吸、体温など、われわれの命のはたらきはすべて微細な原子の動きによる。だが、その動きは何によるのであろうか。心臓の動きは、われわれの自由にならない。しかし、われわれは自由にものごとを考え、判断し、行動するように見える。このような自由は、どこまで自由であろうか。生まれや性格は人によって異なる。人は自分なりに生き、それ以外の生き方はできないのかもしれない。すべてが必然によるなら、われわれの性

格や、生き方、感じ方、考え方など、これらはわれわれの自由の及ぶところではない。しかし、エピクロスはこう言っている。

自然学者たちの運命の奴隷になるくらいなら、神々に関する神話に従う方がましであろう。なぜなら、神話の方は、神々を敬うことによって願いが聞き届けられるという希望を下書きしてくれるが、自然学者たちの主張する運命の方は容赦なき必然性をもっているからである。(『メノイケウス宛の手紙』一三四)

「自然学者たちの運命の奴隷」になることを、明らかに、エピクロスは拒否している。その運命は「容赦なき必然性」をもっていると言われている。「自然学者たちの運命」とは自然法則による必然性であり、その法則は万有を支配し、万有のあり方を必然的に決定するものである。人間の生き方や運命もその必然性のなかにある。偶然の出来事というのも、いわば知られざる必然であり、われわれの誕生や人との出会い、思いがけない不運もすべて万有を支配する法則によるものである。だが、このような見方は自然学者たちの想定にすぎない。エピクロスはこの想定を否定するのである。

すなわち、万有のあり方にも偶然による部分を認め、人間の生き方にも何らかの自由を認めようとするのである。彼がとりわけ念頭に置いているのは、人間の経験する大きな不運や挫折である(『メノイケウス宛の手紙』一三五)。「神々に関する神話に従う方がまし」であると彼は言う。その理由は、神話は「願いが聞き届けられるという希望を下書きしてくれる」からである。だが、単なる神話による「下書き」は運命を拒否する正当な理由にならないであろう。希望を描きうる理由そのものが示されねばならない。われわれの前には、「容赦なき必然」によるただ一つの道筋があるのではなく、選択しうる他の道筋があり、そのなかに希

望を見出しうることが示されねばならない。そしてその可能性をエピクロスは、彼自身の自然学の原理によって、言い換えれば、彼の原子論に基づいて示さなくてはならない。

(16) 運命の掟、原子の逸れ、自由な意志

エピクロスが目を向けるのは、人間の日常生活に見られる非難や賞讃という経験的事実である。非難や賞讃は行為の主体を前提し、複数の行為の可能性を前提するものである。われわれの前にいくつかの道がある。悪行の道を選択すれば非難され、善行の道を選択すれば賞讃される。その選択はわれわれの意志によるものであり、われわれは自分の選びとる行為に責任を担う主体である。このような事実をだれも否定しないであろう。決定論者でさえ、実生活においてはこれを否定しないであろう。それゆえ、エピクロスは次のように言う。

> あることは必然に基づいて生じ、他のことは偶然により、またあることはわれわれによる……。必然は責任を問われないものであり、偶然は定めなきものであるが、われわれによるものは何ものにも支配されないものであって、このものにこそ非難すべきことも、その反対のことも本来伴う。(『メノイケウス宛の手紙』一三三)

運命の容赦なき必然は、自然学者たちの主張するものであるが、しかしエピクロスもまた、同じように自然学者の一人にほかならない。けれども、彼はすべてを必然や偶然に帰するのではなく、「われわれによるもの」を認めるのである。それは「何ものにも支配されないもの」とも言われている。それはわれわれ自身が支配するものであって、必然や偶然の支配するものではないということである。

ところが、その「われわれ」は、エピクロスによれば、遠い過去からの、ほかならぬ原子の集合体である。それらの原子は、「われわれ」の選びうるものではなく、与えられたものである。のみならず、行為の選択にかかわるわれわれの魂もまた、原子の集合体である。そして魂の活動はもろもろの原子の動きによる。その動きがすべて確定した因果連鎖によるものだとすれば、われわれはいやおうなく自然学者たちの主張する「運命の奴隷」にすぎないと言われるであろう。

エピクロスはこの見方を拒否し、人間の主体性ないし自律性を認めているが、その根拠については何も語っていない。語っているのは、エピクロスを信奉するルクレティウスである。その印象的な詩行は次のとおり。

さてそれでは、もしすべての動きがつねにつながり、
そして古い動きから新しい動きが、一定の順序で生じるとすれば、
またもし元素が進路から逸れることによって、
運命の掟を破る何らかの動きの始まりをひき起こし、
原因が原因に限りなく続くことのないようにするのでなければ、
地上の生物のもつこの自由な意志は、いったいどこから現われるのか？
どこから、と私は言う、運命からもぎとられたこの意志が来るのは？
この意志によってこそわれわれは、快楽が各人を導くところへ進み、
また同様にみずからの動きを逸らすのではないか、定まった時にでもなく、

定まったところにでもなく、心そのものがわれわれを赴かせるところへ。
なぜなら、疑いもなく、各人における自分の意志こそ、
これらのことにきっかけを与え、またここから動きが手足に広がってゆくのだから。

（『事物の本性について』第二巻二五一―二六二）

このように語るルクレティウスによれば、「運命の掟（fati foedra）」は元素（原子）が「逸れる」ことによって破られる。そして、「精神自身が万事をなすのに内的強制をもたない」のは、「時やところを定めずに起こる原子のわずかな逸れ（exiguum clinamen）による」と断言される（二八九―二九三）。非常に有名な主張であるが、われわれは注意しなければならない。原子の「逸れ」が「運命の掟」を破るとすれば、その場合の「逸れ」は何によってひき起こされるのであろうか。

「逸れ」が原子の不確定な動きであれば、その動きは文字通り偶然と言うべきものであって、人間の「自由な意志（libera voluntas）」を保証するどころか、それと相容れないものであろう。「逸れ」は意図的な行為よりも、むしろでたらめな行為に適合するように見える。原子の「逸れ」を統御しうる何か、あるいは「逸れ」を開始しうる何かがわれわれの内になければならない。すなわち、運命に強制されない「自由な意志」の存在が先に認められなければならない。[1] 小池が指摘するように、「自由意志が存在するならば、運動の連続的順序の確定性に破れが生じるというのであって、その逆ではない」のである。[2] われわれ自身が、原子の「逸れ」をひき起こしうるような、そうした能力を有する行為主体であることが先に示されねばならない。

（17）決定論の論駁――自己論駁性

ところが、エピクロスが「われわれによるものは何ものにも支配されないもの」と語るとき、彼はわれわれが自律的な主体であることを、経験的事実として認めているように思われる。原子の「逸れ」に相当するギリシア語「パレンクリシス（παρέγκλισις）」はエピクロスの現存著作にはまったく見出されないが、原子相互の衝突だけでなく、魂の原子の自律的な動きの説明にも用いられていた概念ではないかと推測される。「逸れ」の概念をエピクロスに帰することは、おそらく後代の創作ではない。たとえば、「エピクロスは二種類の動きがあると言った、まっすぐな動きと逸れ（παρέγκλισις）による動きと」（アエティオス『学説誌』第一巻第二十三章四）などの記述からも、実際、エピクロスは「逸れ」について論じていたと見られる。しかし注意すべきは、「逸れ」の概念を彼は決定論の論駁に用いていなかっただろう、ということである。

エピクロスによる決定論の論駁は、現存著作では、『自然について』第二十五巻の議論に認められる。それは特色ある議論である。断片三一ではこう言われている。

（1）この場合の「自由な意志」は、ボブツィンが指摘するように、「選択の自由」や「決断の自由」を意味するものではない。また、複数の選択肢から自由に選びうるような意志の能力を意味するのでもない。そうではなく、意志のはたらきが、運命や必然や生まれながらの素質によって強制されていないがゆえに「自由な」と形容されていると解される。要するに、「自由な意志」という表現はいわば冗語法（pleonasm）であろう。意志は、それが自由でなければ、もはや意志ではないからである（Bobzien, 2021, p. 171）。

（2）小池、二〇〇七、一〇二頁。

……これほどのさまよい。なぜなら、このような言説はひっくり返っており、あらゆるものが、われわれが「必然に基づく」と呼んでいるようなものであることをけっして確証できないからである。まさにこの点について彼〔決定論者〕は、相手が愚かにふるまっているのは相手自身によるかのようにして、その相手と戦っているのである。たとえ彼が、相手がそうしているのはかえって必然によるのだと、いつも議論によって、際限なく主張するとしても、彼が適切に推論したことの原因を自分自身の方に結びつけ、適切でない仕方で推論したことの原因を論争相手の方に結びつけている点で、彼は正しく推論してはいない。……。（『自然について』第二十五巻断片三二）

圧縮されていて読みにくいかもしれないが、この文章は、あらゆるものを「必然に基づく」ものと見なす言説（決定論）を論駁する議論であり、その言説の無効を主張するものである。その言説は「ひっくり返っている」と言われている。どのような意味でひっくり返っているのだろうか。

「彼〔決定論者〕は、相手が愚かにふるまっているのは相手自身によるかのようにして、その相手と戦っている」と言われている。決定論者が相手の愚かな非決定論的立場を議論で論駁しようとするとき、相手の愚かさ（誤り）の原因は相手自身によるものと想定しており、その点で決定論が成り立たないことになる。なぜなら、すべてを「必然に基づく」と見なす決定論は、相手の愚かさの原因を相手自身に帰することはできないからである。たとえ決定論者が相手の愚かさは必然によるのだと「いつも議論によって」際限なく論じても、それにもかかわらず、決定論者が「適切に推論したことの原因を自分自身の方に結びつけ、適切でない仕方で推論したことの原因を論争相手の方に結びつけている」かぎり、その議論は自己矛盾をきたすこと

になる。

決定論者は相手の非を責めることはできないのである。彼の立場によれば、その非は必然に基づくのであり、相手自身が原因ではないからである。したがって決定論者は、自説の正当性を主張すれば、そのこと自体が自己矛盾であるばかりか、その決定論は自他に原因（責任）を認める非決定論へと反転し、逆に非決定論の正当性を認めざるをえない。「ひっくり返っている」とは、決定論が自己論駁される事態を指して言われたものであって、言説が転倒して否定されるだけでなく、逆転してしまうのである。[1]「必然に基づく」というのは、この場合、「自分自身による」に取って代わられているのである。このような考え方は、エピクロスの次の言葉に簡潔に表現されている。

あらゆることが必然に基づいて生じると言う人は、あらゆることが必然に基づいて生じるわけではない、と言っている人に対して、何ひとつ非難することができない。なぜなら、彼は相手の言っていること自体が必然に基づいて生じると主張しているわけだから。（『ヴァチカン箴言集』四〇）

（1）バーニエットは、言説の主張者が、pを言うことによって、非pを言うことへと反転させられるという自己論駁議論について、「ひっくり返っている（*περικάτω τρέπεται*）」というエピクロスの表現の特色は、転倒と逆転の二つの比喩を結びつけている点にあると論じている（Burnyeat, 1978, pp. 201-202）。

（18）決定論の存立可能性

しかし、このように決定論の自己論駁性をあらわにする議論は、どこまで正当であろうか。この議論が有効であるのは、明らかに対話（議論）の文脈においてである。というのも、決定論者が自己の言説の正しさを主張し、対話相手の愚かさ（誤り）の原因を相手自身に帰せざるをえない状況において、決定論の自己論駁性が認められるからである。そうでなければ、つまり、決定論者が自己の言説をただ主張するだけであれば、その言説は無傷となるが、同時に相手の主張とは無関係なものとなり、相手の愚かさはもはや愚かさではなくなるであろう。決定論者の言説は、それが対話の文脈で有意味な場合、自己論駁性をはらみ、他方、対話の文脈から離れて自己論駁性を回避しようとすれば、その言説は無傷となるが、同時に、効力のないものになる。

とはいえ、対話の文脈を離れて決定論が対話相手にとって関係のないものになろうとも、決定論は決定論として、依然、存立する可能性がある。エピクロスは倫理的行為やそれを語る言語が、単なる約束ごとや幻想でないことを疑わない。彼は非難や賞讃をまぎれもなく経験的事実として認め、前提している。他方、彼が論駁しようとする決定論は、それらが約束ごとであり、真実にはすべてが「必然に基づく」と主張するものである。エピクロスは、この主張が成り立たないことを、対話的な議論によってではなく、彼自身の原子論そのものによって示さなくてはならない。

（19）動物、人間、生み出されたもの

原子の動きをわれわれは見ることができない。その動きが必然によるかどうかも、われわれは観察することができない。つまり、原子論的世界観のなかで決定論が成り立つかどうかについて、決め手となる証拠をわれわれは手にすることができないのである。それゆえ、この問題に関する議論は、どれほど精緻であろうと、それがいつも議論に留まるかぎり、空転せざるをえない。

エピクロスが手がかりにするのは現われている事実である。彼が何より目を向けるのは、動物と人間とのちがいである。たとえば彼は、「野生の動物には、われわれは勧告的な仕方や矯正的な仕方を用いない」と言う（『自然について』第二十五巻断片二八）。野生の動物は、人間の言葉に耳を傾けることはないが、人間は言葉を理解し、みずからのあり方を改善しうるとエピクロスは見ているのである。すなわち、こうした改善の可能性のうちに、彼は人間の自律的な意志を見出そうとするのである。この点はしかし、彼の原子論によってどのように説明されるだろうか。彼はまず、『自然について』第二十五巻で次のように言う。

……しかし、これらのことやそれらのことを成し遂げるものに本性上なりうる多くのもの［生み出されたもの］が、そうしたことを成し遂げるものになっていないのはそれら自身のゆえにであって、それらを構成する原子とそれら自身の両方に属する同じ原因によってではないのである。まさにこのようなものに対して、とりわけわれわれは戦い、非難するのである、ちょうどあらゆる動物たちの場合のように、最初からの乱れた本性にしたがう態度のゆえに……。というのも、このようなものにとっては、その構成原子の本性は、ある行動に対しても、行動の程度や性格傾向の程度に対しても何ら作用しなかったからであって、生み出されたものそのものが、こうした事柄の原因の全体を、あるいは大半を担っているのである。……。（『自然について』第二十五巻断

片二二）

読みにくい文章であるが、ここでエピクロスが見ているのは、人間の発達過程である。人間はしつけや教育によって、「最初からの乱れた本性にしたがう」動物とはちがった仕方で、次第に成長してゆく。幼児は成長するにつれて、内部にさまざまなものが生み出されてゆく。その「生み出されたもの」が人格を構成し、行為の主体となる。「生み出されたもの」は、エピクロスによれば、それを構成する原子とは次元の異なるものである。つまり、人間の内には、成長の途上において、原子そのものの動きに還元されないような、しかも一定の秩序をそなえた原子の集まりが生み出され、その集合体が何らかの仕方で自律的なはたらきをするのではないか、とエピクロスは想定しているのである。

(20) 自分自身からの原因

それでは、人間の内部に生み出されたものの自律性は何に由来するのであろうか。ここからエピクロスの思弁が始まる。彼は続く断片で次のように述べている（というより、推測している）。

> ……多くの人々と戦い、同時にまた勧告しながら……、これは、同じ方法の強制的な原因と反対のものである。そのようにして、それらの原子とのある種の差異を――異なった距離から「眺める場合」のような仕方ではなく、何らかの区別しうる仕方で――受け取るものが生み出されるときはいつでも、それ「生み出されたもの」は自分自身からの原因を得るのである。次に、それはただちにもろもろの第一の自然本性「魂の構成原子」までその原因を伝え、その原因の全体を何らかの仕方で一つにするのである。したがってまた、このようなこ

とを適切に区別できない人たちは、原因の判定について自らを嵐に巻き込んでいるのであって、まさにこれらの事柄に関して、われわれはある者たちとはより多く、他の者たちとはより少なく、戦い、非難し、そして……。(『自然について』第二十五巻断片二三)

人間の内に「生み出されたもの」は、原子との「ある種の差異」を受け取り、「自分自身からの原因」、すなわち、自律性を得るのだとエピクロスは推測している。「ある種の差異」、とだけ彼は言っている。おそらく、それ以上のことは語れないからであろう。彼が念頭に置いているのは、動物には見られない人間の精神のはたらきである。そのはたらきは、われわれが経験的に観察できるものである。われわれは子どもから大人へと成長してゆく。われわれには自律的な意志が芽生え、その意志によってわれわれ自身が組み換えられ、統合されるように見える。しかしその芽生え以前にあるのは、われわれの考えるはたらきである。彼は次のように言っている。

……そして同じもの［生じたもの］は永続的なものとして生み出されたのであり、また、ある種の種子だったのである、私がぶつぶつ言っているように。それはわれわれを出発点から別のものへと導く種子であって、その別のものが現にあるときに、われわれは考えたり判断したりするのである……。(『自然について』第二十五巻断片三六)

エピクロスのつぶやきのような文章であるが、あいまいではない。ここで明言されているのは、「別のもの」があるときに、われわれは考えたり判断したりするということである。あるいはむしろ、われわれが考えたり判断したりするという経験的事実は、何か「別のもの」によって説明できるとエピクロスは見ている

のである。「別のもの」とは、彼の用語で言えば、「精神［思考］（διάνοια）」であろう（『ヘロドトス宛の手紙』三八、七八）。この精神は、きわめて微細な原子から成るものであり（『ヘロドトス宛の手紙』六三）、われわれにはけっして知りえない何らかの仕方で発達してゆくものと考えられる。精神（思考）の発達こそ、人間と動物とを決定的に分けるものであり、精神の考えるはたらきこそ人間の自律的な意志、あるいは「自由な意志」の前提となるものであろう。

（21）人生の目的

われわれは成長し、発達してゆく存在である。そして、与えられた時間のなかで、生き、活動し、やがて老い、衰え、死んでゆく存在である。エピクロスはこのようなわれわれの人生において目的となるのは、プラトンやアリストテレスと同様、幸福であると考える。『メノイケウス宛の手紙』冒頭（一二二節）で、彼は哲学の重要性を説きながら、次のように言っている。

人は、まだ若いからといって哲学することを先に延ばしてはならないし、もう老年だからといって哲学するのに倦《う》むことがあってはならない。なぜなら、だれにとっても、魂の健康を得るのに、その時期が早すぎるとか、遅すぎるといったことはけっしてないのだから。また、まだ哲学すべき時期ではないとか、その時期はすでに過ぎ去ってしまったなどと言う人は、幸福を得るのに、今はその時期ではないとか、もはやその時期ではないなどと言っている人に似ている。……したがって、幸福をもたらしてくれる事柄に励むべきなのである。現に幸福があるなら、われわれはすべてを手に入れているのであり、幸福が欠けていれば、それを手に入れる

ためにわれわれはあらゆることを行なうのだから。

幸福をもたらすのは、エピクロスによれば、哲学である。彼の哲学は、基準学を基礎にした自然学と倫理学であり、現われている事実に基づいて、正しい仕方で宇宙万有を理解し、人間の生き方を考察しようとするものである。彼の基準学と自然学についてはこれまで見てきた。最後に彼の倫理学について見ることにしよう。そして、われわれが行き当たる哲学的問題に注意を払うことにしよう。

人間は「自然学者たちの運命の奴隷」ではなく、精神をそなえ、自律的な意志をもちうる存在であるが、人間はまた、生まれながら快楽を求め、苦痛を避ける存在であるとエピクロスは考える。人間の幸福もこの観点から捉えられる。「われわれが苦しむこともなく、不安におびえることもないという目的のために、われわれはあらゆることを行なう」と彼は主張する（『メノイケウス宛の手紙』一二八）。人生の目的としての幸福とは快楽であり、快楽とは身体に苦痛がなく、魂に動揺がないことである（一三一節）。したがって、快楽は、「幸せに生きることの始まりであり、終わりである」と言われる（一二八節）。エピクロスのこのような考え方を、われわれは便宜的に「快楽主義」と呼ぶことができる。

（22）快楽主義

エピクロスの快楽主義は、彼の人間観察に基づいている。われわれは人生において、さまざまな目的を立てるかもしれないが、それらが目指されるかぎり、それらの最も基礎にある感情は、ほかでもなく快楽であ

り、不快であれば、それらは目指されないであろう。われわれの日々の生活のなかで立てられ、追求される目的は、いわば外的なものであって、それを実現しようとする原動力は、人間の心の内にある感情である、というのがエピクロスの見方である。「われわれは快楽こそ第一の、生まれながらの善と認めており、そして快楽を起点にしてわれわれはすべての選択と忌避を始めるとともに、快楽に立ち返りながら、その感情を基準にしてすべての善を判定している」と彼は言う（一二九節）。ここから彼は、快苦を測りくらべる、ソクラテスの「計量術」（プラトン『プロタゴラス』三五六D）のような、あるいは、近代イギリスの功利主義者の「快楽計算」のような考え方を導入する。

この快楽が第一の善であり、生来のものだからといって、このゆえにわれわれはどのような快楽でも選ぶというのではなく、それらの快楽からそれ以上に不快なことが結果としてわれわれに生じるときには、われわれは多くの快楽を見送るのである。また、長い時間われわれが苦しみに耐えれば、より大きな快楽がわれわれに訪れるような場合には、われわれは多くの苦しみを快楽よりもまさっていると見なすのである。したがって、快楽はどれもわれわれに親近な本性をもつがゆえに善いものではあるが、だからといって、そのすべてが選ばれるべきものではないのである。それはちょうど、どのような苦しみも悪いものでありながら、あらゆる苦しみがいつも避けるべき本性のものとは限らないのと同様である。（一二九節）

このような考え方自体は、日常生活の場面ではありふれたものであり、常識的とも言える。現にわれわれは、先々のより大きな快楽のために、多少苦しいことでも我慢したり、日々の小さな楽しみも控えたりするだろう。われわれの日常生活は、大なり小なり一喜一憂の生活であるが、大きな運命の変転に見舞われるこ

ともあるかもしれない。あるいは、人生にまったく意味を見出せない場合もあるかもしれない。だが、どのような場合であっても、問題は、われわれがいつも無意識的に目指している目的、すなわち幸福であり、それがいったい何であるかということである。

幸福な人生、善き人生とは何だろうか、としばしば自問され、その内容についてはさまざまなことが考えられるかもしれない。あたたかい家庭を築くといったことや、自分の仕事に打ち込むことなど、人によっていろいろである。しかしそれらはいずれも特定の行為にかかわるものであり、状況によっては、一変するかもしれない。より本質的なのは、それらの背後にあって、それらを選ばせている基本的な人間の感情である。それは、エピクロスによれば、快楽にほかならない。しかし、その快楽についてエピクロスは次のように言う。

大麦のパンと水も、人が空腹のときにそれらを口にした場合には、最高の快楽をもたらすのである。だから、簡素な、贅沢でない食生活に慣れることは、われわれの健康を十分なものにしてくれるとともに、生活上のやむをえない務めに対しても人がたじろぐことのないようにし、また久しぶりに贅沢な食事にありつくことがあれば、それをわれわれがよりよく味わえる状態にし、偶然の運に対しても恐れることのないようにしてくれるのである。

したがって、快楽が目的であると言うとき、われわれが意味しているのは、ある人々がこの主張に無知であったり、同意していなかったり、あるいは悪く受け取ったりしながら見なしているような、放蕩者の快楽や享楽状態の快楽のことではなくて、身体に苦痛がなく、魂に動揺がないことなのである。(『メノイケウス宛の手

紙』一三二）

ここで言われていることの大半は目新しいことではないかもしれない。身体に苦痛のないこととは、健康状態のことである。健康は心地よく、快楽である。その実質は、苦痛がないということである。とすれば、魂の面でも同じように考えられるだろう。すなわち、魂に動揺のないことは心地よく、快楽であると。しかし、疑問が生じるかもしれない。すなわち、単に魂に動揺のないだけの状態が人生の目的になるような快楽なのか、と。

われわれは不安や心配、後悔や悩みといった魂の動揺を感じない状態だけではなく、より積極的に、より大きなよろこびや満足を求めて生きているのではないか。ちょうど身体の健康が快楽であっても、その健康そのものが幸福ではないように、魂に動揺がないだけの状態は、一定の快楽ではあっても、人生の目的と言えるようなものではないように見える。しかし、エピクロスは次のように言う。

苦しみのすべてが取り除かれることが、快楽の大きさの限度である。また、快さがあるところ、その快さがあるかぎりの時間、苦しみもなく、悩みもなく、これら二つの合わさったものもない。（『主要教説』三）

苦しみのないことが、快楽の最大値である。エピクロス派のピロデモスは、適切な比喩でこれを表現している。

たとえ他のすべてが白であっても、わずかでも黒い部分があるなら、純白の構成全体はそれによって損なわれる。（『神々について』第三巻［*PHerc.* 152, fr. 1, 22-25（Diels）］）

魂に動揺のない状態とは、苦しみのない、いわば純白の状態であろう。

（23）魂の快楽

われわれは時間的存在であり、時間とともに身体は変化し、魂は変化し、生活も変わる。不治の病に襲われることもあれば、心理的な打撃を受けることもある。身体に苦痛のない状態も魂に動揺のない状態も、どちらも実現が容易ではないというのが現実であろう。身体的な健康に恵まれない人もいる。だが、エピクロスが重視しているのは、魂の快楽と苦痛であって、彼によれば、「肉体に嵐が吹くのは現在のみだが、魂には、過去、現在、未来にわたって嵐が吹く」のであり、それゆえまた、「魂の快楽の方がより大きい」（『生涯』一三七）。のみならず、魂の快楽は、激しい身体の苦痛にも打ち勝ちうるものと彼は考えている。弟子のイドメネウスに宛てた手紙で、彼はこう述べている。

人生の幸いなるこの日、そして同時に終わりでもあるこの日を迎えながら、私は君にこの手紙をしたためています。排尿の困難と下痢の痛みは相変わらずつきまとっており、それら自体の度をこえて、治まる気配がありません。しかし、こうした痛みすべてに対抗してくれるのは、私たちによってなされたさまざまな対話の追憶による、魂におけるよろこびなのです。そして君は、この私、および哲学研究に対する、若い頃からの傾倒にふさわしい仕方で、どうかメトロドロスの子どもたちの面倒をみてください。（二二節）

哲学的対話が永続的なものとして、エピクロスの魂のうちに刻まれ、残っていて、これの追憶が彼の魂によろこびをもたらすのである。過ぎ去った日々を回顧し、それによって生じる幸福感は、われわれになじみ

のものであるかもしれない。しかし、身体的苦痛に苛まれながら、死を目前に控えた状況のなかで達成されるこのような幸福感は、たとえ手紙によって創作されたものであろうと、哲学に固有のものであり、エピクロスの快楽主義の到達点と言ってよいであろう。

この状態の快楽は、のどの渇きや飢えが満たされる過程で生じる「動的な快楽」と対比されて、「静的な快楽」と呼ばれる（一三六節）。魂における純白の快楽であり、これより大きな快楽というのは、彼によれば、存在しない。問題は、何がその実現を妨げるのかということである。それをわれわれは彼の欲望分析のうちに見ることができるだろう。

（24）欲望の分類

快楽は欲望の充足によって生じるが、エピクロスは『メノイケウス宛の手紙』で、欲望について次のように述べている。

さまざまな欲望のうち、あるものは自然なものだが、あるものは空虚なものと考えておくべきである。そして、自然な欲望のうち、あるものは必要なものだが、あるものは単に自然なだけのものである。また、必要な欲望のうち、あるものは幸福のために必要であるが、あるものは身体に煩いがないことのために必要であって、またあるものは生きることそれ自体のために必要なものである。（一二七節）

彼は欲望を、まず（A）自然なものと、（B）空虚なものに分けている。そして自然な欲望を、（A1）必要なものと、（A2）必要でないものに分ける。そしてさらに、必要な欲望を、（一）幸福のために必要なもの、

（二）身体に煩いがないために必要なもの、（三）生きることそれ自体のために必要なもの、という三つに分けている。

これら三つは最も重要な欲望であり、その条件は、自然であり、かつ必要なもの、ということである。（二）と（三）は、言うまでもなく、身体の健康、および生存に不可欠な衣食住への欲望である。（一）については、さまざまなものが考えられるかもしれないが、エピクロスがとりわけ念頭に置いているのは哲学に関するものである。哲学への欲望は（一）に属するだろう。哲学は幸福のために必要なものと彼は考えているからである。哲学への欲望、すなわち、知りたいという欲求は自然な欲望であり、哲学によって得られる知恵は幸福に最も貢献する。その欲望は、世界と自己に関するさまざまな疑問が解かれ、ものごとが真に理解されることによって満たされる。のみならず、エピクロスは次のように言う。

人生全体の幸せのために知恵が提供してくれるもののうち、何より最大のものは、友情の獲得である。（『主要教説』二七）

友情もまた（一）に属するだろう。友情は、彼によれば、魂の動揺のなさに徳以上に貢献するものである。なぜなら、「この限られた人生において、友情による安全こそ、最も完全なもの」と彼は主張するからである（『主要教説』二八）。

他方、（A2）の「自然ではあるが、必要でない欲望」とはどのようなものであろうか。これについては、『主要教説』二九への古註でこう説明されている。すなわち、エピクロスが「自然ではあるが、必要でない

い欲望と考えているのは、苦痛を取り除くのではなく、快楽を多様にするだけの欲望である、たとえば贅沢な食事のように」。食事は生存のために必要である。しかし贅沢な食事は、必ずしも必要ではない。飢えを満たす食事は快楽をもたらすが、贅沢な食事は、その快楽を「多様にする（ποικίλλειν）」だけである、とエピクロスは見なしている。しかしながら、ここに考慮すべき問題が潜んでいる。はたして、贅沢は快楽を「多様にする」だけだろうか。

(25) 空虚な欲望

贅沢への欲望が自然なものだとすれば、それが自然であるかぎり、これを無条件に斥けることはできないであろう。けれども、「自然ではあるが、必要でない欲望」というのは、一方では、自然な欲望と接しているが、他方では、「空虚な欲望」と接している。それゆえ、必要のない贅沢が増大してゆけば、快楽が多様になるだけではなく、むしろ変質してゆくだろう。そしてその欲望は不自然なものに転化し、必要でもなく自然でもない欲望、すなわち、「空虚な欲望」に変わるだろう。

「空虚な欲望」は、「空虚な思いなし」によって生じると言われている（『主要教説』二九）。「空虚な思いなし」とは、世界と自己に関する根拠のない、ある種の錯覚である。エピクロスが「自然でもなく必要でもない欲望と考えているのは、たとえば王冠や、彫像の建立」であると伝えられている（『主要教説』二九への古註）。王冠や彫像は名誉愛の典型である。権力や名声を求めるという、この種の欲望は世俗的なものであるが、しかし問題は、このような欲望が自然でないにもかかわらず、しかも必要でないにもかかわらず、なぜ

人がこれを抱くのかということである。

注意すべきは、エピクロスが必ずしもこの種の欲望を否定していないことである。というのも、彼はこう述べているからである。「知者は偶像を建立することもあるだろう。もっとも、自分がそれを手に入れるかどうかは、どうでもよいことだろう」と（『生涯』一二一b）。知者とは、エピクロスの目指す理想的人間である。にもかかわらず、知者は偶像の建立を欲することがある。なぜなのか。

その理由は、その欲望自体が自然なもの、本能的なものと考えられている点にあるだろう。だが、その欲望は必ずしも必要なものではなく、エピクロスによれば、抑制されねばならない。偶像について、「それを手に入れるかどうかは、どうでもよいこと」とつけ加えられているのは、この点を示す表現であろう。知者はその種の名誉や評価に固執しない、ということである。

それゆえ、「空虚な欲望」は、（A2）の「自然ではあるが、必要でない欲望」の延長線上に位置する。なぜなら、その欲望の不自然さのなかには、実際には、ある種の自然さが伏在しているからである。それゆえ、その欲望そのものの除去は困難であるばかりか、おそらく不可能とさえ言えるかもしれない。この種の欲望が、しばしば人の生き方を狂わせるのである。それは限りなく増大し、満たされることはないからである。エピクロスは次のように言う。

自然の求める富は限られており、また容易に手に入る。だが、空虚な思いなしの求める富は、際限なく広がってゆく。（『主要教説』一五）

(26) 生と死

われわれの人生は生きるに値するかどうか、といった問いをエピクロスは立てない。生きることは、それ自体で価値があり、好ましいと彼は考えるからである。この見方の基礎は彼の快楽論であろう。したがって、人生におけるさまざまな悪からの救いとして、人が死を選ぶことがあるとしても、彼は自殺を肯定しない。それゆえ、彼は次のように言う。

> 若い人には美しく生きることを勧め、年老いた人には美しく生を閉じることを勧めるような人は、無邪気である。生きることは好ましいだけでなく、美しく生きることと美しく死ぬことの練習は同じなのだから。しかし、はるかに悪いのは、次のように言う人である、「よいのは、生まれてこないこと、だが、生まれたからには、できるだけすみやかにハデス〔冥界〕の門をくぐるべし」。（『メノイケウス宛の手紙』一二六）

このように、生きることに価値を認め、生きることは生涯を閉じるまで「好ましい（αἱρετόν）」と考えて、美しく生きることの練習は、美しく死ぬことの練習にほかならないと主張するエピクロスは、死について、おそらく哲学史上、最も有名な見解を表明している。すなわち、「死はわれわれにとって何ものでもない」のだと。この逆説的な言明は、彼の『主要教説』二と、『メノイケウス宛の手紙』一二四の二箇所に現われるが、生きることが「好ましい」のであれば、なぜ、死は「何ものでもない」と言われるのであろうか。死によって、「好ましい」はずの人生が断たれるではないか。

(27) 感覚の喪失

「死はわれわれにとって何ものでもない」という言明については、その妥当性をめぐって、古代においても現代においてもさまざまな解釈がなされてきた。ここでは、エピクロスがこの言明をどのような意味で語っているのかを見たうえで、死に関する彼の基本的な考え方を確認することにしよう。

まず、『主要教説』二では、こう言われている。

死はわれわれにとって何ものでもない。なぜなら、解体されたものは感覚を失っているが、感覚を失っているものは、われわれにとって何ものでもないからである。

そして、この教説は『メノイケウス宛の手紙』一二四でこう敷衍されている。

死はわれわれにとって何ものでもないと見なすことに慣れよ。なぜなら、あらゆる善悪は感覚のうちにあるが、死とは感覚の喪失なのだから。それゆえ、死はわれわれにとって何ものでもないという正しい認識は、この世の生の死すべき定めを味わい楽しめるものにしてくれるが、それは無限の時間をつけ加えることによってではなく、不死への憧れを取り除くことによってなのである。

『主要教説』二は、記憶に留められるよう内容が圧縮され、要点だけが簡潔に表現されているが、その基礎にあるのはエピクロスの自然学であり、倫理学である。心身から成る人間は、エピクロスによれば、原子の集合体である。誕生によって、その集合体が形成され、生きる存在、感覚する存在となり、死によってその集合体が解体される。「死はわれわれにとって何ものでもない」と言われる理由は、死によってわれわれが解体され、感覚を失うからである。つまり、死の時点でわれわれは感覚のない存在、われわれではない存在になるということである。

したがって、『主要教説』二の含意は、死の状態、すなわち、感覚を失った状態は、もはやわれわれではなく、それゆえ、われわれにとって何ものでもない、ということであろう。しかしながら、疑問が生じる。『メノイケウス宛の手紙』一二四で、「あらゆる善悪は感覚のうちにあるが、死とは感覚の喪失なのだから」と説明されており、この観点から見れば、「何ものでもない」という事態は両義的だからである。つまり、感覚を失い、どのような善悪も感じない死の状態は、あらゆる悪のない点では善いかもしれないが、あらゆる善のない点では悪いかもしれず、それゆえ恐怖の対象になりうるからである（後述の「煩悶するアクシオコス」の節参照）。

のみならず、死が何ものでもないのは、死んでいる人にとってであって、現に生きている人にとってではない。生きている人にとっては、死は実際に悪いものと感じられるかもしれない。だが、そのように感じられるのは、エピクロスによれば、「正しい認識」によるものではないのである。彼の見方は正当であろうか。

(28) 死への恐れ

死によってわれわれは解体され、何も感覚しない存在となる。死が「何ものでもない」ものになるのは、まさに死の時点においてである。死に至るまでは、われわれは解体されず、なおも生きており、エピクロスの見方によれば、その生は「好ましい」のである。われわれがどれだけ死の瞬間に接近しようとも、この事態は変わらないであろう。死が「何ものでもない」のは、死んでしまった時点での、われわれにとってである。

それゆえ、「死はわれわれにとって何ものでもない」という言明は、今、現に生きているわれわれと死との関係について述べたものではない。しかるに、われわれが死を恐れるのは、われわれがまさに生きている現在のことである。この恐れは、はたして不合理であろうか。

この点について、エピクロスは次のように説明している。

私が死を恐れるのは、それが現にあるとき、私を苦しめるだろうから、というのではなくて、それが将来やって来るために私を苦しめるからだ、などと言う人は愚かである。というのは、現にあるときに悩まさないものが、予期される場合に苦しめるなら、その苦しみは根拠のないものだからである。したがって、もろもろの悪のうちであの最も恐るべきもの、すなわち、死は、われわれにとって何ものでもないのである。なぜなら、われわれが存在しているとき、死はいまだ存在せず、死が現に存在するとき、その時、われわれは存在していないからである。したがって、死は、生きている人々にとっても、死んでしまった人々にとっても何ものでもないのである。なぜなら、生きている人々のところに死は存在せず、他方、死んでしまった人々はもはや存在しないからである。(『メノイケウス宛の手紙』一二五)

エピクロスの説明は明確である。死が予期される場合の苦しみは根拠がないということである。なぜ根拠がないのか。死は、それが現にあるときには、われわれを悩まさないからである。なぜ悩まさないのか。死の時点で、われわれは存在していないからである。エピクロスの視点は、死の時点に向けられており、その時、われわれは存在せず、われわれが死を経験することはないということである。

だれも自分の死を経験することはできない。けれども、われわれは多数の他者の死を知っており、その死

がどのようなものであるかを了解している。死んだ人は生き返らない。死は不可逆的であり、いわば絶対的である。その恐れは、将来、いつか自分にやって来る死についてであり、予期されるものであって、死はいまだ存在していなくても、われわれの現在の関心事なのである。このような関心は誤りであろうか。

一般的に言えば、どのような恐れや不安も、すべて未来の出来事にかかわっている。われわれは病気を恐れ、災害を恐れ、失敗を恐れ、不安になる。病気、災害、失敗など、これらは未来に予期される悪い出来事である。悪い出来事であるかぎり、これらに対して現在われわれが抱く恐れは自然なものであり、根拠のないものではない。予期される悪が、われわれを苦しめるからである。しかるに、死はわれわれを苦しめない、とエピクロスは主張する。その理由は、その時、だれが死を苦しむのか、ということである。その時、もはやわれわれは存在しないからである。

だが、ここに死に関する消しがたい問題点があるように思われる。それは、まさにわれわれが存在しない、ということである。われわれが解体され、消えてなくなるという事態こそ、われわれを苦しめるのではないか。われわれの非存在こそ、われわれが死を恐れる本質的な要因ではないか。その恐れは、必ずしも不合理ではない。死は必然的に訪れ、われわれは消滅し、この世の光は失われ、その喪失をわれわれは確実に予期できるからである。

(29) 過去と未来の対称性に基づく議論

われわれが存在しないという、この事態がわれわれを苦しめるのだと主張するなら、それでもエピクロス

は、その非存在を感覚するのはだれなのか、となおも反論できるかもしれない。たしかに、だれもいないのである。われわれはみずからの非存在を感覚することができない。肝心のわれわれ自身が存在しないからである。しかし、生きることが「好ましい」のであれば、生の否定である死による非存在は、それ自体、「好ましい」ものではないであろう。そうだとすれば、問題は、非存在を感覚できるかどうかという点にあるのではなく、むしろ非存在自体が好ましくないものなのかどうかという点にあろう。この点については、エピクロスは何も語っていない。彼はこの世の生の「死すべき定め」をそのまま受け入れているように見える。このような受容的態度の秘密について、ほかならぬエピクロスの徒ルクレティウスが次のように語っている。

そして私たちは、自分が生まれる以前の過去においては何の悩みも
感じなかった――カルタゴ軍が八方から攻めよせてきて、
全世界が戦争の不安な激動に打たれてゆるぎながら
高い空の下でおののきふるえ、
どちらの民族に海と陸とにわたって、
全世界の支配権が落ちるのか疑っていたその時にも。
それと同様に未来においても、私たちがもはや存在せず、
一体となって私たちを作っている身体と魂とが分離してしまっている
ときには、その時もはや存在しないところの私たちにとっては、
明らかに何事も起こりえず感覚が動かされることもありえない。

たとえ大地が海と、海は空と混じり合おうとも。

（『事物の本性について』第三巻八三二—八四二）

われわれは自分が生まれる以前の過去の非存在のときに、何の悩みも感じなかった。それと同様、未来においても、われわれは自分の非存在を感覚することはない。したがって、われわれは未来の自分の非存在に苦しむ必要はない。今のわれわれの存在をありのまま受け入れよう。このような過去の非存在と未来の非存在との対称性に基づく議論は、われわれの非存在そのものが好ましくないと感じられることが誤りであることを示そうとするものである。われわれは過去の非存在を嘆かないのだから、未来の非存在についても嘆くべきではないのだと。

美しい詩句で語られた説得力のある議論である。この議論で鍵となっているのは、感覚である。われわれは、過去の時点におけるわれわれを感覚しない。その時、われわれは存在しなかったから。それと同じように、われわれは未来におけるわれわれも感覚しない。その時、われわれは存在しないだろうから、という論法である。しかしながら、ここに注意すべき点がある。

すなわち、このような「対称性論法（symmetry argument）」と呼ばれるものは、今生きているわれわれが、過去をふり返って、過去の非存在を感覚しないのと同様に、今生きているわれわれが、未来を予期して、未来の非存在を感覚しないという議論ではない、ということである。現在の時点から、今生きているわれわれが自分の過去の非存在や、未来の非存在を眺めるならば、両者の非存在には、明らかに対称性は認められない。なぜなら、われわれの未来の非存在は、現在のわれわれの生の延長線上にあるが、現在のわれわれは、

過去のわれわれの非存在とは何のかかわりもないからである。われわれは生まれもせず、生きてもいなかったからである。しかるに、未来の非存在は、現在のわれわれと明らかにかかわりがある。われわれは生まれ、生きてきたのであり、その生きられた人生が消滅するのだから。

（30）煩悶するアクシオコス——善きものの喪失

われわれの過去の非存在と未来の非存在とのあいだに、必ずしも対称性がないとすれば、われわれが未来の非存在、すなわちみずからの死を予期し、それを恐れることはけっして不合理ではない。失われるのは私の人生であり、私の人生は、エピクロスの言うように、「好ましい」からである。議論は堂々めぐりしているように見える。厳密に言えば、エピクロスの死生観自体が矛盾しているのではないか。つまり、死は何ものでもないという主張、および生は「好ましい」という主張、両者は相容れないのではないか。こうした疑問は、すでに古代から提出されていた。それをわれわれは伝プラトン『アクシオコス』（前一世紀頃の作品）のうちに見ることができる。

病状が急変し、臨終を目前にして煩悶する老アクシオコス（有名なアルキビアデスの叔父）が、彼を見舞いに来たソクラテスに言う、「この世の光と、もろもろの善きものを奪われようものなら、そして私が腐って蛆虫や得体のしれないものに変わり果て、目も見えず耳も聞こえず、どこにでも横たわろうものなら、ああ、何かこうした恐怖が取りついていて、私の知性をずたずたに引き裂いているのだ」と（三六五C）。ソクラテスは励ましのためにあれこれと問答するが、最後にソフィストのプロディコスが、「死は生きている者にも、

他界した者にも関係がない」と語っているのを聞いたことがあるという（三六九B）。そこでその意味を尋ねるアクシオコスに次のように言う。

つまり、死は生きている者には関係がないし、死んだ者は存在しない、ということだ。したがって、死は、今、君には関係がないし――というのも、君は死んでいないのだから――、また君が不幸な目にあっても、それも君には関係がないだろう。というのも、君は存在していないであろうから。だから、現在アクシオコスに関係がなく、将来も関係がないようなことについて、アクシオコスが嘆き悲しむという、その苦しみは無駄なのだ（三六九C）

ソクラテスはプロディコスから聞いたと言っているが、これはエピクロスの議論と同じものである。しかし、アクシオコスはこの議論に納得せず、ソクラテスに反論している。「人生のもろもろの善きものを失うことが、私を苦しめるのだ、ソクラテスよ、たとえ、そのような議論以上に説得的な言説を並べたてようともね」（三六九D）。ここにまさにわれわれの問題を見出すことができる。ソクラテスは、次のように答えている。

アクシオコスよ、君はよく考えもせずに、善きものを失うことに、悪いものを感覚することを結びつけているのだ、自分が死んでいることを忘れてね。というのも、善きものを失う者を苦しめるのは、それに対応して、悪いものを感覚することなのだが、しかし、存在しない人は、その喪失に気づきさえしないからだ。だから、苦しめるはずのものを認知しえない人に、どうして苦しみが生じるだろうか。（三六九E―三七〇A）

ソクラテスの応答は、エピクロスの見解と同様である。その要点は、死者は善きものの喪失を感覚できな

いということである。だが、これはアクシオコスを納得させるものではない。それゆえ、ソクラテスは魂の不死説をもち出し、その言説がアクシオコスを励まし、彼の煩悶は癒され、死への恐怖がなくなるばかりか、憧れすら生じるのである（三七〇B以下）。しかし、不死なる魂というのは、エピクロスの認めるものではない。

（31）死の克服

エピクロスの死生観の矛盾は解消できるだろうか。死が人生の善きものを剝奪するなら、それはわれわれの恐怖の対象になるだろう。とりわけ、自然な死を迎えるのではなく、若くして命を奪われる可能性があるなら、死による善きものの喪失感は増すだろう。生きることのできるはずの人生が奪われるのだから。人はそれぞれ、さまざまな歴史を背負って生きている。人生における善きものを失わない道は、必ずしも、より長く生きることではない。たとえ人生を三〇〇年に延ばしたとしても、善きものの喪失は変わらないだろう。ルクレティウスの鋭い詩行がある。

またこれから後の生涯がどんな運命をもたらし、偶然が私たちに
何を与え、どんな成りゆきが待っているかは定かでない。
そして私たちは生を引きのばしたからといって、死の時間から
一かけらも取り去りはしないし、何かを除き去ることができて
それにより死んでいる期間が短くなりはしないかという望みもない。

それゆえ生きながらえて、好きなだけ世代を積み上げるがよい、
そうしても永遠なる死はやはり、君を待っているであろうし、
また今日の光とともに生涯の終りを遂げた人が、
何月も何年もまえに死んだ人にくらべて、
亡き人である期間がより少ないだろうということもない。

（『事物の本性について』第三巻一〇八五―一〇九四）

何万年生きようが、その先には「永遠なる死（mors aeterna）」が待っている、とルクレティウスは言う。われわれが善きものの喪失を避けようとすれば、生の時間の延長ではなく、不死を望むほかない。しかし、これはエピクロスの採る道ではない。実際、彼は、『メノイケウス宛の手紙』でこう言っていた。

死はわれわれにとって何ものでもないという正しい認識は、この世の生の死すべき定めを味わい楽しめるものにしてくれるが、それは無限の時間をつけ加えることによってではなく、不死への憧れを取り除くことによってなのである。（一二四節）

エピクロスが見ていた選択肢は、不死か、有限な生かであった。そして、彼は「不死への憧れ」を取り除いた。残されたのは、有限な時間だけを生きるという、この世の有限な生である。この観点から彼は、死はわれわれにとって何ものでもないという見解を表明し、この認識が「死すべき定め」を「味わい楽しめるもの（ἀπολαυστόν）」にしてくれると主張しているのである。

エピクロス自身、おそらくこのような死生観にたえず一定の緊張を見ていたであろう。論理的には、彼の死生観のはらむ矛盾は解消しがたいからである。それゆえ、生と死の現実をありのままに受け入れ、「この

世の生の死すべき定め」を、徳をもって生き抜くことが、彼の倫理学の到達点であったように思われる。「もろもろの徳は快く生きることと本来一体となっており、快く生きることはそれらの徳から切り離しえないもの」と彼は言っていただけでなく（一三二節）、彼がメノイケウスに最初に告げていた言葉は、「死はわれわれにとって何ものでもないと見なすことに慣れよ」であったからである（一二四節）。

（32）友情、追憶、不滅

この「慣れよ」は、プラトンの「死の練習」としての哲学を想起させる（『パイドン』六七E、八一A）。エピクロスの場合はしかし、哲学活動そのものに加えて、「慣れよ」を容易にするものは学園における友情であったと推測される。友情により、われわれの生は永遠化されるとエピクロスは考えていたように見えるからである。

高貴な人は、知恵と友情に最もかかわる。これらのうち、前者は死すべき善であり、後者は不死なる善である。
（『ヴァチカン箴言集』七八）

友情は「不死なる善」と言われている。その不滅性の根拠は何であろうか。「友情」の原語は、「ピリアー（φιλία）」である。動詞「愛する（ピレイン〔φιλεῖν〕）」の名詞であり、基本的な意味は「友愛」「愛情」である。恋愛感情を含め、その幅広い意味内容については、すでにアリストテレスが『ニコマコス倫理学』第八、九巻で詳細に論じているが、エピクロスは何も論じていない。むしろ彼は、「共に生きる」というアリストテ

レスの友愛論の結論（『ニコマコス倫理学』第九巻第十二章）を受け入れながら、共同生活と相互親交に力点を置いているように見える（『主要教説』四〇）。彼は性愛には否定的であり（『生涯』一一八、『ヴァチカン箴言集』五一）、個人間の友愛関係よりもむしろ、共に哲学をする者たちどうしの結びつきを重視している。

エピクロスにおける「ピリアー（φιλία）」は、したがって、友人感情であり仲間意識であって、この意味で「友愛」よりもむしろ「友情」と訳されよう。[1] エピクロス派の人たちの考えでは、「友情は、快楽で満たされている人々における共同関係に基づいて形成される」（『生涯』一二〇b）。その共同関係には女性や奴隷も加わっている（『生涯』七、一〇）。そしてこの友情は「自由な発言（パレーシアー）」によって育まれ、その目的は、「互いを通じて救われること（δι' ἀλλήλων σώιζεσθαι）」にあったと見られる（ピロデモス『自由な発言について』[*PHerc.* 1471 fr. 36]）。このような友情の不滅性は、エピクロスによれば、ほかならぬ「追憶（記憶、μνήμη）」によるのである。彼は遺言のなかで次のように述べている。

私によってアミュノマコスとティモクラテスに贈与された財産によって生じる収入については、両人がヘルマルコスと相談のうえ可能なかぎりこれを分割し、私の父と母、そして兄弟たちへの供物にあてるとともに、毎年ガメリオン月の始めの第十日に催される慣わしとなっている私の誕生日の祝いにあて、同様に、私とメトロドロスの追憶のために設けられている、毎月二十日に行なわれる私の哲学仲間たちの集いにもあててもらいたい。またあわせて、ポセイドン月の私の兄弟たちの日も、メタゲイトニオン月のポリュアイノスの日も、私がこれまでしてきたように、祝ってもらいたい。（『生涯』一八）

毎月二十日に行なわれる「哲学仲間たちの集い」とは、エピクロス派の行事として古代で有名になった「廿

日祭」のことである。この催しにおいて、エピクロス派の哲学仲間たちは、エピクロスを想い起こし、メトロドロスを想い起こし、また師の言葉の数々を想い起こしたのであろう。ディオゲネス・ラエルティオスは次の詩行を書きつけていた。

ごきげんよう、君たち、そして私の学説を記憶しておくように。こうエピクロスは、
最後に友人たちに語った、息を引きとりながらこの言葉を。（『生涯』一〇・一六）

「私の学説を記憶しておくように（μέμνησθε τὰ δόγματα）」、これがエピクロスの最後の言葉である。彼は滅び、「学説」は生きる、と考えられるかもしれない。しかしながら、「学説」は知恵のたぐいであり、人間のつくり上げるものであって、やがて滅びる「死すべき善」であろう。重要なのは、それが記憶に留められ、生かされ、受け継がれることである。「彼の学派伝統は、他のほぼすべての学派が途絶えたのちにも、ずっと存続し、数えきれないほどの学頭職が、弟子たちのあいだで次から次へと受け継がれていった」とディオゲネスは伝えている（『生涯』一〇・九）。

記憶のなかでこそ、エピクロスは生き続け、彼の哲学仲間たちも生き続け、彼らには友情の不滅性を通じて、「学説」の永続性とともに、エピクロスその人をはじめ、同じ哲学にたずさわった仲間たちの不滅が感

（1）オコナーは、エピクロスの「ピリアー（φιλία）」の訳に、“friendship”ではなく、“fellowship”をあてている（O'Connor, 1989, pp. 165-186）。

じられたはずである。「死はわれわれにとって何ものでもない」という彼の教説が真に受け入れられるためには、哲学によって結ばれる「不死なる善」としての友情が不可欠であっただろう。エピクロスは次のようにメノイケウスに語って手紙を閉じている。

それでは、君は、以上のことやこれらに類したことに、昼も夜も、君自身でも、また、君自身と同じ思いの人とも、励むようにしてください。そうすれば君は、目覚めているときも、眠っているときも、けっして心が乱されるようなことはなく、また人々のなかにあって神のごとく生きることになるでしょう。なぜなら、もろもろの不死なる善きものの内に生きる人間は、死すべき生きものに何ら似ていないからです。(『メノイケウス宛の手紙』一三五)

参考文献

本書に収められた作品の訳出、および解説の作成にあたって、参照した文献は以下のものである（［ ］内の表記は註で言及されたときの略称）。

原文校訂、註釈、および翻訳

Long, H. S., *Diogenis Laertii Vitae Philosophorum*, Vol. II, Oxford, 1964［底本／ロング］

Arrighetti, G., *Epicuro: Opere*, 2nd edn, Torino, 1973［アリゲッティ（1973）］

Bailey, C., *Epicurus: The Extant Remains*, Oxford, 1926［ベイリー］

Bignone, E., *Epicuro: Opere, Frammenti, Testimonianze sulla sua Vita*, Bari, 1920［ビニョーネ］

Bollack, J. et Laks, A., *Epirure à Pythoclès*, Lille, 1978

Cantarella, R. e Arrighetti, G., 'Il Libro *Sul Tempo*（*PHerc.* 1413）dell'Opera di Epicuro *Sulla Natura*', *Cronache Ercolanesi* 2, 1972, pp. 5-46［カンタレラ&アリゲッティ］

Casaubon, I., *Notae ad Diogenis Laertii Libros de Vitis, Dictis et Decretis Principum Philosophorum*, Genava, 1583〔カゾボン〕

Delattre D. et Pigeaud, J.（eds）, *Les Épicuriens*, Paris, 2010〔プレイヤード版〕

＊このプレイヤード版の、『ヘロドトス宛の手紙』『ピュトクレス宛の手紙』『メノイケウス宛の手紙』『生涯』『主要教説』の仏訳、訳註は、Daniel Delattre, Joëlle Delattre-Biencourt, José Kany-Turpin, Tiziano Dorandi, Pierre-Marie Morel によるもの。『自然について』の仏訳、訳註は、第十巻のモネ（Annick Monet）によるもの以外は、すべてセドレー（David Sedley）が英訳し、それをブランシュヴィック（Jacques Brunschwig）が仏訳したもの。訳註は両人の共同作業による。

Diano, C., *Lettere di Epicuro e dei suoi*, Firenze, 1946〔ディアーノ〕

Dorandi, T., *Diogenes Laertius: Lives of Eminent Philosophers*, Cambridge, 2013〔ドランディ〕

Gassendi, P., *Animadversiones in Decimum Librum Diogenis Laertii*, 3 vols, Lugdunum, 1649〔ガッサンディ〕

Giussani, C., *T. Lucreti Cari De Rerum Natura Libri Sex*, Vol. 1: *Studi Lucreziani*, Torino, 1896〔ジュッサーニ〕

Hicks, R. D., *Diogenes Laertius: Lives of the Eminent Philosophers*, Vol. II, Cambridge, Mass./ London, 1925〔ヒックス〕

Hübner, H. G., *Diogenis Laertii de Vitis, Dogmatis et Apophthegmatis Clarorum Philosophorum Libri Decem*, 2 vols, Leipzig, 1828-31〔ヒュプナー〕

Inwood, B. and Gerson, L. P., *The Epicurus Reader: Selected Writings and Testimonia*, Indianapolis/ Cambridge, 1994

Körte, A., *Metrodori Epicurei Fragmenta*, Leibzig, 1890

Laursen, S., 'Epicurus *On Nature* XXV（Long-Sedley 20, B, C and j）', *Cronache Ercolanesi* 18, 1988, pp. 7-18〔ラウルセン

（1988/ a）］

Laursen, S., 'The Early Parts of Epicurus, *On Nature*, 25th Book', *Cronache Ercolanesi* 25, 1995, pp. 5-109［ラウルセン（1995/ b）］

Laursen, S., 'The Later Parts of Epicurus, *On Nature*, 25th Book', *Cronache Ercolanesi* 27, 1997, pp. 5-82［ラウルセン（1997）］

Leone, G., 'Epicuro, *Della Natura*, Libro XIV', *Cronache Ercolanesi* 14, 1984, pp. 17-107［レオーネ（1984）］

Leone, G., 'Epicuro, *Della Natura*, Libro XXXIV（*PHerc*. 1431）', *Cronache Ercolanesi* 32, 2002, pp. 7-135［レオーネ（2002）］

Leone, G., *Epicuro: Sulla Natura, Libro II*, Napoli, 2012［レオーネ（2012）］

Leone, G., 'Appendice a cura di *Giuliana Leone*', 'Premessa a Epicuro, 'Sulla Natura' libro II', 'Epicuro, 'Sulla Natura' Libro II（*PHerc*. 1149/ 993 coll. 101-120）Testo Virtuale Unificato con il Testo Corrispondente in *PHerc*. 1783/ 1691/ 1010', in Masi, F. G. and Maso, S.（eds）, *Epicurus on Eidola:* Peri Phuseos *Book II*, Amsterdam, 2015, pp. 191-207［レオーネ（2015）］

Long, A. A. and Sedley, D. N., *The Hellenistic Philosophers*, 2 vols, Cambridge, 1987［ロング&セドレー／LS］

Marcovich, M., *Diogenis Laertii Vitae Philosophorum*, Vol. I, Stuttgart/ Leipzig, 1999［マルコヴィッチ］

Masi, F. G., *Epicuro e la Filosofia della Mente: Il XXV Libro dell'Opera* Sulla Natura, Sankt Augustin, 2006［マーシ］

Mensch, P.（tr.）, Miller, J.（ed.）, *Lives of the Eminent Philosophers: Diogenes Laertius*, Oxford, 2018［メンシュ］

Millot, C., 'Epicure, *De la Nature*, Livre XV', *Cronache Ercolanesi* 7, 1977, pp. 9-39［ミッロ］

Németh, A., *Epicurus on the Self*, London/ New York, 2017［ネーメト］

Sedley, D., 'Epicurus, *On Nature* Book XXVIII', *Cronache Ercolanesi* 3, 1973, pp. 5-83［セドレー（1973）］

Tepedino Guerra, A., 'Tracce del XXXIV Libro *Della Natura* di Epicuro nel *PHerc*. 998', *Cronache Ercolanesi* 17, 1987, p. 79［テペディーノ（1987）］

Usener, H., *Epicurea*, Leipzig, 1887［ウーゼナー（1887）］

Usener, H., *Kleine Schriften*, Vol. 1, Leipzig/ Berlin, 1912［ウーゼナー（1912）］

Vogliano, A., *Epicuri et Epicureorum Scripta in Herculanensibus Papyris Servata*, Berlin, 1928［ヴォリアーノ］

Vogliano, A., *I Resti dell'XI Libro del* Περὶ Φύσεως *di Epicuro*, Cairo 1940

von der Mühll, P., *Epicurus: Epistulae Tres et Ratae Sententiae*, Leipzig, 1922［フォン・デア・ミュール］

White, S., *Diogenes Laertius: Lives of Eminent Philosophers*, Cambridge, 2020［ホワイト］

Wotke, K. und Usener, H., 'Epikurische Spruchsammlung', *Wiener Studien* 10, 1888, pp. 175-201［ヴォトケ］

出隆・岩崎允胤（訳）『エピクロス ―― 教説と手紙』岩波文庫、一九五九年［出・岩崎］

加来彰俊（訳）、ディオゲネス・ラエルティオス『ギリシア哲学者列伝（下）』（第十巻「エピクロス」）、岩波文庫、一九九四年［加来］

戸塚七郎（訳）「エピクロス」（『世界人生論集１』所収）筑摩書房、一九六三年

森進一（訳）「エピクロスの言葉」（『世界文学大系63　ギリシア思想家集』所収）筑摩書房、一九六五年［森］

論文、および研究書など

Alpers, K., 'Epikurs Geburtstag', *Museum Helveticum* 25, 1968, pp. 48-51 ［アルパース］

Annas, J., 'Epicurus' Philosophy of Mind', in Everson, S.（ed.）, *Psychology*, Cambridge, 1991, pp. 84-101

Annas, J., *Hellenistic Philosophy of Mind*, Berkeley, 1992

Annas, J., 'Epicurus on Agency', in Brunschwig, J. and Nussbaum, M. C.（eds）, *Passions and Perceptions: Studies in Hellenistic Philosophy of Mind*, Cambridge, 1993, pp. 53-71 ［アナス（1993）］

Barnes, J., 'The Size of the Sun in Antiquity', *Acta Classica Universitatis Scientiarum Debreceniensis* 25, 1989, pp. 29-41

Betegh, G., 'Epicurus' Argument for Atomism', *Oxford Studies in Ancient Philosophy* 30, 2006, pp. 261-284

Bobzien, S., *Determinism, Freedom, and Moral Responsibility: Essays in Ancient Philosophy*, Oxford, 2021 ［ボブツィン］

Bredlow, L. A., 'Diogenes Laertius 10. 22: Metrodorus of Lampsacus or of Athens ?', *Philologus* 152, 2008, pp. 145-148

Brennan, T., 'Epicurus on Sex, Marriage and Children', *Classical Philology* 91, 1996, pp. 346-352

Brunschwig, J., 'The Cradle Argument in Epicureanism and Stoicism', in Schofield, M. and Striker, G.（eds）, *The Norms of Nature: Studies in Hellenistic Ethics*, Cambridge, 1986, pp. 113-144

Burnet, J., *Early Greek Philosophy*, 4th edn, London, 1930 ［バーネット］

Burnyeat, M. F., 'The Upside-down Back-to-front Sceptic of Lucretius IV 472', *Philologus* 122, 1978, pp. 197-206 ［バーニエット］

Chilton, C. W., 'Did Epicurus Approve of Marriage ?: A Study of Diogenes Laertius X, 119', *Phronesis* 5, 1960, pp. 71-74

Clay, D., 'Epicurus' *Κυρία Δόξα* XVII', *Greek, Roman, and Byzantine Studies* 13, 1972, pp. 59-66

Clay, D., 'Sailing to Lampsacus: Diogenes of Oenoanda, New Fragment 7', *Greek, Roman, and Byzantine Studies* 14, 1973, pp. 49-59

Clay, D., 'The Athenian Garden', in Warren, J. (ed.), *The Cambridge Companion to Epicureanism*, Cambridge, 2009, pp. 9-28

Crönert, W., *Kolotes und Menedemos*, Leipzig, 1906a

Crönert, W., 'Lectiones Epicureae I', *Rheinisches Museum für Philologie* 62, 1906b, pp. 414-426

DeWitt, N. W., *Epicurus and His Philosophy*, Minneapolis, 1954

Dorandi, T., 'Chronology', in Algra, K, Barnes, J., Mansfeld, J. and Schofield, M. (eds), *The Cambridge History of Hellenistic Philosophy*, Cambridge, 1999, pp. 31-54 [ドランディ (1999)]

Erbì, M., 'Lettere dal *Kepos*: l'Impegno di Epicuro per i *Philoi*', in De Sanctis, D., Spinelli, E., Tulli, M. e Verde, F. (a c. di), *Questioni Epicuree*, Sankt Augustin, 2015, pp. 75-94

Festugière, A.-J., *Épicure et ses Dieux*, 3e édn, Paris, 1985

Furley, D. J., *Two Studies in the Greek Atomists*, Princeton, 1967 [ファーリー (1967)]

Furley, D. J., 'Nothing to Us ?', in Schofield, M. and Striker, G. (eds), *The Norms of Nature: Studies in Hellenistic Ethics*, Cambridge, 1986, pp. 75-91

Furley, D. J., *Cosmic Problems: Essays on Greek and Roman Philosophy of Nature*, Cambridge, 1989 [ファーリー (1989)]

Gigante, M.（tr. by Obbink, D.）, *Philodemus in Italy: The Books from Herculaneum*, Pbk edn, Ann Arbor, 2002［ジガンテ（オビンク）（2002）］

Gomperz, Th., 'Ein Brief Epikurs an ein Kind', *Hermes* 5, 1871, pp. 386-395［ゴンペルツ］

Gordon, P., *The Invention and Gendering of Epicurus*, Ann Arbor, 2012

Grote, G., *History of Greece*, Vol. 10, London, 1852（repr. Cambridge, 2009）［グロート］

Guthrie, W. K. C., *A History of Greek Philosophy*, Vol. II, Cambridge, 1965［ガスリー］

Guthrie, W. K. C., *Socrates*, Cambridge, 1971

Henry, W. B., *Philodemus* On Death, Atlanta, 2009

Hermann, K. Fr., 'Beschluss der Recension von *Hübner's* Ausgabe des Diogenes Laertius. Vol. II', *Zeitschrift für die Alterthumswissenschaft* 13, 1834, pp. 105-112［ヘルマン］

Janko, R., *Philodemus* On Poems *Book 1*, Oxford, 2000［ヤンコー（2000）］

Janko, R., 'How to Read and Reconstruct a Herculaneum Papyrus', in Crostini, B., Iversen, G. and Jensen, B. M.（eds）*Ars Edendi Lecture Series*, Vol. IV, 2016, pp. 117-161［ヤンコー（2016）］

Kerferd, G. B., 'Epicurus' Doctrine of the Soul', *Phronesis* 16, 1971, pp. 80-96

Laursen, S., 'Epicurus *On Nature* XXV', *Cronache Ercolanesi* 17, 1987, pp. 77-78

Lewis, D. M., 'Two Days', *The Classical Review* 19, 1969, pp. 271-272［ルイス］

Long, A. A., 'Chance and Natural Law in Epicureanism', *Phronesis* 22, 1977, pp. 63-88

Long, A. A., *Hellenistic Philosophy*, 2nd edn, 1986, London（A・A・ロング『ヘレニズム哲学』金山弥平（訳）、京都大学学術出版会、二〇〇三年）

Mansfeld, J., 'Epicurus Peripateticus', in Alberti, A. (ed.), *Realta e Ragione: Studi di Filosofia Antica*, Firenze, 1994, pp. 29-47

Mársico, C., 'Aristippus' Legacy: On the Development of the Cyrenaic Philosophy', *Journal of Classical Studies* 21, 2020, pp. 23-46

McClure, L. K., *Courtesans at Table: Gender and Greek Literary Culture in Athenaeus*, New York, 2003

Nietzsche, F., 'De Laertii Diogenis Fontibus I-II', *Rheinisches Museum für Philologie* 23, 1868, pp. 632-653［ニーチェ］

O'Connor, D. K., 'The Invulnerable Pleasures of Epicurean Friendship', *Greek, Roman, and Byzantine Studies* 30, 1989, pp. 165-186［オコナー］

O'Keefe, T., 'The Reductionist and Compatibilist Argument of Epicurus' *On Nature*, Book 25', *Phronesis* 47, 2002, pp. 153-186

O'Keefe, T., *Epicurus on Freedom*, Cambridge, 2005

O'Keefe, T., *Epicureanism*, Berkley, 2010

Purinton, J., 'Epicurus on 'Free Volition' and the Atomic Swerve', *Phronesis* 44, 1999, pp. 253-299

Rist, J. M., *Epicurus: An Introduction*, Cambridge, 1972［リスト］

Sedley, D., 'The Structure of Epicurus, *On Nature*', *Cronache Ercolanesi* 4, 1974, pp. 89-92［セドレー（1974）］

Sedley, D., 'Epicurus and His Professional Rivals', in Bollack, J. et Laks, A. (eds), *Études sur l'Épicuresme Antique*, Lille,

1976, pp. 119-159〔セドレー（1976a）〕

Sedley, D., 'Epicurus and the Mathematicians of Cyzicus', *Cronache Ercolanesi* 6, 1976, pp. 23-54〔セドレー（1976b）〕

Sedley, D., 'Epicurus' Refutation of Determinism', in *ΣΥΖΗΤΗΣΙΣ: Studi sull'Epicureismo Greco e Romano offerti a Marcello Gigante*, Napoli, 1983, pp. 11-51

Sedley, D., 'Epicurean Anti-Reductionism', in Barnes, J. and Mignucci, M.（eds）, *Matter and Metaphysics*, Napoli, 1988, pp. 295-327

Sedley, D., 'The Inferential Foundations of Epicurean Ethics', in Everson, S.（ed.）, *Ethics*, Cambridge, 1998, pp. 129-150

Sedley, D., *Lucretius and the Transformation of Greek Wisdom*, Cambridge, 1998〔セドレー（1998）〕

Vlastos, G., 'Minimal Parts in Epicurean Atomism', *Isis* 56, 1965, pp. 121-147

Vogliano, A., 'I Resti del XV Libro del *Περὶ Φύσεως* di Epicuro', *Philologus* 100, 1956, pp. 253-269

Taylor, C. C. W., 'All Perceptions Are True', in Schofield, M., Burnyeat, M. and Barnes, J.（eds）, *Doubt and Dogmatism: Studies in Hellenistic Epistemology*, Oxford, 1980

神崎繁「クリュシッポス『論理学研究』残欠考」『西洋古典学研究』四五、一九九七年、八四―九七頁

小池澄夫「エピクロスと初期エピクロス学派」（内山勝利（編）『哲学の歴史2――帝国と賢者』所収）、中央公論新社、二〇〇七年、四九―一〇二頁

近藤智彦「ヘレニズム哲学」（神崎繁・熊野純彦・鈴木泉（編）『西洋哲学史Ⅱ――「知」の変貌・「信」の階梯』所収）、講談社選書メチエ、二〇一一年、三三―九五頁

関連文献

Angeli, A., 'La Scuola Epicurea di Lampsaco nel *PHerc.* 176（Fr. 5 Coll. I, IV, VIII-XXIII）', *Cronache Ercolanesi* 18, 1988, pp. 27-51［アンジェリ（1988）］

Angeli, A., *Filodemo: Agli Amici di Scuola (*PHerc. *1005)*, Napoli, 1988

Bailey, C., *Titi Lucreti Cari De Rerum Natura Libri Sex*, 3 vols, Oxford, 1947

Diels, H., 'Philodemus *Über die Götter*, Drittes Buch', *Abhandlungen der Königlich Preussischen Akademie der Wissenschaften* 4 und 6, Berlin, 1917

Diels, H. und Kranz, W., *Die Fragmente der Vorsokratiker*, 6. Aufl., 3 Bde., Berlin, 1951-52［DK］

Dorandi, T., *Filodemo: Storia dei Filosofi* [.] *Platone e l'Academia*, Napoli, 1991

Fortenbaugh, et al., *Theophrastus of Eresus: Sources for His Life, Writings, Thought and Influence*, Pt. 1, Leiden, 1993［フォーテンバウ］

Jacoby, F., *Die Fragmente der Griechischen Historiker*, Berlin, 1923-

Kock, T., *Comicorum Atticorum Fragmenta*, Vol. III, Leipzig, 1888

Konstan, D., Clay, D., Glad, C. E., Thom, J. C. and Ware, J., *Philodemus: On Frank Criticism*, Atlanta, 1998

Lentz, A., *Herodiani Technici Reliquiae*（*Grammatici Graeci*, Pars III Vol. II）, Leipzig, 1868-70

Obbink, D., *Philodemus: On Piety*, Part 1, Oxford, 1996［オビンク］

Rouse, W. H. D. (tr.), Smith, M. F. (rev.), *Lucretius: De Rerum Natura*, Rev. edn, Cambridge, Mass./ London, 1992
Smith, M. F., *Diogenes of Oinoanda: The Epicurean Inscription*, Napoli, 1993［スミス］
Smith, M. F., *Lucretius: On the Nature of Things*, Rev. edn, Indianapolis/ Cambridge, 2001
Smith, M. F., *Supplement to Diogenes of Oinoanda: The Epicurean Inscription*, Napoli, 2003
Tepedino Guerra, A., *Polieno: Frammenti*, Napoli, 1991
Wehrli, F., *Phainias von Eresos, Chamaileon, Praxiphanes* (*Die Schule des Aristoteles*, Heft IX, 2. Aufl.), Basel/ Stuttgart, 1969
アイリアノス『ギリシア奇談集』松平千秋・中務哲郎（訳）、岩波文庫、一九八九年
アテナイオス『食卓の賢人たち』全五冊、柳沼重剛（訳）、一九九七—二〇〇四年
アリストテレス『アテナイ人の国制』（『アリストテレス全集19』所収）橋場弦（訳）、岩波書店、二〇一四年
アリストテレス『気象論』（『アリストテレス全集6』所収）三浦要（訳）、岩波書店、二〇一五年
アリストテレス『自然学』（『アリストテレス全集4』）内山勝利（訳）、岩波書店、二〇一七年
アリストテレス『生成と消滅について』（『アリストテレス全集5』所収）金山弥平（訳）、岩波書店、二〇一三年
アリストテレス『魂について』中畑正志（訳）、京都大学学出出版会、二〇〇一年
アリストテレス『天について』池田康男（訳）、京都大学学出出版会、一九九七年
アリストテレス『ニコマコス倫理学』朴一功（訳）、京都大学学出出版会、二〇〇二年
アリストテレス『弁論術』戸塚七郎（訳）、岩波文庫、一九九二年

エピクテトス『語録』（『人生談義』全二冊所収）國方栄二（訳）、岩波文庫、二〇二〇―二一年
キケロ『神々の本性について』（『キケロー選集11』所収）山下太郎（訳）、岩波書店、二〇〇〇年
キケロ『善と悪の究極について』（『キケロー選集10』所収）永田康昭・兼利琢也・岩崎務（訳）、岩波書店、二〇〇〇年
『ギリシア詞華集』全四冊、沓掛良彦（訳）、京都大学学術出版会、二〇一五―一七年
セクストス・エンペイリコス『学者たちへの論駁』全三冊、金山弥平・金山万里子（訳）、京都大学学術出版会、二〇〇四―一〇年
セネカ『道徳書簡集（全）』茂手木元蔵（訳）、東海大学出版会、一九九二年
『ソクラテス以前哲学者断片集』全六冊、内山勝利（編）、岩波書店、一九九六―九八年
テオグニス他『エレゲイア詩集』西村賀子（訳）、京都大学学術出版会、二〇一五年
デモステネス『冠について（第十八弁論）』（『弁論集2』所収）木曽明子（訳）、京都大学学術出版会、二〇一〇年
プラトン『饗宴／パイドン』朴一功（訳）、京都大学学術出版会、二〇〇七年
プラトン『国家』全二冊、藤沢令夫（訳）、岩波文庫、一九七九年
プラトン『テアイテトス』田中美知太郎（訳）、岩波文庫、二〇一四年（改版）
プラトン『メノン』藤沢令夫（訳）、岩波文庫、一九九四年（改版）
プルタルコス『エピクロスに従っては、快く生きることは不可能であること』（『モラリア14』所収）戸塚七郎

（訳）、京都大学学術出版会、一九九七年
プルタルコス『コロテス論駁』（『モラリア14』所収）戸塚七郎（訳）、京都大学学術出版会、一九九七年
プルタルコス『どのようにして若者は詩を学ぶべきか』（『モラリア1』所収）瀬口昌久（訳）、京都大学学術出版会、二〇〇八年
プルタルコス『心の平静について』（『モラリア6』所収）戸塚七郎（訳）、京都大学学術出版会、二〇〇〇年
プルタルコス『「隠れて生きよ」について』（『モラリア14』所収）戸塚七郎（訳）、京都大学学術出版会、一九九七年
ホメロス『イリアス』全二冊、松平千秋（訳）、岩波文庫、一九九二年
ポルピュリオス『ピタゴラス伝／マルケラへの手紙／ガウロス宛書簡』山田道夫（訳）、京都大学学術出版会、二〇二一年
ルクレティウス『事物の本性について』（『世界古典文学全集21　ウェルギリウス・ルクレティウス』所収）岩田義一・藤沢令夫（訳）、筑摩書房、一九六五年

＊これらの邦訳からの引用にあたっては、本書の翻訳との関連から、参考に留めたものもあれば、訳語、訳文を適宜改変して使用させて頂いたものもあり、ご寛恕を乞う次第である。また、以上の邦訳のうち、本書の訳註作業において、エピクロスの哲学との関係から、参照・言及することの最も多かったものは、岩田義一・藤沢令夫訳による、ルクレティウス『事物の本性について』、および、金山弥平・金山万里

子訳による、セクストス・エンペイリコス『学者たちへの論駁』である。本書は、これらのすぐれた訳業に多くを負っており、ここに記して感謝申し上げたい。

＊付　記

本書『エピクロス「自然について 他」』は、朴一功、和田利博の共同作業によって成ったものである。その経緯について触れておきたい。

西洋古典叢書におけるエピクロスの翻訳は、当初、和田が担当する予定であった。この叢書の刊行は一九九七年から始まったが、創刊二〇周年の二〇一七年には刊行点数が一三〇点を越えるまでになっていた。その時点で、今後の刊行予定諸目の一つとして、『エピクロス――教説と手紙』（和田利博訳）が企画されていたが、哲学史におけるエピクロスの影響は大きく、フランスでは二〇一〇年に、まとまったエピクロス文書として、プレイヤード版の『エピクロス派（*Les Épicuriens*）』が発刊されていた。

このプレイヤード版『エピクロス派』は、仏伊英の中心的な研究者たちを総動員して、エピクロス派の現存テクストが仏訳されたものであり、そのなかには、エピクロスの現存作品だけでなく、ルクレティウスや、キケロ、セネカ、プルタルコスなどの関連文献をはじめ、ピロデモスやオイノアンダのディオゲネスなど、エピクロス派の諸断片もほぼ網羅的に訳され収載されており、きわめて画期的なものであった。

そこで、プレイヤード版に倣って、西洋古典叢書でも、エピクロス派哲学者たちの断片翻訳の案が浮上し、それを予定の『エピクロス』に加えることが考えられたが、プレイヤード版には、近年、断続的に復元され公刊されてきたエピクロスの主著『自然について』のパピルス断片も訳されており、それらだけでもかなりの分量である。したがって、多岐にわたるエピクロス派哲学者たちの翻訳はいったん見送られ、何より、本体となる、『自然について』を含めたエピクロスその人のすべての現存テクストの訳出を第一に手がけるこ

とが計画され、その計画に朴が加わることになった。

エピクロスのギリシア語原文、とりわけ『ヘロドトス宛の手紙』は読みにくいので有名である。焦げついたパピルスから復元された『自然について』の諸断片に関しては、多くの脱落もあり、訳出の困難はなおさらである。このような事情から、翻訳作業の下準備として、京都大学学術出版会の國方栄二氏が「エピクロス検討会」を企画し、二〇二〇年四月から始められた。『ヘロドトス宛の手紙』の下訳を和田が、『自然について』の下訳を朴がつくり、國方氏と、和田、朴の三者で検討する作業が出版会に集まって進められた。ほどなくして、その年に見舞われた「コロナ禍」が激しくなり、対面での検討会をオンラインに切り替えることになった。会を重ね、ある程度、訳出や全体の構成の見通しがついた段階で、検討会は終了し、エピクロスの翻訳は朴と和田の二人で仕上げてゆくことになり、当初のタイトルも変更して、『エピクロス「自然について 他」』にすることが決まった。

作業の効率化を図るために、エピクロスの『自然について』は朴が担当し、他は、和田と朴が共訳する方針が採られた。『ヘロドトス宛の手紙』、『ピュトクレス宛の手紙』、『メノイケウス宛の手紙』、『主要教説』、『ヴァチカン箴言集』、『エピクロスの生涯』、『エピクロス断片集』のすべてについて、まず和田が下訳をつくり、それらに朴が手を入れ、手を入れたものに和田がコメントを加え、そのコメントを踏まえて、朴が改稿し、その改稿したものに和田がさらにコメントを加え、それを踏まえて、ふたたび、朴が改稿してゆくという、こうした作業を幾たびかくり返し、訳文が仕上げられていった。一方、『自然について』は、國方氏の助言を受けて、全体的な形式を和田と朴とで定め、朴がすべての断片を訳出した。

朴、和田の両人は、作業全般にわたって互いの非力と足らぬところを補い合い、本書がエピクロスの翻訳として正確で十分なものようになるよう、可能なかぎり努めた。この企画を軌道に乗せてくださり、折りにふれて貴重な助言を頂いた國方栄二氏に心よりお礼申し上げたい。

二〇二五年三月

朴　一功
和田利博

固有名詞索引

略号　へ：ヘロドトス宛の手紙　　ピ：ピュトクレス宛の手紙
メ：メノイケウス宛の手紙　　生：生涯
主：主要教説　　ヴ：ヴァチカン箴言集
断：断片集　　自：自然について
(古)：古註

ア　行

アカデメイア　Ἀκαδήμεια　生 1
アゲモルトス　Ἀγέμορτος　生 15, 17, 24
アッティカの　Ἀττικός　生 23
アテナイ　Ἀθῆναι　生 1-2, 15
—の　Ἀθηναῖος　生 1
アテナイオス（エピグラム作家）　Ἀθήναιος　生 11
アテナイオス（ランプサコスのメトロドロスの父）　Ἀθήναιος　生 22
アテノドロス　Ἀθηνόδωρος　生 24
アナクサゴラス　Ἀναξαγόρας　生 12
アナクシクラテス　Ἀναξικράτης　生 2
アピア　Ἀπία　断 35
アペレス　Ἀπελλῆς　断 24
アポロドロス（エピクロス派の）　Ἀπολλόδωρος　生 2, 10, 13, 25
『エピクロスの生涯について』　Περὶ τοῦ Ἐπικούρου βίου　生 2
アポロドロス（ピュトクレスの兄弟）　Ἀπολλόδωρος　断 38
アポロドロス（文献学者）　Ἀπολλόδωρος　生 13-14
『年代記』　Χρονικά　生 13-14
アミュノマコス　Ἀμυνόμαχος　生 16-21
アリスティッポス　Ἀρίστιππος　生 4
アリストテレス　Ἀριστοτέλης　生 1, 8, 27
アリストパネス　Ἀριστοφάνης　生 13
アリストブロス　Ἀριστόβουλος　生 3
アリストン　Ἀρίστων　生 14
『エピクロスの生涯』　ὁ Ἐπικούρου βίος　生 14
アルケポン　Ἀρκεφῶν　断 42
アルケラオス　Ἀρχέλαος　生 12
アレクサンドリアの　Ἀλεξανδρεύς　生 25
アレクサンドロス　Ἀλέξανδρος　生 1
アンティドロス　Ἀντίδωρος　生 8
アンティパテス　Ἀντιφάτης　自 XXVIII 19
イオニア　Ἰωνία　生 10
イドメネウス　Ἰδομενεύς　生 5, 22-23, 25
エウボイア　Εὔβοια　生 137
エウリュロコス　Εὐρύλοχος　生 13
エピクテトス　Ἐπίκτητος　生 6
エピクロス　Ἐπίκουρος　へ 34; ピ 83; メ 121a; 生 1, 3, 7-8, 11, 16, 23, 25-27, 31, 118-119, 136, 138; 主 29(古); ヴ 36; 断 5; 自 II 53, XIV 26, XV 22, XXV 40, XXVIII 19, XXXIV 22
『アナクシメネス』　Ἀναξιμένης　生 28
『アリストブロス』　Ἀριστόβουλος　生 28
『アンティドロス』　Ἀντίδωρος　生 28
『生き方について』　Περὶ βίων　生 28, 30, 119, 136
『運命について』　Περὶ εἱμαρμένης　生 28
『エウリュロコス――メトロドロスに宛てて』　Εὐρύλοχος πρὸς Μητρόδωρον　生 28
『王政について』　Περὶ βασιλείας　生 28
『贈物と感謝について』　Περὶ δώρων καὶ χάριτος　生 28
『音楽について』　Περὶ μουσικῆς　生 28
『カイレデモス』　Χαιρέδημος　生 27
『カノーン』　ὁ Κανών　➡『判断基準について、あるいはカノーン』
『神々について』　Περὶ θεῶν　生 27
『カリストラス』　Καλλιστόλας　生 28

『感情に関する諸説 ── ティモクラテスへの反論』 Περὶ παθῶν δόξαι πρὸς Τιμοκράτην 生 28
『饗宴』 Συμπόσιον 生 28, 119
『敬虔について』 Περὶ ὁσιότητος 生 27; 自 XII 5, XIII 2
『原子と空虚について』 Περὶ ἀτόμων καὶ κενοῦ 生 27
『原子の角《かど》について』 Περὶ τῆς ἐν τῇ ἀτόμῳ γωνίας 生 28
『恋について』 Περὶ ἔρωτος 生 27
『自然学者たちへの反論の要約』 Ἐπιτομὴ τῶν πρὸς τοὺς φυσικούς 生 27
『自然について』 Περὶ φύσεως へ 39 (古), 40 (古), 73 (古), 74 (古); ピ 91, 91 (古), 96 (古); 生 7, 27, 30, 119; 自 II 53, XII 5-6, XIII 2, XIV 26, XV 22, XXV 40, XXVIII 19, XXXIV 22
『十二の基本原理』 αἱ Δώδεκα στοιχειώσεις へ 44 (古)
『主要教説』 Κύριαι δόξαι 生 27, 29, 31, 138
『小摘要』 Μικρὰ ἐπιτομή ピ 85; 生 135
『書簡集』 Ἐπιστολαί 生 28
『触覚について』 Περὶ ἁφῆς 生 28
『正義と他の諸徳について』 Περὶ δικαιοσύνης καὶ τῶν ἄλλων ἀρετῶν 生 28
『選択と忌避について』 Περὶ αἱρέσεων καὶ φυγῶν / Περὶ αἱρέσεως καὶ φυγῆς 生 27, 136
『選択について』 Περὶ αἱρέσεων ➡ 『選択と忌避について』
『像について』 Περὶ εἰδώλων 生 28
『大摘要』 Μεγάλη ἐπιτομή へ 39 (古), 40 (古), 73 (古)
『多義性について』 Περὶ ἀμφιβολίας 自 XXVIII 11
『正しい行為について』 Περὶ δικαιοπραγίας 生 28
『ティモクラテス』 Τιμοκράτης 生 23, 28; 自 XII 5, XIII 2
『哲学のすすめ』 Προτρεπτικός 生 28
『ネオクレス ── テミスタに宛てて』 Νεοκλῆς πρὸς Θεμίσταν 生 28
『判断基準について、あるいはカノーン』 Περὶ κριτηρίου ἢ Κανών 生 14, 27, 30-31
『病気に関する諸説 ── ミトレスに宛てて』 Περὶ νόσων δόξαι πρὸς Μίθρην 生 28
『表象について』 Περὶ φαντασίας 生 28
『ヘゲシアナクス』 Ἡγησιάναξ 生 28
『弁論術について』 Περὶ ῥητορικῆς 生 13
『ポリュメデス』 Πολυμήδης 生 28
『見ることについて』 Περὶ τοῦ ὁρᾶν 生 28
『メガラ派への反論』 Πρὸς τοὺς Μεγαρικούς 生 27
『メトロドロス』 Μητρόδωρος 生 23, 28
『目的について』 Περὶ τέλους 生 6, 27, 30, 136
『問題集』 Διαπορίαι 生 27, 119
『予知に関すること』 Προγνωστικόν 生 28
一派 Ἐπικούρειος ピ 96 (古); 生 2-3, 13, 26, 31
エピクロス（軍事訓練士） Ἐπίκουρος 生 26
エピクロス（マグネシアの） Ἐπίκουρος 生 26
エピクロス（ランプサコスのメトロドロスの息子） Ἐπίκουρος 生 19
エピクロス（レオンテウスとテミスタの息子） Ἐπίκουρος 生 26
エロティオン Ἐρώτιον 生 7
エンペドクレス Ἐμπεδοκλῆς 自 XIV 22
オリオン Ὠρίων 生 26

カ　行

カイレデモス Χαιρέδημος 生 3
カイレストラテ（エピクロスの母） Χαιρεστράτη 生 1; 断 (90-91)
ガメリオン（月） Γαμηλιών 生 14, 18
カルキス Χαλκίς 生 1
ガルゲットス（区）の Γαργήττιος 生

1
カルネアデス　Καρνεάδης　生 *9, 26*
キュニコス派　Κυνικός　生 *8*
　—のように生きる　κυνίζειν　生 *119*
キュレネ派　Κυρηναϊκός　生 *136-137*
ギリシア　Ἑλλάς　生 *8, 10;* ヴ *76*
クセノクラテス　Ξενοκράτης　生 *1, 13*
クテシッポス　Κτήσιππος　断 *35, 41*
クリティアス　Κριτίας　自 *XII 7*
クリュシッポス　Χρυσίππος　生 *3, 26*
クレアルコス　Κλέαρχος　自 *XIV 26*
クレオン　Κλέων　ピ *84;* 断 *91*
クロニオス　Κρόνιος　断 *(42)*
コロテス　Κολώτης　生 *25*
コロポン　Κολοφών　生 *1*

サ　行

サモス（島）　Σάμος　生 *1, 3, 14*
サンデ　Σάνδη　生 *22*
サンニドロス　Σαννίδωρος　生 *8* ➡アンティドロス
シドンの　Σιδώνιος　生 *25*
ストア派　Στωικός　生 *3-4*
ストラトニケイアの　Στρατονικεύς　生 *9*
ゼウス　Ζεύς　ヴ *33;* 断 *57, 91;* 自 *XIV 12, XXVIII 9*
ゼノン（キティオンの）　Ζήνων　生 *27*
ゼノン（シドンの）　Ζήνων　生 *25*
ソクラテス　Σωκράτης　生 *12*
ソシゲネス　Σωσιγένης　生 *14*
ソティオン　Σωτίων　生 *4*
　『ディオクレス論駁』　Διόκλειοι ἔλεγχοι　生 *4*
ソポクレス　Σοφοκλῆς
　『トラキアの女たち』　Τραχίνιαι　生 *(137)*
ソロン　Σόλων　ヴ *(75)*

タ　行

タルソスの　Ταρσεύς　生 *26*
ディアゴラス　Διαγόρας　自 *XII 7*
「庭園の独裁者」　Κηποτύραννος　生 *25*
　➡アポロドロス（エピクロス派の）
ディオクレス　Διοκλῆς　生 *11-12*
　『要覧』　ἡ Ἐπιδρομὴ (τῶν φιλοσόφων)　生 *11*
ディオゲネス　Διογένης　ピ *96(古);* 生 *26, 118-119, 136, 138*
　『講義選集』　Ἐπίλεκτοι　ピ *96(古);* 生 *26, 119, 136, 138*
　『要約』　ἡ Ἐπιτομή　生 *118*
ディオティモス　Διότιμος　生 *3*
ディオニュシオス（2 世）　Διονύσιος
　—の太鼓持ち　Διονυσοκόλακες　生 *8*
　➡プラトン
ディオニュシオス（ハリカルナッソスの）　Διονύσιος　生 *4*
ディオニュシオス（ポリュストラトスの後継者）　Διονύσιος　生 *25*
ティモクラテス（ポタモス区の）　Τιμοκράτης　生 *16-21*
ティモクラテス（ランプサコスのメトロドロスの兄弟）　Τιμοκράτης　生 *4-6, 23*
　『愉快なこと』　Εὐφραντά　生 *6*
ティモクラテス（ランプサコスのメトロドロスの父？）　Τιμοκράτης　生 *22*
ティモン　Τίμων　生 *3*
テオグニス　Θέογνις　メ *(126)*
テオドロス　Θεόδωρος　生 *5*
　『エピクロスへの反論』　Πρὸς Ἐπίκουρον　生 *5*
テミスタ　Θεμίστα　生 *5, 25-26;* 断 *25, 35*
デメトリオス（ポタモス区のティモクラテスの父）　Δημήτριος　生 *16*
デメトリオス（マグネシアの）　Δημήτριος　生 *13*
デメトリオス（ラコニアの）　Δημήτριος　生 *26*
デモクリトス　Δημόκριτος　生 *2, 4, 8, 13;* 自 *XIV 12*

ナ　行

ナウシパネス　Ναυσιφάνης　生 *7-8, 13-14;* 断 *(17, 21)*
　『三脚台』　Τρίπους　生 *14*
ニカノル　Νικάνωρ　生 *20*
ニキアス（アルコン）　Νικίας　自 *XXVIII 19*
ニキアス（エピクロスの召使い）

Νικίας　生 21
ニキディオン　Νικίδιον　生 7
ニコラオス　Νικόλαος　生 4
ネオクレス（エピクロスの兄弟）
Νεοκλῆς　生 3
ネオクレス（エピクロスの父）
Νεοκλῆς　生 1, 12; 断 (91)

ハ　行

パイドリオン　Φαίδριον　生 21
バシレイデス　Βασιλείδης　生 25
バテ区の　Βατῆθεν　生 16
バティス　Βατίς　生 23
ハデス　Ἀΐδης　メ 126; 生 16
ハリカルナッソスの　Ἁλικαρνασσεύς
生 4
パンピロス　Πάμφιλος　生 14
ピュタゴラス　Πυθαγόρας　生 11
ピュタラトス　Πυθάρατος　生 15
ピュト　Πυθώ　生 12
ピュトクレス　Πυθοκλῆς　ピ 83, 116;
生 5-6, 29; 断 28, 35
ヒュペルボレイオイ人　Ὑπερβόρεοι　断
41
ピュロン　Πύρρων　生 8
ピライダイ（家）の　Φιλαΐδης　生 1
ピロクラテス　Φιλοκράτης　生 16
ピロデモス　Φιλόδημος　生 3, 24
『哲学者集成』　ἡ τῶν φιλοσόφων
σύνταξις　生 3
プトレマイオス（黒人の）　Πτολεμαῖος
生 25
プトレマイオス（白人の）　Πτολεμαῖος
生 25
プラクシパネス　Πραξιφάνης　生 13
プラトン　Πλάτων　生 8, 14; 自 (XIV 18,
20)
一派／主義者　Πλατωνικός　生 14; 自
[XIV 17]
プロタゴラス　Πρωταγόρας　生 8
プロディコス　Πρόδικος　自 XII 7
ヘゲマコス　Ἡγέμαχος　自 XV 22
ヘシオドス　Ἡσίοδος　生 2
ヘデイア　Ἡδεῖα　生 7
ヘラクレイデス　Ἡρακλείδης　生 1
『ソティオンの要約』　ἡ Σωτίωνος
ἐπιτομή　生 1
ヘラクレイトス　Ἡράκλειτος　生 8
ヘラクレス　Ἡρακλῆς　生 137
ペルディッカス　Περδίκκας　生 1
ヘルマルコス　Ἕρμαρχος　生 13, 15,
17-21, 24-25; 断 35
『アリストテレスへの反論』　Πρὸς
Ἀριστοτέλην　生 25
『エンペドクレスに関する書簡体論考』
Ἐπιστολικὰ περὶ Ἐμπεδοκλέους　生 25
『学問について』　Περὶ τῶν μαθημάτων
生 25
『プラトンへの反論』　Πρὸς Πλάτωνα
生 25
ヘルミッポス　Ἕρμιππος　生 2, 15
ヘロドトス　Ἡρόδοτος　ヘ 34-35, 37, 82;
ピ 85; 生 4-5, 29, 31
『エピクロスの見習い兵時代』　Περὶ
Ἐπικούρου ἐφηβείας　生 4
ポセイデオン（月）　Ποσειδεών　生 18
ポセイドニオス　Ποσειδώνιος　生 4
ポタモス区の　Ποταμιός　生 16
ホメロス　Ὅμηρος
『イリアス』　Ἰλιάς　ヴ (10)
ポリュアイノス　Πολύαινος　生 18-19,
24; 断 5, 20
ポリュストラトス　Πολύστρατος　生 25

マ　行

マグネシアの　Μάγνης　生 13, 26
マケドニアの　Μακεδών　生 1
マトロン　Μάτρων　断 19, 35
マンマリオン　Μαμμάριον　生 7
ミトレス　Μίθρης　生 4; 断 (41)
ミュウス　Μῦς　生 3, 10, 21
ミュティレネ　Μυτιλήνη　生 7, 15, 136
一の　Μυτιληναῖος　生 15, 17, 24
ミュロニアノス　Μυρωνιανός　生 3
『歴史類例集要綱』　Ὅμοια ἱστορικὰ
κεφάλαια　生 3
ムーサの女神たち　Μοῦσαι　生 12
メタゲイトニオン（月）　Μεταγειτνιών
生 18
メートローオン　Μητρῷον　生 16
メトロドロス（ストラトニケイアの）
Μητρόδωρος　生 9

メトロドロス（ランプサコスの） Μητρόδωρος 生 1, 6-7, 18-19, 21-24, 136; 断 30, (35,) 36; 自 XXVIII (6,) 9, 11, 18
『医者たちへの反論』 Πρὸς τοὺς ἰατρούς 生 24
『生まれのよさについて』 Περὶ εὐγενείας 生 1, 24
『エピクロスの病弱について』 Περὶ τῆς Ἐπικούρου ἀρρωστίας 生 24
『感覚について』 Περὶ αἰσθήσεων 生 24
『高邁について』 Περὶ μεγαλοψυχίας 生 24
『ソフィストたちへの反論』 Πρὸς τοὺς σοφιστάς 生 24
『知恵に至る道について』 Περὶ τῆς ἐπὶ σοφίαν πορείας 生 24
『ティモクラテス』 Τιμοκράτης 生 136
『ティモクラテスへの反論』 Πρὸς Τιμοκράτην 生 24
『デモクリトスへの反論』 Πρὸς Δημόκριτον 生 24
『富について』 Περὶ πλούτου 生 24
『変化について』 Περὶ τῆς μεταβολῆς 生 24
『問答家たちへの反論』 Πρὸς τοὺς διαλεκτικούς 生 24
メノイケウス Μενοικεύς メ 121a; 生 29
メリテ Μελίτη 生 17

ラ 行

ラコニアの Λάκων 生 26
ランプサコス Λάμψακος 生 15; 断 35
—の Λαμψακηνός 生 22, 24-25
リュコン Λύκων 生 21
リュシマコス Λυσίμαχος 生 4
レウキッポス Λεύκιππος 生 13
レオンタリオン Λεοντάριον 生 5; 断 32 ➡レオンティオン
レオンティオン Λεόντιον 生 4-7, 23
レオンテウス Λεοντεύς 生 5, 25-26
レロクリトス Ληρόκριτος 生 8 ➡デモクリトス
ロクリス Λοκροί 生 137

事項索引

略号　へ：ヘロドトス宛の手紙　　ピ：ピュトクレス宛の手紙
メ：メノイケウス宛の手紙　　生：生涯
主：主要教説　　ヴ：ヴァチカン箴言集
(パ)：パラティナ写本　　*断*：断片集
自：自然について　　*(古)*：古註
索引の指示箇所は網羅的なものではなく、中心的な箇所を挙げている。

ア　行

明らかでない　*ἄδηλος*　へ *38*
悪　*κακόν* (τὸ)　メ *124-125;* ヴ *16*
　―からの救い　*ἀνάπαυσις τῶν κακῶν*　メ *125*
味わい楽しめる　*ἀπολαυστός*　メ *124*
孔　➡通路
誤り　*διημαρτημένον* (τὸ)　へ *50*
あらぬもの　*μὴ ὄν* (τὸ)　へ *56*
現われている事物／事実　*φαινόμενον* (τὸ)　ピ *86, 92;* 自 *II 44, XXXIV 14*
怒り　*ὀργή*　へ *77;* 主 *1;* ヴ *1*
生きもの　*ζῷον*　自 *XXV 1*　➡野生の動物
移行　*μετάβασις*　自 *XIV 3*
　―が可能なもの　*τὰς μεταβάσεις ἔχον* (τὸ)　へ *58*
　―しうるもの　*μεταβατόν* (τὸ)　へ *58*
位置変化　*μετάθεσις*　へ *54*
稲妻　*ἀστραπή*　ピ *101*
祈り　*εὐχή*　断 *58*
胃袋　*γαστήρ*　断 *59*
渦（巻き）　*δῖνος*　ピ *90*
宇宙全体　*ὅλον* (τὸ)　断 *13*
美しく生きる　*καλῶς ζῆν*　メ *123*
うれしさ　*εὐφροσύνη*　生 *136;* 断 *1*
運命　*εἱμαρμένη*　メ *133*
永遠　*αἰών*　へ *43*
演繹　*καταφορά*　自 *XV 17*
円筒　*τύμπανον*　自 *XI 6*
黄金の人　*χρυσοῦς* (ὁ)　生 *8*　➡プラトン
覆っているもの　*στεγάζον* (τὸ)　へ *65*
覆われた父　*συγκεκαλυμμένος πατήρ*　自 *XXVIII 15*
置かれた器具　*ὑποκείμενον* (τὸ)　自 *XI 17*
押しやる能力　*δυνατὸν ἐξωθεῖν*　自 *II 44-45*
押しやる方法　*ἐξωστικὸς τρόπος*　自 *II 45-46*
恐れ　*φόβος*　へ *77*
おべっか使い　*κόλαξ*　ヴ *(パ) 6*
思いがけない幸運　*εὐημέρημα*　断 *76*
重さ　*βάρος*　へ *54*
折れ曲がり　*σύνκλασις*　自 *II 36, 43*
音声　*φθόγγος/ φωνή*　へ *53, 76;* 自 *XXV 38*

カ　行

概括的な主張　*ἀθρόα*　自 *XXVIII 17*
回帰　*τροπή*　へ *79;* ピ *93*
改善する　*μεταρυθμίζειν*　自 *XXV 30*
解体されない　*ἀδιάλυτος*　へ *54*
概念　*ἐπίνοια*　生 *32*
　―把握の方法　*περιληπτικὸς τρόπος*　自 *XXVIII 4*
快楽　*ἡδονή*
　（現実の）動きによる／に基づく動的な―　*κατὰ κίνησιν ἡδονή (ἐνεργείᾳ)*　生 *136;* 断 *1*
　動きのうちにある動的な―　*ἐν κινήσει ἡδονή*　生 *136*
　静的な―　*καταστηματικὴ ἡδονή*　生 *136;* 断 *1*
カオス　*χάος*　生 *2*
かきまぜ屋　*κυκητής*　生 *8*　➡ヘラクレイトス
学園　*διατριβή*　生 *17*

確証　ἐπιμαρτύρησις　主 24; 自 XXVIII 6
➡待つもの
—される　ἐπιμαρτυρεῖσθαι　へ 50
暈《かさ》　ἅλως　ピ 110
仮説　ὑπόθεσις　ピ 95
壁　τοῖχος　自 II 50
下方　κάτω (τὸ)　へ 60; 自 II 13
神（々）　θεός (-οί)　メ 123
絡み合い　περιπλοκή　へ 44
感覚　αἴσθησις　へ 38, 55; 生 31　➡無感覚
—を失う　ἀναισθητεῖν　主 2
勧告する　νουθετεῖν　自 XXV 23, 30
感謝（の念）　χάρις　メ 122; ヴ 17
—を知らない　ἀχάριστος　ヴ 69
感情　πάθος　へ 38, 55; 生 31
観念　ἐννόημα/ νόησις
共通—　κοινὴ νόησις　メ 123
活動的な—　ἐνεργητικὴ ἰδέα　自 XXVIII 17
最初の—　πρῶτον ἐννόημα　へ 38
➡先取観念
記憶　μνήμη　自 XXV 9
気がかり　φροντίς　へ 77
基準（カノーン）　κανών　メ 129; 自 XXVIII 17　➡判断基準／判別基準
—学　κανονικόν (τὸ)　生 29
寄生虫　παράσιτος　生 26　➡クリュシッポス
気のきいた者　ἀστῖος (ὁ)　自 XXVIII 13
希薄化　ἀραίωσις　自 XIV 9
希薄さ　ἀραιότης　自 XI 1
忌避　φυγή　メ 128-129; 自 XXVIII 14
気品　καθαριότης　ヴ 63
詭弁　σόφισμα　自 XXVIII 15
希望　ἐλπίς　メ 134
共感しうる　συμπαθής　へ 63
共感性　συμπάθεια　へ 64
狂気の沙汰　μανικόν (τὸ)　ピ 113
狂気の人　μαινόμενος (ὁ)　生 32
凝集体　συστροφή　へ 77
共同関係　κοινωνία　主 36-37
教養　παιδεία　生 6; 断 24, 33　➡無教養な
享楽状態　ἐν ἀπολαύσει　メ 131
虚偽　ψεῦδος　へ 50
霧のような　ὁμιχλοειδής　ピ 115
金銭を愛する　φιλαργυρεῖν　ヴ 43
空間　χώρα　へ 40
空気　ἀήρ　へ 49
空虚　κενόν (τὸ)　へ 39; 自 I 1, XXVIII 3
➡欲望
—な思いなし　κενὴ δόξα　ピ 87; 主 15, 29-30; ヴ 8, 20; 断 45, 68, 75
—な想念　κενοδοξία　主 30
偶然（の運）　τύχη　メ 131, 133; 主 16; ヴ 17, 47
偶像　εἰκών　生 121b
空腹である　ἐνδεῖν　メ 131
薬　φάρμακον　ヴ 30, (パ) 1　➡治療
苦痛のなさ　ἀπονία　生 136; 断 1
雲　νέφος　ピ 99
クラゲ　πλεύμων　生 8; 断 22　➡ナウシパネス
苦しみ　ἀλγηδών　メ 129
群集　ὄχλος　ヴ 67
経験的推論　ἐπιλογισμός　自 XXVIII 4, 13-14
経験的に考察すべき　ἐπιλογιστέον　へ 72
経験的評価　ἐπιλογισμός　自 XXVIII 14
—をくだす　ἐπιλογίζεσθαι　自 XXVIII 14
敬虔な　ὅσιος　メ 133　➡不敬虔な
傾斜運動　πλαγιασμός　自 XI 14
契約　συνθήκη　主 32-33
—を結ぶ　συντίθεσθαι　主 35; ヴ 6
結婚する　γαμεῖν　生 119
結論　ἐπιφορά　自 XV 17
幻像　φάντασμα　生 32
健康である／を得る　ὑγιαίνειν　メ 122; ヴ 54; 断 53
権力者　δυνάστης　ヴ 67
恋　ἔρως　生 118
—に落ちる　ἔρασθαι　生 118
好意　χάρις　へ 77
豪雨　ἐπάρδευσις　ピ 100
好機　καιρός　ヴ 14; 断 47
考察する　ἐπιθεωρεῖν　自 XXV 13
構成　σύστασις
最初（から）の—　ἐξ ἀρχῆς σύστασις　自 XXV 22, 30

最初の― πρώτη σύστασις 自 XXV 20, 26, 28
合成体 σύγκρισις ヘ 40; 自 I 2 ➡要素
構成要素 στοιχεῖον ピ 86
光線 ἀκτίς ヘ 49
幸福 εὐδαιμονία メ 122, 127; 生 121a; ヴ 33; 自 XXV 38
完全な― παντελὴς εὐδαιμονία ピ 116
拷問にかけられる στρεβλοῦσθαι 生 118; ヴ 56, (パ) 3
氷 κρύσταλλος ピ 109
快い ἡδύς 断 10
固体 στερέμνιον (τὸ) ヘ 46; 自 II 8, 27, 49 ➡物体
好ましい ἀσπαστός メ 126
（日常の）語法 λέξις 自 X 11, 17, XXVIII 12
―の慣習 λέξεως ἐθισμός 自 X 2
慣習的な― εἰθισμένη λέξις 自 XXVIII 11
習慣的な― ἐθισμὸς λέξεως 自 XXVIII 15
根拠のない公理― ἀξίωμα κενόν ピ 86

サ 行

最小のもの ἐλάχιστον (τὸ) ヘ 58
錯誤（さまよい） πλάνη 自 XXV 31, XXVIII 6
酒 οἶνος 断 5
叫び φωνή ヴ 33; 断 44
定めなき ἄστατος メ 133
三角形 τρίγωνον (τὸ) 自 XIV 17
三脚台 τρίπους 生 12
死 θάνατος メ 124; 主 2
―ぬことの練習 μελέτη τοῦ ἀποθνήσκειν メ 126
幸せ μακάριον (τὸ) ヘ 80
―な生活 μακάριος βίος ピ 84
恣意的な立法 νομοθεσία ピ 86
視覚 ὄψις ヘ 49
―の鋭さ αἰσθήσεων ὀξυδερκία 自 XXVIII 5
時間 χρόνος ヘ 72; 自 II 14, X 1
無限の― χρόνος ἄπειρος 断 55
色彩 χρόα ピ 91 (古); 断 15
始源 ἀρχή ヘ 41; ピ 116; 自 XXV 35
思考 νόημα
―作用 διανόησις 自 XXV 38
―と同じ速さで ἅμα νοήματι ヘ 48, 61, 83; 自 II 25
―内容 ἐπινόημα 自 XXV 38
事象 πρᾶγμα 自 XXXIV 15
詩人 ποιητής 自 XIV 23
地震 σεισμός ピ 105
死すべき定め θνητόν (τὸ) メ 124
沈み δύσις ヘ 79
自然学 φυσικόν (τὸ) 生 29
―者 φυσικός メ 134
自然研究 φυσιολογία ピ 85
自足 αὐτάρκεια メ 130; ヴ 77; 断 29, 70
指標 σημεῖον ピ 97; 自 XXVIII 17, XXXIV 14
―を手がかりに推論する σημειοῦσθαι ヘ 38; ピ 104; 生 32
至福（性） μακαριότης ヘ 76-77; メ 123
―な μακάριος 主 1; ヴ 1
四面体 πυραμίς 自 XIV 17
霜《しも》 πάχνη ピ 109
自由 ἐλευθερία ヴ 77
習慣的な用法 ἐθισμός 自 XXVIII 9
周期の規則性 τάξις περιόδου ピ 97
集合体 ἄθροισμα ヘ 62; 自 XXXIV 13
柔軟性 ἀτονία 自 XXV 25
酒宴 πότος メ 132
主義 ἀγωγή/ ἀρέσκοντα (τὰ) 生 138; 断 89
種子 σπέρμα ヘ 38, 66 (古); 自 XXV 36
述語づけ κατηγορία 自 XV 8
賞讃する ἐπαινεῖν 自 XXV 30
生じた過去 γεγονός (τὸ) ヴ 55
衝突 ἀνακοπή/ σύγκρουσις ヘ 42, 44
娼婦 πόρνη 生 8 ➡ナウシパネス
上方 ἄνω (τὸ) ヘ 60; 自 II 13
書記 γραφεύς 生 8
食 ἔκλειψις ヘ 79; ピ 96; 自 XII 3
月―が起こる σελήνη ἐκλείπειν ピ 96 (古); 自 XII 3

日―が起こる ἥλιος ἐκλείπειν ピ 96 (古); 自 XII 3
食生活 δίαιτα メ 131
思慮 φρόνησις メ 132
箴言的な ἀποφθεγματικός 自 XIV 24
身体 σῶμα 生 136 ➡善／物体
神的な本性 θεία φύσις ピ 97, 113
神話 μῦθος ピ 87, 104, 116; メ 134; 主 12; ヴ 36, 49
―的な判断 μυθώδης δόξα 自 XXXIV 11
―的でない ἀμύθητος ピ 115
彗星 κομήτης ピ 111
睡眠 ὕπνος ヘ 51
推論（の能力） λογισμός 生 117 ➡説得推論的な／類比
素面《しらふ》の― νήφων λογισμός メ 132
性愛 ἀφροδίσια ヴ 51
正義 δικαιοσύνη 主 33; 断 80
精神 διάνοια ヘ 49; 主 18; 自 XXV 32
贅沢 πολυτέλεια メ 130
―な食事 πολυτελῆ σιτία 主 29(古)
性的な交わり συνουσίη 生 118; 断 8
生来の σύμφυτος メ 129
世界 κόσμος ヘ 45; ピ 88
―間領域 μετακόσμιον (τὸ) ピ 89
責任を問われない ἀνυπεύθυνος メ 133
説得推論的な ἐνθυμηματικός 自 XIV 24
善 ἀγαθόν (τὸ) メ 124, 129
―の究極 τέλος ἀγαθῶν 断 83
生まれながらの― ἀγαθὸν συγγενικόν メ 129
死すべき― θνητὸν ἀγαθόν ヴ 78
身体の― ἀγαθόν τοῦ σώματος メ 128
第一の― πρῶτον ἀγαθόν メ 129
魂の― ἀγαθόν τῆς ψυχῆς メ 128
不死なる― ἀθάνατον ἀγαθόν (τὸ) ヴ 78 ➡不死
専制君主 μόναρχος 生 121b
先取観念 πρόληψις ヘ 72; 生 31, 33; 自 XXVIII 7
―を形成する προλαμβάνειν 自 X 5
戦争 πόλεμος 断 19
選択 αἵρεσις メ 128-129; 自 XXVIII 14
像 εἴδωλον ヘ 46; 自 II 4, 28, XXV 12
相互の結びつき ἀλληλουχία 自 II 35
喪失 ἐλάττωσις 断 91
想定 ὑπόληψις 生 34
付加的な― προσυπόληψις 自 XXXIV 2
属性 συμβεβηκός (τὸ) ヘ 40, 68
組織体 σύστημα ヘ 66
ソフィスト σοφιστής 自 XIV 23
尊厳性 σέμνωμα ヘ 77

タ 行

第三の部分 τρίτον μέρος ヘ 63
対象 ὑποκείμενον (τὸ) ヘ 50
大地 γῆ ピ 88
―に挨拶する γῆν προσασπάζεσθαι 自 II 47
太陽 ἥλιος ピ 90-91; [断 15(古)]; 自 X 14 ➡食
多義性 ὁμωνυμία 自 II 51
打撃 κροῦσις ヘ 61
多彩な仕方で ποικίλως 自 XXVIII 10
戦う μάχεσθαι 自 XXV 22, 30
正しい δίκαιος 主 17; ヴ 12
竜巻 πρηστήρ ピ 104
旅路 ὁδός ヴ 48
魂 ψυχή ヘ 63; 生 136 ➡善
―の嵐 χειμών τῆς ψυχῆς メ 128
多様にする ποικίλλειν 主 18, 29(古)
たわごとを言う ληρεῖν 自 II 32 ➡レロクリトス
知恵 σοφία 主 27
知者 σοφός (ὁ) メ 126; 生 117
彫像の建立 ἀνδριάντων ἀνάθεσις 主 29 (古)
（天候の）兆候 ἐπισημασία ピ 98
治療 ἰατρεία 自 XIV 6
―薬 φάρμακον 自 XIV 7
通路（孔） πόρος ヘ 47, 61; 自 XXV 7, XXXIV 19
月 σελήνη ピ 90 ➡食
つけ加えられる判断 προσδοξαζόμενον (τὸ) ヘ 50
つましさ λεπτότης ヴ 63
露《つゆ》 δρόσος ピ 108

手　χείρ　自 II 52
庭園　κῆπος　生 17
抵抗を受ける　ἀντικόπτειν　ヘ 61
手品をする　τερατεύεσθαι　ピ 114
哲学　φιλοσοφία　メ 132; ヴ 27; 断 24
　—（研究）する　φιλοσοφεῖν　メ 122; 生 19
天　οὐρανός　ピ 88
　—の傾斜　λόξωσις οὐρανοῦ　ピ 93
　—の配剤　οἰκονομία　ヘ 79
天界（の事象）　μετέωρα (τὰ)　ピ 84
塔　πύργος　生 34
同質の部分　ὁμοιομέρεια　自 XV 2
同質部分体　ὁμοιομερῆ (τὰ)　自 XV 4
等速の　ἰσοταχής　ヘ 61
同名異義性　ὁμωνυμία　自 II 51
動揺　ταραχή/ τάραχος　ヘ 77; 主 22; 自 XIV 5
　最も決定的な—　κυριώτατος τάραχος　ヘ 81
　—のなさ　ἀταραξία/ ἀτάραχον (τὸ)　ヘ 80; 生 136; 断 1, 80　➡平静な心境
徳　ἀρετή　メ 124, 132; 断 12, 23
奴隷的な小細工　ἀνδραποδώδης τεχνιτεία　ピ 93
どんちゃん騒ぎ　κῶμος　メ 132
貪欲な　λίχνος　ヴ 69

ナ　行

名前（語）　ὄνομα　ヘ 75; 自 XXVIII 4
　固有の—　ἴδιον ὄνομα　自 X 5
悩み　δυσφορία　断 63
肉体　σάρξ　主 18
虹　ἶρις　ピ 109
似姿　εἰκών　ヘ 51
音色　ἀκρόαμα　生 6; 断 10
熱　θερμόν (τὸ)　ヘ 63
熱情　σπουδή　主 30
眠り　ὕπνος　ヘ 66 (古)　➡睡眠
濃密化　πύκνωσις　自 XIV 9
濃密さ　πυκνότης　自 XI 1
昇り　ἀνατολή　ヘ 79

ハ　行

把握　ἐπιβολή
　—の方法　ἐπιβλητικὸς τρόπος　自 XXVIII 12　➡概念
　—作用　ἐπιβολή　ヘ 51
　—作用によって　ἐπιβλητικῶς　ヘ 50
　表象—　φανταστικὴ ἐπιβολή　ヘ 50 (古), 51
剥離　διασπασμός　自 II 5, 16
運び屋　φορμοφόρος　生 8　➡プロタゴラス
罰　τιμωρία　自 XXXIV 6
廿日祭　εἰκάς　生 4
バッコスの狂乱信徒　βακχεύοντες (οἱ)　自 XII 7
反証　ἀντιμαρτύρησις　断 49; 自 XXVIII 6
　—されない　μὴ ἀντιμαρτυρεῖσθαι　ヘ 50; 自 II 44
判断基準　κριτήριον　主 24; 自 XXXIV 1
　真理の—　κριτήριον τῆς ἀληθείας　生 31
反転させる　περικάτω τρέπειν　自 XXV 8
判別基準　κριτήριον　ヘ 52; ピ 116
判別能力　κριτήριον　ヘ 38
万物の女王　δεσπότις πάντων　メ 133
（宇宙）万有　πᾶν (τὸ)/ σύμπαν (τὸ)　ヘ 39; ピ 86; 主 12; ヴ 49; 断 55
火　πῦρ　ヘ 77
必然　ἀνάγκη　メ 133; ヴ 9, 40
　—に基づく　κατ' ἀνάγχην　自 XXV 31
　—によって　ἐξ ἀνάγκης　ピ 90
非難する　ἐπιτιμᾶν/ μέμφεσθαι　自 XXV 22-23, 30
非物体的なもの　ἀσώματον (τὸ)　ヘ 67
被膜　χιτών　自 II 35
雹《ひょう》　χάλαζα　ピ 106
表象　φάντασμα/ φανταστικόν (τὸ)　自 XXV 38; XXVIII 2　➡幻像／把握
　—像　φαντασμός　ヘ 51
非理性的な　ἄλογος　ヘ 66 (古)
　—妄想　ἄλογος παράστασις　ヘ 81
昼　ἡμέρα　自 X 10
不安　θόρυβος　メ 132
　—感　μὴ θαρροῦν (τὸ)　主 39
　—なき者　ἄφοβος (ὁ)　自 XXXIV 5
（思いがけない）不運　συμφορά　ヴ 55; 断 76
不運である　ἀτυχεῖν　メ 135

不快なこと　δυσχερές (τὸ)　メ 129
不活発　πλαδαρότης　自 XXV 38
複合体　ἀθρόον (τὸ)　ヘ 69
不敬虔な　ἀσεβής　メ 123
不合理な見解　ἀλογία　ピ 87
不死　ἀθανασία
　—への憧れ　πόθος τῆς ἀθανασίας　メ 124
　—なる善きもの　ἀθάνατον ἀγαθόν (τὸ)　メ 135
不正な　ἄδικος　主 17; ヴ 12
不正を行なう　ἀδικεῖν　断 81
付帯性質　σύμπτωμα　ヘ 40
ぶっ壊し屋　πολύφθορος (ὁ)　生 8　➡問答家
物体　σῶμα　ヘ 39, 47; ピ 86; 自 I 1　➡非物体的なもの
　固体的な—　στερέμνιον σῶμα　自 II 15
プネウマ　πνεῦμα　ヘ 63
普遍的な事柄　καθόλου (τὸ)　自 XXVIII 16
不滅性　ἀφθαρσία　メ 123
不滅の　ἄφθαρτος　主 1; ヴ 1; 断 31
　—本性　ἄφθαρτος φύσις　自 XII 6
不利益　ἀσύμφορον (τὸ)　メ 130
触れることのできない本性　ἀναφὴς φύσις　ヘ 40; ピ 86
分割しえない本性　ἄτομος φύσις　ヘ 41
文盲　ἀγράμματος　生 8　➡ナウシパネス
(動揺のない) 平静な心境　ἀταραξία　ヘ 82; ピ 85
ペテン師　ἀπατεών　生 8　➡ナウシパネス
変化しえないもの　ἀμετάβολον (τὸ)　ヘ 59
弁論家　ῥήτωρ　自 XIV 23
弁論術　ῥητορική　断 9
並置　παράθεσις　自 XIV 16
法　νόμος　断 2, 81
放出　ἀπόστασις　自 II 6
放蕩者　ἄσωτος (ὁ)　メ 131; 主 10
防壁のない　ἀτείχιστος　ヴ 31, (パ) 2
炎　φλόξ　自 XIV 18

マ　行

埋葬　ταφή　生 118
(確証を) 待つもの　προσμένον (τὸ)　ヘ 38; 生 34
混じりけのないもの　ἀμιγές (τὸ)　ヘ 59
味覚　χυλός　生 6; 断 10
港　λιμήν　ヴ 17
脈拍　φλεβοπαλία　自 XXXIV 18
未来 (のこと)　μέλλον (τὸ)　メ 127
無意味な天文学　μάταια ἀστρολογία　ピ 113
無学な　ἀμαθής　生 8　➡ピュロン
無感覚　ἀναισθησία　ヘ 81
無教養な　ἀπαίδευτος　生 8　➡ピュロン
無限 (性)　ἀπειρία　ピ 116
　—の　ἄπειρος　ヘ 41　➡時間
　—の領域　ἄπειρον (τὸ)　主 13; ヴ 72
胸　θώραξ　ヘ 66 (古)
明証 (性)　ἐνάργεια　ヘ 48, 71; 自 XXXIV 18
(究極) 目的　τέλος　メ 128; 生 137
　自然の—　τέλος τῆς φύσεως　メ 133; 主 25
　自然の—　φυσικὸς τέλος　自 XXV 18
問答家　διαλεκτικός　生 8
問答法　διαλεκτική　生 31

ヤ　行

約束　σύμβολον　主 31
野性の動物　ἄγρια τῶν ζῴων (τὰ)　自 XXV 28
厄介な奉仕を免れている　ἀλειτούργητος　ピ 97
闇　σκότος　断 4
友情　φιλία　生 120b; 主 27; ヴ 23, 28
友人　φίλος (ὁ)　断 50
有名な　ἔνδοξος　主 7
雪　χιών　ピ 107
夢　ἐνύπνιον/ ὄναρ　生 32; ヴ 24; 自 XXXIV 7
よい道　εὔοδον　自 II 46
(合成体の) 要素　τὰ ἐξ ὧν αἱ συγκρίσεις πεποίηνται　ヘ 40; 自 I 2
欲望　ἐπιθυμία　メ 127; 自 XXV 3

—の限度　πέρας τῶν ἐπιθυμιῶν　*主 10*
空虚な—　κενὴ ἐπιθυμία　*メ 127*
予言術　μαντική　*生 135; 断 3*
寄せ集める人　συμπεφορημένος (ὁ)　*自 XIV 22*
世の多くの人々　πολλοί (οἱ)　*メ 123-124*
夜　νύξ　*自 X 10*
よろこび　χαρά　*生 136; 断 1*
弱さ　ἀσθένεια　*ヘ 77*

ラ　行

雷鳴　βροντή　*ピ 100, 102*
落雷　κεραυνός　*ピ 103-104*
らせん　ἕλιξ　*ピ 93*
利益　συμφέρον (τὸ)　*メ 130*　➡不利益
理性（のはたらき）　λόγος　*ヘ 47, 62; 生 32*　➡理論的考察による
—的な　λογικός　*ヘ 66(古)*
—を含まない　ἄλογος　*生 31*　➡非理性的な
立方体　κύβος　*自 XIV 17*
理論的考察による　διὰ λόγου θεωρητικῶς　*自 XXVIII 12*
粒子群　ὄγκος　*ヘ 52*
流出物　ῥεῦμα　*ヘ 49*
流入　ἐπάρδευσις　*ピ 89*
隣接性　ὁμούρησις　*ヘ 64*
倫理学　ἠθικόν (τὸ)　*生 29*
類似　ὁμοιότης　*生 32*
類比　ἀναλογία　*生 32*
—的な推論　ἀναλόγισμα　*自 XXVIII 5*
—によって考察すべき　ἀναλογιστέον　*ヘ 72*
労苦　πραγματεῖα　*ヘ 77*
老年　γέρων　*ヴ 17*
—の心境の　παλαιός　*メ 122*
浪費家　ἄσωτος (ὁ)　*生 8*　➡放蕩者／アリストテレス
論証　ἀπόδειξις　*ヘ 38*

ワ　行

若者　νέος (ὁ)　*ヴ 17*
煩い　ὄχλησις/ πρᾶγμα　*主 1; ヴ 1; 自 XXV 38*

『エピクロス断片集』出典一覧

『エピクロス断片集』の断片番号はアラビア数字のイタリック体で示す。
底本（ベイリー）以外に参照した校訂版、および註で言及される文献を＊印で表わす。

アイリアノス『ギリシア奇談集』
第 4 巻 13　*断 69*
アイリオス・テオン『予行演習』
71-13-14　*断 27*
71-16-17　*断 20*
* Spengel, L. (ed.), *Rhetores Graeci*, Vol. 2, Leipzig, 1854
* Patillon, M. (ed.), *Aelius Théon: Progymnasmata*, Paris, 1997
アテナイオス『食卓の賢人たち』
第 12 巻 546e　*断 10*
第 12 巻 546f　*断 12, 59*
第 12 巻 547a　*断 79*
第 13 巻 588a　*断 24*
* Schweighäuser, J. (ed.), *Athenaei Naucratitae Deipnosophistarum Libri Quindecim*, Tomus I-V, Argentoratum, 1801-05［シュバイクホイザー］
アリストクレス
「断片」8-27-30　*断 62*
* Heiland, H. (ed.), *Aristoclis Messenii Reliquiae*, Giessen, 1925
イドメネウス
「断片」7　*断 9*
「断片」12　*断 27*
「断片」17　*断 26*
「断片」19a　*断 28*
「断片」23　*断 30*
「断片」33　*断 38*
「断片」36　*断 29*
* Angeli, A., 'I Frammenti di Idomeneo di Lampsaco', *Cronache Ercolanesi* 11, 1981, pp. 41-101
エウセビオス『福音の準備』
第 14 巻第 21 章 4　*断 62*
* Mras, K. (ed.), *Eusebius Werke*, Bd. 8: *Die Praeparatio Evangelica*, Berlin, 1954-56
エピクロス『ヴァチカン箴言集』
14　*断 47*
54　*断 53*
「エピクロス『ピュトクレス宛の手紙』への古註」
91　*断 15*
クレメンス（アレクサンドリアの）『雑録集』
第 6 巻第 2 章 24-8　*断 70*
第 6 巻第 2 章 24-10　*断 80*
* Stählin, O., Früchtel, L. und Treu, U. (eds), *Clemens Alexandrinus*, Bd. 2: *Stromata Buch I-VI*, 4.

PHerc. 1418 col. XIX 5-8　*断 42*
PHerc. 1418 col. XXIX 7-16　*断 49*
PHerc. 1418 col. XXX 3-13　*断 41*
PHerc. 1418 col. XXXI 5-16　*断 36*
* Militello, C. (ed.), *Filodemo: Memorie Epicuree (*PHerc. *1418 e 310)*, Napoli, 1997［ミリテッロ］
『神々の生き方について』第 3 巻
PHerc. 152 col. XIII 37-40　*断 56*
* Diels, H., 'Philodemus *Über die Götter*, Drittes Buch', *Abhandlungen der Königlich Preussischen Akademie der Wissenschaften* 4 und 6, 1917
『敬虔について』第 1 巻
PHerc. 1098 col. X 2-10; Obbink, 33, 929-937　*断 19*
PHerc. 1098 col. XI 9-26; Obbink, 31, 879-894　*断 57*
* Obbink, D. (ed.), *Philodemus: On Piety*, Part 1, Oxford, 1996［オビンク］
* Diels, H., *Ein epikureisches Fragment über Götterverehrung*, in *Sitzungsberichte der königlich Preussischen Akademie der Wissenschaften*, 1916, pp. 886-909［ディールス］
『富について』第 1 巻
PHerc. 163 col. III 4-7; col. XXXIV 4-7　*断 18*
* Tepedino Guerra, A., 'Il Primo Libro «Sulla Ricchezza» di Filodemo', *Cronache Ercolanesi* 8, 1978, pp. 52-95［テペディーノ（1978）］
『弁論術について』第 2 巻
PHerc. 1672 coll. X 33-XI 1, 3b-13　*断 9*
* Longo Auricchio, F., '*Φιλοδήμου Περὶ Ῥητορικῆς* Libri Primum et Secundum', in Sbordone, F. (a c. di), *Ricerche sui Papiri Ercolanesi*, Vol. III, Napoli 1977
* Chandler, C. (tr.), *Philodemus* On Rhetoric *Books 1 and 2*, New York/ London, 2006［チャンドラー］
不明のエピクロス派著作家
「断片」5　*断 35, 38*
* Vogliano, A. (ed.), *Epicuri et Epicureorum Scripta in Herculanensibus Papyris Servata*, Berlin, 1928［ヴォリアーノ］
* Angeli, A., 'La Scuola Epicurea di Lampsaco nel *PHerc*. 176 (Fr. 5 Coll. I, IV, VIII-XXIII)', *Cronache Ercolanesi* 18, 1988, pp. 27-51［アンジェリ（1988）］
プルタルコス
『エピクロスに従っては、快く生きることは不可能であること』
1089D　*断 11*
1090C-D　*断 82*
1091B　*断 61*
1097C　*断 40*
1103D　*断 65*
1105D　*断 50*
『「隠れて生きよ」について』
1128A 以下　*断 86*
『心の平静について』
474C　*断 78*
『コロテス論駁』
1109F　*断 5*

『自然について』対応箇所一覧

　エピクロス『自然について』の巻数はローマ数字の大文字イタリック体で、断片番号はアラビア数字のイタリック体で示す。

エピクロス『ピュトクレス宛の手紙』
　96　自 *XII 3*
「エピクロス『ピュトクレス宛の手紙』への古註」
　96　自 *XII 4*
エピクロス『ヘロドトス宛の手紙』
　39　自 *I 1*
　40　自 *I 2*
　74　自 *XII 1*
「エピクロス『ヘロドトス宛の手紙』への古註」
　74　自 *XII 2*
ピロデモス『敬虔について』第 1 巻
　Obbink, 8. 225-231　自 *XII 6*
　Obbink, 19. 519-533　自 *XII 7*
　Obbink, 37. 1050-1054　自 *XIII 1*
不明のエピクロス派著作家
　PHerc. 998 fr. 11　自 *XXXII 1*
　PHerc. 998 fr. 12　自 *XXXIV 1*
　PHerc. 1111 fr. 44　自 *XII 5, XIII 2*
プルタルコス『コロテス論駁』
　1114A　自 *I 3*
PHerc. 154
　fr. 3 I　自 *XI 7*
　fr. 3 III　自 *XI 8*
　fr. 3 IV　自 *XI 9*
　fr. 25 II　自 *XI 17*
　fr. 25 III　自 *XI 18*
　fr. 25 IV　自 *XI 19*
　fr. 26 I　自 *XI 20*
　fr. 26 II　自 *XI 21*
PHerc. 419
　fr. 5a　自 *XXV 2*
　fr. 7　自 *XXV 1*
PHerc. 697
　c. 2, pz. 2, z. 1　自 *XXV 16*
　c. 2, pz. 2, z. 3　自 *XXV 18, 19*
　c. 2, pz. 2, z. 4　自 *XXV 20*
　c. 3, pz. 1, z. 1　自 *XXV 21, 25*
　c. 3, pz. 1, z. 3　自 *XXV 23*
　c. 3, pz. 1, z. 4　自 *XXV 24*
　c. 3, pz. 2, z. 2　自 *XXV 26*
　c. 3, pz. 2, z. 3　自 *XXV 27*
　c. 3, pz. 2, z. 4, 5　自 *XXV 28*
　c. 4, pz. 1, z. 1　自 *XXV 29*
　c. 4, pz. 1, z. 2　自 *XXV 30*
　c. 4, pz. 1, z. 3　自 *XXV 31*
　c. 4, pz. 1, z. 4　自 *XXV 32*
　c. 4, pz. 2, z. 1　自 *XXV 34*
　c. 4, pz. 2, z. 2　自 *XXV 35, 36, 37*
　c. 4, pz. 2, z. 3　自 *XXV 38*
　c. 4, pz. 2, z. 4　自 *XXV 40*
PHerc. 993　➡ *PHerc*. 1149/ 993
PHerc. 1010
　col. III, IV　自 *II 34*
　col. IV, V　自 *II 35*
　col. VI　自 *II 36*
　col. VII, VIII　自 *II 37*
　col. IX　自 *II 38*
　col. X　自 *II 39*
　col. XI, XII　自 *II 40*
　col. XII, XIII　自 *II 41*
　col. XIV　自 *II 42*
　col. XV　自 *II 43*
　col. XVI, XVII　自 *II 44*
　col. XVIII　自 *II 45*
　col. XIX　自 *II 46*
　col. XX, XXI　自 *II 47*
　col. XXII　自 *II 48*
　col. XXIII, XXIV　自 *II 49*
　col. XXV　自 *II 50*
　col. XXVI　自 *II 51*
　col. XXVII, XXVIII　自 *II 52*
　col. XXVIII　自 *II 53*
PHerc. 1042
　fr. 3 II　自 *XI 1*
　fr. 5 I, IV　自 *XI 3*
　fr. 6 I, IV　自 *XI 4*

訳者略歴

朴 一功（ぱく いるごん）

元大谷大学教授
一九五三年　京都府生まれ
一九八五年　京都大学大学院文学研究科博士課程学修退学
二〇〇〇年　京都大学博士（文学）
甲南女子大学教授、大谷大学教授を経て二〇一九年退職

主な著訳書
『魂の正義――プラトン倫理学の視座』（京都大学学術出版会）
『?・⊙！　哲学の話』（京都大学学術出版会）
アリストテレス『ニコマコス倫理学』（京都大学学術出版会）
アリストテレス『詩学』（新版『アリストテレス全集』一八所収）（岩波書店）
プラトン『饗宴／パイドン』（京都大学学術出版会）
プラトン『エウテュデモス／クレイトポン』（京都大学学術出版会）
プラトン『エウテュプロン／ソクラテスの弁明／クリトン』（共訳、京都大学学術出版会）

和田利博（わだ　としひろ）

関西大学等非常勤講師
一九七一年　京都府生まれ
二〇〇二年　京都大学大学院文学研究科博士後期課程研究指導認定退学
二〇〇六年　京都大学博士（文学）

主な著訳書
D・セドレー他『古代ギリシア・ローマの哲学』（共訳、京都大学学術出版会）
プルタルコス『モラリア12』（共訳、京都大学学術出版会）

自然《しぜん》について 他《ほか》　西洋古典叢書　2024　第4回配本

二〇二五年四月五日　初版第一刷発行

訳　者　朴《ぱく》　一《いる》　功《ごん》
　　　　和《わ》　田《だ》　利《とし》　博《ひろ》

発行者　黒　澤　隆　文

発行所　京都大学学術出版会

606-8315　京都市左京区吉田近衛町六九　京都大学吉田南構内
電　話　〇七五-七六一-六一八二
ＦＡＸ　〇七五-七六一-六一九〇
http://www.kyoto-up.or.jp/

印刷／製本・亜細亜印刷株式会社

ISBN978-4-8140-0559-8

定価はカバーに表示してあります

ヒュギヌス　神話伝説集　五之治昌比呂訳　4200円
プラウトゥス／テレンティウス　ローマ喜劇集（全5冊・完結）
1　木村健治・宮城徳也・五之治昌比呂・小川正廣・竹中康雄訳　4500円
2　山下太郎・岩谷　智・小川正廣・五之治昌比呂・岩崎　務訳　4200円
3　木村健治・岩谷　智・竹中康雄・山沢孝至訳　4700円
4　高橋宏幸・小林　標・上村健二・宮城徳也・藤谷道夫訳　4700円
5　木村健治・城江良和・谷栄一郎・高橋宏幸・上村健二・山下太郎訳　4900円
ボエティウス　哲学のなぐさめ　松﨑一平訳　3600円
リウィウス　ローマ建国以来の歴史（全14冊）
1　岩谷　智訳　3100円
2　岩谷　智訳　4000円
3　毛利　晶訳　3100円
4　毛利　晶訳　3400円
5　安井　萠訳　2900円
6　安井　萠訳　3500円
9　吉村忠典・小池和子訳　3100円

3　食客　丹下和彦訳　3400円
4　偽預言者アレクサンドロス　内田次信・戸高和弘・渡辺浩司訳　3500円
6　ペレグリノスの最期　内田次信・戸高和弘訳　3900円
8　遊女たちの対話　内田次信・西井　奨訳　3300円
ロンギノス／ディオニュシオス　古代文芸論集　木曽明子・戸高和弘訳　4600円
ギリシア詞華集（全4冊・完結）
1　沓掛良彦訳　4700円
2　沓掛良彦訳　4700円
3　沓掛良彦訳　5500円
4　沓掛良彦訳　4900円
ホメロス外典／叙事詩逸文集　中務哲郎訳　4200円

【ローマ古典篇】
アウルス・ゲッリウス　アッティカの夜（全2冊）
1　大西英文訳　4000円
アンミアヌス・マルケリヌス　ローマ帝政の歴史（全3冊）
1　山沢孝至訳　3800円
ウェルギリウス　アエネーイス　岡　道男・高橋宏幸訳　4900円
ウェルギリウス　牧歌／農耕詩　小川正廣訳　2800円
ウェレイユス・パテルクルス　ローマ世界の歴史　西田卓生・高橋宏幸訳　2800円
オウィディウス　悲しみの歌／黒海からの手紙　木村健治訳　3800円
オウィディウス　恋の技術／恋の病の治療／女の化粧法　木村健治訳　2900円
オウィディウス　変身物語（全2冊・完結）
1　高橋宏幸訳　3900円
2　高橋宏幸訳　3700円
カルキディウス　プラトン『ティマイオス』註解　土屋睦廣訳　4500円
クインティリアヌス　弁論家の教育（全5冊）
1　森谷宇一・戸高和弘・渡辺浩司・伊達立晶訳　2800円
2　森谷宇一・戸高和弘・渡辺浩司・伊達立晶訳　3500円
3　森谷宇一・戸高和弘・吉田俊一郎訳　3500円
4　森谷宇一・戸高和弘・伊達立晶・吉田俊一郎訳　3400円
クルティウス・ルフス　アレクサンドロス大王伝　谷栄一郎・上村健二訳　4200円
ケルスス　医学について　石渡隆司・小林晶子訳　5400円
サルスティウス　カティリナ戦記／ユグルタ戦記　小川正廣訳　2800円
シーリウス・イタリクス　ポエニー戦争の歌（全2冊・完結）
1　高橋宏幸訳　4000円
2　高橋宏幸訳　4000円
スパルティアヌス他　ローマ皇帝群像（全4冊・完結）
1　南川高志訳　3000円
2　桑山由文・井上文則・南川高志訳　3400円
3　桑山由文・井上文則訳　3500円
4　井上文則訳　3700円
セネカ　悲劇集（全2冊・完結）
1　小川正廣・高橋宏幸・大西英文・小林　標訳　3800円
2　岩崎　務・大西英文・宮城徳也・竹中康雄・木村健治訳　4000円
トログス／ユスティヌス抄録　地中海世界史　合阪　學訳　4000円

1　秦　剛平訳　3700 円
ピンダロス　祝勝歌集／断片選　内田次信訳　4400 円
フィロン　フラックスへの反論／ガイウスへの使節　秦　剛平訳　3200 円
プラトン　エウテュデモス／クレイトポン　朴　一功訳　2800 円
プラトン　エウテュプロン／ソクラテスの弁明／クリトン　朴　一功・西尾浩二訳　3000 円
プラトン　饗宴／パイドン　朴　一功訳　4300 円
プラトン　パイドロス　脇條靖弘訳　3100 円
プラトン　ピレボス　山田道夫訳　3200 円
プルタルコス　英雄伝（全 6 冊・完結）
1　柳沼重剛訳　3900 円
2　柳沼重剛訳　3800 円
3　柳沼重剛訳　3900 円
4　城江良和訳　4600 円
5　城江良和訳　5000 円
6　城江良和訳　5000 円
プルタルコス　モラリア（全 14 冊・完結）
1　瀬口昌久訳　3400 円
2　瀬口昌久訳　3300 円
3　松本仁助訳　3700 円
4　伊藤照夫訳　3700 円
5　丸橋　裕訳　3700 円
6　戸塚七郎訳　3400 円
7　田中龍山訳　3700 円
8　松本仁助訳　4200 円
9　伊藤照夫訳　3400 円
10　伊藤照夫訳　2800 円
11　三浦　要訳　2800 円
12　三浦　要・中村　健・和田利博訳　3600 円
13　戸塚七郎訳　3400 円
14　戸塚七郎訳　3000 円
プルタルコス／ヘラクレイトス　古代ホメロス論集　内田次信訳　3800 円
プロコピオス　秘史　和田　廣訳　3400 円
ヘシオドス　全作品　中務哲郎訳　4600 円
ホメロス　オデュッセイア　中務哲郎訳　4900 円
ポリュビオス　歴史（全 4 冊・完結）
1　城江良和訳　3700 円
2　城江良和訳　3900 円
3　城江良和訳　4700 円
4　城江良和訳　4300 円
ポルピュリオス　ピタゴラス伝／マルケラへの手紙／ガウロス宛書簡　山田道夫訳　2800 円
マルクス・アウレリウス　自省録　水地宗明訳　3200 円
リバニオス　書簡集（全 3 冊）
1　田中　創訳　5000 円
2　田中　創訳　5000 円
リュシアス　弁論集　細井敦子・桜井万里子・安部素子訳　4200 円
ルキアノス　全集（全 8 冊）

1　内山勝利・木原志乃訳　3200円
クイントス・スミュルナイオス　ホメロス後日譚　北見紀子訳　4900円
クセノポン　キュロスの教育　松本仁助訳　3600円
クセノポン　ギリシア史（全2冊・完結）
1　根本英世訳　2800円
2　根本英世訳　3000円
クセノポン　小品集　松本仁助訳　3200円
クセノポン　ソクラテス言行録（全2冊・完結）
1　内山勝利訳　3200円
2　内山勝利訳　3000円
クテシアス　ペルシア史／インド誌　阿部拓児訳　3600円
セクストス・エンペイリコス　学者たちへの論駁（全3冊・完結）
1　金山弥平・金山万里子訳　3600円
2　金山弥平・金山万里子訳　4400円
3　金山弥平・金山万里子訳　4600円
セクストス・エンペイリコス　ピュロン主義哲学の概要　金山弥平・金山万里子訳　3800円
ゼノン／クリュシッポス他　初期ストア派断片集（全5冊・完結）
1　中川純男訳　3600円
2　水落健治・山口義久訳　4800円
3　山口義久訳　4200円
4　中川純男・山口義久訳　3500円
5　中川純男・山口義久訳　3500円
ディオニュシオス／デメトリオス　修辞学論集　木曽明子・戸高和弘・渡辺浩司訳　4600円
ディオン・クリュソストモス　弁論集（全6冊）
1　王政論　内田次信訳　3200円
2　トロイア陥落せず　内田次信訳　3300円
テオグニス他　エレゲイア詩集　西村賀子訳　3800円
テオクリトス　牧歌　古澤ゆう子訳　3000円
テオプラストス　植物誌（全3冊）
1　小川洋子訳　4700円
2　小川洋子訳　5000円
デモステネス　弁論集（全7冊・完結）
1　加来彰俊・北嶋美雪・杉山晃太郎・田中美知太郎・北野雅弘訳　5000円
2　木曽明子訳　4500円
3　北嶋美雪・木曽明子・杉山晃太郎訳　3600円
4　木曽明子・杉山晃太郎訳　3600円
5　杉山晃太郎・木曽明子・葛西康徳・北野雅弘・吉武純夫訳・解説　5000円
6　佐藤　昇・木曽明子・吉武純夫・平田松吾・半田勝彦訳　5200円
7　栗原麻子・吉武純夫・木曽明子訳　3900円
トゥキュディデス　歴史（全2冊・完結）
1　藤縄謙三訳　4200円
2　城江良和訳　4400円
パウサニアス　ギリシア案内記（全5冊）
2　周藤芳幸訳　3500円
ピロストラトス／エウナピオス　哲学者・ソフィスト列伝　戸塚七郎・金子佳司訳　3700円
ピロストラトス　テュアナのアポロニオス伝（全2冊）

西洋古典叢書 [第 I ～ IV 期、2011 ～ 2023] 既刊全 163 冊（税別）

【ギリシア古典篇】

アイスキネス　弁論集　木曽明子訳　4200 円
アイリアノス　動物奇譚集（全 2 冊・完結）
　1　中務哲郎訳　4100 円
　2　中務哲郎訳　3900 円
アキレウス・タティオス　レウキッペとクレイトポン　中谷彩一郎訳　3100 円
アテナイオス　食卓の賢人たち（全 5 冊・完結）
　1　柳沼重剛訳　3800 円
　2　柳沼重剛訳　3800 円
　3　柳沼重剛訳　4000 円
　4　柳沼重剛訳　3800 円
　5　柳沼重剛訳　4000 円
アポロニオス・ロディオス　アルゴナウティカ　堀川　宏訳　3900 円
アラトス／ニカンドロス／オッピアノス　ギリシア教訓叙事詩集　伊藤照夫訳　4300 円
アリストクセノス／プトレマイオス　古代音楽論集　山本建郎訳　3600 円
アリストテレス　政治学　牛田徳子訳　4200 円
アリストテレス　生成と消滅について　池田康男訳　3100 円
アリストテレス　魂について　中畑正志訳　3200 円
アリストテレス　天について　池田康男訳　3000 円
アリストテレス　動物部分論他　坂下浩司訳　4500 円
アリストテレス　トピカ　池田康男訳　3800 円
アリストテレス　ニコマコス倫理学　朴　一功訳　4700 円
アリストパネス　喜劇全集（全 3 冊）
　1　戸部順一訳　4500 円
アルクマン他　ギリシア合唱抒情詩集　丹下和彦訳　4500 円
アルビノス他　プラトン哲学入門　中畑正志編　4100 円
アンティポン／アンドキデス　弁論集　髙畠純夫訳　3700 円
イアンブリコス　ピタゴラス的生き方　水地宗明訳　3600 円
イソクラテス　弁論集（全 2 冊・完結）
　1　小池澄夫訳　3200 円
　2　小池澄夫訳　3600 円
エウセビオス　コンスタンティヌスの生涯　秦　剛平訳　3700 円
エウリピデス　悲劇全集（全 5 冊・完結）
　1　丹下和彦訳　4200 円
　2　丹下和彦訳　4200 円
　3　丹下和彦訳　4600 円
　4　丹下和彦訳　4800 円
　5　丹下和彦訳　4100 円
ガレノス　解剖学論集　坂井建雄・池田黎太郎・澤井　直訳　3100 円
ガレノス　自然の機能について　種山恭子訳　3000 円
ガレノス　身体諸部分の用途について（全 4 冊）
　1　坂井建雄・池田黎太郎・澤井　直訳　2800 円
　2　坂井建雄・池田黎太郎・福島正幸・矢口直英・澤井　直訳　3100 円
ガレノス　ヒッポクラテスとプラトンの学説（全 2 冊）